4[illegible]에 끝장내는

시원스쿨 태국어 OPI

시원스쿨닷컴

시원스쿨 태국어 OPI

초판 1쇄 발행 2023년 1월 31일

지은이 파나사 토트한
펴낸곳 (주)에스제이더블유인터내셔널
펴낸이 양홍걸 이시원

홈페이지 thai.siwonschool.com
주소 서울시 영등포구 국회대로74길 12
교재 구입 문의 02)2014-8151
고객센터 02)6409-0878

ISBN 979-11-6150-687-6 13730
Number 1-430301-12121220-04

머리말

태국과 한국은 양국 간에 외교, 경제, 문화, 교육 등 다방면에 걸쳐 인적 교류와 협력을 이루었고 두 국가 관계는 지속적으로 발전해왔습니다. 이에 따라 한국에서는 태국과 태국어에 대한 관심이 높아졌고, 민간 기업이나 정부 기관에서 태국어 및 태국 문화 관련 업무를 하거나 관련 업종으로 취업하고자 하는 사람들이 많아졌습니다. 따라서 자연스럽게 태국어 말하기 능력 시험의 활용도 또한 높아지고 있습니다.

그러나 익숙하지 않은 태국어 OPI 시험에 대한 정보 부족으로 인하여 응시자들이 어려움을 겪고 평소 실력을 모두 발휘하지 못하는 경우가 많았습니다. 이를 해결하고 응시자들이 태국어 OPI 시험에 대한 감각을 기를 수 있는 태국어 OPI 수험서를 기획하였습니다.

이 책은 실제 태국어 OPI 진행 절차를 반영하여 총 네 파트로 구성하였습니다. 각 파트에서는 평가 등급에 따라 짧은 문장 형식의 답변과 긴 문장의 형식의 답변으로 대비할 수 있도록 다양하게 답변 예시를 제공하고 있습니다. 나아가 챕터마다 학습자가 직접 답안을 작성해 보며 마무리할 수 있도록 제시하여 자신의 말하기 실력을 점검해 볼 수 있습니다.

이 책이 나오기까지 주변의 많은 응원이 있었습니다. 응원해 주신 모든 분들께 감사드리며 특히 오랫동안 태국어를 함께 공부하고 격려를 아끼지 않은 제자들에게 감사 인사를 전하고 싶습니다. 아울러 출판 과정에 수고해 주신 시원스쿨 컨텐츠팀과 출판 부서의 모든 분들께 진심으로 감사드립니다.

태국어 OPI 시험을 준비하는 모든 분들이 원하는 목표를 달성하시기를 바랍니다.

저자 파나사 토트한

Phanasa Tothan

OPI 소개

OPI란?

- OPI(Oral Proficiency Interview)는 1:1 인터뷰 방식의 언어 말하기 평가로, ACFTL 공인 평가자와의 전화 인터뷰로 시행됩니다.

  * 설문조사, 자체 평가 단계는 없음

- 일상생활에서 얼마나 효과적이고 적절하게 해당 언어를 구사할 수 있는가를 측정하는 시험입니다.
- 평가 내용의 전반부는 본인 및 가족, 직장, 전공, 취미, 관심사 등으로, 후반부는 주로 역할놀이(Role Play) 및 사회적 이슈로 주제가 구성됩니다.

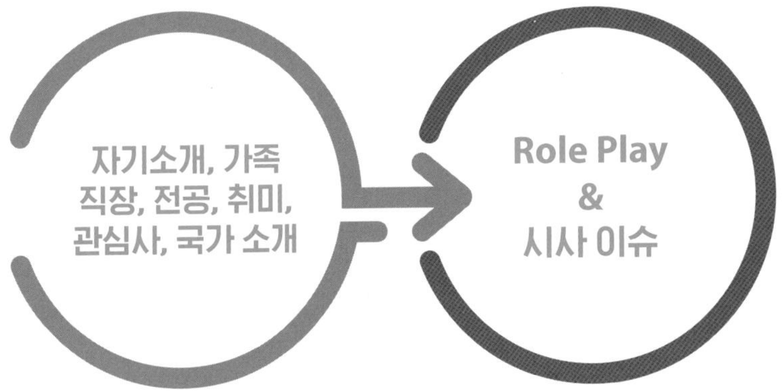

시험 소개

시험 시간	약 30분
시험 응시 가능 일시	평일(화요일~금요일), 오전 9시~11시 * 월요일, 토요일, 일요일 및 미국 공휴일에는 응시 불가
시험 장소	강남역 쏭즈캠퍼스 별관
시험 신청 방법	홈페이지 신청(www.opic.or.kr)
응시 횟수 제한	OPI 최종 응시일로부터 90일 이후에 시험 응시 가능
성적 유효 기간	응시일로부터 2년간 유효
응시료	154,000원 (부가가치세 포함) * 2023년 기준
평가 등급	10개 등급 * 절대평가

평가 등급 및 기준

등급		등급 기준
Superior	⑩ Superior	언어 구사가 정확하고 유창하며, 다양한 주제의 대화 가능. 논리적인 주장과 대안을 제시하며 이를 뒷받침하는 가설을 구조화할 수 있음. 추상적인 대상을 표현함에도 논리적 일치성 유지. 소리의 높낮이, 강세, 억양 적절히 사용
Advanced	⑨ AH (Advanced High)	시제를 정확히 구사하며 일관되고 완전한 서술 가능. 가설을 세워 논리적인 설명을 하며 본인의 의사를 피력할 수 있음. 추상적, 전문적인 영역의 주제에 대한 토론 가능
	⑧ AM (Advanced Mid)	개인적인 주제의 대화를 적극적으로 이야기할 수 있으며, 공적인 주제도 다룰 수 있음. 모든 시제 사용에 어려움이 없고 문단 단위의 대화 가능. 논리적인 서술과 묘사 또한 문단 단위로 표현 가능하며, 일반적이지만 광범위한 어휘 사용
	⑦ AL (Advanced Low)	사건을 서술할 때 일관적으로 동사 시제를 관리하고, 사람과 사물을 묘사할 때 다양한 형용사 사용. 적절한 위치에서 접속사 사용
Intermediate	⑥ IH (Intermediate High)	익숙하지 않거나 예측하지 못한 복잡한 상황을 만났을 때, 사건을 설명하고 문제를 효과적으로 해결할 수 있음. 발화량이 많고 다양한 어휘 사용 가능
	⑤ IM (Intermediate Mid)	일상적인 소재뿐 아니라 개인적으로 익숙한 상황에서 문장을 나열하며 자연스럽게 말할 수 있음. 다양한 문장 형식이나 어휘를 실질적으로 사용하려고 하여 상대방이 배려해 주면 오랜 시간 대화 가능
	④ IL (Intermediate Low)	일상적인 소재에 관해 문장으로 말할 수 있음. 선호하는 소재에 대해 자신감을 가지고 말할 수 있음
Novice	③ NH (Novice High)	대부분의 일상 소재에 관해 문장으로 말할 수 있음. 개인 정보에 관한 질문을 하고 응답할 수 있음
	② NM (Novice Mid)	이미 암기한 단어나 문장으로 말할 수 있음
	① NL (Novice Low)	제한적인 수준이지만 태국어 단어를 나열하여 말할 수 있음

OPI 신청 및 응시 방법

응시 유의 사항

☑ 반드시 시험 시작 10분 전까지 도착한 후 대기해야 합니다.

* 5분 이상 지각할 경우 결시 처리됩니다.

☑ 규정된 신분증(주민등록증, 운전면허증, 여권)을 지참해야 합니다.

* 기간 만료된 여권, 학생증, 사원증은 불가합니다.

☑ 시험 취소 및 변경은 시험일 3일 전까지 가능합니다.

* 일정을 변경할 경우 취소 후 재접수해야 합니다.

☑ 평가 결과는 시험일로부터 14일째 되는 날 오후 1시에 홈페이지(www.opic.or.kr)를 통해 확인 가능합니다.

* 성적 유효 기간은 응시일로부터 2년입니다.

시험 응시 가이드

시험장 도착

여유 있게 시험장에 도착하여 최종 점검하기!

시험장에 도착하면 시험 시간까지 외부에서 대기하게 됩니다. 대기하는 동안 휴대 전화 이용 및 소지품 휴대가 가능하므로 이때까지 시험을 준비하는 것이 좋습니다. 시험장 안에서는 개인 소지품을 사용할 수 없으므로 입실한 후에는 개인 물품을 정리해야 합니다.

시험 시작 후

면접관의 말을 이해하기 힘들 땐 태국어로 다시 요청하기!

시험 시작 후 신원 확인 및 간단한 설명은 면접관이 영어로 안내합니다. 이때 당황하지 말고 이해하지 못했을 경우 태국어로 말해달라고 요청할 수 있습니다. 또한, 시험 질문 내용도 태국어로 다시 한번 말해 달라고 묻거나, 모르는 단어의 뜻을 물어봐도 됩니다.

시험 도중

말하는 속도는 일정하게, 면접관의 질문을 유도하기!

대답 속도는 전체적으로 일정하게 유지하는 것이 중요합니다. 또한, OPI 시험은 실시간 대화로 진행되는 시험이기 때문에 수험자가 원하는 질문을 받도록 면접관을 유도해야 합니다. 대화하는 중간중간에 면접관의 궁금증을 유발할 수 있는 키워드를 하나씩 던지는 것도 좋은 방법입니다.

시험 마무리

면접관에게 마지막까지 긍정적인 인상 남기기!

태국어 OPI 시험은 전화 연결된 태국인 면접관 외에도 태국인 평가 담당자가 있어, 시험 당시의 녹음을 들으며 본격적인 평가를 합니다. 이처럼 여러 명의 태국인이 검토하는 시험이기 때문에 태국에 대한 긍정적인 인상을 전달한다면 시험 점수에 좋은 영향을 줄 수 있을 것입니다.

Q&A

Q IM 레벨을 목표로 혼자서 공부하려고 하는데 가능할까요?

A OPI는 말하기 연습을 스스로 반복하는 것이 무엇보다 중요합니다. 따라서 어느 정도 가이드를 받으며 연습한다면 독학으로도 충분히 좋은 결과를 기대할 수 있습니다. 특히 이 책은 비교적 간단한 IL 레벨부터 보다 긴 답변이 요구되는 IM 레벨까지 트레이닝 할 수 있어 독학하기에도 적합합니다.

Q 시험 준비할 시간이 부족한데, 어떤 부분을 집중해서 공부해야 하나요?

A 우선 일상에서 자주 접하는 어휘를 다양하게 암기해 두고, 빈출 문장에 어휘를 교체하면서 연습하는 것이 효율적입니다. 또한 문화 및 사회적 이슈와 관련된 주제는 빈출 주제에 대한 기본 개념 및 수험자 본인의 관점을 확립해 두는 것이 중요합니다.

Q OPI 자격증을 취득하면 어떻게 활용할 수 있을까요?

A 이전에는 주로 FLEX 시험을 응시하는 추세였으나 최근 취업 시장과 현지 파견에 있어서 실전 말하기 능력을 확인할 수 있는 OPI 시험의 중요도가 차츰 높아지고 있습니다. 현재 대부분의 한국 기업에서는 OPI 레벨 IM 수준만 되어도 채용 및 승진에 유용하게 활용할 수 있습니다.

이 책의 구성과 특징

STEP 1 핵심이 되는 내용부터 전략적으로 파악하기!

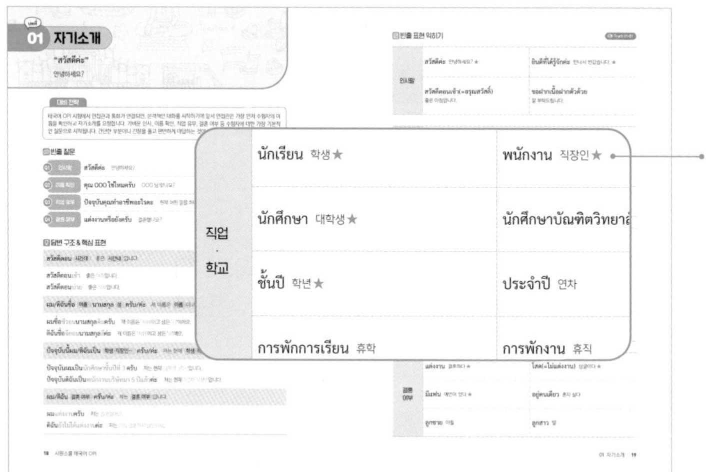

반드시 암기해야 하는 단어에 ★표시하여 중요도 순으로 학습할 수 있습니다.

주제별 대비 전략 & 핵심 표현 및 어휘

저자만의 노하우가 담긴 주제별 시험 대비 전략, 핵심 문장 패턴, 빈출 어휘 표현을 한눈에 볼 수 있도록 정리하였습니다.

STEP 2 빈출 문제에 대입해 보며 실전 감각 기르기!

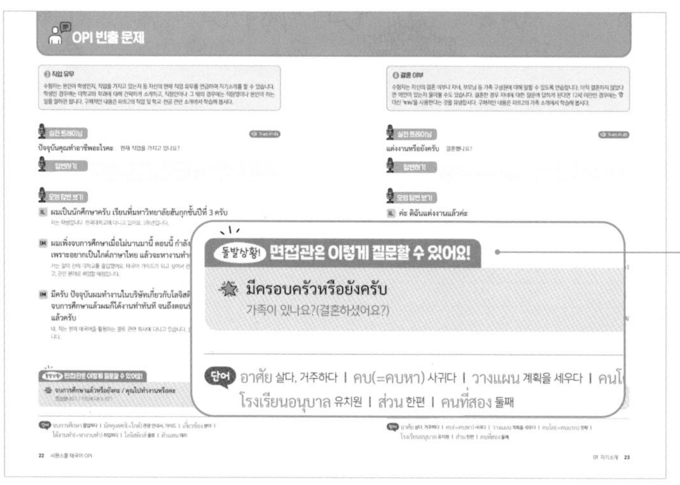

예상하지 못한 면접관의 질문에 수험자가 당황하지 않도록 다양한 돌발 질문을 제시하여 어떤 질문에도 완벽히 대비할 수 있습니다.

OPI 빈출 문제 및 답변

수험자가 질문을 예측하여 답변을 준비할 수 있도록 주제별로 다양한 형식의 질문과 실전에서 유용하게 활용 가능한 모범 답변을 수록하였습니다.

STEP 3 학습한 내용을 내 것으로 반복 트레이닝!

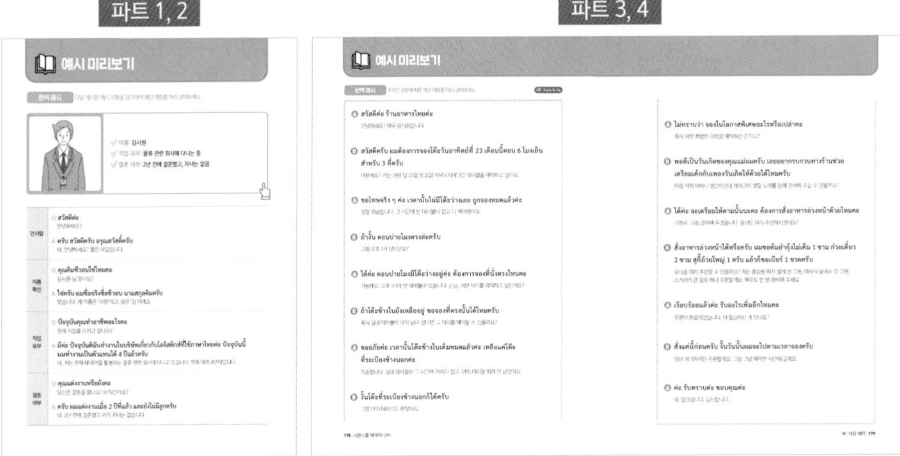

예시 미리보기

다양한 예시 상황에서의 모범 답변과 꼬리물기 질문에 대비한 답변 예시를 학습할 수 있습니다.

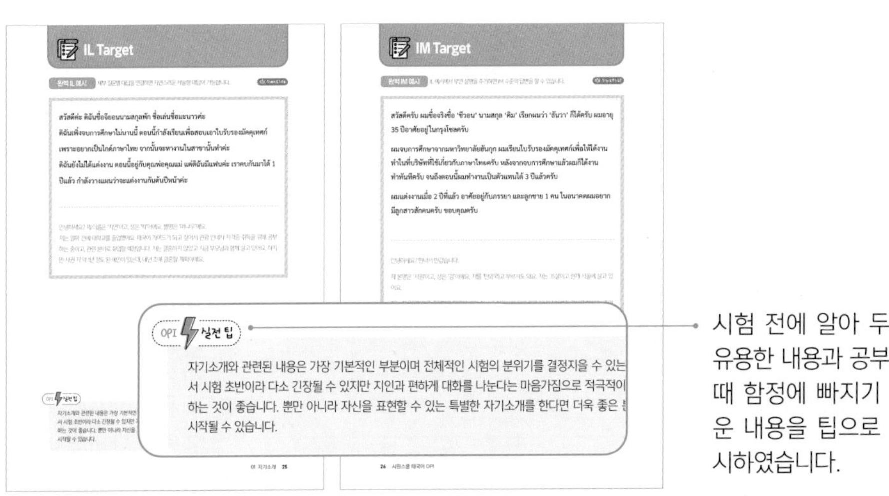

시험 전에 알아 두면 유용한 내용과 공부할 때 함정에 빠지기 쉬운 내용을 팁으로 제시하였습니다.

IL & IM Target

앞에서 학습한 내용을 다시 한 번 말해볼 수 있는 복습 장치를 마련하여 학습 효과를 높였습니다. 핵심 표현을 토대로 한 답변을 통해 종합적으로 연습할 수 있습니다.

파트 1, 2

파트 3, 4

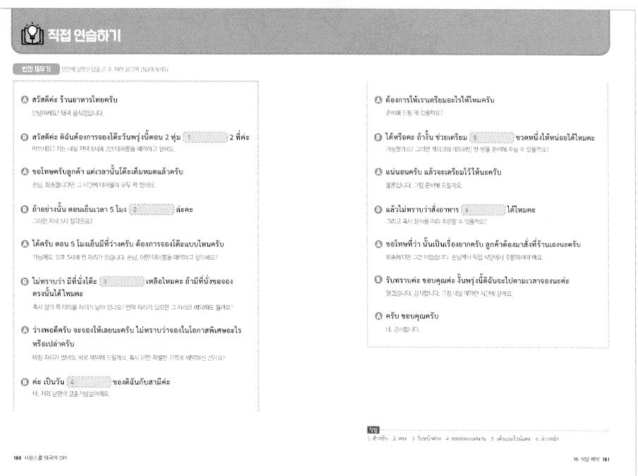

직접 연습하기

자신의 상황에 따라 스크립트를 직접 만들어 볼 수 있으며, 대화 속 주요 표현을 빈칸으로 제공하여 말하기 실력뿐만 아니라 쓰기 실력도 쌓을 수 있습니다.

STEP 4 부록으로 시험 전 완벽 마무리!

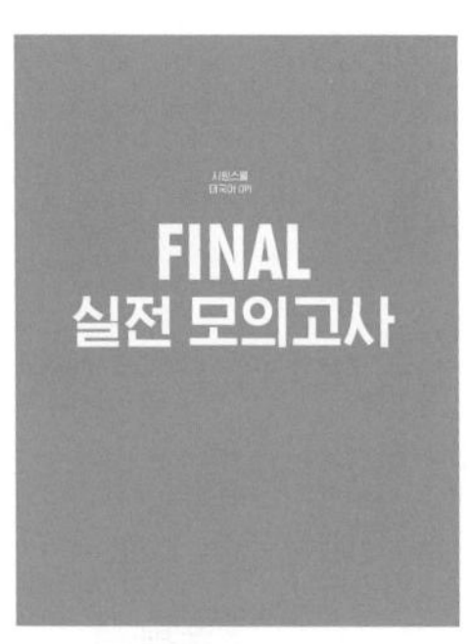

❶ FINAL 실전 모의고사

실제 시험 형식과 유사한 실전 모의고사로 시험 전 최종 테스트할 수 있습니다.

❷ 주제별 만능 답변 TOP10 PDF

시험 전 빠르게 점검할 수 있는 주제별 핵심 표현을 정리하였습니다.

도서 내 MP3 음원 및 부록 PDF 파일은 시원스쿨 태국어(thai.siwonschool.com) 홈페이지 접속 > 학습 지원센터 > 공부자료실 > 도서명으로 검색하여 다운로드 가능합니다.

학습 플랜

4주 완성 플랜

기초부터 탄탄하게! 목표 레벨도 뛰어넘을 수 있는 고득점 보장 정석 플랜입니다.

1일차	2일차	3일차	4일차	5일차
1, 2과	3, 4과	5, 6과	7, 8과	1~8과 복습
학습일 /	학습일 /	학습일 /	학습일 /	학습일 /
학습 확인 □	학습 확인 □	학습 확인 □	학습 확인 □	학습 확인 □
6일차	7일차	8일차	9일차	10일차
9, 10과	11, 12과	13, 14과	15, 16과	9~16과 복습
학습일 /	학습일 /	학습일 /	학습일 /	학습일 /
학습 확인 □	학습 확인 □	학습 확인 □	학습 확인 □	학습 확인 □
11일차	12일차	13일차	14일차	15일차
17, 18과	19, 20과	21, 22과	23, 24과	17~24과 복습
학습일 /	학습일 /	학습일 /	학습일 /	학습일 /
학습 확인 □	학습 확인 □	학습 확인 □	학습 확인 □	학습 확인 □
16일차	17일차	18일차	19일차	20일차
25, 26과	27, 28과	29, 30과	25~30과 복습	실전 모의고사
학습일 /	학습일 /	학습일 /	학습일 /	학습일 /
학습 확인 □	학습 확인 □	학습 확인 □	학습 확인 □	학습 확인 □

2주 완성 플랜

빠른 합격이 목표! 핵심 어휘와 패턴만을 집어서 속성으로 학습하는 필승 플랜입니다.

1일차	2일차	3일차	4일차	5일차	6일차	7일차
OPI 소개 1과	2~3과	4~6과	7~9과	10~12과	13~15과	1~15과 복습
학습일 /	학습일 /	학습일 /	학습일 /	학습일 /	학습일 /	학습일 /
학습 확인 □	학습 확인 □	학습 확인 □	학습 확인 □	학습 확인 □	학습 확인 □	학습 확인 □
8일차	**9일차**	**10일차**	**11일차**	**12일차**	**13일차**	**14일차**
16~18과	19~21과	22~24과	25~27과	28~30과	16~30과 복습	실전 모의고사
학습일 /	학습일 /	학습일 /	학습일 /	학습일 /	학습일 /	학습일 /
학습 확인 □	학습 확인 □	학습 확인 □	학습 확인 □	학습 확인 □	학습 확인 □	학습 확인 □

목차

PART 03 롤플레잉 및 시사 이슈 논하기

PART 04 대화 마무리하기

부록

Part 01

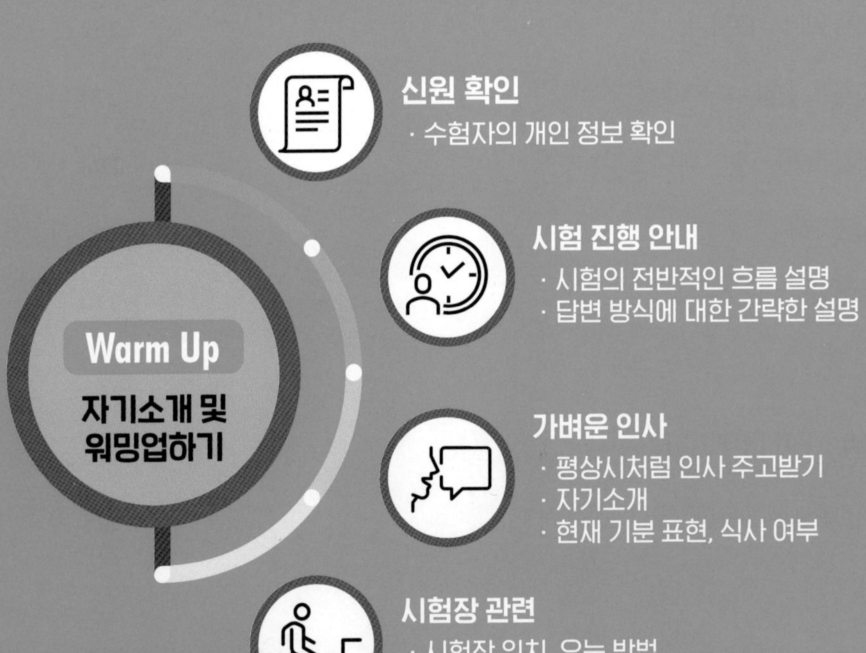
Warm Up
자기소개 및 워밍업하기
신원 확인
· 수험자의 개인 정보 확인
시험 진행 안내
· 시험의 전반적인 흐름 설명
· 답변 방식에 대한 간략한 설명
가벼운 인사
· 평상시처럼 인사 주고받기
· 자기소개
· 현재 기분 표현, 식사 여부
시험장 관련
· 시험장 위치, 오는 방법
· 시험장 내부 사물 묘사

본격적인 시험에 들어가기 앞서
간단히 워밍업하는 파트입니다.
대화의 난이도는 평이한 수준으로,
수험자가 가볍게 긴장을 풀고
본격적으로 시험을 시작할 수 있도록
확인 및 준비하는 단계입니다.
평소에 대화하듯 자연스럽게
대화를 주고받으며 편안한
분위기를 조성할 수 있습니다.

บทที่

01 자기소개

"สวัสดีค่ะ"

안녕하세요?

대비 전략

태국어 OPI 시험에서 면접관과 통화가 연결되면, 본격적인 대화를 시작하기에 앞서 면접관은 가장 먼저 수험자의 이름을 확인하고 자기소개를 요청합니다. 가벼운 인사, 이름 확인, 직업 유무, 결혼 여부 등 수험자에 대한 가장 기본적인 질문으로 시작됩니다. 간단한 부분이니 긴장을 풀고 편안하게 대답하는 것이 중요합니다.

빈출 질문

Q1 인사말 **สวัสดีค่ะ** 안녕하세요?

Q2 이름 확인 **คุณ OOO ใช่ไหมครับ** OOO 님 맞나요?

Q3 직업 유무 **ปัจจุบันคุณทำอาชีพอะไรคะ** 현재 어떤 일을 하나요?

Q4 결혼 여부 **แต่งงานหรือยังครับ** 결혼했나요?

답변 구조 & 핵심 표현

สวัสดีตอน 시간대 좋은 시간대 입니다.

สวัสดีตอนเช้า 좋은 아침입니다.

สวัสดีตอนบ่าย 좋은 오후입니다.

ผม/ดิฉันชื่อ 이름 **นามสกุล** 성 **ครับ/ค่ะ** 제 이름은 이름 이고 성은 성 이에요.

ผมชื่อชีวอน**นามสกุล**คิม**ครับ** 제 이름은 '시원'이고 성은 '김'이에요.

ดิฉันชื่อจียอน**นามสกุล**ลี**ค่ะ** 제 이름은 '지연'이고 성은 '이'예요.

ปัจจุบันนี้ผม/ดิฉันเป็น 학생·직장인… **ครับ/ค่ะ** 저는 현재 학생·직장인… 입니다.

ปัจจุบันผมเป็นนักศึกษาชั้นปีที่ 3 **ครับ** 저는 현재 대학생 3학년입니다.

ปัจจุบันดิฉันเป็นพนักงานบริษัทมา 5 ปีแล้ว**ค่ะ** 저는 현재 5년차 직장인입니다.

ผม/ดิฉัน 결혼 여부 **ครับ/ค่ะ** 저는 결혼 여부 입니다.

ผมแต่งงาน**ครับ** 저는 결혼했어요.

ดิฉันยังไม่ได้แต่งงาน**ค่ะ** 저는 아직 결혼하지 않았어요.

빈출 표현 익히기

Track 01-01

인사말	สวัสดีค่ะ 안녕하세요?★	ยินดีที่ได้รู้จักค่ะ 만나서 반갑습니다.★
	สวัสดีตอนเช้า(=อรุณสวัสดิ์) 좋은 아침입니다.	ขอฝากเนื้อฝากตัวด้วย 잘 부탁드립니다.

이름	ชื่อ 이름★	นามสกุล 성씨, 성★
	ชื่อเล่น 별명★	ชื่อไทย 태국 이름
	ชื่อสกุล 성명	ชื่อจริง 본명, 실명

직업·학교	นักเรียน 학생★	พนักงาน 직장인★
	นักศึกษา 대학생★	นักศึกษาบัณฑิตวิทยาลัย 대학원생★
	ชั้นปี 학년★	ประจำปี 연차
	การพักการเรียน 휴학	การพักงาน 휴직

결혼 여부	แต่งงาน 결혼하다★	โสด(=ไม่แต่งงาน) 싱글이다★
	มีแฟน 애인이 있다★	อยู่คนเดียว 혼자 살다
	ลูกชาย 아들	ลูกสาว 딸

OPI 빈출 문제

❶ 인사말

시험이 시작되고 통화가 연결되면 면접관과 수험자는 우선 간단한 인사를 나눕니다. 가장 기본적인 인사 표현부터 분위기를 가볍게 풀 수 있는 인사말까지 두루 학습해 보고, 시험 뿐만 아니라 일상 생활에서도 대화의 활기를 더할 수 있는 다양한 인사 표현을 익혀 둡시다.

실전 트레이닝

Track 01-02

สวัสดีค่ะ 안녕하세요?

답변하기

모범 답변 보기

IL ครับ สวัสดีครับ

네. 안녕하세요?

IM ครับ สวัสดีครับ อรุณสวัสดิ์ครับ ยินดีที่ได้รู้จักครับ

네. 안녕하세요? 좋은 아침이에요. 만나서 반갑습니다.

IM ครับ อาจารย์ สวัสดีครับ ขอฝากเนื้อฝากตัวด้วยครับ

네. 선생님, 안녕하세요? 잘 부탁드립니다.

돌발상황! **면접관은 이렇게 질문할 수 있어요!**

ช่วยแนะนำตัวเองหน่อยค่ะ

자기소개를 해 주세요.

❷ 이름 확인

간단한 인사를 마친 후 면접관은 가장 먼저 수험자의 이름을 확인합니다. 올바른 수험자에게 연결되었는지 확인하려는 목적입니다. 긍정으로 짧게 대답해도 되고, 태국어나 한국어로 다시 한번 이름을 언급하거나 태국에서는 흔히 쓰이는 별명으로 자신을 소개하는 것도 좋습니다.

실전 트레이닝

Track 01-03

คุณ OOO ใช่ไหมครับ OOO 님 맞나요?

답변하기

모범 답변 보기

IL ค่ะ ใช่ค่ะ

네. 맞습니다.

IM ครับ ผมชื่อชีวอนนามสกุลคิม ชื่อเล่นชื่อธันวาครับ

네. 제 이름은 '시원'이고 성은 '김'입니다. 별명은 '탄와'예요.

IM ใช่ค่ะ ชื่อจริงชื่อจียอน นามสกุลพัก เพื่อนคนไทยเรียกดิฉันว่ามะนาวค่ะ

맞습니다. 본명은 '지연'이고 성은 '박'입니다. 태국인 친구들은 저를 '마나우'라고 불러요.

돌발상황! 면접관은 이렇게 질문할 수 있어요!

ขอทราบชื่อคุณหน่อยได้ไหมครับ

당신의 이름을 좀 알 수 있을까요?

단어 ธันวา 12월(탄와) | เรียก 부르다 | มะนาว 라임(마나우)

OPI 빈출 문제

③ 직업 유무

수험자는 본인이 학생인지, 직업을 가지고 있는지 등 자신의 현재 직업 유무를 언급하며 자기소개를 할 수 있습니다. 학생인 경우에는 대학교와 학과에 대해 간략하게 소개하고, 직장인이나 그 밖의 경우에는 직장명이나 본인이 하는 일을 말하면 됩니다. 구체적인 내용은 파트2의 직업 및 학교·전공 관련 소개에서 학습해 봅시다.

실전 트레이닝

Track 01-04

ปัจจุบันคุณทำอาชีพอะไรคะ 현재 직업을 가지고 있나요?

답변하기

모범 답변 보기

IL ผมเป็นนักศึกษาครับ เรียนที่มหาวิทยาลัยฮันกุกชั้นปีที่ 3 ครับ

저는 학생입니다. 한국대학교에 다니고 있어요. 3학년입니다.

IM ผมเพิ่งจบการศึกษาเมื่อไม่นานมานี้ ตอนนี้ กำลังเรียนใบรับรองมัคคุเทศก์ เพราะอยากเป็นไกด์ภาษาไทย แล้วจะหางานทำเกี่ยวข้องครับ

저는 얼마 전에 대학교를 졸업했어요. 태국어 가이드가 되고 싶어서 관광 안내사 자격증 취득을 위해 공부하는 중이고, 관련 분야로 취업할 예정입니다.

IM มีครับ ปัจจุบันผมทำงานในบริษัทเกี่ยวกับโลจิสติกส์ที่ใช้ภาษาไทยครับ หลังจากจบการศึกษาแล้วผมก็ได้งานทำทันที จนถึงตอนนี้ผมทำงานเป็นตัวแทนได้ 4 ปีแล้วครับ

네. 저는 현재 태국어를 활용하는 물류 관련 회사에 다니고 있습니다. 졸업한 후에 바로 취업해서 현재 대리 4년차입니다.

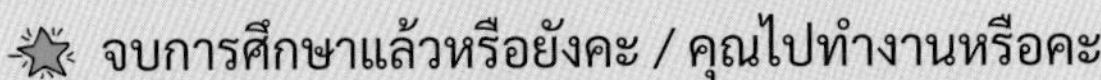

돌발상황! 면접관은 이렇게 질문할 수 있어요!

จบการศึกษาแล้วหรือยังคะ / คุณไปทำงานหรือคะ

졸업했나요? / 직장에 다니나요?

단어 จบการศึกษา 졸업하다 | มัคคุเทศก์(=ไกด์) 관광 안내사, 가이드 | เกี่ยวข้อง 분야 | ได้งานทำ(=หางานทำ) 취업하다 | โลจิสติกส์ 물류 | ตัวแทน 대리

④ 결혼 여부

수험자는 자신의 결혼 여부나 자녀, 부모님 등 가족 구성원에 대해 말할 수 있도록 연습합니다. 아직 결혼하지 않았다면 애인이 있는지 물어볼 수도 있습니다. 결혼한 경우 자녀에 대한 질문에 답하게 된다면 12세 미만인 경우에는 'ปี' 대신 'ขวบ'을 사용한다는 것을 유념합시다. 구체적인 내용은 파트2의 가족 소개에서 학습해 봅시다.

실전 트레이닝

Track 01-05

แต่งงานหรือยังครับ 결혼했나요?

답변하기

모범 답변 보기

IL ค่ะ ดิฉันแต่งงานแล้วค่ะ

네. 저는 결혼했어요.

IM ยังไม่ได้แต่งงานค่ะ ดิฉันอาศัยอยู่กับคุณพ่อคุณแม่ที่กรุงโซล แต่ดิฉันมีแฟน เราคบกันมาได้ 1 ปีแล้ว กำลังวางแผนว่าจะแต่งงานกันต้นปีหน้าค่ะ

아직 결혼하지 않았어요. 저는 부모님과 함께 서울에서 살고 있어요. 하지만 사귄 지 약 1년 정도 된 애인이 있는데, 내년 초에 결혼할 계획이에요.

IM ดิฉันแต่งงานเมื่อ 6 ปีที่แล้วค่ะ มีลูก 2 คน ลูกชายคนแรกอายุ 4 ขวบ ตอนนี้เข้าโรงเรียนอนุบาล ส่วนคนที่สองเป็นลูกสาวอายุแค่ 8 เดือนเองค่ะ

저는 6년 전에 결혼했어요. 아이는 두 명 있는데, 첫째 아들은 4살이고 지금 유치원에 다녀요. 둘째는 딸인데 8개월밖에 안 됐어요.

돌발상황! 면접관은 이렇게 질문할 수 있어요!

มีครอบครัวหรือยังครับ

가족이 있나요?(결혼하셨어요?)

단어 อาศัย 살다, 거주하다 | คบ(=คบหา) 사귀다 | วางแผน 계획을 세우다 | คนโต(=คนแรก) 첫째 | โรงเรียนอนุบาล 유치원 | ส่วน 한편 | คนที่สอง 둘째

예시 미리보기

완벽 예시 다음 제시된 예시 상황을 참고하여 예상 대화를 미리 살펴보세요.

✓ 이름: 김시원
✓ 직업 유무: 물류 관련 회사에 다니는 중
✓ 결혼 여부: 2년 전에 결혼했고, 자녀는 없음

인사말	Q: สวัสดีค่ะ 안녕하세요? A: ครับ สวัสดีครับ อรุณสวัสดิ์ครับ 네. 안녕하세요? 좋은 아침입니다.
이름 확인	Q: คุณคิมชีวอนใช่ไหมคะ 김시원 님 맞나요? A: ใช่ครับ ผมชื่อจริงชื่อชีวอน นามสกุลคิมครับ 맞습니다. 제 이름은 '시원'이고, 성은 '김'이에요.
직업 유무	Q: ปัจจุบันคุณทำอาชีพอะไรคะ 현재 직업을 가지고 있나요? A: มีค่ะ ปัจจุบันดิฉันทำงานในบริษัทเกี่ยวกับโลจิสติกส์ที่ใช้ภาษาไทยค่ะ ปัจจุบันนี้ ผมทำงานเป็นตัวแทนได้ 4 ปีแล้วครับ 네. 저는 현재 태국어를 활용하는 물류 관련 회사에 다니고 있습니다. 현재 대리 4년차입니다.
결혼 여부	Q: คุณแต่งงานหรือยังคะ 당신은 결혼을 했나요? 아직인가요? A: ครับ ผมแต่งงานเมื่อ 2 ปีที่แล้ว และยังไม่มีลูกครับ 네. 2년 전에 결혼했고 아직 자녀는 없습니다.

IL Target

완벽 IL 예시 세부 질문별 대답을 연결하면 자연스러운 서술형 대답이 가능합니다. Track 01-06

สวัสดีค่ะ ดิฉันชื่อจียอนนามสกุลพัก ชื่อเล่นชื่อมะนาวค่ะ
ดิฉันเพิ่งจบการศึกษาไม่นานนี้ ตอนนี้กำลังเรียนเพื่อสอบเอาใบรับรองมัคคุเทศก์
เพราะอยากเป็นไกด์ภาษาไทย จากนั้นจะหางานในสาขานั้นทำค่ะ
ดิฉันยังไม่ได้แต่งงาน ตอนนี้อยู่กับคุณพ่อคุณแม่ แต่ดิฉันมีแฟนค่ะ เราคบกันมาได้ 1 ปีแล้ว กำลังวางแผนว่าจะแต่งงานกันต้นปีหน้าค่ะ

안녕하세요? 제 이름은 '지연'이고, 성은 '박'이에요. 별명은 '마나우'예요.
저는 얼마 전에 대학교를 졸업했어요. 태국어 가이드가 되고 싶어서 관광 안내사 자격증 취득을 위해 공부하는 중이고, 관련 분야로 취업할 예정입니다. 저는 결혼하지 않았고 지금 부모님과 함께 살고 있어요. 하지만 사귄 지 약 1년 정도 된 애인이 있는데, 내년 초에 결혼할 계획이에요.

자기소개와 관련된 내용은 가장 기본적인 부분이며 전체적인 시험의 분위기를 결정지을 수 있는 요소입니다. 따라서 시험 초반이라 다소 긴장될 수 있지만 지인과 편하게 대화를 나눈다는 마음가짐으로 적극적이고 편한 자세로 임하는 것이 좋습니다. 뿐만 아니라 자신을 표현할 수 있는 특별한 자기소개를 한다면 더욱 좋은 분위기에서 시험이 시작될 수 있습니다.

IM Target

완벽 IM 예시 IL 예시에서 부연 설명을 추가하면 IM 수준의 답변을 할 수 있습니다. Track 01-07

สวัสดีครับ ผมชื่อจริงชื่อชีวอนนามสกุลคิม เรียกผมว่าธันวาก็ได้ครับ ผมอายุ 35 ปีอาศัยอยู่ในกรุงโซลครับ

ผมจบการศึกษาจากมหาวิทยาลัยฮันกุก ผมเรียนใบรับรองมัคคุเทศก์เพื่อให้ได้งานทำในที่บริษัทที่ใช้เกี่ยวกับภาษาไทยครับ หลังจากจบการศึกษาแล้วผมก็ได้งานทำทันทีครับ จนถึงตอนนี้ผมทำงานเป็นตัวแทนได้ 3 ปีแล้วครับ

ผมแต่งงานเมื่อ 2 ปีที่แล้ว อาศัยอยู่กับภรรยา และลูกชาย 1 คน ในอนาคตผมอยากมีลูกสาวสักคนครับ ขอบคุณครับ

안녕하세요? 만나서 반갑습니다.

제 본명은 '시원'이고, 성은 '김'이에요. 저를 '탄와'라고 부르셔도 돼요. 저는 35살이고 현재 서울에 살고 있어요.

저는 한국대학교를 졸업했고 태국어 관련 회사에 취업하기 위해 관광 안내사 자격증 공부를 했어요. 졸업 후 바로 취직하게 되어 지금은 대리 3년차입니다.

저는 2년 전에 결혼하여 아내와 아들 한 명과 같이 살고 있어요. 앞으로 딸을 한 명쯤 갖고 싶어요.

감사합니다.

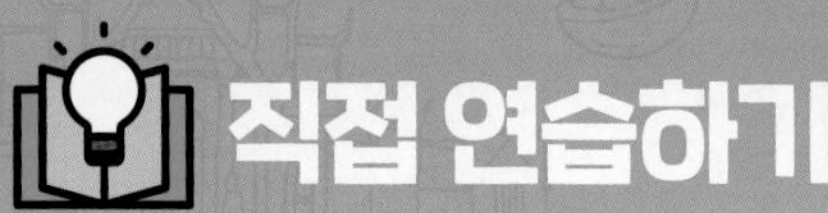

직접 연습하기

나만의 답변 한 줄 정리 자신의 상황에 맞게 답변을 정리해 보세요.

인사말

이름 확인

직업 유무

결혼 여부

나만의 스크립트 만들기 정리한 내용을 토대로 자신만의 답변을 만들어 보세요.

인사말	Q: สวัสดีค่ะ A:
이름 확인	Q: คุณ OOO ใช่ไหมคะ A:
직업 유무	Q: ปัจจุบันคุณทำอาชีพอะไรคะ A:
결혼 여부	Q: แต่งงานหรือยังคคะ A:

บทที่

02 오는 길 및 시험장 묘사

“ตอนนี้อยู่ที่ไหนคะ”

지금 어디에 있나요?

대비 전략

수험자의 이름을 확인한 후, 면접관은 수험자의 현재 위치, 시험장 위치, 시험장까지 오는 길, 그리고 시험장 안에 있는 사물들을 이야기해 보라고 요청할 수 있습니다. 수험자는 시험장의 위치 및 출발지에서 시험장까지 가는 경로, 시험장에 있는 사물들을 미리 파악하여 답변을 대비해 봅시다.

빈출 질문

Q1	수험자의 현재 위치	**ตอนนี้อยู่ที่ไหนคะ** 지금 어디에 있나요?
Q2	시험장 위치	**ห้องสอบอยู่ที่ไหนครับ** 시험장은 어디에 있나요?
Q3	이용 교통수단	**วันนี้มาสถานที่สอบยังไงคะ** 오늘 시험장에 어떻게 왔나요?
Q4	시험장 내부 묘사	**ในห้องสอบมีอะไรบ้างครับ** 시험장 안에는 무엇이 있나요?

답변 구조 & 핵심 표현

ตอนนี้ผม/ดิฉันอยู่ที่ 장소 ครับ/ค่ะ 저는 지금 장소 에 있어요.

ตอนนี้ผมอยู่ที่ห้องสอบครับ 저는 지금 시험장에 있어요.
ตอนนี้ดิฉันอยู่ที่ห้องประชุมของบริษัทค่ะ 저는 지금 회사 회의실에 있어요.

ห้องสอบอยู่ที่ 위치 시험장은 위치 에 있어요.

ห้องสอบอยู่ที่เมืองซูวอน 시험장은 수원에 있어요.
ห้องสอบอยู่ที่เขตคังนัม 시험장은 강남구에 있어요.

วันนี้ผม/ดิฉันขึ้น 교통수단 มาครับ/ค่ะ 저는 오늘 교통수단 으로 왔어요.

วันนี้ผมนั่งรถไฟใต้ดินมาครับ 저는 오늘 지하철을 타고 왔어요.
วันนี้ดิฉันขับรถยนต์ส่วนตัวมาค่ะ 저는 오늘 자차로 운전해서 왔어요.

ในห้องสอบมี 사물 시험장에는 사물 이 있어요.

ในห้องสอบมีโทรศัพท์ 시험장에는 전화기가 있어요.
ในห้องสอบมีคอมพิวเตอร์ 시험장에는 컴퓨터가 있어요.

빈출 표현 익히기

Track 02-01

주요 시험 장소	ห้องสอบ 시험장★	ห้องเรียน 교실★
	สำนักงาน 사무실	ห้องประชุม 회의실

위치 · 지역	กรุงโซล 서울★	ต่างจังหวัด 지방★
	เขตคังนัม 강남구★	จังหวัดคยองกี 경기도★
	ทางใต้ของกรุงโซล 서울의 남쪽	ทางเหนือของกรุงโซล 서울의 북쪽
	ในเมือง 시내	ชานเมือง 시외

교통 수단	นั่งรถไฟใต้ดินมา 지하철을 타고 오다★	นั่งรถเมล์มา 버스를 타고 오다★
	ขึ้นแท็กซี่มา 택시를 타고 오다★	ขับรถส่วนตัวมา 자차를 타고 오다★
	เดินมา 걸어오다	ปั่นจักรยาน 자전거를 타다
	ขี่สกู๊ตเตอร์ไฟฟ้า 전동 킥보드를 타다	ขี่จักรยานยนต์ 오토바이를 타다
	เพื่อนมาส่ง 친구가 배웅해 주다	นั่งเคทีเอกซ์มา KTX를 타고 오다

시험장 내 사물	โทรศัพท์ 전화기★	โต๊ะ 책상, 테이블★
	เก้าอี้ 의자★	กระดาษ 종이★
	คอมพิวเตอร์ 컴퓨터★	เครื่องปรับอากาศ 에어컨★
	โปรเจคเตอร์ 프로젝터	นาฬิกาแขวน 벽시계
	เครื่องถ่ายเอกสาร 복사기	กระดาน 칠판
	เครื่องชงกาแฟ 커피 머신	หูฟัง 헤드셋

OPI 빈출 문제

❶ 수험자의 현재 위치

면접관은 수험자의 자기소개를 통해 수험자가 특정 국가에 있다는 정보를 알고 있기 때문에 해당 국가 중에서도 OPI 시험을 응시하고 있는 현재는 구체적으로 어느 지역에 있는지 질문합니다. 따라서 시험에 응시하기 전에 시험 장소를 태국어로 말할 수 있도록 미리 준비해 두어야 합니다.

실전 트레이닝

Track 02-02

ตอนนี้อยู่ที่ไหนคะ 지금 어디에 있나요?

답변하기

모범 답변 보기

IL ตอนนี้ผมอยู่ในห้องสอบครับ

저는 지금 시험장 안에 있습니다.

IM ตอนนี้ผมอยู่ที่ศูนย์สอบทางการ OPI ในเขตคังนัม กรุงโซลครับ

저는 지금 OPI 공식 시험 장소인 서울 강남구 시험장에 있습니다.

IM ตอนนี้ผมอยู่ที่สำนักงานของบริษัทในเขตชุงมูโรครับ บริษัทอนุญาตให้ใช้ห้องประชุมของบริษัทเป็นห้องสอบได้ครับ

저는 충무로에 있는 회사의 사무실에 있습니다. 회사 회의실을 시험장으로 이용할 수 있도록 회사에서 허락했습니다.

돌발상황! 면접관은 이렇게 질문할 수 있어요!

ตอนนี้อยู่แถวไหนคะ

지금 어디 근처에 있나요?

단어 ศูนย์ 센터 | ทางการ 공식 | อนุญาต 허락하다 | แถว 근처

❷ 시험장 위치

해당 시험장이 구체적으로 어느 지역에 위치하고 있는지 설명할 수 있어야 하며 수험자의 출발지에서 시험장까지 대략 얼마나 걸리는지, 가까운 편인지, 먼 편인지 구체적으로 대답하는 것이 좋습니다. 각자의 상황에 따라 다르므로 자신의 경우에 어떻게 답변을 해야 할지 미리 준비해 봅시다.

실전 트레이닝

Track 02-03

ห้องสอบอยู่ที่ไหนครับ 시험장은 어디에 있나요?

답변하기

모범 답변 보기

IL **ห้องสอบอยู่ใกล้สถานีรถไฟใต้ดินคังนัมใจกลางกรุงโซลค่ะ**

시험장은 서울의 중심지인 강남 지하철역 근처에 있습니다.

IM **ห้องสอบอยู่ในอาคารย่อยชื่อซงจึแคมปัส เป็นศูนย์การศึกษาโอปิกเขตคังนัมค่ะ เดินออกจากทางออก 1 ของสถานีคังนัมถึงศูนย์สอบใช้เวลาแค่ 1 นาทีค่ะ**

시험장은 쏭즈캠퍼스 별관에 있으며 강남구 오픽교육센터예요. 강남역 1번 출구에서 나와서 시험장까지 단 1분 밖에 안 걸려요.

IM **ทั้งห้องสอบและห้องเรียนอยู่ในบริษัทที่ดิฉันทำงานอยู่ซึ่งตั้งอยู่ในเมืองซูวอน จังหวัดคยองกี ทางใต้ของกรุงโซลค่ะ เมืองนี้อยู่ห่างจากกรุงโซลประมาณ 40 กิโลเมตรค่ะ**

시험장은 제가 일하는 회사이며 서울 남쪽인 경기도 수원에 위치합니다. 수원은 서울에서 약 40킬로미터 떨어져 있습니다.

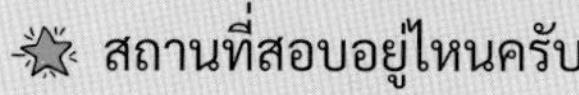

돌발상황! 면접관은 이렇게 질문할 수 있어요!

สถานที่สอบอยู่ไหนครับ
시험 장소는 어디인가요?

단어 ใจกลาง 중심지 | อาคารย่อย 별관 | การศึกษา 교육 | เดินทาง 출발하다 | ตั้งอยู่ 위치하다 | ทางใต้ 남쪽 | อยู่ห่างจาก ~에서 떨어져 있다

OPI 빈출 문제

③ 이용 교통수단

초반의 어색한 분위기를 풀기 위해 면접관이 가볍게 물어볼 수 있는 질문입니다. 시험장까지 어떻게 왔는지 이용한 교통수단이나 소요 시간 등을 대답하면 됩니다. 응시하기 전에 본인이 이용할 교통수단에 대해 미리 알아보고, 출발 지점부터 시험장까지의 이동 경로를 태국어로 기억해 두는 것이 좋습니다. 참고로 교통수단에 따라 함께 쓰이는 동사가 다르므로 유의하여 기억해 둡시다.

실전 트레이닝

Track 02-04

วันนี้มาสถานที่สอบยังไงคะ 오늘 시험장에 어떻게 왔나요?

답변하기

모범 답변 보기

IL **วันนี้ผมนั่งรถไฟใต้ดินแล้วก็ต่อรถเมล์มาครับ**

저는 오늘 지하철을 탄 후 버스로 갈아타서 왔어요.

IM **ผมขับรถมาเองครับ จากบ้านถึงสถานที่สอบใช้เวลาประมาณ 35 นาทีครับ**

제가 직접 운전해서 왔어요. 집에서 시험 장소까지 35분 정도 걸렸어요.

IM **เดิมทีวางแผนว่าจะนั่งรถเมล์มาสถานที่สอบครับ แต่วันนี้ตื่นสายก็เลยขึ้นแท็กซี่มาแทน ใช้เวลาไม่นานประมาณ 15 นาทีเท่านั้นเองครับ**

원래는 버스를 타고 시험장에 오려고 계획했는데 오늘 좀 늦게 일어나서 대신 택시를 타고 왔습니다.
15분 만에 와서 오래 걸리지는 않았어요.

돌발상황! 면접관은 이렇게 질문할 수 있어요!

จากบ้านมาถึงห้องสอบ ใช้เวลานานเท่าไรคะ
집에서 시험장까지 얼마나 걸리나요?

단어 สถานที่ 장소 | ต่อ 갈아타다 | เดิมที 원래 | ว่าจะ ~(으)려고 하다 | ตื่นสาย 늦게 일어나다 | แทน 대신 | เท่านั้นเอง 단지 ~일 뿐이다

④ 시험장 내부 묘사

면접관은 수험자에게 시험장의 위치나 오는 길에 대한 질문을 마친 후에 추가로 시험장 내부에 무엇이 있는지 질문합니다. 이 질문은 수험자의 어휘력을 테스트하는 질문으로, 시험장 안에 있을 만한 사물의 어휘를 미리 숙지해야 하고, 뿐만 아니라 이를 구체적으로 수식하는 표현도 생각해 두면 좋습니다.

실전 트레이닝

Track 02-05

ในห้องสอบมีอะไรบ้างครับ 시험장 안에는 무엇이 있나요?

답변하기

모범 답변 보기

IL **ในห้องสอบมีโทรศัพท์ 1 เครื่อง โต๊ะ 2 ตัว เก้าอี้ 4 ตัว และกระดานค่ะ**

시험장 안에는 전화기 1대, 책상 2개, 의자 4개 그리고 칠판이 있습니다.

IM **ในห้องสอบที่บริษัทของดิฉันมีคอมพิวเตอร์กับโปรเจคเตอร์อย่างละเครื่อง กระดาษเอสี่ 1 แผ่น ดินสอ 1 แท่ง แล้วก็แก้วน้ำ 1 ใบค่ะ**

저희 회사의 시험장에는 컴퓨터와 프로젝터가 하나씩 있고, A4용지 1장, 연필 1자루, 그리고 물컵 1개가 있습니다.

IM **เท่าที่ดิฉันเห็นในห้องประชุมตอนนี้มีของหลายอย่างค่ะ เช่น โต๊ะประชุมใหญ่ เก้าอี้สีเทา เครื่องถ่ายเอกสาร เครื่องชงกาแฟ เครื่องปรับอากาศ แล้วก็โทรทัศน์ค่ะ**

지금 이 회의실 안에는 여러 가지 물건이 보입니다. 예를 들면, 큰 회의용 테이블, 회색 의자, 복사기, 커피 머신, 에어컨, 그리고 텔레비전이 있습니다.

돌발상황! 면접관은 이렇게 질문할 수 있어요!

ช่วยบอกได้ไหมครับว่าในห้องสอบมีอะไรบ้างครับ
시험장 안에 무엇이 있는지 말해 주실래요?

단어 เครื่อง 대(기계·기기 등을 세는 유별사) | กระดาษเอสี่ A4용지 | แผ่น 장(종이·판 등 얇고 편편한 것을 세는 유별사) | แท่ง 자루(긴 물체를 세는 유별사) | แก้วน้ำ 물컵 | ใบ 잔(빈 컵) | เท่าที่ ~만큼 | เห็น 보이다 | หลายอย่าง 여러 가지 | เช่น 예를 들어 | สีเทา 회색 | โทรทัศน์ 텔레비전

예시 미리보기

완벽 예시 다음 제시된 예시 상황을 참고하여 예상 대화를 미리 살펴보세요.

- ✓ 수험자의 현재 위치: 시험장 안
- ✓ 시험장 위치: 서울 강남구 오픽교육센터
- ✓ 이용 교통수단: 지하철을 이용한 후 버스로 갈아탐
- ✓ 시험장 묘사: 전화기 1대, 책상 3개, 에어컨

수험자의 현재 위치	Q: **ตอนนี้อยู่ที่ไหนครับ** 지금 어디에 있나요? A: **ตอนนี้ดิฉันอยู่ในห้องสอบค่ะ** 저는 시험장 안에 있습니다.
시험장 위치	Q: **ห้องสอบอยู่ที่ไหนครับ** 시험장은 어디에 있나요? A: **ห้องสอบอยู่ในอาคารย่อยซงจึแคมปัส เป็นศูนย์การศึกษาโอปิกเขตคังนัมค่ะ** 시험장은 쏭즈캠퍼스 별관에 있으며 강남구 오픽교육센터예요.
이용 교통수단	Q: **วันนี้มาที่ศูนย์สอบยังไงครับ** 오늘 센터에 어떻게 왔나요? A: **วันนี้ดิฉันนั่งรถไฟใต้ดินแล้วก็ต่อรถเมล์มาค่ะ** 저는 지하철을 탄 후 버스로 갈아타서 왔습니다.
시험장 내부 묘사	Q: **ช่วยบอกหน่อยได้ไหมครับว่าในห้องสอบมีอะไรบ้าง** 시험장 안에 무엇이 있는지 말씀해 주세요. A: **ในห้องสอบมีโทรศัพท์ 1 เครื่อง โต๊ะเรียน 3 ตัว แล้วก็เครื่องปรับอากาศค่ะ** 시험장 안에는 전화기 1대, 책상 3개, 그리고 에어컨이 있습니다.

IL Target

완벽 IL 예시 세부 질문별 대답을 연결하면 자연스러운 서술형 대답이 가능합니다. Track 02-06

ตอนนี้ดิฉันอยู่ในห้องสอบค่ะ

ห้องสอบอยู่เขตคังนัมใจกลางกรุงโซลค่ะ วันนี้ดิฉันนั่งรถไฟใต้ดินมาค่ะ

ตอนนี้ในห้องสอบมีโทรศัพท์ 1 เครื่อง โต๊ะ 2 ตัว เก้าอี้ 4 ตัว แล้วก็กระดานค่ะ

저는 지금 시험장 안에 있습니다.
시험장은 서울 중심지 강남에 있으며 저는 오늘 지하철을 타고 왔습니다.
지금 시험장 안에는 전화기 1대, 책상 2개, 의자 4개, 그리고 칠판이 있습니다.

수험장 내부 사물을 묘사할 때는 사물 명칭만 간단히 말하는 것보다 구체적으로 대답하여 다른 수험자들의 답변과 차별성을 두는 것이 좋습니다. 예를 들어 그 사물의 색깔, 모양, 형태 등과 같은 다양한 수식어를 덧붙이거나, 그 물건의 개수까지 함께 말한다면 더욱 높은 점수를 받을 수 있습니다.

완벽 IM 예시 IL 예시에서 부연 설명을 추가하면 IM 수준의 답변을 할 수 있습니다. Track 02-07

ตอนนี้ผมอยู่ในห้องสอบครับ

ห้องสอบตั้งอยู่ในอาคารย่อยซงจึแคมปัส เป็นศูนย์การศึกษาโอปิกในเขตคังนัมครับ ห่างจากสถานีรถไฟฟ้าใต้ดินคังนัมประมาณ 100 เมตรครับ จากบ้านถึงห้องสอบ ผมนั่งรถไฟใต้ดินแล้วต่อด้วยรถเมล์มา ใช้เวลาประมาณ 25 นาทีเท่านั้นเองครับ

เท่าที่ผมเห็นตอนนี้ในห้องสอบมีของหลายอย่างครับ เช่น โทรศัพท์เครื่องหนึ่ง โต๊ะประชุมใหญ่ 2 ตัว เก้าอี้สีเทา 4 ตัว แล้วก็เครื่องปรับอากาศครับ

저는 지금 시험장 안에 있습니다.

시험장은 쏭즈캠퍼스 별관에 있으며 강남역에서 100미터쯤 떨어져 있는 강남구 오픽교육센터에 위치하고 있습니다. 집에서 시험장까지는 지하철을 탄 후 버스로 갈아타서 왔는데, 약 25분 만에 왔습니다.

제가 보기에 지금 시험장 안에는 여러 가지 물건이 있습니다. 예를 들어 전화기 1대, 큰 회의용 테이블 2개, 회색 의자 4개, 그리고 에어컨입니다.

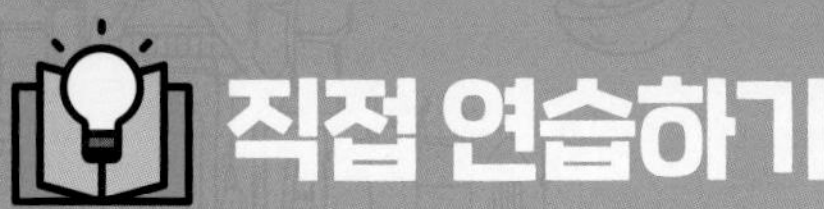

직접 연습하기

나만의 답변 한 줄 정리 자신의 상황에 맞게 답변을 정리해 보세요.

수험자의 현재 위치	
시험장 위치	
이용 교통수단	
시험장 내부 묘사	

나만의 스크립트 만들기 정리한 내용을 토대로 자신만의 답변을 만들어 보세요.

수험자의 현재 위치	Q: ตอนนี้อยู่ที่ไหนคะ
	A:
시험장 위치	Q: ห้องสอบอยู่ที่ไหนคะ
	A:
이용 교통수단	Q: วันนี้มาสถานที่สอบยังไงคะ
	A:
시험장 내부 묘사	Q: ในห้องสอบมีอะไรบ้างคะ
	A:

บทที่

03 기분 표현 및 식사 여부

"วันนี้เป็นยังไงบ้าง สบายดีไหมคะ"

오늘 어때요? 잘 보냈나요?

대비 전략

한국어로 '밥 먹었어요?'나 '어떻게 지냈어요?'와 같이 안부 인사를 주고받는 것처럼 태국어로도 마찬가지로 '**สบายดีไหมคะ**(기분 어때요?)', '**กินข้าวหรือยังคะ**(식사는 했어요?)'와 같은 간단한 인사를 건네며 안부를 묻습니다. 본격적으로 시험에 들어가기 전 수험자의 긴장을 풀어주기 위한 질문이니 가볍고 편안하게 대답할 수 있도록 준비합니다.

빈출 질문

Q1 현재 기분 및 상태 **วันนี้เป็นยังไงบ้าง สบายดีไหมคะ** 오늘 어때요? 잘 보냈나요?

Q2 식사 여부 **ทานข้าวหรือยังครับ** 식사했나요?

Q3 식사 메뉴 **เช้านี้ทานอะไรมาคะ** 아침에 무엇을 먹고 왔나요?

Q4 식사 장소 및 대상 **ทานที่ไหนกับใครครับ** 어디서 누구와 식사했나요?

답변 구조 & 핵심 표현

ตอนนี้ผม/ดิฉันรู้สึก 기분·상태 ครับ/ค่ะ 저는 지금 기분·상태 해요.

ตอนนี้ผมรู้สึกตื่นเต้นครับ 저는 지금 긴장돼요.
ตอนนี้ดิฉันรู้สึกไม่สบายค่ะ 저는 지금 몸이 안 좋아요.

ปกติผม/ดิฉัน 식사 여부 ครับ/ค่ะ 저는 보통 식사 여부 해요.

ปกติผมทานมื้อเช้าครับ 저는 보통 아침 식사를 해요.
ปกติดิฉันไม่ทานมื้อเช้าค่ะ 저는 보통 아침 식사를 하지 않아요.

เช้านี้ผม/ดิฉันทาน 음식·음료 มาครับ/ค่ะ 저는 아침에 음식·음료 를 먹고 왔어요.

เช้านี้ผมทานขนมปังมาครับ 저는 아침에 빵을 먹고 왔어요.
เช้านี้ดิฉันทานกาแฟมาค่ะ 저는 아침에 커피를 먹고 왔어요.

ผม/ดิฉันทานข้าวที่ 장소 ครับ/ค่ะ 저는 오늘 장소 에서 밥을 먹었어요.

ผมทานข้าวที่บ้านครับ 저는 오늘 집에서 밥을 먹었어요.
ดิฉันทานข้าวที่ร้านอาหารข้างบ้านค่ะ 저는 오늘 집 근처 식당에서 밥을 먹었어요.

빈출 표현 익히기

Track 03-01

기분·상태	กังวล 걱정하다★	ตื่นเต้น 긴장하다★
	นอนไม่หลับ 잠이 안 오다★	เรื่อย ๆ 그저 그렇다★
	ไม่สบาย 몸이 아프다	ง่วงนอน 졸리다
	อารมณ์ดี 기분이 좋다	สบายดี 편안하다

끼니	มื้อ 끼니★	อาหารเช้า 아침 식사★
	อาหารกลางวัน 점심 식사	อาหารว่าง 간식

음료·음식	กาแฟ 커피★	ขนมปังปิ้ง 토스트★
	ข้าวห่อสาหร่าย 김밥★	ข้าวยำเกาหลี 비빔밥★
	ข้าวผัด 볶음밥	ไข่ต้ม 삶은 달걀

식사 장소	บ้าน 집★	โรงอาหารของบริษัท 구내 식당★
	ร้านอาหารข้างบ้าน 집 근처 식당★	ร้านสะดวกซื้อ 편의점
	ภัตตาคาร 레스토랑	ฟู้ดคอร์ท 푸드코트
	ร้านอาหารจีน 중국집	ร้านกาแฟ 카페

OPI 빈출 문제

① 현재 기분 및 상태

이 질문은 가볍게 인사를 나누는 것과 같습니다. 수험자가 너무 긴장하지 않고 편안하게 시험에 응시할 수 있도록 긴장을 풀어주기 위해 하는 질문이기 때문에 수험자는 현재 기분이나 상태에 대한 대답과 함께 면접관에게도 되물어 보며 분위기를 편안하게 조성하는 것이 좋습니다.

실전 트레이닝

Track 03-02

วันนี้เป็นยังไงบ้าง สบายดีไหมคะ 오늘 어때요? 잘 보냈나요?

답변하기

모범 답변 보기

IL สบายดีครับ ขอบคุณครับ แล้วอาจารย์ล่ะครับ

잘 보냈어요. 감사합니다. 그럼 선생님은요?

IM เพราะว่าวันนี้มีสอบ OPI ก็เลยรู้สึกตื่นเต้นนิดหน่อย แต่จะทำให้ดีที่สุดครับ

오늘 OPI 시험이어서 조금 긴장되네요. 하지만 최선을 다하겠습니다.

IM รู้สึกไม่ค่อยสบายครับ เมื่อคืนนอนไม่หลับเพราะว่ากังวลเรื่องสอบวันนี้ครับ แล้วอาจารย์ สบายดีหรือเปล่าครับ

몸이 별로 안 좋아요. 오늘 시험 때문에 걱정돼서 어젯밤에 잠을 잘 못 잤어요. 선생님은 잘 보내셨나요?

돌발상황! 면접관은 이렇게 질문할 수 있어요!

วันนี้รู้สึกเป็นยังไงบ้างคะ

오늘 기분이 어때요?

단어 นิดหน่อย 조금 | ทำให้ดีที่สุด 최선을 다하다 | เมื่อคืน 어젯밤

❷ 식사 여부

면접관은 수험자에게 시험을 보기 전에 식사를 하고 왔는지에 대해 질문하기도 합니다. 수험자는 식사 여부를 말하면서 평소 아침을 먹는 편인지, 혹은 먹지 않는 편인지 답변하고 그 이유가 있다면 간단히 설명을 덧붙여도 좋습니다. 뿐만 아니라 면접관에게도 식사 여부를 한번 되물어보는 것이 좋습니다.

실전 트레이닝

Track 03-03

ทานข้าวหรือยังครับ 식사했나요?

답변하기

모범 답변 보기

IL ค่ะ ทานแล้วค่ะ แล้วอาจารย์ล่ะคะ ทานข้าวเช้าหรือยังคะ

네. 먹었어요. 선생님은요? 아침 식사하셨나요?

IM ยังไม่ได้ทานค่ะ เดี๋ยวสอบเสร็จแล้วจะไปทานค่ะ แล้วอาจารย์ทานอะไรมาหรือยังคะ

아직 안 먹었어요. 이따 시험 끝나고 밥 먹으러 갈 거예요. 선생님은 식사하고 오셨나요?

IM ปกติดิฉันไม่ทานมื้อเช้าค่ะ มื้อแรกของวันจะเป็นอาหารกลางวันเลย แต่วันนี้ต้องใช้สมองก็เลยทานมานิดหน่อยค่ะ แล้วอาจารย์ล่ะคะ

저는 보통 아침밥을 안 먹어요. 하루의 첫 끼가 점심이에요. 하지만 오늘 머리를 써야 하기 때문에 조금 먹었어요. 선생님은요?

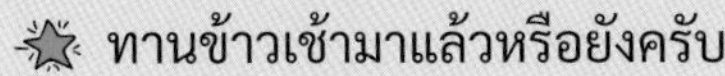

ทานข้าวเช้ามาแล้วหรือยังครับ

아침 식사했나요?

เดี๋ยว 이따, 그럼 | ปกติ 보통 | มื้อเช้า 아침밥 | มื้อแรก 첫 끼 | สมอง 머리, 두뇌

OPI 빈출 문제

③ 식사 메뉴

식사했다고 답한 경우 면접관은 수험자에게 어떤 음식을 먹었는지 물어볼 수 있습니다. 이때 수험자는 음식명만 간단히 대답할 수도 있지만, 한국 음식인 경우에는 면접관이 이름만 듣고 어떤 음식인지 모를 수 있습니다. 따라서 대답할 때 간단하게 음식 소개를 덧붙이거나 비슷한 태국 음식에 빗대어 표현하는 등 보충 설명할 필요가 있습니다.

실전 트레이닝

Track 03-04

เช้านี้ทานอะไรมาคะ 아침에 무엇을 먹고 왔나요?

답변하기

모범 답변 보기

IL เช้านี้ผมทานแค่กาแฟกับขนมปังปิ้งมาครับ

저는 오늘 아침에 커피와 토스트만 먹고 왔어요.

IM ผมทานข้าวห่อสาหร่ายเกาหลีที่เรียกว่า คิมบับ เป็นอาหารเช้ามาครับ

아침으로 '김밥'이라고 불리는 밥을 김으로 싼 한국 음식을 먹고 왔어요.

IM เช้านี้คุณแม่ทำเมนูโปรดของผมให้ทาน เป็นข้าวยำเกาหลีที่เรียกว่า บีบิมบับ ครับ

오늘 아침에 저희 어머니는 제가 좋아하는 메뉴를 만들어 주셨어요. '비빔밥'이라고 불리는 한국식 카우얌이에요.

돌발상황! 면접관은 이렇게 질문할 수 있어요!

ปกติตอนเช้าไม่ทานข้าวหรือคะ

보통 아침에 식사를 안 하나요?

단어 ห่อ 싸다, 포장하다 | สาหร่าย 김 | เรียกว่า 부르다 | เมนูโปรด 좋아하는 메뉴 | ยำ 비비다

❹ 식사 장소 및 대상

식사와 관련된 대화가 이어지면서 면접관은 수험자에게 식사 장소나 함께 식사한 대상에 대해서도 질문할 수 있습니다. 함께 식사한 대상이 있는 경우 어떤 이유로 그 대상과 식사하게 되었는지, 그 장소를 선택한 이유가 무엇인지 간단히 덧붙여 설명해도 좋습니다.

실전 트레이닝

Track 03-05

ทานที่ไหนกับใครครับ 어디서 누구와 식사했나요?

답변하기

모범 답변 보기

IL ดิฉันทานข้าวที่บ้านกับครอบครัวค่ะ

오늘 아침에 집에서 가족과 밥을 먹었어요.

IM ดิฉันทานข้าวที่ร้านอาหารข้างบ้านคนเดียวค่ะ เพราะตู้เย็นในบ้านตอนนี้ไม่มีอะไรทานเลยค่ะ

저는 집 근처 식당에서 혼자 밥을 먹었어요. 집 냉장고에 지금 먹을 것이 없어서요.

IM ดิฉันทานข้าวที่โรงอาหารของบริษัทกับเพื่อนร่วมงาน 2 คนค่ะ ปกติดิฉันทานข้าวที่นั่นทุกวันเพราะราคาถูกกว่าร้านอาหารข้างนอกค่ะ

저는 회사 동료 두 명과 회사의 구내식당에서 먹었어요. 밖에 있는 식당보다 가격이 저렴해서 보통 거기서 매일 식사해요.

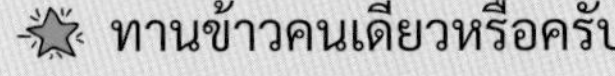

돌발상황! 면접관은 이렇게 질문할 수 있어요!

ทานข้าวคนเดียวหรือครับ

혼자 식사했나요?

단어 ข้าง 옆, 주변 | คนเดียว 혼자 | ตู้เย็น 냉장고 | เพื่อนร่วมงาน 회사 동료 | ราคา 가격

예시 미리보기

완벽 예시 다음 제시된 예시 상황을 참고하여 예상 대화를 미리 살펴보세요.

- 현재 기분 및 상태: 긴장한 상태
- 식사 여부: O
- 식사 메뉴: 비빔밥
- 식사 장소 및 대상: 구내식당, 회사 동료

현재 기분 및 상태	Q: วันนี้เป็นยังไงบ้าง สบายดีไหมครับ 오늘 어때요? 잘 보냈나요? A: เพราะว่าวันนี้มีสอบ OPI ดิฉันก็เลยรู้สึกตื่นเต้นนิดหน่อยค่ะ แต่จะทำให้ดีที่สุดค่ะ 오늘 OPI 시험이어서 조금 긴장되네요. 하지만 최선을 다하겠습니다.
식사 여부	Q: เช้านี้ทานข้าวมาหรือยังครับ 아침 식사했나요? A: ค่ะ ดิฉันทานมาแล้ว แล้วอาจารย์ล่ะคะ ทานอะไรมาหรือยังคะ 네. 먹었어요. 선생님은요? 아침 식사하셨나요?
식사 메뉴	Q: ทานอะไรมาครับ 무엇을 먹었나요? A: วันนี้ดิฉันทานข้าวยำเกาหลีที่เรียกว่า บีบิมบับมาค่ะ 오늘은 '비빔밥'이라고 불리는 한국식 카우얌을 먹고 왔어요.
식사 장소 및 대상	Q: ทานข้าวที่ไหนกับใครครับ 누구와 어디서 식사하셨나요? A: ดิฉันทานที่โรงอาหารของบริษัทกับเพื่อนร่วมงานค่ะ 저는 회사 동료와 회사의 구내식당에서 먹었어요.

IL Target

완벽 IL 예시 세부 질문별 대답을 연결하면 자연스러운 서술형 대답이 가능합니다. Track 03-06

ดิฉันสบายดีค่ะ ขอบคุณค่ะ แล้วอาจารย์ล่ะคะ

เช้านี้ดิฉันทานแค่กาแฟกับขนมปังปิ้งมาค่ะ

ทานที่บ้านกับครอบครัวค่ะ

저는 잘 보냈어요. 감사합니다. 그럼 선생님은요?
오늘 아침에 저는 커피와 토스트만 먹고 왔어요.
가족들과 집에서 먹었습니다.

면접관이 수험자에게 '잘 지냈나요?'나 '식사하고 왔나요?'와 같은 질문을 할 때, 수험자는 단순히 질문에 대한 대답만 하기보다는 일상에서 사람들과 대화를 주고받듯이 면접관에게 같은 질문으로 되물어보는 것이 좋습니다.

완벽 IM 예시 IL 예시에서 부연 설명을 추가하면 IM 수준의 답변을 할 수 있습니다. Track 03-07

เพราะว่าวันนี้สอบ OPI ตอนนี้ผมก็เลยรู้สึกตื่นเต้นนิดหน่อยครับ แต่จะทำให้ดีที่สุดครับ แล้วอาจารย์ล่ะครับ สบายดีไหมครับ

ปกติผมไม่ทานมื้อเช้าครับ แต่วันนี้ต้องใช้สมอง ก็เลยทานมานิดหน่อยครับ ผมทานเมนูโปรดของผมมาครับ เป็นข้าวยำเกาหลีที่เรียกว่า บีบิมบับ ครับ ผมทานที่โรงอาหารของบริษัทกับเพื่อนร่วมงานครับ

แล้วอาจารย์ทานข้าวมาหรือยังครับ

오늘 OPI 시험이어서 조금 긴장되네요. 하지만 최선을 다하겠습니다. 선생님은 잘 보내셨나요?

저는 보통 아침밥을 안 먹어요. 하지만 오늘은 머리를 써야 하기 때문에 조금 먹고 왔습니다. 제가 가장 좋아하는 메뉴인데 '비빔밥'이라고 불리는 한국식 카우얌을 먹고 왔습니다. 저는 회사 동료와 회사의 구내식당에서 먹었습니다.

선생님은 식사하고 오셨나요?

직접 연습하기

나만의 답변 한 줄 정리 자신의 상황에 맞게 답변을 정리해 보세요.

현재 기분 및 상태	
식사 여부	
식사 메뉴	
식사 장소 및 대상	

나만의 스크립트 만들기 정리한 내용을 토대로 자신만의 답변을 만들어 보세요.

현재 기분 및 상태	Q: วันนี้เป็นยังไงบ้าง สบายดีไหมคะ A:
식사 여부	Q: ทานข้าวหรือยังคะ A:
식사 메뉴	Q: เช้านี้ทานอะไรมาคะ A:
식사 장소 및 대상	Q: ทานที่ไหนกับใครคะ A:

Part

02

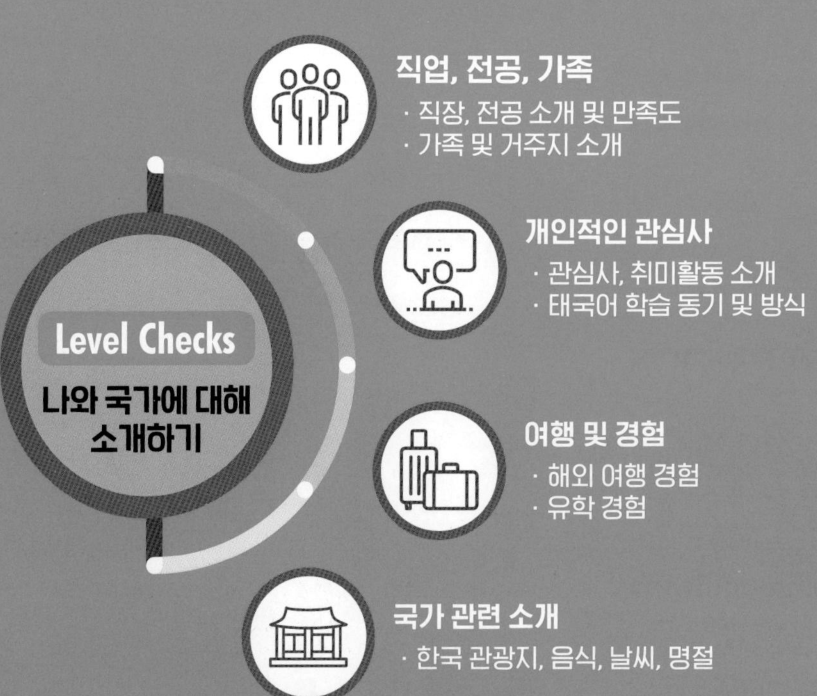
Level Checks
나와 국가에 대해 소개하기
직업, 전공, 가족
· 직장, 전공 소개 및 만족도
· 가족 및 거주지 소개
개인적인 관심사
· 관심사, 취미활동 소개
· 태국어 학습 동기 및 방식
여행 및 경험
· 해외 여행 경험
· 유학 경험
국가 관련 소개
· 한국 관광지, 음식, 날씨, 명절

Part01에서 시험 소개 및
간단한 인사와 함께 워밍업을 마쳤다면,
이어지는 Part02에서는
아래와 같은 주제로 대화를 진행하며
수험자의 대략적인 레벨을 확인합니다.
자신과 밀접한 주제이므로
미리 준비한다면 높은 레벨을
기대해 볼 수 있습니다.

บทที่

04 직업 소개

"คุณทำงานอะไรคะ"

당신은 어떤 일을 하나요?

대비 전략

워밍업 단계가 끝나고 본격적으로 수험자의 레벨을 체크하는 단계에 진입합니다. 면접관은 수험자의 말하기 능력을 파악할 수 있는 기본적인 질문으로 대화를 진행합니다. 그중에서도 직업 소개와 관련된 질문은 수험자가 직장인이라면 반드시 등장합니다. 따라서 수험자의 직업, 근무 기간 및 근무 시간, 직업 만족도 등에 대한 답변을 미리 준비해야 합니다.

빈출 질문

Q1 직업 소개 **คุณทำงานอะไรคะ** 당신은 어떤 일을 하나요?

Q2 근무 기간 **คุณทำงานที่นี่มาตั้งแต่เมื่อไรครับ** 당신은 언제부터 이곳에서 일했나요?

Q3 근무 시간 **คุณเริ่มทำงานตั้งแต่กี่โมงถึงกี่โมงคะ** 당신은 몇 시부터 몇 시까지 일하나요?

Q4 직업 만족도 **ทำงานที่นั่นเป็นยังไงบ้างครับ** 그곳에서 일하는 건 어떤가요?

답변 구조 & 핵심 표현

ผม/ดิฉันทำงานตำแหน่ง 직종·직위 ครับ/ค่ะ 저는 직종·직위 로 일하고 있어요.

ผมทำงานตำแหน่งมัคคุเทศก์ครับ 저는 관광 가이드로 일하고 있어요.
ดิฉันทำงานตำแหน่งหัวหน้าฝ่ายการตลาดค่ะ 저는 마케팅팀 부장으로 일하고 있어요.

ผม/ดิฉันเข้าทำงานที่บริษัทนี้ได้ 기간 แล้วครับ/ค่ะ 저는 이 회사에 입사한 지 기간 이 됐어요.

ผมเข้าทำงานที่บริษัทนี้ได้ 2 เดือนแล้วครับ 저는 이 회사에 입사한 지 2달 됐어요.
ดิฉันเข้าทำงานที่บริษัทนี้ได้ 3 ปีแล้วค่ะ 저는 이 회사에 입사한 지 3년 됐어요.

ผม/ดิฉันเริ่มทำงานตั้งแต่ 시간① จนถึง 시간② ครับ/ค่ะ 저는 시간① 부터 시간② 까지 일해요.

ผมเริ่มทำงานตั้งแต่ 9 โมงเช้าจนถึง 6 โมงเย็นครับ 저는 아침 9시부터 저녁 6시까지 일해요.
ดิฉันเริ่มทำงานตั้งแต่บ่ายโมงจนถึง 3 ทุ่มค่ะ 저는 오후 1시부터 밤 9시까지 일해요.

ผม/ดิฉันรู้สึก 만족도 กับการทำงานที่นี่ครับ/ค่ะ 저는 여기서 일하는 게 만족도 해요.

ผมรู้สึกสนุกกับการทำงานที่นี่ครับ 저는 여기에서 일하는 게 재미있어요.
ดิฉันรู้สึกเครียดกับการทำงานที่นี่ค่ะ 저는 여기에서 일하는 게 스트레스 받아요.

빈출 표현 익히기

Track 04-01

직업	พนักงานทั่วไป 회사원★	มัคคุเทศก์(=ไกด์) 관광 안내사, 가이드★
	ฟรีแลนซ์ 프리랜서★	ข้าราชการ 공무원★
	ครู 교사, 선생님★	นักธุรกิจ 사업가★
	นักการทูต 외교관	นักบัญชี 회계사
	นักเขียน 작가	ช่างถ่ายภาพ 사진 작가

직책	หัวหน้าทีม 팀장★	หัวหน้าฝ่าย 부장★
	หัวหน้าแผนก 과장★	ตัวแทน 대리★
	ผู้จัดการ 매니저	เลขานุการ 비서

부서	ฝ่ายการผลิต 생산팀★	ฝ่ายบัญชี 회계팀★
	ฝ่ายโลจิสติกส์ 물류팀★	ฝ่ายประชาสัมพันธ์ 마케팅팀★
	ฝ่ายการขาย 영업팀★	ฝ่ายการวางแผน 기획팀★
	ฝ่ายจัดซื้อ 구매팀	ฝ่ายกฎหมาย 법무팀
	ฝ่ายทรัพยากรบุคคล 인사팀	ฝ่ายการค้าระหว่างประเทศ 해외영업팀
	ฝ่ายวิจัยและพัฒนา 연구개발부	ฝ่ายเทคโนโลยีสารสนเทศ 정보통신기술부

만족도	น่าพอใจ 만족스럽다★	เครียด 스트레스를 받다★
	สนุก 재미있다★	ภูมิใจ 보람차다★
	ไม่ยากไม่ง่าย 어렵지도 않고 쉽지도 않다	ไม่ยากเกินความสามารถ 능력 이상의 어려운 일이 아니다

OPI 빈출 문제

❶ 직업 소개

수험자는 자신의 직업에 대해 면접관에게 소개할 수 있어야 합니다. 이때 수험자가 어떤 일을 하고 있는지 면접관이 바로 파악할 수 있도록 최대한 쉽고 명확하게 설명해야 합니다. 특히 특수한 직업이나 태국에서 흔하지 않은 직업인 경우에는 면접관이 잘 이해할 수 있도록 직업에 대한 설명을 태국어로 미리 준비해야 합니다.

실전 트레이닝

Track 04-02

คุณทำงานอะไรคะ 당신은 어떤 일을 하나요?

답변하기

모범 답변 보기

IL ผมเป็นพนักงานทั่วไปที่ทำงานในบริษัท ABC ครับ ผมทำหน้าที่วางแผนสินค้าในทีมการวางแผนครับ

저는 ABC 회사에서 일하는 회사원입니다. 저는 기획팀에서 상품 기획을 담당합니다.

IM ผมทำตำแหน่งหัวหน้าฝ่ายการตลาดครับ ผมทำหน้าที่หลายอย่างและหนึ่งในนั้นคือ วางแผนการตลาด วิจัยการตลาดผ่านสื่อออนไลน์ และกำหนดแนวทางการประชาสัมพันธ์ครับ

저는 마케팅팀 팀장으로 일합니다. 저는 여러 가지 업무를 맡고 있는데, 마케팅 기획, 온라인 매체를 통한 시장 조사, 홍보 방향을 수립하는 일이 그중 하나입니다.

IM ผมทำงานตำแหน่งหัวหน้าแผนกโลจิสติกส์ หน้าที่หลักของผมคือ ดูแลการจัดการสินค้านำเข้าและส่งออก จัดหมวดหมู่สินค้าและตรวจสอบสินค้าว่าอยู่ในประเภทไหน รวมทั้งจัดหาสถานที่เก็บสินค้าด้วยครับ

저는 물류팀의 과장으로 일하고 있어요. 저의 주요 업무는 수출입 상품을 관리 감독하는 것, 어떤 제품인지 확인 및 분류하고 보관 장소를 마련하는 것이에요.

돌발상황! 면접관은 이렇게 질문할 수 있어요!

หน้าที่ที่คุณรับผิดชอบในบริษัทคืออะไรคะ
당신은 회사에서 어떤 업무를 담당하고 있나요?

단어 ตำแหน่ง 직위 | วิจัย 조사하다 | สื่อออนไลน์ 온라인 매체 | ประชาสัมพันธ์ 홍보하다 | ดูแล 감독하다 | จัดหมวดหมู่ 분류하다 | ตรวจสอบ 확인하다 | จัดหา 마련해 놓다 | เก็บ 보관하다 | รับผิดชอบ 책임지다

② 근무 기간

수험자가 자신의 직업에 대해 설명하면 면접관은 현재 직장에서 근무한 지 얼마나 되었는지 근속 연수를 물어볼 수 있습니다. 지금까지 근무한 기간을 햇수나 개월 단위로 대답하거나 근무를 시작한 연도나 시기를 덧붙여서 대답할 수도 있습니다.

실전 트레이닝

Track 04-03

คุณทำงานที่นี่มาตั้งแต่เมื่อไรครับ 당신은 언제부터 이곳에서 일했나요?

답변하기

모범 답변 보기

IL ดิฉันทำงานที่บริษัทนี้มา 3 ปีแล้วค่ะ

저는 이 회사에 입사한 지 3년 됐어요.

IM ดิฉันเรียนจบมหาวิทยาลัยเมื่อปี 2013 พอเรียนจบแล้วก็เข้าทำงานที่นี่เลยค่ะ ตั้งแต่ตอนนั้นจนถึงปัจจุบันนี้ก็เกือบ 10 ปีแล้วค่ะ

저는 2013년에 대학을 졸업했고, 졸업하자마자 바로 이곳에 입사했어요. 그때부터 지금까지 거의 10년쯤 됐겠네요.

IM เพราะว่าบริษัทนี้เป็นที่ทำงานที่แรกในชีวิตดิฉัน ดิฉันเลยจำได้แม่นว่าเริ่มทำงานที่นี่มาตั้งแต่เดือนพฤศจิกายนปี 2016 ค่ะ จนถึงตอนนี้ก็ราว 7 ปีแล้วค่ะ

이 회사가 제 생애 첫 직장이기 때문에 2016년 11월부터 이곳에서 일하기 시작했던 기억이 생생합니다. 지금까지 한 7년 정도 됐어요.

돌발상황! 면접관은 이렇게 질문할 수 있어요!

- คุณทำงานที่บริษัทนั้นมานานหรือยังครับ
  당신은 그 회사에서 오랫동안 일했나요?
- คุณทำงานที่นั่นมานานเท่าไรแล้วครับ
  당신은 그곳에서 얼마나 오래 일했나요?

단어 เกือบ 거의 | ชีวิต 생애, 삶 | จำได้ 기억하다 | แม่น 정확히 | ราว 대략, ~쯤 | นาน 오래 | นานเท่าไร 얼마나

OPI 빈출 문제

❸ 근무 시간

면접관은 수험자의 근무 시간에 대해서도 질문할 수 있습니다. 특히 이 질문에 답변할 때는 태국어의 시간 표현을 정확하게 활용하는 것이 중요합니다. 태국어는 새벽(ตี), 오전(เช้า), 오후(บ่าย, เย็น), 저녁(ทุ่ม), 정오(เที่ยงวัน) 등 각 시간 단위마다 표현하는 어휘가 조금씩 다르기 때문에 각각의 표현을 충분히 숙지하여 준비해야 합니다.

실전 트레이닝

Track 04-04

คุณเริ่มทำงานตั้งแต่กี่โมงถึงกี่โมงคะ 당신은 몇 시부터 몇 시까지 일하나요?

답변하기

모범 답변 보기

IL ผมเริ่มทำงานตั้งแต่ 9 โมงเช้าจนถึง 6 โมงเย็นทุกวันครับ

저는 매일 아침 9시부터 저녁 6시까지 일합니다.

IM ปกติผมทำงาน 9 โมงเช้าถึง 6 โมงเย็นครับ ถ้าวันไหนผมทำโอทีด้วยก็จะเลิกงานประมาณ 2 ทุ่มครับ

저는 보통 오전 9시부터 오후 6시까지 일해요. 가끔 야근을 하기도 하는데 야근할 때는 8시쯤 퇴근해요.

IM ผมทำงานทุกวันยกเว้นวันเสาร์อาทิตย์ครับ ปกติเข้างานตั้งแต่ 8 โมงเช้าแล้วก็เลิกงาน 5 โมงเย็นครับ แต่ว่าถ้าวันไหนมีประชุมตอนเช้าก็ต้องไปถึงที่ทำงานประมาณ 7 โมง 30 นาทีครับ

저는 주말을 제외하고 매일 일해요. 보통 아침 8시에 출근해서 오후 5시에 퇴근합니다. 하지만 오전 회의가 있는 날이면 직장에 아침 7시 30분쯤 도착해야 합니다.

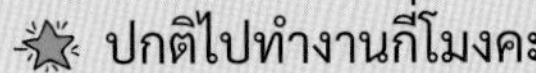

돌발상황! 면접관은 이렇게 질문할 수 있어요!

ปกติไปทำงานกี่โมงคะ

보통 몇 시에 일하러 가나요?

단어 แต่ละวัน 날마다 | ทำโอที 야근하다 | ยกเว้น 제외하고 | วันเสาร์อาทิตย์ 주말 | ประชุม 회의

④ 직업 만족도

면접관은 수험자의 직업에 대한 충분한 정보를 얻은 다음, 수험자가 직장에서 일하는 것에 대체로 만족하는지에 대해 질문하곤 합니다. 이때 수험자는 현재 직장의 장단점을 비교 나열하여 대답하거나 자신의 적성과 관련지어 부합 여부로 답변하면 됩니다.

실전 트레이닝

Track 04-05

ทำงานที่นั่นเป็นยังไงบ้างครับ 그곳에서 일하는 건 어떤가요?

답변하기

모범 답변 보기

IL ก็ดีนะคะ ดิฉันรู้สึกสนุกกับการทำงานที่นี่มากค่ะ

좋죠. 저는 여기서 일하는 것이 정말 재미있어요.

IM ดิฉันว่างานนี้มีข้อดีข้อเสียค่ะ ข้อเสียคือไม่ค่อยมีเวลาให้ครอบครัวเท่าไร เพราะทำโอทีบ่อย ๆ แต่ข้อดีคือสามารถใช้วันหยุดได้ตามอำเภอใจค่ะ

제 생각에 이 일은 장단점이 있어요. 야근이 잦아서 가족과 함께 보낼 수 있는 시간이 부족하다는 단점이 있지만, 휴가를 마음껏 쓸 수 있다는 장점이 있어요.

IM สนุกมากค่ะ เพราะว่างานนี้เหมาะกับความถนัดดิฉันมากกว่างานเก่าที่เคยทำมา แล้วก็เป็นงานที่มีความหมายต่อสังคมมาก นอกจากนี้ยังทำให้ดิฉันได้พัฒนาทักษะต่าง ๆ มากขึ้นอีกด้วยค่ะ

재미있어요. 왜냐하면 이 일은 예전에 했던 일보다 제 적성에 잘 맞고 사회에 의미 있는 일이기도 해요. 뿐만 아니라 제가 더 많은 능력을 발전시킬 수 있게 해줘요.

돌발상황! 면접관은 이렇게 질문할 수 있어요!

คุณคิดยังไงกับงานที่ทำอยู่ตอนนี้ ชอบไหมครับ

지금 하고 있는 일에 대해 어떻게 생각하나요? 마음에 드나요?

단어 ข้อดีข้อเสีย 장단점 | ไม่ค่อย…เท่าไร 별로 ~(하)지 않다 | นำ 가지다 | ตามอำเภอใจ 마음대로 | ความถนัด 적성 | เก่า 예전, 이전의, 전~ | ความหมาย 의미 | สังคม 사회 | นอกจากนี้ 이외에도 | พัฒนา 발전하다 | ทักษะ 능력 | ต่าง ๆ 각종

예시 미리보기

완벽 예시 다음 제시된 예시 상황을 참고하여 예상 대화를 미리 살펴보세요.

✓ 직업: 마케팅팀 팀장
✓ 근무 기간: 7년
✓ 근무 시간: 아침 8시~오후 5시
✓ 직업 만족도: 적성에 잘 맞음

직업 소개	Q: ปัจจุบันนี้คุณทำอาชีพอะไรครับ 현재 당신의 직업은 무엇인가요? A: ดิฉันทำตำแหน่งหัวหน้าฝ่ายการตลาดค่ะ 저는 마케팅팀 팀장으로 일하고 있어요.
근무 기간	Q: คุณทำงานที่บริษัทนี้มานานเท่าไรแล้วครับ 당신은 이 회사에서 일한 지 얼마나 오래되었나요? A: ดิฉันทำงานที่นี่มาตั้งแต่ปี 2016 จนถึงตอนนี้ก็เกือบ 7 ปีแล้วค่ะ 저는 2016년부터 지금까지 약 7년을 일했어요.
근무 시간	Q: คุณเริ่มทำงานตั้งแต่กี่โมงถึงกี่โมงครับ 당신은 몇 시부터 몇 시까지 일하나요? A: ดิฉันเริ่มทำงานตั้งแต่ 8 โมงเช้าแล้วก็เลิกงาน 5 โมงเย็นค่ะ 저는 아침 8시에 출근해서 오후 5시에 퇴근해요.
직업 만족도	Q: ทำงานที่นั่นเป็นยังไงบ้างครับ สนุกไหมครับ 거기에서 일하는 건 어때요? 재미있나요? A: สนุกค่ะ ดิฉันรู้สึกว่างานการตลาดนี้เหมาะกับความถนัดของดิฉันมากกว่างานอื่นค่ะ 재미있어요. 저는 마케팅 일이 다른 일보다 제 적성에 잘 맞는다고 생각해요.

완벽 IL 예시 세부 질문별 대답을 연결하면 자연스러운 서술형 대답이 가능합니다. Track 04-06

ดิฉันเป็นพนักงานทั่วไปที่ทำงานในบริษัท ABC ค่ะ ดิฉันทำหน้าที่วางแผนสินค้าในทีมการวางแผนครับ
ดิฉันเข้าทำงานที่บริษัทนี้ได้ 3 ปีแล้วค่ะ ดิฉันทำงานทุกวันตั้งแต่ 8 โมงเช้าเลิกงานถึง 5 โมงเย็น ดิฉันรู้สึกสนุกกับการทำงานที่นี่มากค่ะ

저는 ABC 회사에서 일하는 회사원입니다. 저는 기획팀에서 상품 기획을 담당합니다.
저는 여기서 일한 지 3년쯤 되었고, 매일 아침 8시에 출근해서 오후 5시에 퇴근합니다. 저는 이 일이 매우 재미있습니다.

근속 연수나 자신이 어떤 업무를 하는지 태국어로 미리 생각해 두지 않으면 순간적으로 기억이 나지 않아 바로 답변하기 힘들 수 있습니다. 자신의 직업과 관련된 사항은 간략하게 적어서 준비해 두고 질문을 받았을 때 당황하지 않도록 대비해야 합니다. 또한 논리적인 말하기를 중요시하는 시험이기 때문에 직업의 장단점을 논리적으로 말하는 것도 중요합니다.

IM Target

완벽 IM 예시 IL 예시에서 부연 설명을 추가하면 IM 수준의 답변을 할 수 있습니다. Track 04-07

ผมทำตำแหน่งหัวหน้าฝ่ายการตลาดที่บริษัท ABC ครับ ผมทำหน้าที่หลายอย่าง หนึ่งในนั้นคือวางแผนการตลาด วิจัยการตลาดผ่านสื่อออนไลน์ รวมทั้งกำหนดแนวทางการประชาสัมพันธ์ครับ

ผมทำงานที่นี่มาตั้งแต่เดือนพฤศจิกายน ปี 2016 จนถึงตอนนี้ก็เกือบ 7 ปีแล้วครับ ผมเข้างานตั้งแต่ 8 โมงเช้าถึง 5 โมงเย็น แต่ว่ามีประชุมทุกเช้าก็เลยต้องไปถึงที่ทำงาน 7 โมง 30 นาทีทุกวันครับ

ผมว่างานนี้มีข้อดีข้อเสียครับ ข้อเสียคือไม่ค่อยมีเวลาให้ครอบครัวเท่าไร เพราะทำโอทีบ่อย ๆ แต่ข้อดีคือสามารถใช้วันหยุดได้ตามอำเภอใจครับ

저는 ABC 회사에서 마케팅팀 팀장으로 일하고 있어요. 저는 여러 가지 업무를 맡고 있는데, 마케팅 기획, 온라인 매체를 통한 시장 조사, 홍보 방향 수립이 그중 하나입니다.

저는 2016년 11월부터 여기서 일해왔어요. 지금까지 거의 7년쯤 되었죠. 저는 아침 8시에 출근해서 오후 5시까지 일해요. 하지만 매일 아침에 미팅이 있어서 직장에 아침 7시 30분에 도착해야 해요.

제 생각에 이 일은 장단점이 있어요. 야근이 많아서 가족과 함께 보낼 수 있는 시간이 부족하다는 단점이 있지만 휴가를 마음껏 쓸 수 있다는 장점이 있어요.

직접 연습하기

나만의 답변 한 줄 정리 자신의 상황에 맞게 답변을 정리해 보세요.

직업 소개	
근무 기간	
근무 시간	
직업 만족도	

나만의 스크립트 만들기 정리한 내용을 토대로 자신만의 답변을 만들어 보세요.

직업 소개	Q: คุณทำงานอะไรคะ A:
근무 기간	Q: คุณทำงานที่นี่มาตั้งแต่เมื่อไรคะ A:
근무 시간	Q: คุณเริ่มทำงานตั้งแต่กี่โมงถึงกี่โมงคะ A:
직업 만족도	Q: ทำงานที่นั่นเป็นยังไงบ้างคะ A:

05 학교 및 전공 소개

"คุณเรียนจบจากที่ไหนคะ"

당신은 어디서 졸업했나요?

대비 전략

수험자가 학생인 경우에는 학교 및 전공에 대해 질문할 가능성이 높습니다. 또한, 현재 학생이 아닌 경우에도 직장을 다니기 전에 무엇을 했는지 어느 학교를 졸업했는지에 대해 질문할 수 있습니다. 따라서 자신의 전공 소개, 그 전공을 선택한 이유는 물론 그 전공에 만족하는지 등 학교 생활의 전반적인 부분에 대한 답변을 준비해야 합니다.

빈출 질문

Q1	학교 소개	คุณเรียนจบจากที่ไหนคะ 당신은 어디서 졸업했나요?
Q2	전공 소개	คุณเรียนเอกอะไรครับ 당신의 전공은 무엇인가요?
Q3	전공 선택 이유	เหตุผลที่เลือกเรียนวิชาเอกนั้นคืออะไรคะ 그 전공을 선택한 이유는 무엇인가요?
Q4	전공 만족도	รู้สึกพอใจกับสาขาที่เลือกไหมครับ 선택한 분야에 대해 만족하나요?

답변 구조 & 핵심 표현

ผม/ดิฉันเรียนจบจาก 학교명 ครับ/ค่ะ 저는 **학교명** 에서 졸업했어요.

ผมเรียนจบจากมหาวิทยาลัยฮันกุกครับ 저는 한국대학교에서 졸업했어요.

ดิฉันเรียนจบจากโรงเรียนมัธยมฮันกุกค่ะ 저는 한국고등학교에서 졸업했어요.

ผม/ดิฉันเรียนเอก 전공명 ครับ/ค่ะ 저는 **전공명** 을 전공했어요.

ผมเรียนเอกประวัติศาสตร์ครับ 저는 역사학을 전공했어요.

ดิฉันเรียนเอกการท่องเที่ยวค่ะ 저는 관광학을 전공했어요.

เพราะมีความฝันอยากจะเป็น 직업명 **직업명** 이 되고 싶다는 꿈이 있었기 때문이에요.

เพราะมีความฝันอยากจะเป็นนักการทูต 외교관이 되고 싶다는 꿈이 있었기 때문이에요.

เพราะมีความฝันอยากจะเป็นมัคคุเทศก์ 관광 안내사가 되고 싶다는 꿈이 있었기 때문이에요.

ผม/ดิฉันรู้สึก 만족도 ที่ได้เรียนสาขานี้ครับ/ค่ะ 저는 이 전공을 공부한 것에 대해 **만족도** 해요.

ผมรู้สึกพอใจที่ได้เรียนสาขานี้ครับ 저는 이 전공을 공부한 것에 대해 만족해요.

ดิฉันรู้สึกไม่พอใจที่ได้เรียนสาขานี้ค่ะ 저는 이 전공을 공부한 것에 대해 만족하지 않아요.

빈출 표현 익히기

학력	ปริญญาตรี 학사★	ปริญญาโท 석사★
	ปริญญาเอก 박사★	มหาวิทยาลัย 대학교★
	โรงเรียนรัฐบาล 국립학교★	โรงเรียนเอกชน 사립학교★
	บัณฑิตวิทยาลัย 대학원	โรงเรียนนานาชาติ 국제학교

전공	ภาษาศาสตร์ 언어학★	มนุษยศาสตร์ 인문과학★
	ประวัติศาสตร์ 역사학★	สังคมศาสตร์ 사회학★
	บริหารธุรกิจ 경영학★	เศรษฐศาสตร์ 경제학★
	สาขาการท่องเที่ยว 관광학★	สาขาการจัดการโรงแรม 호텔경영학★
	สาขาความสัมพันธ์ระหว่างประเทศ 국제관계학★	อักษรศาสตร์ 문학
	การศึกษาปฐมวัย 유아교육학	นิเทศศาสตร์ 신문방송학
	ปรัชญา 철학	จิตวิทยา 심리학
	สถาปัตยกรรมศาสตร์ 건축학	คณิตศาสตร์ 수학
	วิศวกรรมเครื่องกล 기계공학	วิศวกรรมไฟฟ้า 전기공학
	วิทยาการคอมพิวเตอร์ 컴퓨터공학	รัฐประศาสนศาสตร์ 행정학

만족도	พอใจ 만족하다★	ไม่พอใจ 불만족하다★
	มีความสุข 행복하다★	เสียดาย 아쉽다★
	มีประโยชน์ 유익하다	ไม่ตรงกับความถนัด 적성에 맞지 않다

OPI 빈출 문제

❶ 학교 소개

직장을 다니는 수험자의 경우, 면접관은 직업과 관련된 질문을 한 다음 이어서 졸업한 학교에 대해 물어보고, 아직 학생 신분인 경우에는 바로 학교와 전공에 대해 질문합니다. 자주 등장하는 어휘인 '졸업하다'는 태국어로 '**เรียนจบ**' 혹은 '**สำเร็จการศึกษา**'인데, 구어체에서는 이를 줄여서 '마치다', '끝나다', '종료하다'를 의미하는 '**จบ**'로 말하기도 합니다.

실전 트레이닝

Track 05-02

คุณเรียนจบจากที่ไหนคะ 당신은 어디서 졸업했나요?

답변하기

모범 답변 보기

IL ผมเรียนจบจากมหาวิทยาลัยฮันกุกครับ

저는 한국대학교에서 졸업했어요.

IM ผมเรียนจบจากโรงเรียนมัธยมฮันกุกเมื่อปี 2017 หลังจากนั้นก็เข้าเรียนในมหาวิทยาลัยฮันกุก 4 ปี เรียนจบเมื่อปี 2021 ครับ

저는 2017년에 한국고등학교에서 졸업했습니다. 그 후에 한국대학교에서 4년 동안 다니고 2021년에 졸업했습니다.

IM ผมสำเร็จการศึกษาทั้งระดับปริญญาตรีและระดับปริญญาโทจากมหาวิทยาลัยฮันกุก วิทยาเขตซูวอนครับ

저는 한국대학교 수원캠퍼스에서 학사 학위와 석사 학위를 이수했습니다.

돌발상황! 면접관은 이렇게 질문할 수 있어요!

ก่อนเริ่มทำงานนี้คุณเคยทำงานอะไรมาก่อนคะ

이 일을 하기 전, 예전에는 무슨 일을 했나요?

단어 โรงเรียนมัธยม 고등학교 | สำเร็จการศึกษา 이수하다 | ระดับ 수준 | วิทยาเขต 캠퍼스

❷ 전공 소개

'전공'은 태국어로 '**วิชาเอก**'이라고 표현합니다. 또한, 구어체에서는 흔히 사용하는 외래어 '**เมเจอร์**'를 쓰기도 하고 '**วิชาเอก**'의 줄임말인 '**เอก**'라고 표현하기도 합니다. '**คุณเรียนเอกอะไรคะ**(당신의 전공은 무엇인가요?)'라고 질문할 때 '**วิชาเอกคือ**···(전공은 ~)'라고 대답하는 것보다 '**ผมเรียนเอก**··· / **ดิฉันเรียนเอก**···(저는 전공으로 ~을 공부했습니다)'라는 표현이 더 자연스러우니 유념합시다.

실전 트레이닝

Track 05-03

คุณเรียนเอกอะไรครับ 당신의 전공은 무엇인가요?

답변하기

모범 답변 보기

IL ดิฉันเรียนเอกประวัติศาสตร์ โทการท่องเที่ยวค่ะ

저는 전공으로 역사학을, 부전공으로 관광학을 공부했어요.

IM ดิฉันกำลังศึกษาอยู่ชั้นปีที่ 3 วิชาเอกการจัดการโรงแรมที่มหาวิทยาลัยฮันกุกค่ะ

저는 한국대학교에서 호텔경영학을 전공으로 공부하고 있는 3학년이에요.

IM ดิฉันเรียนวิชาเอกภาษาอังกฤษ วิชาโทเศรษฐศาสตร์ในระดับปริญญาตรีที่มหาวิทยาลัยฮันกุก ส่วนระดับปริญญาโทดิฉันเลือกวิชาเอกความสัมพันธ์ระหว่างประเทศที่มหาวิทยาลัยปูซานค่ะ

저는 한국대학교에서 영어를 전공했고 경제학을 부전공했어요. 한편 부산대학교에서는 전공으로 국제관계학을 석사 과정으로 공부했어요.

돌발상황! 면접관은 이렇게 질문할 수 있어요!

คุณเรียนวิชาโทอะไรครับ

당신은 부전공으로 무엇을 공부했나요?

단어 ส่วน 한편 | วิชาโท(=โท, ไมเนอร์) 부전공 | เลือก 고르다 | ความสัมพันธ์ 관계 | ระหว่างประเทศ 국제

OPI 빈출 문제

③ 전공 선택 이유

수험자가 대학교에 다닐 때 공부했던 전공과 부전공을 이야기하고 나면 면접관은 해당 전공이나 부전공을 고른 이유를 묻습니다. 이때 어떠한 계기로 (부)전공을 선택하게 되었는지 자신의 꿈이나 적성, 흥미와 관련 지어 솔직하게 답변하는 것이 좋습니다.

실전 트레이닝 Track 05-04

เหตุผลที่เลือกเรียนวิชาเอกนั้นคืออะไรคะ 그 전공을 선택한 이유는 무엇인가요?

답변하기

모범 답변 보기

IL **เพราะว่าผมสนใจภาษาและชอบอ่านหนังสือวรรณกรรมต่างประเทศตั้งแต่เด็กครับ**

어렸을 때부터 외국어에 관심이 있었고 해외 문학책 읽는 것을 매우 좋아했기 때문이에요.

IM **ตอนนั้นผมเลือกเรียนวิชาเอกนี้เพราะคะแนนสอบเข้ามหาวิทยาลัยครับ แต่พอเรียนเอกนี้ได้สักพักหนึ่งก็รู้สึกว่าตรงกับความถนัดของผมมากครับ**

그때는 대학 입학 점수 때문에 이 전공을 고르게 되었어요. 하지만 이 전공을 좀 공부해 보니 제 적성에 잘 맞는다고 느꼈어요.

IM **ผมมีความฝันอยากจะเป็นนักการทูตครับ อยากลองไปใช้ชีวิตและทำงานในต่างประเทศ ผมชอบสื่อสารกับผู้คน แลกเปลี่ยนและศึกษาวัฒนธรรมต่างชาติด้วย ก็เลยเลือกเรียนเอกความสัมพันธ์ระหว่างประเทศครับ**

저는 외교관이 되는 것이 꿈입니다. 저는 외국에서 생활하면서 일도 하고 싶어요. 저는 사람들과 소통하고 문화를 배우고 교류하는 것을 좋아하기 때문입니다. 그래서 국제관계학을 전공으로 선택했습니다.

돌발상황! 면접관은 이렇게 질문할 수 있어요!

ทำไมคุณจึงเลือกเรียนวิชาเอกนั้นคะ

당신은 왜 그 전공을 골랐나요?

단어 สนใจ 관심이 있다 | วรรณกรรม 문학 | คะแนนสอบเข้า 입학 점수 | ความฝัน 꿈 | นักการทูต 외교관 | ใช้ชีวิต 생활하다 | สื่อสาร 소통하다 | แลกเปลี่ยน 교류하다, 교환하다 | วัฒนธรรม 문화

❹ 전공 만족도

면접관은 수험자가 선택한 전공 분야에 대해 어떻게 생각하는지, 만족하고 있는지, 흥미가 있는지에 대해서 간략하게 질문을 던지기도 합니다. 이때 수험자는 자신의 전공에 대해서 좋은 점과 좋지 않은 점 등 자유로운 의견을 이야기하면 됩니다.

실전 트레이닝 Track 05-05

รู้สึกพอใจกับสาขาที่เลือกไหมครับ 선택한 분야에 대해 만족하나요?

답변하기

모범 답변 보기

IL ดิฉันรู้สึกพอใจมากค่ะ เพราะเป็นวิชาที่ดิฉันฝันอยากจะเข้าเรียนมานานแล้วค่ะ

저는 매우 만족해요. 이 전공에 대해 배우길 오래 전부터 꿈꿔왔기 때문이에요.

IM ดิฉันชอบเรียนวิชาเอกมากค่ะ แต่ไม่ค่อยพอใจวิชาโทที่เลือกค่ะ เพราะว่าปัจจุบันไม่ได้ใช้ในงานที่ทำเลยค่ะ ถ้าเปลี่ยนได้คงจะเลือกวิชาโทความสัมพันธ์ระหว่างประเทศดีกว่าค่ะ

저는 전공 수업은 굉장히 만족하지만 선택한 부전공에는 만족하지 않아요. 왜냐하면 현재 하고 있는 일에 쓰이지 않기 때문이에요. 만약 바꿀 수 있다면 국제관계학을 부전공으로 선택할 것 같습니다.

IM น่าเสียดายที่วิชาเอกและโทที่ดิฉันเรียนในมหาวิทยาลัยไม่ตรงกับงานที่ทำตอนนี้เลยค่ะ ปัจจุบันดิฉันเป็นพนักงานบริษัทที่ต้องใช้ความรู้เกี่ยวกับการตลาดและการบริหารธุรกิจมากกว่าค่ะ

아쉽게도 대학교에서 공부했던 전공과 부전공은 제가 지금 하고 있는 일과 전혀 맞지 않아요. 현재 저는 마케팅과 경영에 대한 지식을 더 많이 사용해야 하는 회사원이에요.

돌발상황! 면접관은 이렇게 질문할 수 있어요!

สิ่งที่เรียนในมหาวิทยาลัยมีประโยชน์กับงานที่ทำตอนนี้ไหมครับ

대학교에서 공부했던 것은 지금 하는 일에 도움이 되나요?

단어 ฝัน 꿈꾸다 | เปลี่ยน 바꾸다 | น่าเสียดาย 아쉽다 | ไม่ตรงกับ ~와 맞지 않다 | ความรู้ 지식 | มีประโยชน์ 도움이 되다

예시 미리보기

완벽 예시 다음 제시된 예시 상황을 참고하여 예상 대화를 미리 살펴보세요.

- 학교: 한국대학교
- 전공: 영문학
- 전공 선택 이유: 외국어에 관심이 많고, 해외 문학책 읽는 것을 좋아함
- 전공 만족도: 만족하지 않음

학교 소개	Q: คุณเรียนจบจากที่ไหนครับ 당신은 어디서 졸업했나요? A: ดิฉันเรียนจบจากมหาวิทยาลัยฮันกุกเมื่อปี 2022 ค่ะ 저는 2022년에 한국대학교에서 졸업했어요.
전공 소개	Q: คุณเรียนเอกอะไรครับ 전공은 무엇이었나요? A: ดิฉันเรียนเอกภาษาอังกฤษค่ะ 저는 영문학을 전공했어요.
전공 선택 이유	Q: แล้วทำไมถึงเลือกเรียนวิชาเอกภาษาอังกฤษครับ 왜 영어를 전공으로 선택했나요? A: เพราะว่าดิฉันสนใจภาษาและชอบอ่านวรรณกรรมต่างประเทศมากค่ะ 왜냐하면 저는 외국어에 관심이 많고 해외 문학책 읽는 것을 아주 좋아하기 때문이에요.
전공 만족도	Q: รู้สึกพอใจกับวิชาที่เลือกเรียนในมหาวิทยาลัยไหมครับ 당신은 선택한 전공에 대해 만족하나요? A: น่าเสียดายที่วิชาเอกที่ดิฉันเรียนในมหาวิทยาลัยไม่ตรงกับงานที่ทำตอนนี้เลยค่ะ 아쉽지만 대학에서 공부했던 전공은 제가 지금 하고 있는 일과 전혀 맞지 않아요.

완벽 IL 예시 세부 질문별 대답을 연결하면 자연스러운 서술형 대답이 가능합니다. Track 05-06

ดิฉันเรียนจบจากมหาวิทยาลัยฮันกุก วิชาเอกประวัติศาสตร์ โทการท่องเที่ยวค่ะ ตอนนั้นเลือกวิชาเอกนี้เพราะคะแนนสอบเข้ามหาวิทยาลัยค่ะ ดิฉันชอบเรียนวิชาโทมากแต่ไม่ค่อยพอใจวิชาเอกค่ะ เพราะว่าปัจจุบันไม่ ได้ใช้ในงานที่ทำเลยค่ะ

저는 한국대학교에서 졸업했어요. 저는 전공으로 역사학을, 부전공으로 관광학을 공부했어요. 그때 대학 입학 점수 때문에 이 전공을 선택하게 되었어요. 저는 부전공을 선택한 것에 매우 만족하지만 선택한 전공에는 만족하지 않아요. 왜냐하면 현재 하고 있는 일에서 사용하지 않기 때문이에요.

수험자의 전공이나 관심을 많이 가졌던 분야에 대해서는 태국어 명칭으로 알아 두어야 합니다. 하지만 한국 학교의 전공명을 태국어로 번역하기 어려운 경우도 있습니다. 이러한 경우에는 면접관이 이해하기 쉽도록 태국어로 풀어서 설명할 수 있도록 미리 생각해 두어야 합니다.

완벽 IM 예시 IL 예시에서 부연 설명을 추가하면 IM 수준의 답변을 할 수 있습니다. Track 05-07

ผมเรียนจบจากโรงเรียนมัธยมฮันกุกเมื่อปี 2017 หลังจากนั้นก็เข้าเรียนในมหาวิทยาลัยฮันกุก 4 ปี ผมเรียนจบระดับปริญญาตรีเมื่อปี 2021 ครับ ตอนนั้นผมเรียนวิชาเอกความสัมพันธ์ระหว่างประเทศ วิชาโทภาษาอังกฤษครับ

ผมมีความฝันอยากจะเป็นนักการทูตครับ เพราะผมชอบสื่อสารกับผู้คน แลกเปลี่ยนและศึกษาวัฒนธรรมต่างชาติด้วย ก็เลยเลือกเรียนเอกความสัมพันธ์ระหว่างประเทศครับ

แต่น่าเสียดายที่ตอนนี้ไม่ได้ใช้ที่เรียนมาเลย เพราะปัจจุบันผมเป็นพนักงานบริษัทที่ต้องใช้ความรู้เกี่ยวกับการตลาดและการบริหารธุรกิจมากกว่าครับ

저는 2017년에 한국고등학교에서 졸업했어요. 그 후에 한국대학교에 4년 동안 다니다가 2021년에 학사를 졸업했어요. 그 당시에 전공으로 국제관계, 부전공으로 영어를 공부했어요.

저는 외교관이 되고 싶다는 꿈이 있었어요. 저는 사람들과 소통하고 문화를 배우고 교류하는 것을 좋아하기 때문이에요. 그래서 국제관계학을 전공으로 선택했어요.

아쉽게도 공부해 온 것을 지금 전혀 사용하지 못해요. 왜냐하면 현재 저는 마케팅과 경영에 대한 지식을 더 많이 사용해야 하는 회사원이기 때문이에요.

직접 연습하기

나만의 답변 한 줄 정리 자신의 상황에 맞게 답변을 정리해 보세요.

학교 소개	
전공 소개	
전공 선택 이유	
전공 만족도	

나만의 스크립트 만들기 정리한 내용을 토대로 자신만의 답변을 만들어 보세요.

학교 소개	Q: คุณเรียนจบจากที่ไหนคะ A:
전공 소개	Q: คุณเรียนเอกอะไรคะ A:
전공 선택 이유	Q: เหตุผลที่เลือกเรียนวิชาเอกนั้นคืออะไรคะ A:
전공 만족도	Q: รู้สึกพอใจกับสาขาที่เลือกไหมคะ A:

บทที่

06 출퇴근 방법 소개

"ปกติคุณเดินทางไปที่ทำงานยังไงคะ"

당신은 직장에 보통 어떻게 가나요?

대비 전략

출퇴근 방법에 대해 면접관이 질문하면 이용하는 교통수단만 간단하게 답변하는 것이 아니라, 어느 역에서 몇 호선을 타는지, 어디에서 갈아타는지, 내린 후에 얼마나 걸으면 회사에 도착하는지 등을 구체적으로 설명해야 합니다. 만약 운전해서 가는 경우에는 거리 이름, 주변 주요 상점 등의 정보까지 자세히 설명해야 합니다.

빈출 질문

Q1 교통수단 **ปกติคุณเดินทางไปที่ทำงานยังไงคะ** 당신은 직장에 보통 어떻게 가나요?

Q2 소요 시간 **จากบ้านถึงบริษัทใช้เวลานานเท่าไรครับ** 집에서 직장까지 얼마나 걸리나요?

Q3 가는 방법 **ช่วยอธิบายวิธีเดินทางจากบ้านไปที่ทำงานหน่อยได้ไหมคะ** 집에서 직장까지 가는 방법을 좀 설명해줄 수 있나요?

Q4 주변 모습 **ตรงนั้นมีอะไรบ้างครับ** 그곳에 무엇이 있나요?

답변 구조 & 핵심 표현

ผม/ดิฉัน 교통수단 ไปบริษัททุกวันครับ/ค่ะ 저는 매일 교통수단 으로 직장에 가요.

ผมนั่งรถไฟใต้ดินไปบริษัททุกวันครับ 저는 매일 지하철을 타고 직장에 가요.

ดิฉันเดินไปบริษัททุกวันค่ะ 저는 매일 걸어서 직장에 가요.

จากบ้านถึงบริษัทใช้เวลาประมาณ 시간 집에서 직장까지 약 시간 걸려요.

จากบ้านถึงบริษัทใช้เวลาประมาณ 45 นาที 집에서 직장까지 약 45분쯤 걸려요.

จากบ้านถึงบริษัทใช้เวลาประมาณ 1 ชั่วโมงกว่า 집에서 직장까지 약 1시간 넘게 걸려요.

ไปถึงสถานีชื่อ 환승역 แล้วเปลี่ยนเป็นสาย 환승 호선 환승역 까지 가서 환승 호선 으로 환승해요.

ไปถึงสถานีชื่อทังซันแล้วเปลี่ยนเป็นสาย 9 당산역까지 가서 9호선으로 환승해요.

ไปถึงสถานีชื่อโนรยังจินแล้วเปลี่ยนเป็นสาย 1 노량진역까지 가서 1호선으로 환승해요.

ตรงนั้นมี 건물·구조물 등 그곳에 건물·구조물 등 이 있어요.

ตรงนั้นมีสะพานลอย 그곳에 육교가 있어요.

ตรงนั้นมีสี่แยก 그곳에 사거리가 있어요.

빈출 표현 익히기

Track 06-01

교통 수단	เดินไป 걸어가다★	ใช้รถยนต์ส่วนตัว 자차를 이용하다★
	ขับรถไปเอง 직접 운전하고 가다★	นั่งรถไฟใต้ดิน 지하철을 타다★
	ขึ้นรถแท็กซี่ 택시를 타다★	ใช้บริการขนส่งมวลชน 대중교통을 이용하다★
	นั่งรถไฟฟ้า 지상철을 타다	ขี่จักรยาน 자전거를 타다

가는 방법	ตรงไป 직진하다★	ข้ามถนน 길을 건너다★
	เลี้ยวขวา 우회전하다★	เลี้ยวซ้าย 좌회전하다★
	ขึ้น(=นั่ง) 타다★	เปลี่ยนสาย 갈아타다, 환승하다★
	ลงที่ ~에서 내리다★	ออกจาก ~에서 출발하다★
	ถึง ~에 도착하다★	ขึ้นทางด่วน 고속도로로 가다
	ข้ามสะพาน 다리를 건너다	ลอดอุโมงค์ 터널을 통과하다

도로·건물 및 구조물	ป้ายรถเมล์ 버스정류장★	สถานีขนส่ง 터미널★
	สถานีรถไฟใต้ดิน 지하철역★	สี่แยก 사거리★
	สัญญาณไฟจราจร 신호등★	ทางม้าลาย 횡단보도★
	ร้านสะดวกซื้อ 편의점★	สะพานลอย 육교★
	ข้างถนน 길가★	สะพาน 다리★
	อุโมงค์ 터널	เสาไฟฟ้า 전봇대
	ทางเท้า 인도	ที่จอดรถ 주차장
	ทางด่วน 고속도로	สามแยก 삼거리

OPI 빈출 문제

① 교통수단

평소에 직장까지 어떻게 가는지 묻는 질문에 지하철, 버스, 자차 등 수험자 자신이 이용하는 교통수단을 답변하면 됩니다. 한 가지 교통수단만 답변할 수도 있고, 상황에 따라 이용하는 교통수단이 다른 경우에는 두 가지 이상을 답변할 수도 있습니다. 교통수단마다 함께 쓰이는 동사가 다르므로 각각의 동사 표현을 충분히 숙지합시다.

실전 트레이닝

Track 06-02

ปกติคุณเดินทางไปที่ทำงานยังไงคะ 당신은 직장에 보통 어떻게 가나요?

답변하기

모범 답변 보기

IL ผมนั่งรถไฟใต้ดินไปบริษัททุกวันครับ

저는 매일 지하철을 타고 직장에 가요.

IM แต่ละวันไม่เหมือนกันครับ บางวันผมก็ใช้บริการขนส่งมวลชน เช่น รถเมล์หรือรถไฟใต้ดิน แต่บางวันก็ใช้รถยนต์ส่วนตัวครับ

날마다 달라요. 어떤 날에는 버스나 지하철 같은 대중교통을 이용하고 어떤 날에는 자차를 이용합니다.

IM ผมเดินไปที่ทำงานเกือบทุกวันครับ เพราะว่าบ้านอยู่ไม่ไกลจากที่ทำงานมาก แต่ถ้าวันไหนฝนตกหรือหิมะตกก็จะขึ้นรถแท็กซี่ไปครับ

저는 걸어서 출근해요. 왜냐하면 집이 직장에서 많이 멀지 않기 때문이에요. 하지만 비나 눈이 오는 날에는 택시를 타고 가요.

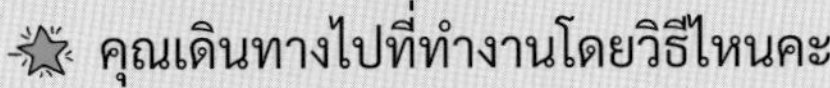

돌발상황! 면접관은 이렇게 질문할 수 있어요!

คุณเดินทางไปที่ทำงานโดยวิธีไหนคะ

당신은 어떤 방법으로 직장에 가나요?

단어 แต่ละวัน 날마다 | บางวัน 어떤 날 | รถสาธารณะ 대중교통 | ที่ทำงาน 직장 | วันไหน 어느 날 | หิมะ 눈(날씨) | วิธี 방법

② 소요 시간

출퇴근할 때 걸리는 시간만을 간단하게 말할 수도 있지만, 이용하는 교통수단과 함께 말한다면 더욱 자연스러운 표현이 됩니다. 시간이 짧게 걸리는 경우에는 직장이 가깝다거나, 오래 걸리는 경우에는 거리가 멀다거나 차가 막힌다거나 하는 소요 시간에 대한 이유까지 덧붙이면 더욱 좋은 점수를 받을 수 있습니다.

실전 트레이닝

Track 06-03

จากบ้านถึงบริษัทใช้เวลานานเท่าไรครับ 집에서 직장까지 얼마나 걸리나요?

답변하기

모범 답변 보기

IL จากบ้านถึงบริษัทใช้เวลาประมาณ 45 นาทีโดยรถไฟใต้ดินค่ะ

집에서 직장까지 지하철로 약 45분쯤 걸려요.

IM บ้านดิฉันอยู่ใกล้กับที่ทำงานมากค่ะ เดินจากบ้านไปที่ทำงานใช้เวลาแค่ 15 นาที ดิฉันเข้างาน 9 โมงเช้าถ้าตื่นสัก 8 โมงครึ่งก็ไม่สายค่ะ

우리 집은 직장에서 아주 가까워요. 집에서 직장까지 걸어가는 데 15분밖에 걸리지 않아요. 제가 오전 9시까지 출근인데 8시 30분에 일어나도 늦지 않아요.

IM เพราะว่าบ้านอยู่นอกกรุงโซล ถ้าจะเดินทางไปบริษัทจะใช้เวลา 1 ชั่วโมงกว่าค่ะ แล้วถ้าใช้บริการรถสาธารณะก็ต้องเปลี่ยนสายถึง 3 ครั้งอีกด้วยค่ะ

서울시 외곽에 집이 있어서 직장까지 가려면 1시간 이상 걸려요. 그리고 만약 대중교통을 이용한다면 세 번이나 환승해야 해요.

돌발상황! 면접관은 이렇게 질문할 수 있어요!

บ้านของคุณกับบริษัทอยู่ใกล้กันไหมครับ

당신의 집과 직장은 서로 가깝나요?

단어 ใกล้ 가깝다 | ตื่น 일어나다 | สัก ~쯤 | นอกกรุงโซล 서울 외곽 | ถึง ~(이)나

OPI 빈출 문제

❸ 가는 방법

앞서 직장에 관한 이야기를 주고받다가 면접관은 수험자에게 직장에 가는 방법을 자세하게 물어볼 수 있습니다. 하지만 '학교에 가는 방법', '집 근처 마트에 가는 방법' 등 질문이 변형되어 나올 수 있으니 단순히 직장에 가는 방법만 외우기보다는 '**ตรงไป**(곧장 가다)', '**เลี้ยวขวา**(우회전하다)'와 같은 표현 위주로 학습해야 합니다.

실전 트레이닝

Track 06-04

ช่วยอธิบายวิธีเดินทางจากบ้านไปที่ทำงานหน่อยได้ไหมคะ

집에서 직장까지 가는 방법을 좀 설명해줄 수 있나요?

답변하기

모범 답변 보기

IL ขึ้นรถเมล์สาย 6623 ที่ป้ายรถเมล์หน้าบ้านผมถึงบริษัทใช้เวลาประมาณ 30 นาทีครับ

집 앞 버스정류장에서 6623번 버스를 타고 30분 정도 가면 회사에 도착합니다.

IM ก่อนอื่นผมขึ้นรถไฟใต้ดินจากสถานีฮับจอง ไปถึงสถานีทังซัน แล้วเปลี่ยนเป็นสาย 9 นั่งไปอีก 4 สถานีแล้วลงที่สถานีขนส่ง ถ้าออกจากทางออก 2 บริษัทของผมอยู่ขวามือครับ

우선 저는 합정역에서 지하철을 타고 당산역까지 가요. 그리고 9호선으로 갈아타고 네 정거장 더 가서 고속터미널역에서 내려요. 2번 출구에서 나오면 회사가 바로 오른쪽에 있어요.

IM ออกจากบ้านแล้วเดินตรงไปประมาณ 500 เมตรจะเห็นสี่แยกครับ พอถึงสี่แยกแล้วเลี้ยวขวาตรงธนาคารแล้วเดินตรงไปอีก 300 เมตรจะเห็นอาคารสีฟ้าอยู่ซ้ายมือ บริษัทจะอยู่ชั้น 5 เลยครับ

집에서 나와서 약 500미터 정도 곧장 걸어가면 사거리가 보여요. 사거리에 도착하면 은행에서 우회전해요. 300미터 더 직진하면 왼쪽에 있는 하늘색 건물이 보일 거예요. 회사는 바로 5층에 있습니다.

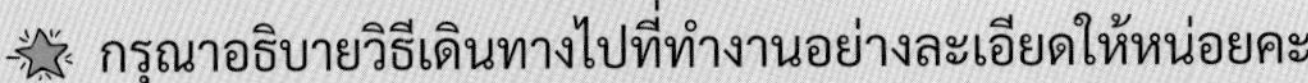

돌발상황! **면접관은 이렇게 질문할 수 있어요!**

กรุณาอธิบายวิธีเดินทางไปที่ทำงานอย่างละเอียดให้หน่อยคะ

직장에 가는 방법을 자세히 말씀해 주세요.

단어 ทางออก 출구 | ธนาคาร 은행 | อาคาร 건물 | สีฟ้า 하늘색 | อธิบาย 설명하다 | อย่างละเอียด 자세히

④ 주변 모습

수험자가 직장에 가는 방법을 설명하는 동안 면접관은 수험자가 말하는 정보를 기록합니다. 수험자의 설명이 끝나면 면접관은 도로명, 길가 상점이나 은행, 구조물 등과 같은 몇 가지 세부 사항에 대해 대답을 유도하거나 계속해서 짧게 질문합니다. 수험자의 어휘력이 중요한 문제이므로 알고 있는 어휘를 충분히 사용하여 답변하면 좋습니다.

실전 트레이닝

Track 06-05

ตรงนั้นมีอะไรบ้างครับ 그곳에 무엇이 있나요?

답변하기

모범 답변 보기

IL ระหว่างทางเดินไปป้ายรถเมล์แถวบ้านดิฉันมีแค่สัญญาณไฟจราจรแล้วก็ทางม้าลายค่ะ

우리 집 근처 버스정류장으로 걸어가는 길에는 신호등과 횡단보도만 있어요.

IM ผ่านทุกวันแต่ดิฉันไม่เคยสังเกตชื่อสี่แยกนั้นเลยค่ะ แต่ทราบว่ามีธนาคารฮันกุก ร้านสะดวกซื้อ แล้วก็มีอะพาร์ตเมนต์สูง ๆ ค่ะ

저는 매일 지나가지만 그 사거리 이름은 살펴본 적 없어요. 하지만 한국 은행, 편의점, 그리고 높은 아파트가 있다는 건 알아요.

IM ถนนแถวนั้นดิฉันรู้จักดีเลยค่ะ เพราะว่าขับรถผ่านทุกวัน ช่วง 7 โมงเช้าถึง 8 โมงรถมักจะติดมาก ก่อนถึงสะพานลอยจะมีร้านขนมปังที่ดิฉันชอบทานมาก ๆ ชื่อ ร้านขนมปัง ABC ค่ะ

제가 매일 운전해서 지나가니까 그 도로는 제가 잘 알죠. 대개 아침 7시부터 8시까지 차가 막히고, 육교에 도착하기 전에 제가 가장 좋아하는 빵집이 있는데 가게 이름은 'ABC 빵집'이라고 해요.

돌발상황! 면접관은 이렇게 질문할 수 있어요!

★ เมื่อกี้คุณบอกว่าเลี้ยวขวาตรงสะพานนั้น แถวนั้นมีร้านอะไรบ้างครับ

방금 당신은 그 다리에서 우회전한다고 했는데, 그 근처에 무슨 가게가 있나요?

단어 ระหว่างทาง ~하는 중에 | ผ่าน 지나다 | สังเกต 관찰하다 | สูง 높다 | มักจะ 대개 | ร้านขนมปัง 빵집

예시 미리보기

완벽 예시 다음 제시된 예시 상황을 참고하여 예상 대화를 미리 살펴보세요.

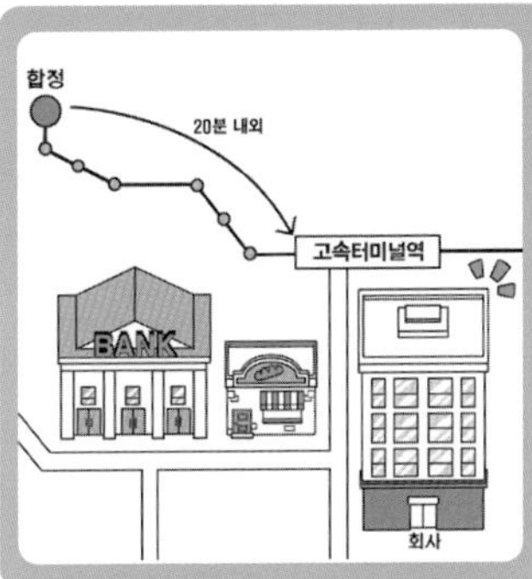

✓ 교통수단: 대중교통 혹은 자차

✓ 소요 시간: 20분 내외

✓ 가는 방법: 합정역에서 지하철을 탄 후, 당산역에서 9호선으로 갈아타서 고속터미널역에서 내림

✓ 주변 모습: 은행, 빵집

교통 수단	Q: **ปกติคุณเดินทางไปทำงานยังไงครับ** 당신은 직장에 보통 어떻게 가나요? A: **แต่ละวันไม่เหมือนกันค่ะ บางวันดิฉันก็ใช้บริการขนส่งมวลชน แต่บางวันก็ใช้รถยนต์ส่วนตัวค่ะ** 날마다 달라요. 어떤 날에는 대중교통을 이용하고 어떤 날에는 자차를 이용합니다.
소요 시간	Q: **จากบ้านถึงบริษัทใช้เวลานานเท่าไรครับ** 집에서 직장까지 얼마나 걸리나요? A: **จากบ้านดิฉันถึงที่ทำงานใช้เวลาราว 20 นาทีค่ะ** 우리 집에서 직장까지 20분 정도 걸려요.
가는 방법	Q: **ช่วยอธิบายวิธีเดินทางจากบ้านไปที่ทำงานหน่อยได้ไหมครับ** 집에서 직장까지 가는 길을 좀 설명해 주세요. A: **ดิฉันขึ้นรถไฟใต้ดินจากสถานีฮับจองถึงสถานีทังซันแล้วเปลี่ยนเป็นสาย 9 หลังจากนั้นขึ้นรถไฟใต้ดินด่วนไปแล้วลงที่สถานีขนส่งค่ะ** 저는 합정역에서 지하철을 타고 당산역까지 가서 9호선으로 갈아탑니다. 그런 다음 급행열차를 타고 가다가 고속터미널역에서 내려요.
주변 모습	Q: **แถวนั้นมีอะไรบ้างครับ** 그 주변에는 뭐가 있나요? A: **มีธนาคารและร้านขนมปังค่ะ** 은행과 빵집이 있어요.

IL Target

완벽 IL 예시 세부 질문별 대답을 연결하면 자연스러운 서술형 대답이 가능합니다. Track 06-06

ดิฉันนั่งรถไฟใต้ดินไปบริษัททุกวันค่ะ จากบ้านดิฉันถึงบริษัทใช้เวลาประมาณ 35 นาทีโดยรถไฟใต้ดินค่ะ ดิฉันนั่งรถไฟใต้ดินสาย 9 จากสถานีทังซันไปลงที่สถานีขนส่ง แล้วออกทางออก 2 บริษัทของดิฉันจะอยู่ขวามือค่ะ แถวบริษัทดิฉันมีธนาคารและร้านสะดวกซื้อค่ะ

저는 매일 지하철을 타고 회사에 가요. 우리 집에서 회사까지 지하철로 약 35분쯤 걸려요. 저는 9호선 당산역에서 지하철을 타고 고속터미널에서 내려요. 그런 다음 2번 출구에서 나오면 회사가 오른쪽에 있을 거예요. 회사 근처에는 은행과 편의점이 있어요.

직장이나 어떠한 장소에 가는 방법에 대해 답변할 때는 최대한 구체적으로 설명하는 것이 좋습니다. 직장의 위치만 간단히 말하는 것보다 소요 시간과 그 이유에 대한 설명을 덧붙이고 근처에 어떤 건물이나 구조물 등이 있는지 보다 풍부한 표현을 사용하여 대답한다면 좋은 점수를 얻을 수 있습니다.

완벽 IM 예시 IL 예시에서 부연 설명을 추가하면 IM 수준의 답변을 할 수 있습니다. Track 06-07

แต่ละวันไม่เหมือนกันครับ บางวันผมก็ใช้บริการขนส่งมวลชน เช่น รถเมล์หรือรถไฟ ใต้ดิน แต่บางวันก็ใช้รถยนต์ส่วนตัวครับ จากบ้านผมถึงที่ทำงานใช้เวลาราว 1 ชั่วโมงกว่าครับ

ก่อนอื่นผมเดินจากบ้านไปถึงสถานีรถไฟใต้ดินที่ใกล้ที่สุดใช้เวลาประมาณ 5 นาที แล้วก็ขึ้นรถไฟใต้ดินจากสถานีอิลซันถึงสถานีแทกกเพื่อเปลี่ยนเป็นสาย 3 หลังจากนั้นนั่งไปอีกประมาณ 20 กว่าสถานีแล้วลงที่สถานีขนส่งครับ เดินออกมาทางออก 2 บริษัทของผมจะอยู่ขวามือครับ

ตรงทางออก 2 ของสถานีขนส่งผมรู้จักดีเลยเพราะว่าเดินผ่านทุกวันครับ ตรงนั้นจะมีธนาคารฮันกุกและร้านขนมปังที่ผมชอบทานมาก ๆ ชื่อ ร้านขนมปัง ABC ครับ

날마다 달라요. 어떤 날에는 버스나 지하철과 같은 대중교통을 이용하고 어떤 날에는 자차를 이용합니다. 우리 집에서 직장까지는 대략 1시간 이상 걸려요.

우선 저는 집에서 가장 가까운 지하철역까지 걸어서 5분 정도 걸려요. 저는 일산역에서 지하철을 타고 대곡역까지 가서 3호선으로 갈아탑니다. 그런 다음 20정거장 이상 더 타고 가서 고속터미널역에서 내려요. 2번 출구에서 나오면 회사가 바로 오른쪽에 있어요.

고속터미널역 2번 출구는 제가 매일 걸어서 지나가기 때문에 잘 알아요. 그곳은 한국 은행과 제가 가장 좋아하는 빵집이 있는데 'ABC 빵집'이라고 해요.

직접 연습하기

나만의 답변 한 줄 정리 자신의 상황에 맞게 답변을 정리해 보세요.

교통수단	
소요 시간	
가는 방법	
주변 모습	

나만의 스크립트 만들기 정리한 내용을 토대로 자신만의 답변을 만들어 보세요.

교통 수단	Q: ปกติคุณเดินทางไปที่ทำงานยังไงคะ A:
소요 시간	Q: จากบ้านถึงบริษัทใช้เวลานานเท่าไรคะ A:
가는 방법	Q: ช่วยอธิบายวิธีเดินทางจากบ้านไปที่ทำงานหน่อยได้ไหมคะ A:
주변 모습	Q: ตรงนั้นมีอะไรบ้างครับคะ A:

가족 소개

"ครอบครัวคุณมีกี่คนคะ"

당신의 가족은 몇 명이에요?

대비 전략

가족 소개에 관한 대화는 비교적 간단하고 기본적인 질문으로 이루어지지만 답변은 면접관의 흥미를 유발할 수 있도록 구체적인 것이 좋습니다. 가족이 몇 명이냐고 물었을 때 단순히 몇 명이라고 대답할 수도 있지만, 어떤 구성원이 있는지, 각각의 성격이나 우리 가족의 특징까지 이야기한다면 면접관의 흥미를 잘 이끌어낼 수 있을 것입니다.

빈출 질문

Q1	가족 구성원 소개	**ครอบครัวคุณมีกี่คนคะ** 당신의 가족은 몇 명이에요?
Q2	가족 구성원 특징	**ภรรยา/สามี/ลูกเป็นคนแบบไหนครับ** 아내/남편/아이는 어떤 사람인가요?
Q3	형제와의 교류	**เจอพี่น้องบ่อยไหมคะ** 형제를 자주 만나나요?
Q4	반려동물 유무	**ที่บ้านมีสัตว์เลี้ยงไหมครับ** 집에 반려동물이 있나요?

답변 구조 & 핵심 표현

ครอบครัวผม/ดิฉัน มีทั้งหมด 인원수 ครับ/ค่ะ 제 가족은 모두 인원수 예요.

ครอบครัวผมมีทั้งหมด 4 คนครับ 제 가족은 모두 네 명이에요.

ครอบครัวดิฉันมีทั้งหมด 5 คนค่ะ 제 가족은 모두 다섯 명이에요.

가족 구성원 ผม/ดิฉัน เป็นคน 성격 ครับ/ค่ะ 제 가족 구성원 은 성격 한 사람이에요.

ภรรยาผมเป็นคนใจดีครับ 제 아내는 친절한 사람이에요.

ลูกดิฉันเป็นคนขยันค่ะ 제 아이는 부지런한 사람이에요.

ผม/ดิฉัน เจอพี่น้อง 빈도 ครับ/ค่ะ 저는 형제를 빈도 만큼 만나요.

ผมเจอพี่น้องทุกวันครับ 저는 형제를 매일 만나요.

ดิฉันเจอพี่น้องเดือนละ 1 ครั้งค่ะ 저는 형제를 한 달에 한 번 만나요.

ที่บ้านผม/ดิฉัน เลี้ยง 반려동물 마릿수 ครับ/ค่ะ 우리 집에는 반려동물 을 마릿수 키워요.

ที่บ้านผมเลี้ยงหมา 1 ตัวครับ 우리 집에는 강아지를 한 마리 키워요.

ที่บ้านดิฉันเลี้ยงแมว 2 ตัวค่ะ 우리 집에는 고양이를 두 마리 키워요.

빈출 표현 익히기

Track 07-01

가족 구성원	คุณพ่อ 아버지★	คุณแม่ 어머니★
	สามี 남편★	ภรรยา 아내★
	ลูกชาย 아들★	ลูกสาว 딸★
	พี่ชาย 오빠, 형★	พี่สาว 언니, 누나★
	น้องชาย 남동생★	น้องสาว 여동생★
	ญาติ 친척★	ลูกพี่ลูกน้อง 사촌
	คุณปู่ 친할아버지	คุณย่า 친할머니
	คุณตา 외할아버지	คุณยาย 외할머니
	ลูกคนโต 첫째	ลูกคนเดียว 외동

성격 묘사	ใจดี 친절하다★	อัธยาศัยดี 서글서글하다★
	กระตือรือร้น 적극적이다★	เป็นผู้ใหญ่ 어른스럽다★
	ขยัน 부지런하다★	ขี้เกียจ 게으르다★
	ใจเย็น 차분하다★	มีความรับผิดชอบ 책임감이 있다★
	พูดน้อย 말이 적다	พูดมาก 수다스럽다
	ชอบเข้าสังคม 외향적이다	ชอบเก็บตัว 내성적이다
	ร่าเริง 성격이 밝다	ฉลาด 지혜롭다
	ประณีต 섬세하다	ซุ่มซ่าม 덜렁거리다

반려 동물	สุนัข(=หมา) 개, 강아지★	แมว 고양이★
	แฮมสเตอร์ 햄스터	ปลาทอง 금붕어
	นกแก้ว 앵무새	เต่า 거북이

OPI 빈출 문제

❶ 가족 구성원 소개

수험자는 단순히 가족 구성원의 인원수만 대답하는 것이 아니라 가족 개개인의 나이, 직업 등과 같은 정보도 추가적으로 대답하는 것을 추천합니다. 결혼 여부에 대한 표현은 앞선 자기소개 파트에서 이미 학습한 내용이지만, 만약 워밍업 단계에서 면접관이 질문하지 않았다면 여기서 답변해도 좋습니다.

실전 트레이닝

Track 07-02

ครอบครัวคุณมีกี่คนคะ 당신의 가족은 몇 명이에요?

답변하기

모범 답변 보기

IL ผมแต่งงานเมื่อ 4 ปีที่แล้วครับ ตอนนี้ครอบครัวผมมีทั้งหมด 4 คนครับ มีภรรยา ลูกสาว 1 คน ลูกชาย 1 คน และผมครับ

저는 4년 전에 결혼했어요. 우리 가족은 모두 4명이에요. 아내, 딸 한 명, 아들 한 명, 그리고 저예요.

IM ครอบครัวผมมี 6 คนครับ มีคุณตา คุณยาย คุณแม่ คุณพ่อ น้องชาย 1 คน และผมครับ คุณตาและคุณยายอายุ 85 ปีเท่ากัน คุณพ่ออายุ 60 ปี คุณแม่อายุ 56 ปีครับ ส่วนน้องชายผมกำลังเรียนอยู่ที่มหาวิทยาลัยฮันกุกชั้นปีที่ 3 ครับ

우리 가족은 6명입니다. 외할아버지, 외할머니, 어머니, 아버지, 남동생 한 명, 그리고 저예요. 외할아버지와 외할머니께서는 두 분 모두 85세, 아버지는 60세, 어머니는 56세입니다. 한편, 남동생은 한국대학교 3학년에 다니고 있어요.

IM ครอบครัวผมมี 5 คนครับ คุณพ่อ คุณแม่ พี่สาว 2 คน และผมครับ พี่สาวคนโตแต่งงานแล้ว ตอนนี้อาศัยอยู่ที่อเมริกากับสามี ส่วนพี่สาวคนที่สองยังไม่แต่งงานแต่มีแฟนครับ ตอนนี้เธอเป็นครูโรงเรียนมัธยมที่เกาะเชจูครับ

우리 가족은 5명입니다. 어머니, 아버지, 누나 두 명, 그리고 저예요. 큰누나는 결혼했고 지금 남편과 미국에서 살고 있어요. 한편 둘째 누나는 아직 결혼을 안 했고 지금 제주도에서 고등학교 선생님으로 일하고 있어요.

돌발상황! 면접관은 이렇게 질문할 수 있어요!

สมาชิกในครอบครัวของคุณมีทั้งหมดกี่คนคะ

당신의 가족 구성원은 모두 몇 명인가요?

단어 เท่ากัน 서로 같다 | ชั้นปีที่ 학년 | คนโต 맏이 | อาศัย 살다, 거주하다 | โรงเรียนมัธยม 고등학교 | สมาชิก 구성원

② 가족 구성원 특징

면접관은 수험자의 아내, 남편 혹은 아이에 대해 어떤 사람인지 질문할 수 있습니다. 면접관이 수험자 가족 구성원의 성격, 직업, 외모, 장단점, 좋아하는 것 등에 대해 구체적으로 질문하지 않을 수도 있지만, 수험자가 먼저 다양한 주제로 자세하게 답변하는 것이 좋습니다.

실전 트레이닝

Track 07-03

ภรรยา/สามี/ลูกเป็นคนแบบไหนครับ 아내/남편/아이는 어떤 사람인가요?

답변하기

모범 답변 보기

IL สามีดิฉันเป็นคนใจดี หล่อ ขยันทำงาน แล้วก็ทำอาหารเก่งมาก ๆ ด้วยค่ะ

제 남편은 친절하고, 잘생기고, 열심히 일하는 데다가 요리도 아주 잘해요.

IM สามีดิฉันเป็นพยาบาลค่ะ เขาทำงานหนักตั้งแต่วันจันทร์ถึงวันศุกร์ ดังนั้น วันเสาร์อาทิตย์เขาเลยชอบพักผ่อนอยู่บ้าน วาดรูป หรือไปเดินเล่นที่สวนสาธารณะค่ะ

제 남편은 간호사예요. 그는 월요일부터 금요일까지 열심히 일하기 때문에 주말에는 집에서 쉬고, 그림을 그리거나, 공원에 가서 산책하는 것을 좋아해요.

IM สามีอายุมากกว่าดิฉัน 5 ปีค่ะ เขาเป็นผู้ใหญ่ มีความรับผิดชอบดี แล้วก็รักครอบครัวมากด้วยค่ะ เขาเป็นคนที่ห่วงสุขภาพตัวเองมาก ตอนเช้าจึงชอบตื่นไปออกกำลังกายทุกวันค่ะ ส่วนลูกสาวชอบกินขนมหวานเหมือนฉัน ลูกชายยังเล็กมากค่ะ ช่วงนี้กำลังฝึกพูดค่ะ

남편은 저보다 5살 많아요. 그는 아주 어른스럽고, 책임감이 있고, 가족을 매우 사랑해요. 이밖에도 그는 자신의 건강에 신경을 많이 써서 매일 아침에 운동하려고 일찍 일어나요. 한편 딸은 저처럼 단 것 먹기를 좋아하고, 아들은 아직 너무 어려서 요즘 말하는 것을 연습하고 있어요.

돌발상황! 면접관은 이렇게 질문할 수 있어요!

ภรรยา/สามีเป็นคนยังไง ช่วยเล่าให้หน่อยได้ไหมครับ

아내/남편은 어떤 분인가요? 이야기를 좀 해주시겠어요?

단어 พยาบาล 간호사 | วาดรูป 그림을 그리다 | ห่วง 신경을 쓰다 | สุขภาพ 건강 | ตัวเอง 자신 | ตื่น 일어나다 | ขนมหวาน 디저트 | เล็ก 작다 | ฝึก 연습하다

OPI 빈출 문제

③ 형제와의 교류

수험자가 형제가 있는 경우, 형제와의 관계에 대해 추가적인 질문을 받을 수 있습니다. 특히 형제와 서로 얼마나 자주 만나는지에 대한 질문이 주로 등장합니다. 대략적으로 만나는 빈도와 함께 그 이유를 덧붙이는 방식으로 답변을 구상하면 됩니다.

실전 트레이닝

Track 07-04

เจอพี่น้องบ่อยไหมคะ 형제를 자주 만나나요?

답변하기

모범 답변 보기

IL ผมเจอพี่น้องของผมทุกวันเพราะเรายังอาศัยอยู่ในบ้านเดียวกันครับ

저는 제 형제를 매일 만나요. 왜냐하면 저희는 아직 같은 집에서 살고 있기 때문이에요.

IM หลังจากพี่สาวคนโตแต่งงานก็ย้ายไปอยู่กับสามีที่อเมริกาครับ
ผมเจอพี่สาวครั้งสุดท้ายก็เมื่อต้นปีที่แล้วตอนที่ผมไปเที่ยวที่อเมริกาครับ

큰누나는 결혼한 후 남편과 미국으로 이민 갔어요. 저는 작년 초 미국에 놀러 갔을 때 누나를 마지막으로 만났어요.

IM น้องชายผมเป็นพ่อครัวที่โรงแรมในต่างจังหวัดก็เลยไม่ได้เจอกันบ่อยครับ แต่ถ้ามีวันหยุดหรือช่วงเทศกาลน้องจะกลับมาเยี่ยมคุณพ่อคุณแม่ที่บ้านในกรุงโซลครับ

제 남동생은 타지역의 호텔 요리사라서 자주 못 만나요. 하지만 쉬는 날이나 명절 기간이면 동생은 서울에 있는 부모님 댁을 찾아와요.

돌발상황! 면접관은 이렇게 질문할 수 있어요!

เจอพี่น้องครั้งล่าสุดเมื่อไรคะ
가장 최근에 형제를 만난 것은 언제였나요?

단어 พี่น้อง 형제 | หลังจากที่ ~한 후에 | ย้ายไปอยู่ 이민하다 | ครั้งสุดท้าย 마지막 | ต้นปี 연초 | พ่อครัว (남성) 요리사 | โรงแรม 호텔 | ต่างจังหวัด 지방 | เทศกาล 명절 | เยี่ยม 방문하다

❹ 반려동물 유무

수험자가 반려동물을 키우는 경우에는 특히 이와 관련된 주제의 대화가 이어질 수도 있습니다. 최근 태국에서도 반려동물을 키우는 가정이 늘어나고 있기 때문에 해당 주제는 흥미로운 주제가 될 수 있습니다. 주의해야 할 점은 동물에 관한 형태사입니다. 동물의 마릿수를 이야기할 때 'ตัว'라는 단어를 사용한다는 것을 유념합시다.

실전 트레이닝

Track 07-05

ที่บ้านมีสัตว์เลี้ยงไหมครับ 집에 반려동물이 있나요?

답변하기

모범 답변 보기

IL **ที่บ้านดิฉันเลี้ยงหมาสีขาวพันธุ์มอลทีสตัวผู้ 1 ตัว ชื่อตุ๊กตุ๊กค่ะ**

저는 집에서 말티즈 종류의 흰색 수컷 강아지 한 마리를 키우는데, 이름은 '뚝뚝'이에요.

IM **ที่บ้านไม่มีสัตว์เลี้ยงค่ะ ดิฉันอยากเลี้ยงแมวแต่คุณแม่ไม่อนุญาตค่ะ ในอนาคตถ้าดิฉันพักอยู่คนเดียว อยากจะลองเลี้ยงแมวสักตัวค่ะ**

집에 반려동물이 없어요. 저는 고양이를 키우고 싶은데 어머니께서 허락하시지 않아요. 나중에 혼자 살게 된다면 고양이 한 마리를 길러보고 싶어요.

IM **เมื่อก่อนเคยเลี้ยงสุนัขพันธุ์ปอมเมอเรเนียน 2 ตัวค่ะ แต่ว่าเมื่อปีที่แล้วแก่ตายไป 1 ตัว ตอนนี้เหลืออยู่แค่ 1 ตัวอายุ 10 ปีแล้วค่ะ**

예전에 포메라니안 종류의 강아지 두 마리를 키운 적이 있었는데, 작년에 한 마리는 나이가 많아서 죽었고 지금은 열 살 된 강아지 한 마리만 남아 있어요.

돌발상황! 면접관은 이렇게 질문할 수 있어요!

ที่บ้านเลี้ยงสัตว์อะไรไหมครับ

집에 어떤 동물을 키우고 있나요?

단어 เลี้ยง 기르다 | มอลทีส 말티즈 | ตัวผู้ 수컷 | อนุญาต 허락하다 | ในอนาคต 나중에, 앞으로 | เมื่อก่อน 예전에 | ปอมเมอเรเนียน 포메라니안 | ตาย 죽다 | เหลือ 남다

예시 미리보기

완벽 예시 다음 제시된 예시 상황을 참고하여 예상 대화를 미리 살펴보세요.

- ✓ 가족 구성원: 외할아버지, 외할머니, 아버지, 어머니, 남동생, 본인
- ✓ 가족 구성원 특징: 책임감이 있고 가족을 사랑하는 부모님
- ✓ 형제와의 교류: 자주 만나지 못하는 편
- ✓ 반려동물 유무: 키우지 않음

가족 구성원 소개	Q: ครอบครัวคุณมีทั้งหมดกี่คนครับ 당신의 가족은 몇 명인가요? A: ครอบครัวดิฉันมี 6 คนค่ะ มีคุณตา คุณยาย คุณพ่อ คุณแม่ น้องชาย 1 คน และดิฉันค่ะ 제 가족은 6명으로 외할아버지, 외할머니, 아버지, 어머니, 남동생 한 명, 그리고 저예요.
가족 구성원 특징	Q: คุณแม่คุณพ่อของคุณเป็นคนแบบไหนครับ 부모님께서는 어떤 분이신가요? A: คุณพ่อและคุณแม่ของดิฉันทั้งสองเป็นคนมีความรับผิดชอบแล้วก็รักครอบครัวมากค่ะ 저희 아버지와 어머니는 모두 책임감이 있고 가족을 매우 사랑합니다.
형제와의 교류	Q: ตอนนี้น้องชายทำอะไรอยู่ครับ แล้วเจอกันบ่อยไหม 남동생은 지금 무엇을 하나요? 자주 만나나요? A: น้องชายดิฉันเป็นนักศึกษาเรียนอยู่ที่ต่างจังหวัดก็เลยไม่ได้เจอกันบ่อยค่ะ 제 남동생은 지방에서 공부하는 대학생이라 자주 못 만나요.
반려동물 유무	Q: แล้วที่บ้านคุณมีสัตว์เลี้ยงไหมครับ 당신의 집에는 반려동물이 있나요? A: ที่บ้านไม่มีสัตว์เลี้ยงค่ะ คุณแม่กับคุณยายไม่อนุญาตค่ะ 집에 반려동물은 키우지 않아요. 어머니와 외할머니께서 허락하시지 않아요.

IL Target

완벽 IL 예시 세부 질문별 대답을 연결하면 자연스러운 서술형 대답이 가능합니다. Track 07-06

ดิฉันแต่งงานเมื่อ 4 ปีที่แล้ว ตอนนี้ครอบครัวดิฉันมีทั้งหมด 4 คนครับ มีสามี ลูกสาว 1 คน ลูกชาย 1 คน และดิฉันค่ะ สามีดิฉันเป็นคนใจดี หล่อ ขยันทำงาน แล้วก็ทำอาหารเก่งมาก ๆ ด้วยค่ะ ดิฉันมีน้องชายค่ะ เขาเป็นพ่อครัวโรงแรมในต่างจังหวัด เลยไม่ค่อยได้เจอกันค่ะ ที่บ้านดิฉันเลี้ยงหมาสีขาว 1 ตัว ชื่อตุ๊กตุ๊กค่ะ

저는 4년 전에 결혼했어요. 지금 우리 가족은 모두 4명이에요. 남편, 딸 한 명, 아들 한 명, 그리고 저예요. 제 남편은 친절하고, 잘생기고, 열심히 일하는 데다가 요리도 아주 잘해요. 저는 남동생이 있는데 그는 타지역의 호텔 요리사라서 자주 못 만나요. 우리 집에서는 흰색 강아지 한 마리를 키우는데 이름이 '뚝뚝'이에요.

수험자가 이미 결혼한 경우에는 본인의 배우자와 자녀에 대해 소개합니다. 반대로 미혼인 경우에는 부모와 형제를 소개합니다. 가족 구성원이 몇 명 있는지 단답으로 대답하는 것보다 각 구성원이 현재 어디에 거주하고 있는지, 직업은 무엇인지 등을 함께 답변하는 것이 좋습니다. 또한, 면접관은 각 구성원의 취미는 무엇인지, 어떤 것을 좋아하는지 등의 내용을 추가적으로 질문할 수 있으므로 미리 준비해 두어야 합니다.

IM Target

완벽 IM 예시 IL 예시에서 부연 설명을 추가하면 IM 수준의 답변을 할 수 있습니다. Track 07-07

ครอบครัวผมมี 6 คนครับ มีคุณตา คุณยาย คุณพ่อ คุณแม่ น้องชาย 1 คน และผมครับ คุณตาและคุณยายอายุ 85 ปีเท่ากัน คุณพ่ออายุ 60 ปี คุณแม่อายุ 56 ปี ส่วนน้องชายผมกำลังเรียนอยู่ที่มหาวิทยาลัยฮันกุกชั้นปีที่ 3 ครับ

คุณแม่และคุณพ่อของผมนิสัยคล้ายกันครับ ท่านทั้งสองเป็นคนมีความรับผิดชอบ แล้วก็รักครอบครัวมาก นอกจากนี้ยังห่วงสุขภาพของตัวเองมากด้วย จึงชอบไปออกกำลังกายแต่เช้าทุกวันครับ

น้องชายผมเป็นนักศึกษาเรียนอยู่ที่ต่างจังหวัดก็เลยไม่ได้เจอกันบ่อยครับ แต่ถ้ามีวันหยุดหรือช่วงเทศกาลน้องจะกลับมาเยี่ยมคุณพ่อคุณแม่ที่บ้านในกรุงโซลครับ

ที่บ้านไม่มีสัตว์เลี้ยงครับ ผมกับคุณพ่ออยากเลี้ยงหมา แต่คุณแม่กับคุณยายไม่อนุญาตครับ

제 가족은 6명으로 외할아버지, 외할머니, 아버지, 어머니, 남동생 한 명, 그리고 저예요. 외할아버지와 외할머니께서는 두 분 모두 85세이시고 아버지는 60세, 어머니는 56세입니다. 한편, 남동생은 한국대학교에서 3학년으로 공부하고 있어요.

저희 아버지와 어머니의 성격은 서로 비슷합니다. 두 분 모두 책임감이 있고 가족을 매우 사랑해요. 그리고 건강에 신경을 많이 쓰셔서 매일 아침 일찍 운동하세요.

제 남동생은 지방에서 공부하는 대학생이라 자주 못 만나요. 하지만 연휴나 명절 기간이면 동생은 서울에 있는 부모님 댁을 찾아와요.

집에 반려동물은 키우지 않아요. 아버지는 강아지를 키우고 싶어하시지만 어머니와 외할머니께서 허락하시지 않아요.

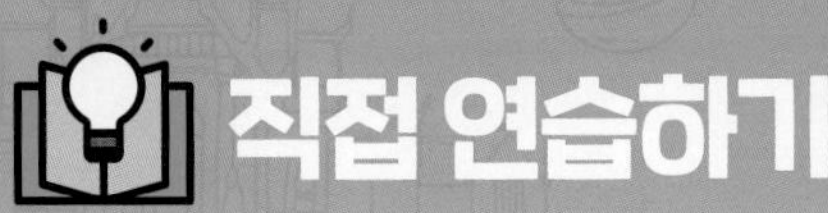

직접 연습하기

나만의 답변 한 줄 정리 자신의 상황에 맞게 답변을 정리해 보세요.

가족 구성원 소개	
가족 구성원 특징	
형제와의 교류	
반려동물 유무	

나만의 스크립트 만들기 정리한 내용을 토대로 자신만의 답변을 만들어 보세요.

가족 구성원 소개	Q: ครอบครัวคุณมีกี่คนคะ A:
가족 구성원 특징	Q: ภรรยา/สามี/ลูกเป็นคนแบบไหนคะ A:
형제와의 교류	Q: เจอพี่น้องบ่อยไหมคะ A:
반려동물 유무	Q: ที่บ้านมีสัตว์เลี้ยงไหมคะ A:

08 거주지 소개

"บ้านคุณอยู่ที่ไหนคะ"

당신의 집은 어디에 있나요?

대비 전략

수험자는 현재 살고 있는 자신의 집이 어떤 집인지 잘 관찰해 보고 특별히 이야기하고 싶거나 소개할 만한 부분이 있으면 이에 대해 준비해 봅시다. 집을 소개할 때는 주로 함께 살고 있는 사람, 집의 위치, 집 주변의 모습, 집의 유형, 집의 구조, 그리고 집 내부 모습과 같은 내용에 대해 이야기할 수 있도록 관련 어휘를 잘 익혀 둡시다.

빈출 질문

Q1 집 위치 설명 **บ้านคุณอยู่ที่ไหนคะ** 당신의 집은 어디에 있나요?

Q2 집 주변 묘사 **แถวบ้านคุณมีอะไรบ้างครับ** 당신의 집 주변에는 무엇이 있나요?

Q3 집의 유형 **บ้านที่อยู่ตอนนี้เป็นบ้านแบบไหนคะ** 지금 살고 있는 집은 어떤 유형의 집이에요?

Q4 집 내부 묘사 **ช่วยอธิบายหน่อยได้ไหมครับว่าในห้องนั่งเล่นเป็นยังไง**
거실 내부는 어떤지 설명 좀 해주실래요?

답변 구조 & 핵심 표현

บ้านผม/ดิฉันอยู่เขต 위치 ครับ/ค่ะ 우리 집은 위치 에 있어요.

บ้านผมอยู่เขตซอโช คังนัมครับ 우리 집은 강남 서초구에 있어요.
บ้านดิฉันอยู่ในเมือง จังหวัดเชียงใหม่ค่ะ 우리 집은 치앙마이 시내에 있어요.

แถวบ้านผม/ดิฉันมี 건물·가게 ครับ/ค่ะ 우리 집 주변에는 건물·가게 가 있어요.

แถวบ้านผมมีซูเปอร์มาร์เก็ตครับ 우리 집 주변에는 슈퍼마켓이 있어요.
แถวบ้านดิฉันมีร้านเสริมสวยค่ะ 우리 집 주변에는 미용실이 있어요.

บ้านผม/ดิฉันเป็น 집의 유형 ครับ/ค่ะ 우리 집은 집의 유형 이에요.

บ้านผมเป็นบ้านเดี่ยวครับ 우리 집은 단독 주택이에요.
บ้านดิฉันเป็นอะพาร์ตเมนต์ค่ะ 우리 집은 아파트예요.

방 종류 ที่บ้านผม/ดิฉัน 모습 ครับ/ค่ะ 우리 집의 방 종류 는 모습 이에요.

ห้องนั่งเล่นที่บ้านผมกว้างครับ 우리 집의 거실은 넓어요.
ห้องนอนที่บ้านดิฉันไม่ใหญ่มากค่ะ 우리 집의 침실은 많이 크지는 않아요.

빈출 표현 익히기

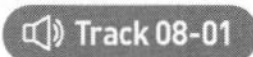

집 주변 장소	ซูเปอร์มาร์เก็ต 마트, 슈퍼마켓★	ลำธาร 개천, 작은 시내★
	ร้านเสริมสวย 미용실★	ร้านซักรีด 세탁소★
	สนามเด็กเล่น 놀이터★	สวนสาธารณะ 공원★
	ที่จอดรถ 주차장★	ฟิตเนส 헬스장★
	โบสถ์ 교회	สนามกีฬา 운동장
	ที่ทำการไปรษณีย์ 우체국	ร้านอาหารนานาชาติ 레스토랑

집 유형	ห้องเดี่ยว 원룸★	หอพัก 기숙사★
	ออฟฟิศเทล 오피스텔★	บ้านเดี่ยว 단독 주택★
	บ้านเช่ารายปี 전세★	บ้านเช่ารายเดือน 월세★

방 종류	ห้องนั่งเล่น 거실★	ห้องนอน 침실★
	ห้องครัว 주방★	ห้องน้ำ 화장실★
	ห้องทำงาน 업무실, 서재	ห้องแต่งตัว 드레스룸

집 내부 묘사	เตียง 침대★	ทีวี 텔레비전★
	โต๊ะทำงาน (사무용) 책상★	โซฟา 소파★
	กระถางดอกไม้ 화분★	โต๊ะน้ำชา 티 테이블
	เครื่องฟอกอากาศ 공기청정기	โต๊ะเครื่องแป้ง 화장대
	รูปถ่ายครอบครัว 가족사진	ตู้โชว์ 진열장

OPI 빈출 문제

① 집 위치 설명

면접관이 집의 위치를 더 쉽게 이해할 수 있도록 근처의 역, 대학교, 공공장소, 랜드마크 등을 구체적으로 언급하면 더욱 좋습니다. 또한, 지금 살고 있는 집에서 얼마나 오래 살았는지, 누구와 함께 살고 있는지 등 거주지와 관련된 정보를 추가적으로 답변하면 좋습니다.

실전 트레이닝

Track 08-02

บ้านคุณอยู่ที่ไหนคะ 당신의 집은 어디에 있나요?

답변하기

모범 답변 보기

IL บ้านผมตั้งอยู่ที่เขตอึนพยองใกล้ ๆ สถานีรถไฟใต้ดินฮับจองในกรุงโซลครับ

우리 집은 서울 지하철 합정역과 가까운 은평구에 위치합니다.

IM หอพักของผมอยู่ประตูหลังมหาวิทยาลัยฮันกุก เขตทงแดมุน กรุงโซลครับ ปัจจุบันนี้อาศัยอยู่กับเพื่อนร่วมห้องชาวจีน 1 คนครับ

우리 기숙사는 서울 동대문구 한국대학교 후문과 가까운 곳에 있고, 현재 중국인 룸메이트 한 명과 함께 살고 있어요.

IM บ้านผมอยู่ที่จังหวัดคยองกีซึ่งเป็นชานเมืองของกรุงโซลครับ ถ้าขึ้นรถไฟฟ้าใต้ดินจากบ้านไปใจกลางกรุงโซลก็ใช้เวลาประมาณ 1 ชั่วโมงครึ่งครับ ผมอาศัยอยู่ที่บ้านนี้มาประมาณ 3 ปีแล้วครับ

우리 집은 서울 근교인 경기도에 있어요. 우리 집에서 지하철을 타고 서울 중심으로 가면 약 1시간 반 정도 걸려요. 저는 이 집에서 산 지 3년쯤 되었어요.

돌발상황! 면접관은 이렇게 질문할 수 있어요!

ตอนนี้คุณอาศัยอยู่ที่ไหนคะ

당신은 지금 어디에 거주하고 있어요?

단어 ประตูหลัง 후문 | เพื่อนร่วมห้อง(=รูมเมท) 룸메이트 | ชาวจีน 중국인 | ชานเมือง 근교, 교외 | ใจกลาง 중심

❷ 집 주변 묘사

집 주변을 묘사하는 질문은 수험자의 어휘력을 보여줄 수 있는 유형의 문제입니다. 따라서 집 주변 건물이나 상점 등을 태국어로 잘 기억해 두어야 합니다. 뿐만 아니라 식당이나 카페 등과 같은 평범한 장소 외에도 다른 지역과의 차별점이 있는 랜드마크나 수험자가 평소 자주 방문하는 곳 등을 추가로 설명하면 좋습니다.

실전 트레이닝

Track 08-03

แถวบ้านคุณมีอะไรบ้างครับ 당신의 집 주변에는 무엇이 있나요?

답변하기

모범 답변 보기

IL แถวบ้านดิฉันมีมาร์ทชื่อ ABC มาร์ท ลำธาร ร้านเสริมสวย ร้านซักรีด และร้านขายผักผลไม้ค่ะ

우리 집 주변에는 'ABC 마트'라는 슈퍼마켓, 개천, 미용실, 세탁소, 그리고 청과점이 있어요.

IM ข้างบ้านดิฉันไม่ค่อยมีอะไรมากนอกจากอะพาร์ตเมนต์สูง ๆ ค่ะ ในเขตอะพาร์ตเมนต์มีแค่สนามเด็กเล่น สวนสาธารณะ และที่จอดรถเท่านั้นค่ะ

우리 집 주변에는 고층 아파트 외에는 별다른 게 없어요. 아파트 단지 내부에는 어린이 놀이터, 공원, 그리고 주차장만 있어요.

IM ใกล้ ๆ บ้านของดิฉันมีร้านหนังสือ ร้านกาแฟ 24 ชั่วโมง โรงแรม ร้านอาหารนานาชาติ โบสถ์ และที่ทำการไปรษณีย์ค่ะ ไม่ว่าจะไปไหนก็ใช้เวลาแค่ 5 นาที สะดวกจริง ๆ ค่ะ

우리 집 주변에는 서점, 24시간 카페, 호텔, 세계 음식 레스토랑, 교회(성당), 그리고 우체국이 있어요. 어디에 가든 다 5분밖에 안 걸려서 정말 편해요.

돌발상황! 면접관은 이렇게 질문할 수 있어요!

ช่วยแนะนำแถวบ้านคุณให้หน่อยได้ไหมครับว่ามีอะไรบ้าง

당신 집 주변에 무엇이 있는지 소개 좀 해줄 수 있나요?

단어 ร้านขายผักผลไม้ 청과점 | ร้านหนังสือ 서점 | ไม่ว่าจะ ~(이)든 | สะดวก 편(안)하다

OPI 빈출 문제

❸ 집의 유형

한국에서는 흔한 '원룸', '오피스텔', '하숙집', '고시원', '전세' 등은 태국에 존재하지 않는 집의 유형이기 때문에 번역할 수 있는 태국어 어휘가 없습니다. 따라서 수험자가 만약 이러한 유형의 집에서 살고 있다면 면접관이 이해할 수 있도록 쉬운 태국어 문장으로 잘 풀어서 설명할 수 있어야 합니다.

실전 트레이닝

Track 08-04

บ้านที่อยู่ตอนนี้เป็นบ้านแบบไหนคะ 지금 살고 있는 집은 어떤 유형의 집이에요?

답변하기

모범 답변 보기

IL บ้านของผมเป็นบ้านเดี่ยวครับ ตอนนี้อาศัยอยู่กับครอบครัวทั้งหมด 4 คนครับ

우리 집은 단독 주택이에요. 지금 가족 네 명이 함께 살고 있어요.

IM บ้านผมเป็นออฟฟิศเทลเช่ารายเดือนครับ ออฟฟิศเทลคล้าย ๆ อะพาร์ตเมนต์ขนาดเล็กที่มีทั้งห้องครัว ห้องน้ำ และสิ่งอำนวยความสะดวกอยู่ในห้องเดียวครับ ตึกนี้มี 15 ชั้น ผมอยู่ชั้น 7 ครับ

우리 집은 월세 오피스텔입니다. 오피스텔은 한 방에 주방, 화장실, 편의시설이 있는 소형 아파트와 비슷해요. 이 건물은 15층짜리인데 저는 7층에 살고 있어요.

IM เป็นหอพักสำหรับนักศึกษาครับ ในหอพักมีทั้งนักศึกษาชาวเกาหลีและชาวต่างชาติซึ่ง ในห้องหนึ่งจะมีนักศึกษา 2 คนอยู่ด้วยกันครับ ในห้องไม่มีห้องน้ำหรือห้องครัว ต้องใช้ห้องน้ำรวมและไม่สามารถทำอาหารในหอพักได้ครับ

대학생 전용 기숙사입니다. 기숙사 안에는 한국인과 외국인 대학생이 있는데 한 방에 대학생 두 명이 함께 살고 있어요. 방 안에 화장실이나 주방이 없어서 공중화장실을 이용해야 하고, 기숙사 내에서는 요리를 할 수 없어요.

돌발상황! 면접관은 이렇게 질문할 수 있어요!

ช่วยอธิบายลักษณะบ้านที่อยู่ตอนนี้หน่อยค่ะ

지금 거주하고 있는 집의 유형을 좀 설명해 주세요.

단어 สิ่งอำนวยความสะดวก 편의시설 | นักศึกษา 대학생 | ชาวต่างชาติ 외국인 | ห้องน้ำรวม 공중화장실

④ 집 내부 묘사

면접관이 수험자에게 현재 거주 중인 집 내부 모습을 묘사해 달라고 요청할 때는 거실뿐만 아니라 침실, 베란다, 작업실 등 어떤 한 공간을 지정하여 묻기도 합니다. 방 내부의 특징이 잘 드러날수 있도록 답변하기 위해서는 각 방의 가구나 가전 등 물건을 묘사하는 표현을 전체적으로 충분히 숙지해야 합니다.

실전 트레이닝

Track 08-05

ช่วยอธิบายหน่อยได้ไหมครับว่าในห้องนั่งเล่นเป็นยังไง 거실 내부는 어떤지 설명 좀 해주실래요?

답변하기

모범 답변 보기

IL ห้องนั่งเล่นที่บ้านดิฉันไม่ใหญ่มากค่ะ มีแค่โทรทัศน์ โต๊ะทำงานกับเก้าอี้สีขาว 2 ตัวค่ะ

우리 집 거실은 그다지 크지 않아요. 텔레비전, 책상, 그리고 흰색 의자 두 개가 있어요.

IM ที่ห้องนั่งเล่นมีทีวี โซฟา และกระถาง ข้างห้องนั่งเล่นเป็นระเบียงที่มีตู้เก็บไวน์และโต๊ะน้ำชาครับ เพราะคุณพ่อคุณแม่ชอบดื่มไวน์แล้วก็สูดอากาศข้างนอกค่ะ

거실에는 텔레비전, 소파, 그리고 화분이 있어요. 거실 옆은 베란다인데 와인 저장고와 티 테이블이 있어요. 부모님께서 밖에서 와인을 마시며 바람 쐬는 것을 좋아하시기 때문이에요.

IM เพราะว่าดิฉันอยู่กับรูมเมท เฟอร์นิเจอร์เกือบทุกอย่างมี 2 ตัวค่ะ เช่น เตียงเดี่ยว 2 เตียง โต๊ะหนังสือ 2 ตัว เก้าอี้ 2 ตัว ตู้เสื้อผ้า 2 ตู้ แล้วเฟอร์นิเจอร์ในห้องเป็นสีน้ำตาลเกือบทั้งหมดค่ะ

저는 룸메이트와 함께 살고 있기 때문에 거의 모든 가구가 두 개씩 있어요. 예를 들면 싱글 침대 두 개, 책상 두 개, 의자 두 개, 옷장 두 개가 있어요. 그리고 방 안의 가구들은 거의 다 갈색이에요.

돌발상황! 면접관은 이렇게 질문할 수 있어요!

ห้องนั่งเล่นเป็นยังไงช่วยอธิบายหน่อยได้ไหมคะ

거실이 어떻게 되어 있는지 설명해줄 수 있나요?

단어 ตู้เก็บไวน์ 와인 저장고 | สูดอากาศ 바람을 쐬다 | เฟอร์นิเจอร์ 가구 | เตียงเดี่ยว 싱글 침대 | สีน้ำตาล 갈색

예시 미리보기

완벽 예시 다음 제시된 예시 상황을 참고하여 예상 대화를 미리 살펴보세요.

✓ 집 위치: 경기도
✓ 집 주변: 어린이 놀이터, 공원, 주차장
✓ 집 유형: 아파트
✓ 집 내부 묘사(가전제품·가구·사물 등): 소파, 공기청정기, 화분

집 위치 설명	Q: **บ้านคุณอยู่ที่ไหนครับ** 당신의 집은 어디에 있나요? A: **บ้านดิฉันอยู่ที่จังหวัดคยองกีซึ่งเป็นชานเมืองของกรุงโซลค่ะ** 우리 집은 서울 근교인 경기도에 있어요.
집 주변 묘사	Q: **แถวบ้านมีอะไรบ้างครับ** 집 주변에는 무엇이 있나요? A: **แถวบ้านดิฉันมีสนามเด็กเล่น สวนสาธารณะ และที่จอดรถค่ะ** 우리 집 주변에는 어린이 놀이터, 공원, 그리고 주차장이 있어요.
집의 유형	Q: **บ้านที่อาศัยอยู่ตอนนี้เป็นบ้านแบบไหนครับ** 지금 거주하고 있는 집은 어떤 유형의 집이에요? A: **บ้านของดิฉันเป็นอะพาร์ตเมนต์ มีทั้งหมด 32 ชั้น ดิฉันอยู่ชั้นที่ 18 ค่ะ ในบ้านมีห้องนอน 3 ห้อง ห้องน้ำ 2 ห้อง ห้องครัว 1 ห้อง ห้องซักผ้า ห้องนั่งเล่น และระเบียงค่ะ** 우리 집은 아파트인데 32층까지 있고 저는 18층에 살아요. 집 안에는 침실 세 개, 화장실 두 개, 주방 한 개, 세탁실, 거실, 그리고 베란다가 있어요.
집 내부 묘사	Q: **ช่วยอธิบายหน่อยได้ไหมครับว่าในห้องนั่งเล่นเป็นยังไง มีอะไรบ้างครับ** 거실은 어떻게 되어 있고 무엇이 있는지 좀 설명해 줄 수 있나요? A: **ที่ห้องนั่งเล่นมีโซฟา เครื่องฟอกอากาศ และกระถางดอกไม้ค่ะ** 거실에는 소파, 공기청정기 그리고 화분이 있어요.

IL Target

완벽 IL 예시 세부 질문별 대답을 연결하면 자연스러운 서술형 대답이 가능합니다. Track 08-06

บ้านดิฉันตั้งอยู่ที่เขตอึนพยองใกล้ ๆ สถานีรถไฟใต้ดินฮับจองในกรุงโซลค่ะ แถวบ้านดิฉันมีซูเปอร์มาร์เก็ตชื่อ ABC มาร์ท ลำธาร และร้านขายผักผลไม้ค่ะ บ้านดิฉันเป็นออฟฟิศเทลเช่ารายเดือน ดิฉันอยู่ชั้น 7 ค่ะ ห้องนั่งเล่นที่บ้านไม่ใหญ่มากค่ะ มีแค่โทรทัศน์ โต๊ะทำงานกับเก้าอี้ไม้สีขาว 2 ตัวค่ะ

우리 집은 서울 지하철 합정역과 가까운 은평구에 위치합니다. 집 근처에 'ABC 마트'라는 슈퍼마켓, 개천, 그리고 청과점이 있습니다. 이 집은 월세 오피스텔인데 저는 7층에 살고 있습니다. 우리 집 거실은 많이 크지는 않고, 텔레비전, 책상, 그리고 흰색 나무 의자 두 개가 있습니다.

OPI 실전 팁

집 유형 및 구조는 빈번히 출제되는 질문 중 하나입니다. 건물의 형태, 층수, 집 안에 방이 몇 개 있는지 설명하는 것 외에도, 면접관은 수험자가 말한 방 중에 한 곳을 골라서 그 방 안에 있는 가구, 가전 제품, 그 밖의 사물에 대해 말해 보라고 할 수 있습니다. 이때 너무 흔하거나 평범한 답변 대신 수험자가 특별히 수집하거나 다른 집에선 흔히 볼 수 없는 것 등 다른 수험자들과 차별화된 답변을 하는 것이 좋습니다.

IM Target

완벽 IM 예시 IL 예시에서 부연 설명을 추가하면 IM 수준의 답변을 할 수 있습니다. Track 08-07

บ้านผมอยู่ที่จังหวัดคยองกีซึ่งเป็นชานเมืองของกรุงโซลครับ ถ้าขึ้นรถไฟฟ้าใต้ดินจากบ้านผมไปใจกลางกรุงโซลก็ใช้เวลาประมาณ 1 ชั่วโมงครึ่งครับ แถวบ้านผมไม่ค่อยมีอะไรมากนอกจากอะพาร์ตเมนต์สูง ๆ ในเขตอะพาร์ตเมนต์มีแค่สนามเด็กเล่น สวนสาธารณะ และที่จอดรถเท่านั้นครับ บ้านของผมเป็นอะพาร์ตเมนต์ มีทั้งหมด 32 ชั้น ผมอยู่ชั้นที่ 18 ครับ

ในบ้านมีห้องนอน 3 ห้อง ห้องน้ำ 2 ห้อง ห้องครัว 1 ห้อง ห้องซักผ้า ห้องนั่งเล่นและระเบียงครับ ที่ห้องนั่งเล่นมีทีวี โซฟา และกระถางดอกไม้ ข้างห้องนั่งเล่นเป็นระเบียงที่มีตู้เก็บไวน์และโต๊ะน้ำชาครับ เพราะคุณพ่อคุณแม่ชอบดื่มไวน์แล้วก็สูดอากาศข้างนอกครับ

우리 집은 서울 근교인 경기도에 있어요. 집에서 지하철을 타고 서울 중심으로 가면 약 1시간 반 정도 걸려요. 우리 집 주변에는 고층 아파트 외에 별다른 건 없어요. 아파트 단지 내에는 어린이 놀이터, 공원, 그리고 주차장만 있어요. 이 집은 아파트인데 32층까지 있고 저는 18층에 살아요.

집 안에는 침실 세 개, 화장실 두 개, 주방 한 개, 세탁실, 거실, 그리고 베란다가 있어요. 거실에는 텔레비전, 소파, 그리고 화분이 있어요. 거실 옆은 베란다인데 와인 저장고와 티 테이블이 있어요. 부모님께서 밖에서 와인을 마시며 바람 쐬는 것을 좋아하시기 때문이에요.

직접 연습하기

나만의 답변 한 줄 정리 자신의 상황에 맞게 답변을 정리해 보세요.

집 위치 설명	
집 주변 묘사	
집의 유형	
집 내부 묘사	

나만의 스크립트 만들기 정리한 내용을 토대로 자신만의 답변을 만들어 보세요.

집 위치 설명	Q: บ้านคุณอยู่ที่ไหนคะ A:
집 주변 묘사	Q: แถวบ้านคุณมีอะไรบ้างคะ A:
집의 유형	Q: บ้านที่อยู่ตอนนี้เป็นบ้านแบบไหนคะ A:
집 내부 묘사	Q: ช่วยอธิบายหน่อยได้ไหมคะว่าในห้องนั่งเล่นเป็นยังไงคะ A:

บทที่

09 취미활동 소개

"งานอดิเรกของคุณคืออะไรคะ"

당신의 취미는 무엇인가요?

대비 전략

취미활동을 묻는 질문은 OPI 시험에서 출제율이 아주 높은 질문 중에 하나입니다. 취미활동을 하는 이유, 함께 하는 상대, 활동 빈도 등 다양한 종류의 질문을 받을 수 있으며, 하나의 취미뿐만 아니라 두세 가지의 취미에 대해 질문할 수 있으므로 몇 가지 취미에 대한 자신만의 이야기를 숙지해서 시험에서 당황하지 않도록 준비해야 합니다.

빈출 질문

Q1 취미활동 소개	งานอดิเรกของคุณคืออะไรคะ	당신의 취미는 무엇인가요?
Q2 취미활동을 하는 이유	ทำไมคุณจึงชอบงานอดิเรกนี้ครับ	당신은 이 취미활동을 왜 좋아하나요?
Q3 취미활동을 같이 하는 상대	ปกติทำงานอดิเรกนี้กับใครคะ	주로 누구와 이 취미활동을 함께 하나요?
Q4 취미활동을 하는 빈도	ทำงานอดิเรกนี้บ่อยแค่ไหนครับ	이 취미활동을 얼마나 자주 하나요?

답변 구조 & 핵심 표현

งานอดิเรกของผม/ดิฉันคือ 취미활동 ครับ/ค่ะ 제 취미는 취미활동 이에요.

งานอดิเรกของผมคือการถ่ายรูปครับ 제 취미는 사진 촬영이에요.

งานอดิเรกของดิฉันคือการวิ่งออกกำลังกายค่ะ 제 취미는 조깅이에요.

เพราะ 취미활동 ทำให้ 효과 왜냐하면 취미활동 은 효과 가 있기 때문이에요.

เพราะการวิ่งทำให้รู้สึกสดชื่น 왜냐하면 뛰는 것은 기분을 상쾌하게 해주기 때문이에요.

เพราะการออกกำลังกายทำให้คลายเครียด 왜냐하면 운동하는 것은 스트레스가 해소되기 때문이에요.

ส่วนมากไปกับ 대상 주로 대상 과 같이 가요.

ส่วนมากไปกับคุณพ่อ 주로 아버지와 같이 가요.

ส่วนมากไปกับเพื่อน ๆ 주로 친구들과 같이 가요.

기간 ละ 횟수 ครั้ง 기간 당 횟수 번이요.

อาทิตย์ละ 1-2 ครั้ง 일주일에 1~2번이요.

เดือนละ 2-3 ครั้ง 한 달에 2~3번이요.

빈출 표현 익히기

Track 09-01

취미 활동	วิ่งออกกำลังกาย 조깅하다★	เรียนทำอาหาร 요리를 배우다★
	ดูภาพยนตร์(=ดูหนัง) 영화를 보다★	ฟังเพลง 음악 감상하다★
	ถ่ายรูป 사진 촬영하다★	อ่านหนังสือ 독서하다
	เล่นดนตรี 악기를 연주하다	นั่งสมาธิ 명상하다
	ปีนเขา 등산하다	ตกปลา 낚시를 하다
	ตีกอล์ฟ 골프를 치다	สำรวจร้านอร่อย 맛집을 탐방하다

기대 효과	รู้สึกสดชื่น 기분이 상쾌하다★	คลายเครียด 스트레스를 해소하다★
	มีความสุข 행복하다★	สุขภาพแข็งแรง 건강하다★
	แก้เหงา 심심풀이	รู้สึกสงบ 마음이 가라앉다
	รู้จักโลกภายนอก 외부 세계를 알다	เรียนรู้วัฒนธรรมใหม่ 새로운 문화를 배우다
	รู้จักตัวเองมากขึ้น 자신을 더 알게 되다	สร้างความมั่นใจในตัวเอง 자신감을 배양하다

같이 하는 상대	คนเดียว 혼자★	คนรู้จัก 지인★
	เพื่อนสนิท 친한 친구★	แฟน 애인★
	ครอบครัว 가족★	เพื่อนบ้าน 옆집 친구
	เพื่อนร่วมงาน 동료	คนแปลกหน้า 낯선 사람

빈도 표현	ทุกเช้า 매일 아침★	ทุกวันเสาร์อาทิตย์ 주말마다★
	วันเว้นวัน 격일	นาน ๆ ที 이따금씩
	อาทิตย์ละ 1-2 ครั้ง 일주일에 한두 번	ทุกครั้งที่รู้สึกเครียด 스트레스 받을 때마다

OPI 빈출 문제

❶ 취미활동 소개

수험자는 자신의 취미에 대해서 단답형으로 대답하기보다는 취미에 대한 세부 사항이나 구체적으로 어떤 활동을 하는지 덧붙여서 답변하는 것이 좋습니다. 혹은 예전에 즐겨 하던 취미활동과 현재 자주 하는 활동에 대해서 비교하며 이야기하는 것도 좋습니다.

실전 트레이닝

Track 09-02

งานอดิเรกของคุณคืออะไรคะ 당신의 취미는 무엇인가요?

답변하기

모범 답변 보기

IL งานอดิเรกของผมมีหลายอย่างแต่ผมชอบวิ่งออกกำลังกายมากที่สุดครับ

제 취미는 다양하지만 조깅을 가장 좋아해요.

IM ผมชอบอ่านหนังสือเกี่ยวกับการทำอาหารแล้วลองทำอาหารเองที่บ้านครับ ผมเริ่มสนใจทำอาหารตั้งแต่ออกบ้านมาอยู่คนเดียวในกรุงโซลเมื่อประมาณ 3 ปีก่อนครับ

저는 요리책을 읽고 집에서 직접 요리하는 것을 좋아해요. 3년 전쯤 집을 떠나 서울에서 혼자 자취를 시작했을 때부터 요리에 관심을 가지기 시작했어요.

IM เมื่อมีเวลาว่างผมชอบดูหนังต่างประเทศ เช่น หนังไทยหรือหนังฝรั่ง โดยเฉพาะหนังประเภทแอคชั่น ส่วนใหญ่ผมดูหนังที่บ้านหรือไม่ก็ไปดูหนังใหม่ที่เข้าฉายในโรงหนังแถวบ้านครับ

저는 틈틈이 태국 영화나 서양 영화 등 외국 영화 보는 것을 좋아하는데, 특히 액션 종류의 영화를 좋아해요. 주로 집에서 영화를 보거나 집 근처 영화관에서 최신 영화를 봐요.

돌발상황! 면접관은 이렇게 질문할 수 있어요!

ว่าง ๆ คุณชอบทำอะไรคะ

시간이 날 때 무엇을 하는 걸 좋아하나요?

단어 เกี่ยวกับ ~와(과) 관련된 | หนังต่างประเทศ 외국 영화 | โดยเฉพาะ 특히 | ประเภท 종류 | ส่วนใหญ่ 주로 | หรือไม่ก็ 아니면 | ฉาย 상영하다

❷ 취미활동을 하는 이유

앞서 대답한 취미활동에 대해서 이를 시작하게 된 이유, 해당 취미를 좋아하는 이유, 해당 취미의 장단점 등에 대해 답변할 수 있어야 합니다. 더 나아가서 수험자가 해당 취미활동을 하면서 생긴 효과나 결과까지 이와 연결 지어 답변하면 좋습니다.

 **실전 트레이닝**

Track 09-03

ทำไมถึงชอบงานอดิเรกนี้ครับ 당신은 이 취미활동을 왜 좋아하나요?

 **답변하기**

 **모범 답변 보기**

IL เพราะดิฉันคิดว่าการออกกำลังกายทำให้รู้สึกสดชื่น และช่วยคลายเครียดได้ด้วยค่ะ

운동은 기분을 상쾌하게 해주고 스트레스도 해소시켜 준다고 생각하기 때문이에요.

IM ดิฉันรู้สึกว่าการทานอาหารนอกบ้านมีค่าใช้จ่ายเยอะค่ะ อีกทั้งเราไม่รู้ว่าอาหารนั้นสะอาด และปลอดภัยหรือเปล่า ก็เลยอยากทำอาหารทานด้วยตัวเองเพื่อสุขภาพของดิฉันค่ะ

외식하는 것은 비용이 많이 든다고 느꼈고, 우리는 그 음식이 청결하고 안전한지 알 수 없어요. 그래서 저는 제 건강을 위해 직접 요리를 하려고 해요.

IM จำได้ว่าตอนเด็ก ๆ คุณพ่อชอบดูหนังมากแล้วดิฉันก็ไปนั่งดูข้าง ๆ ท่านตลอด ก็เลยคิดว่าดิฉันน่าจะชอบดูหนังเหมือนคุณพ่อค่ะ การดูหนังช่วยให้ดิฉันรู้จักโลกภายนอก ได้เรียนรู้และเข้าใจวัฒนธรรมใหม่ ๆ รวมถึงชีวิตผู้คนได้มากขึ้นอีกด้วยค่ะ

제가 기억하기로는 어렸을 때 아버지가 영화 보는 것을 좋아하셔서 저도 늘 아버지 옆에 앉아서 같이 영화를 봤어요. 그래서 저도 아버지처럼 영화 보는 것을 좋아하게 된 것 같아요. 그리고 영화는 외부 세계를 볼 수 있도록 해 주고 새로운 문화와 사람들의 삶을 배우고 더 잘 이해할 수 있게 만들어 줘요.

돌발상황! 면접관은 이렇게 질문할 수 있어요!

เหตุผลที่คุณชอบงานอดิเรกนี้คืออะไรครับ 당신이 이 취미를 좋아하는 이유는 무엇인가요?

단어 ค่าใช้จ่าย 비용 | ด้วยตัวเอง 직접 | โลกภายนอก 외부 세계 | วัฒนธรรม 문화 | รวมถึง 포함하다, ~까지 | ผู้คน 사람들

OPI 빈출 문제

③ 취미활동을 같이 하는 상대

면접관은 수험자에게 주로 누구와 취미활동을 같이 하는지 묻습니다. 이때 수험자는 취미활동을 함께하는 상대를 단순히 단답형 나열식으로 말할 수도 있지만, 혼자 취미활동을 할 때와 다른 누군가와 함께 할 때의 차이점이나 장단점을 덧붙여서 대답한다면 더 좋은 점수를 기대할 수 있습니다.

실전 트레이닝

Track 09-04

ปกติทำงานอดิเรกนี้กับใครคะ 주로 누구와 이 취미활동을 함께 하나요?

답변하기

모범 답변 보기

IL ปกติผมไปวิ่งออกกำลังกายที่สวนสาธารณะคนเดียว แต่บางทีก็คุยกับคนแปลกหน้าด้วยครับ

저는 보통 혼자 공원에서 조깅을 하고 가끔 낯선 사람들과 대화하기도 해요.

IM โดยปกติแล้วดูวิดิโอเรียนทำอาหารคนเดียวที่บ้านครับ แต่ถ้าคุณแม่หรือเพื่อนสนิทว่างก็จะขอให้สอนแล้วก็ชิมอาหารฝีมือของผมด้วยครับ

보통 집에서 혼자 영상을 보고 요리를 배워요. 하지만 어머니나 친구가 시간이 될 때는 요리를 가르쳐 달라고 하고 제 요리 솜씨도 맛보게 하곤 해요.

IM ผมอยากไปดูหนังกับแฟนครับ แต่เพราะว่าเวลาว่างเราไม่ตรงกัน ผมเลยไปกับเพื่อนมากกว่า บางครั้งคุณพ่อหรือคุณแม่ก็ไปด้วยครับ

저는 애인과 같이 영화를 보러 가고 싶지만 저희는 시간이 맞지 않아 친구와 갈 때가 더 많아요. 가끔은 아버지나 어머니와 함께 가기도 해요.

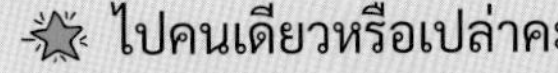

돌발상황! 면접관은 이렇게 질문할 수 있어요!

ไปคนเดียวหรือเปล่าคะ

(취미활동 하러) 혼자 가나요?

단어 บางครั้ง(=บางที) 가끔 | คุย 대화하다 | โดยปกติแล้ว 보통 | ชิม 맛보다 | ฝีมือ 솜씨 | ไม่ตรง 맞지 않다

④ 취미활동을 하는 빈도

앞에서 말한 취미활동을 일주일이나 한 달에 몇 번 하는지, 한 번 할 때 몇 시간 정도 하는지 답변하면 됩니다. 또는 지금 당장은 자주 하는 편이 아니지만 앞으로 계획하고 있는 시간이나 빈도가 있다면 이에 대해 답변해도 좋습니다. 혹은 일정한 시간에만 하는 이유가 따로 있다면 그 이유도 덧붙여 설명하는 것도 좋습니다.

실전 트레이닝 Track 09-05

ทำงานอดิเรกนี้บ่อยแค่ไหนครับ 이 취미활동을 얼마나 자주 하나요?

답변하기

모범 답변 보기

IL ดิฉันพยายามไปวิ่งทุกเช้าค่ะ แต่ช่วงนี้ไปได้แค่อาทิตย์ละ 2-3 ครั้งค่ะ

저는 매일 아침 조깅하러 가기 위해 노력해요. 하지만 요즘은 일주일에 2~3번밖에 못 가요.

IM ดิฉันอ่านหนังสือและดูวิดิโอเกี่ยวกับอาหารทุกครั้งที่มีเวลาว่าง แต่ทดลองทำอาหารจริง ๆ เดือนละ 3-4 ครั้งค่ะ

저는 시간 날 때마다 요리에 대한 책을 읽고 영상을 봐요. 하지만 실제로 요리를 시도해 보는 것은 한 달에 3~4번 정도예요.

IM ดิฉันไปดูหนังทุกวันพุธก่อน 11 โมงเช้าค่ะ เพราะถ้าไปเวลานั้นจะได้รับส่วนลดค่าตั๋วหนังประมาณ 50 เปอร์เซ็นต์ แล้วก็คนไม่เยอะด้วยค่ะ

저는 수요일마다 오전 11시 전에 영화를 보러 가요. 그 시간에 가면 영화 티켓값을 50% 정도 할인 받을 수 있고 사람도 많지 않기 때문이에요.

돌발상황! 면접관은 이렇게 질문할 수 있어요!

ทำงานอดิเรกนี้สัปดาห์ละกี่ครั้งครับ

이 취미활동은 일주일에 몇 번 하나요?

단어 พยายาม 노력하다 | ทดลอง 시도하다 | ส่วนลด 할인 | ค่าตั๋ว 티켓값, 푯값

예시 미리보기

완벽 예시 다음 제시된 예시 상황을 참고하여 예상 대화를 미리 살펴보세요.

- ✓ 취미활동: 공원에서 조깅하기
- ✓ 취미활동을 하는 이유: 스트레스를 해소하기 위해
- ✓ 취미활동을 같이 하는 상대: 혼자
- ✓ 취미활동을 하는 빈도: 일주일에 2~3번 정도

취미활동 소개	Q: งานอดิเรกของคุณคืออะไรครับ 당신의 취미는 무엇인가요? A: งานอดิเรกของดิฉันคือการวิ่งออกกำลังกายที่สวนสาธารณะค่ะ 제 취미는 공원에서 조깅하는 거예요.
취미활동을 하는 이유	Q: แล้วทำไมถึงชอบไปวิ่งครับ 왜 조깅을 좋아하나요? A: ดิฉันคิดว่าการออกกำลังกายช่วยคลายเครียดได้ค่ะ 운동은 스트레스를 해소시켜 준다고 생각해요.
취미활동을 같이 하는 상대	Q: ปกติไปวิ่งกับใครครับ 보통 누구와 조깅을 하나요? A: ปกติดิฉันไปวิ่งคนเดียว แต่บางทีก็คุยกับคนแปลกหน้าด้วยค่ะ 저는 보통 혼자 공원에서 조깅하는데 가끔 낯선 사람과 대화하기도 해요.
취미활동을 하는 빈도	Q: แล้วไปบ่อยแค่ไหนครับ 얼마나 자주 가나요? A: ดิฉันพยายามจะไปวิ่งทุกเช้า แต่ช่วงนี้ไปได้แค่อาทิตย์ละ 2-3 ครั้งค่ะ 저는 매일 아침 조깅하러 가려고 노력하는데, 요즘은 일주일에 2~3번 밖에 못 가요.

완벽 IL 예시 세부 질문별 대답을 연결하면 자연스러운 서술형 대답이 가능합니다. Track 09-06

งานอดิเรกของดิฉันมีหลายอย่างแต่ดิฉันชอบวิ่งออกกำลังกายมากที่สุดค่ะ เพราะดิฉันคิดว่า การออกกำลังกายทำให้รู้สึกสดชื่นและช่วยคลายเครียดได้ด้วยค่ะ ปกติดิฉันไปวิ่งออกกำลัง กายที่สวนสาธารณะคนเดียว แต่บางทีก็คุยกับคนแปลกหน้าด้วยค่ะ ดิฉันพยายามจะไปวิ่งทุกเช้าแต่ช่วงนี้ ไปได้แค่อาทิตย์ละ 2-3 ครั้งค่ะ

저의 취미는 다양한데 조깅을 가장 좋아해요. 운동은 기분을 상쾌하게 해주고 스트레스도 해소할 수 있다고 생각하기 때문이에요. 제가 조깅을 시작한 지는 몇 달 밖에 되지 않았어요. 보통 저는 혼자 공원에서 조깅하러 가는데, 가끔 낯선 사람들과 대화하기도 해요. 저는 매일 아침 조깅하러 가려고 노력하지만 요즘은 일주일에 2~3번 밖에 못 가요.

자신의 취미활동을 소개하는 대화에서는 영화를 보거나 인터넷을 하는 등 일반적이고 흔한 답변일수록 영화 종류, 감명 깊게 본 영화, 특별히 구경하는 인터넷 사이트 등 구체적으로 이야기하는 것이 좋습니다. 그렇지 않으면 면접관은 수험자에게 또 다른 취미에 대해 이야기해 달라고 요청할 수도 있습니다.

완벽 IM 예시 IL 예시에서 부연 설명을 추가하면 IM 수준의 답변을 할 수 있습니다. Track 09-07

ว่าง ๆ ผมชอบดูหนังต่างประเทศโดยเฉพาะหนังประเภทแอคชั่นครับ ส่วนใหญ่ผมดูหนังที่บ้านหรือไม่ก็ไปดูหนังใหม่ที่เข้าฉายในโรงหนังแถวบ้านครับ

จำได้ว่าตอนเด็ก ๆ คุณพ่อผมชอบดูหนังมาก แล้วผมก็ชอบไปนั่งดูข้าง ๆ ท่านตลอด ก็เลยคิดว่าผมน่าจะชอบดูหนังเหมือนคุณพ่อครับ การดูหนังช่วยให้ผมรู้จักโลกภายนอก ได้เรียนรู้และเข้าใจวัฒนธรรมใหม่ ๆ รวมถึงชีวิตผู้คนได้มากขึ้นอีกด้วยครับ

ผมอยากไปดูหนังกับแฟนครับแต่เพราะว่าเวลาว่างเราไม่ตรงกัน ผมเลยไปกับเพื่อนมากกว่า บางครั้งคุณพ่อก็ไปกับเพื่อน ๆ ของผมด้วยครับ เรามักจะไปดูหนังทุกวันพุธก่อน 11 โมงเช้าเพราะถ้าไปเวลานั้นจะได้รับส่วนลดค่าตั๋วหนังประมาณ 50 เปอร์เซ็นต์ แล้วก็คนไม่เยอะด้วยครับ

시간이 있을 때 저는 외국 영화보는 것을 좋아하는데, 특히 액션 종류를 좋아해요. 주로 집에서 영화를 보거나 집 근처 영화관에서 최신 영화를 봐요.

제가 기억하기로는 어렸을 때 아버지가 영화 보는 걸 좋아하셔서 저도 늘 아버지 옆에 앉아서 같이 영화를 봤어요. 그래서 저도 아버지처럼 영화 보는 걸 좋아하게 된 것 같아요. 영화는 외부 세계를 볼 수 있도록 해 주고 새로운 문화와 사람들의 삶을 배우고 더 잘 이해할 수 있게 만들어 줘요.

저는 애인과 같이 영화를 보러 가고 싶지만 시간이 맞지 않아 친구와 같이 갈 때가 더 많아요. 가끔 아버지도 제 친구들과 함께 가시곤 해요. 저는 수요일마다 오전 11시 전에 영화를 보러 가요. 그 시간에 가면 영화 티켓을 50% 정도 할인 받을 수 있고 사람도 많지 않기 때문이에요.

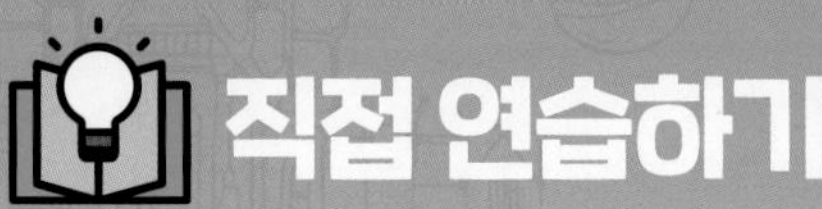

직접 연습하기

나만의 답변 한 줄 정리 자신의 상황에 맞게 답변을 정리해 보세요.

취미활동 소개	
취미활동을 하는 이유	
취미활동을 같이 하는 상대	
취미활동을 하는 빈도	

나만의 스크립트 만들기 정리한 내용을 토대로 자신만의 답변을 만들어 보세요.

취미활동 소개	Q: งานอดิเรกของคุณคืออะไรคะ A:
취미활동을 하는 이유	Q: ทำไมคุณจึงชอบทำงานอดิเรกนี้คะ A:
취미활동을 같이 하는 상대	Q: ปกติทำงานอดิเรกนี้กับใครคะ A:
취미활동을 하는 빈도	Q: ทำงานอดิเรกนี้บ่อยแค่ไหนคะ A:

บทที่ 10

해외 여행 경험

"คุณเคยไปเที่ยวต่างประเทศไหมคะ"

당신은 해외에 가 본 경험이 있나요?

대비 전략

해외 여행 경험의 유무, 국가·지역명, 계기, 목적, 느낌, 여행 계획 등 다양한 질문을 받을 수 있습니다. 가급적 단답은 피하고 해외에서 경험했던 일에 대한 기억, 그 당시의 기분 및 상황, 특별히 기억에 남는 장소 등을 구체적으로 이야기한다면 높은 점수를 기대해 볼 수 있습니다.

빈출 질문

Q1 해외 여행 경험	คุณเคยไปเที่ยวต่างประเทศไหมคะ	당신은 해외에 가 본 경험이 있나요?
Q2 해외 여행 목적	ไปทำอะไรที่นั่นครับ	그곳에 무엇을 하러 갔나요?
Q3 해외 여행 느낌	รู้สึกประทับใจที่ไหนมากที่สุดคะ	어떤 점이 가장 인상 깊었나요?
Q4 여행 계획	ปีนี้วางแผนจะไปเที่ยวที่ไหนหรือเปล่าครับ	올해는 어디로 놀러 갈 계획이에요?

답변 구조 & 핵심 표현

ผม/ดิฉันเคยไป 국가·도시 ครับ/ค่ะ 저는 국가·도시 에 가 봤어요.

ดิฉันเคยไปประเทศไทยครับ 저는 태국에 가 봤어요.

ผมเคยไปประเทศญี่ปุ่นค่ะ 저는 일본에 가 봤어요.

ผม/ดิฉันไปในฐานะ 신분 ครับ/ค่ะ 저는 신분 으로 갔어요.

ผมไปในฐานะอาสาสมัครครับ 저는 봉사자로 갔어요.

ดิฉันไปในฐานะนักเรียนแลกเปลี่ยนค่ะ 저는 교환학생으로 갔어요.

ผม/ดิฉันชอบ 국가·도시 เพราะ 선호 이유 ครับ/ค่ะ 저는 국가·도시 를 좋아해요. 선호 이유 때문이에요.

ผมชอบเชียงใหม่เพราะอากาศเย็นสบายครับ 저는 치앙마이를 좋아해요. 날씨가 시원하기 때문이에요.

ดิฉันชอบกรุงเทพฯ เพราะมีสถานที่ท่องเที่ยวมากค่ะ 저는 방콕을 좋아해요. 관광지가 많기 때문이에요.

ปีนี้ผม/ดิฉันวางแผนจะไป 국가·도시 ครับ/ค่ะ 올해 저는 국가·도시 로 갈 예정이에요.

ปีนี้ผมวางแผนจะไปเซี่ยงไฮ้ครับ 올해 저는 상하이로 갈 예정이에요.

ปีนี้ดิฉันวางแผนจะไปอยุธยาค่ะ 올해 저는 아유타야로 갈 예정이에요.

빈출 표현 익히기

Track 10-01

국가 · 도시	เมืองไทย 태국★	กรุงเทพฯ 방콕★
	จีน 중국★	เซี่ยงไฮ้ 상하이★
	เวียดนาม 베트남★	ฮานอย 하노이★
	อเมริกา 미국★	อังกฤษ 영국
	ญี่ปุ่น 일본	ไต้หวัน 대만
	ฟิลิปปินส์ 필리핀	อินโดนีเซีย 인도네시아
	สิงคโปร์ 싱가포르	นิวซีแลนด์ 뉴질랜드

해외 여행 목적	ไปเที่ยว 여행을 가다★	เรียนภาษา 어학연수를 하다★
	เดินทางไปทำธุรกิจ 출장을 가다★	เรียนต่อ 유학하다★
	เข้าร่วมสัมมนา 세미나에 참석하다★	อบรม 교육하다
	เยี่ยมญาติ 친척을 방문하다	พักผ่อน 휴식을 취하다

신분	นักท่องเที่ยว 관광객★	นักเรียนต่างชาติ 유학생★
	นักเรียนแลกเปลี่ยน 교환학생	อาสาสมัคร 봉사자

여행지 특징	เงียบสงบ 조용하고 평화롭다★	ค่าครองชีพถูก 물가가 저렴하다★
	ธรรมชาติสวยงาม 자연경관이 아름답다★	มีสถานที่ท่องเที่ยวมาก 관광지가 많다★
	ปลอดภัย 안전하다★	การจราจรสะดวก 교통이 편리하다
	มีเทศกาลสนุกสนาน 재미있는 축제가 있다	มีความหลากหลายทางวัฒนธรรม 문화적인 다양성이 있다

OPI 빈출 문제

❶ 해외 여행 경험

면접관이 해외 여행과 관련된 질문을 하면 수험자는 지금까지 방문한 경험이 있는 국가에 대해 이야기합니다. 그 국가에 언제 다녀왔는지, 그리고 새롭게 가 보고 싶은 국가는 어디인지 간단하게 언급해 주면 더 좋은 점수를 받을 수 있습니다.

실전 트레이닝

Track 10-02

คุณเคยไปเที่ยวต่างประเทศไหมคะ 당신은 해외에 가 본 경험이 있나요?

답변하기

모범 답변 보기

IL เคยครับ หลายปีก่อนผมเคยไปประเทศไทย ญี่ปุ่น และอินโดนีเซียครับ

있어요. 몇 년 전에 저는 태국, 일본, 그리고 인도네시아에 간 적 있어요.

IM แน่นอนครับ ผมเคยไปหลายประเทศ โดยเฉพาะประเทศที่ใช้ภาษาอังกฤษ เช่น สหรัฐอเมริกา อังกฤษ นิวซีแลนด์ แต่ผมยังไม่เคยไปเมืองไทยเลยครับ

물론입니다. 저는 여러 국가에 가 봤는데 특히 미국, 영국, 뉴질랜드와 같은 영어권 국가에 갔어요. 하지만 아직 태국은 못 가 봤어요.

IM ผมเคยไปแต่ประเทศในทวีปเอเชีย เช่น จีน ไต้หวัน ฟิลิปปินส์ ครับ เมื่อปีที่แล้วก็ไปเที่ยวประเทศเวียดนามมาครับ แต่น่าเสียดายที่ยังไม่เคยไปประเทศฝั่งตะวันตกสักครั้งเลยครับ

저는 중국, 대만, 필리핀 등과 같은 아시아 국가만 가 봤어요. 그리고 작년에는 베트남에 다녀왔어요. 하지만 아쉽게도 서양 국가는 한 번도 못 가 봤어요.

돌발상황! 면접관은 이렇게 질문할 수 있어요!

ประเทศที่คุณไปครั้งล่าสุดคือที่ไหนคะ

당신이 가장 최근에 간 국가는 어디인가요?

단어 ทวีป 대륙 | เอเชีย 아시아 | น่าเสียดาย 아쉽다 | ฝั่งตะวันตก 서쪽 | สักครั้ง 한 번도 | ล่าสุด 최근

❷ 해외 여행 목적

해외 여행을 가게 된 목적에 대해 질문 받는 경우, 여행 갔을 때 어떤 신분으로 갔는지, 학업 및 업무상의 이유 등 구체적으로 여행을 가게 된 계기가 무엇이었는지 함께 답변하는 것이 좋습니다. 추가적으로 그곳에 얼마나 머물렀는지에 대한 정보를 전달하는 것도 좋습니다.

실전 트레이닝

Track 10-03

ไปทำอะไรที่นั่นครับ 그곳에 무엇을 하러 갔나요?

답변하기

모범 답변 보기

IL **เมื่อปี 2020 ดิฉันเดินทางไปทำธุรกิจที่กรุงเทพฯ เป็นครั้งแรกค่ะ**

2020년에 저는 처음으로 방콕으로 출장을 갔어요.

IM **ดิฉันได้ทุนไปเรียนภาษาที่ประเทศนิวซีแลนด์ตอนที่เป็นนักศึกษาชั้นปีที่ 2 ค่ะ ตอนนั้นดิฉันนั่งเครื่องบินครั้งแรกด้วย จำได้ว่านั่งสายการบินของนิวซีแลนด์ไปค่ะ**

저는 대학생 2학년 때 장학금을 받아 뉴질랜드로 어학연수를 갔어요. 그때 저는 처음 비행기를 탔었고 뉴질랜드의 항공사를 이용한 기억이 나요.

IM **ดิฉันไปในฐานะอาสาสมัครสอนภาษาเกาหลีกับเพื่อน ๆ ที่สมาคมอาสาสมัครนานาชาติที่กรุงฮานอย ประเทศเวียดนามเมื่อปี 2021 ค่ะ ตอนนั้นไปอยู่ที่นั่นเกือบ 2 เดือนค่ะ**

저는 2021년에 베트남의 하노이에 국제 자원 봉사 협회의 친구들과 한국어를 가르치는 봉사자로 갔어요. 그때 그곳에 가서 거의 두 달 동안 있었어요.

돌발상황! 면접관은 이렇게 질문할 수 있어요!

ไปทำงานหรือไปพักผ่อนครับ

일하러 간 거예요? 아니면 쉬러 간 거예요?

단어 เป็นครั้งแรก 처음으로 | ได้ทุน 장학금을 받다 | ตอนที่ ~때 | ชั้นปีที่ 학년, 층, 등급 | สายการบิน 항공사 | ฐานะ 신분 | สมาคม 협회 | นานาชาติ 국제

OPI 빈출 문제

③ 해외 여행 느낌

앞서 수험자가 여러 국가에 가봤다고 답변한 경우에는 가장 좋았던 국가, 혹은 가장 인상 깊었던 국가에 대해서 물어볼 수 있습니다. 만약 수험자가 한 국가에 대해서만 답변한 경우에는 해당 국가에서 가장 좋아하는 도시나 관광지에 대해서도 질문할 수 있습니다.

실전 트레이닝

Track 10-04

รู้สึกประทับใจที่ไหนมากที่สุดคะ 어떤 점이 가장 인상 깊었나요?

답변하기

모범 답변 보기

IL ผมชอบกรุงเทพฯ มากครับ เพราะมีสถานที่ท่องเที่ยวทางประวัติศาสตร์ ให้ชมเยอะครับ

저는 방콕을 아주 좋아해요. 구경할 만한 역사적인 관광지가 많기 때문이에요.

IM ผมชอบกรุงฮานอยประเทศเวียดนามมากที่สุดครับ ถึงแม้ว่าการจราจรจะวุ่นวายบ้าง แต่ค่าครองชีพถูก อาหารก็ถูกปาก รวมทั้งคนที่นั่นอัธยาศัยดีมากครับ

저는 베트남의 하노이를 제일 좋아해요. 비록 교통이 좀 혼잡하지만 물가가 저렴하고 음식도 입맛에 맞는 데다가 사람들도 사교적이에요.

IM ผมชอบนิวซีแลนด์ครับ รู้สึกว่าคนนิวซีแลนด์รักสิ่งแวดล้อมมาก ๆ เพราะดูจากการใช้ชีวิตของโฮสต์แฟมิลี่ที่ผมอาศัยอยู่ด้วย เขาให้ความสำคัญกับธรรมชาติและปัญหาขยะเสมอ ประเทศนิวซีแลนด์จึงสะอาดและเงียบสงบมากครับ

저는 뉴질랜드를 좋아해요. 뉴질랜드 사람들이 환경을 아주 사랑한다고 느꼈어요. 제가 묵었던 홈스테이 가정이 생활하는 걸 보니 자연과 쓰레기 문제를 항상 중요하게 생각하더라고요. 그래서 뉴질랜드는 정말 깨끗하고 평화로워요.

돌발상황! 면접관은 이렇게 질문할 수 있어요!

ชอบที่ไหนมากที่สุดคะ 당신은 어디가 가장 좋았나요?

단어 ทางประวัติศาสตร์ 역사적 | ถึงแม้ว่า 비록 | การจราจร 교통 | วุ่นวาย 혼잡하다 | ถูกปาก 입맛에 맞다 | สิ่งแวดล้อม 환경 | โฮสต์แฟมิลี่ 홈스테이 가정 | ความสำคัญ 중요함 | ธรรมชาติ 자연 | ปัญหาขยะ 쓰레기 문제

④ 여행 계획

수험자가 앞으로 가 보고 싶은 국가와 그 이유에 대해서 답변을 준비하면 됩니다. 면접관이 태국인인 만큼 유대감을 형성하기 위해 태국 내의 지역에 대해 답변하는 것이 좋습니다. 태국에 이미 여러 번 여행을 다녀온 경우라도 아직 가 보지 않은 다른 도시를 언급하며 답변해 봅시다.

실전 트레이닝

Track 10-05

ปีนี้วางแผนจะไปเที่ยวที่ไหนหรือเปล่าครับ 올해는 어디로 놀러 갈 계획이에요?

답변하기

모범 답변 보기

IL ดิฉันยังไม่เคยไปเมืองจีนสักครั้งเลยค่ะ ปีนี้ดิฉันจึงวางแผนจะไปเที่ยวเซี่ยงไฮ้กับครอบครัวค่ะ

저는 단 한 번도 중국에 가 본 적이 없어서 올해는 가족들과 상하이에 놀러 갈 계획을 세웠어요.

IM ความจริงปลายเดือนหน้า ดิฉันกับเพื่อน ๆ อีก 2 คนตัดสินใจจะไปเที่ยวประเทศสิงคโปร์ด้วยกันค่ะ เราซื้อตั๋วเครื่องบินและจองที่พักไว้เรียบร้อยแล้วด้วยค่ะ

사실은 다음 달 말에 저와 제 친구 두 명이 함께 싱가포르에 가기로 했어요. 우리는 비행기 티켓과 숙소를 모두 예매해 놓았어요.

IM เพื่อน ๆ ของดิฉันทุกคนเคยไปเมืองไทยกันหมดแล้วแต่ดิฉันยังไม่เคยไปเลย ถ้ามีโอกาสจึงอยากไปเที่ยวกรุงเทพฯ และเกาะภูเก็ตสักครั้ง แต่ยังไม่แน่ใจว่าจะไปได้เมื่อไรค่ะ

제 친구들은 모두 태국에 가 봤는데 저는 아직 가 보지 못했어요. 그래서 만약 기회가 있으면 방콕, 푸켓에 한번 놀러 가 보고 싶어요. 하지만 언제 갈 수 있을지 아직 확실하지 않아요.

돌발상황! 면접관은 이렇게 질문할 수 있어요!

พักร้อนปีนี้จะไปเที่ยวที่ไหนครับ 이번 여름 휴가 때 어디에 갈 거예요?

단어 วางแผน 계획을 세우다 | ความจริง 사실 | ปลายเดือน 월말 | ตัดสินใจ 결심하다 | ตั๋วเครื่องบิน 비행기 티켓 | จอง 예약하다 | ที่พัก 숙소 | เรียบร้อย 완료되다, 단정하다 | ภูเก็ต 푸켓 | แน่ใจ 확신하다

예시 미리보기

완벽 예시 다음 제시된 예시 상황을 참고하여 예상 대화를 미리 살펴보세요.

✓ 해외 여행 경험: 미국, 영국, 뉴질랜드
✓ 해외 여행 목적: 뉴질랜드로 어학연수
✓ 해외 여행 느낌: 깨끗하고 평화로움
✓ 여행 계획: 태국(방콕, 푸켓)에 가고 싶음

해외 여행 경험	Q: คุณเคยไปเที่ยวต่างประเทศไหมครับ 당신은 해외에 가 본 경험이 있나요? A: หลายปีก่อนดิฉันเคยไปอเมริกา อังกฤษ และนิวซีแลนด์ค่ะ 몇 년 전에 저는 미국, 영국, 뉴질랜드에 간 적 있어요.
해외 여행 목적	Q: ไปทำอะไรที่นั่นครับ 그곳에는 무엇을 하러 갔어요? A: ดิฉันไปเรียนภาษาที่ประเทศนิวซีแลนด์ตอนที่เป็นนักศึกษาค่ะ 대학교 때 뉴질랜드로 어학연수를 갔어요.
해외 여행 느낌	Q: รู้สึกประทับใจที่ไหนมากที่สุดครับ 어디가 가장 인상 깊었어요? A: ดิฉันชอบนิวซีแลนด์มากที่สุดค่ะ เพราะประเทศนิวซีแลนด์สะอาดและเงียบสงบมากค่ะ 저는 뉴질랜드를 가장 좋아해요. 뉴질랜드는 매우 깨끗하고 평화롭기 때문이에요.
여행 계획	Q: ปีนี้วางแผนจะไปเที่ยวที่ไหนหรือเปล่าครับ 올해 어디로 놀러 갈 계획이에요? A: ประเทศที่ดิฉันอยากไปที่สุดคือประเทศไทยค่ะ ถ้ามีโอกาสอยากไปเที่ยวกรุงเทพฯ และเกาะภูเก็ตสักครั้ง แต่ยังไม่แน่ใจว่าจะไปได้เมื่อไรค่ะ 제가 가장 가고 싶은 나라는 태국이에요. 만약 기회가 된다면 방콕, 푸켓에 한번 놀러 가 보고 싶어요. 하지만 언제 갈 수 있을지 아직 확실하지 않아요.

IL Target

완벽 IL 예시 세부 질문별 대답을 연결하면 자연스러운 서술형 대답이 가능합니다. Track 10-06

หลายปีก่อนดิฉันเคยไปประเทศไทย ญี่ปุ่น และอินโดนีเซียค่ะ

เมื่อปี 2020 ดิฉันเดินทางไปทำธุรกิจที่กรุงเทพฯ เป็นครั้งแรกค่ะ

ดิฉันชอบกรุงเทพฯ มากค่ะ เพราะมีสถานที่ท่องเที่ยวทางประวัติศาสตร์ให้ชมเยอะค่ะ

ดิฉันยังไม่เคยไปเมืองจีนสักครั้งเลย ปีนี้ดิฉันจึงวางแผนจะไปเที่ยวเซี่ยงไฮ้กับครอบครัวค่ะ

몇 년 전에 저는 태국, 일본, 그리고 인도네시아에 간 적 있어요.

2020년에 저는 처음으로 방콕에 출장을 갔어요. 저는 방콕을 아주 좋아해요. 구경할 만한 역사적인 관광지가 많기 때문이에요.

저는 단 한 번도 중국에 간 적이 없어서 올해는 가족들과 상하이에 놀러 갈 계획을 세웠어요.

해외 여행 국가, 주요 관광지, 여행 당시의 느낌에 대한 내용 외에도 면접관은 보다 구체적으로 질문할 수 있습니다. 따라서 수험자는 비행기 티켓과 숙소를 어떻게 예약했는지, 어떤 항공사를 이용했는지, 묵었던 호텔 이름은 무엇인지, 호텔의 로비, 침실 내부는 어떻게 생겼는지, 주로 어떤 관광지를 구경했는지와 같은 다양한 답변에 대해서도 준비해 두는 것이 좋습니다.

IM Target

완벽 IM 예시 IL 예시에서 부연 설명을 추가하면 IM 수준의 답변을 할 수 있습니다. Track 10-07

ผมเคยไปหลายประเทศโดยเฉพาะประเทศที่ใช้ภาษาอังกฤษ เช่น สหรัฐอเมริกา อังกฤษ นิวซีแลนด์ แต่ผมยังไม่เคยไปเมืองไทยเลยครับ

ผมได้ทุนไปเรียนภาษาที่ประเทศนิวซีแลนด์ตอนที่เป็นนักศึกษาชั้นปีที่ 2 ครับ ตอนนั้นผมนั่งเครื่องบินครั้งแรกด้วยครับ จำได้ว่านั่งสายการบินของนิวซีแลนด์ไปครับ ผมชอบนิวซีแลนด์มากที่สุดครับ รู้สึกว่าคนนิวซีแลนด์รักสิ่งแวดล้อมมาก ดูจากการใช้ชีวิตของโฮสต์แฟมิลี่ที่ผมอาศัยอยู่ด้วย เขาให้ความสำคัญกับธรรมชาติและปัญหาขยะเสมอ ประเทศนิวซีแลนด์จึงสะอาด และเงียบสงบมากครับ

ประเทศที่ผมอยากไปที่สุดคือประเทศไทยครับ
เพราะเพื่อน ๆ ผมทุกคนเคยไปเมืองไทยหมดแล้วแต่ผมยังไม่เคยไปเลย
ถ้ามีโอกาสจึงอยากไปเที่ยวกรุงเทพฯ และเกาะภูเก็ตสักครั้งแต่ยังไม่แน่
ใจว่าจะไปได้เมื่อไรครับ

저는 여러 국가에 가 봤는데 특히 미국, 영국, 뉴질랜드와 같은 영어권 국가에 가 봤어요. 하지만 태국은 아직 못 가 봤어요.

저는 대학교 2학년 때 장학금을 받아 뉴질랜드로 어학연수를 갔어요. 그때 저는 비행기를 처음으로 타봤는데, 뉴질랜드의 항공사를 이용했던 기억이 나요. 저는 뉴질랜드를 가장 좋아해요. 뉴질랜드 사람들은 환경을 매우 사랑한다고 느꼈어요. 제가 묵었던 홈스테이 가정이 생활하는 걸 보니 그들은 자연과 쓰레기 문제를 항상 중요하게 생각했어요. 그래서 뉴질랜드는 매우 깨끗하고 평화로워요.

제가 가장 가고 싶은 나라는 태국이에요. 제 친구들은 다들 태국에 가 봤는데 저는 아직 못 가 봤기 때문이에요. 그래서 만약 기회가 된다면 방콕, 푸켓에 한 번 놀러 가 보고 싶어요. 하지만 언제 갈 수 있을지 아직 확실하지 않아요.

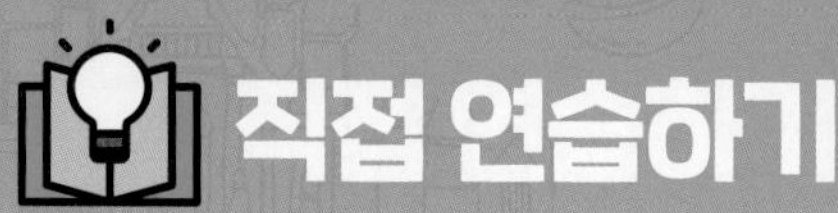

직접 연습하기

나만의 답변 한 줄 정리 자신의 상황에 맞게 답변을 정리해 보세요.

해외 여행 경험	
해외 여행 목적	
해외 여행 느낌	
여행 계획	

나만의 스크립트 만들기 정리한 내용을 토대로 자신만의 답변을 만들어 보세요.

해외 여행 경험	Q: คุณเคยไปเที่ยวต่างประเทศไหมคะ
	A:
해외 여행 목적	Q: ไปทำอะไรที่นั่นคะ
	A:
해외 여행 느낌	Q: รู้สึกประทับใจที่ไหนมากที่สุดคะ
	A:
여행 계획	Q: ปีนี้วางแผนจะไปเที่ยวที่ไหนหรือเปล่าคะ
	A:

บทที่

11 태국어 학습

"ทำไมคุณจึงเรียนภาษาไทยคะ"

당신은 태국어를 왜 공부하나요?

대비 전략

태국어 학습법은 자주 출제되는 문제 유형으로 태국어 학습 경험과 관련된 질문에 대비하기 위해 태국어 학습 기간, 학습 이유, 학습 방식, 선생님, 나만의 학습 방법, 한국어와 태국어의 차이점 등에 대해서 미리 정리해 두어야 합니다. 또한, 태국어 학습의 쉬운 점과 어려운 점, 학습의 재미 요소와 같은 자신의 생각을 중점적으로 정리해야 합니다.

빈출 질문

- Q1 태국어 학습 이유 — **ทำไมคุณจึงเรียนภาษาไทยคะ** 당신은 태국어를 왜 공부하나요?
- Q2 태국어 학습 방식 — **คุณเรียนภาษาไทยยังไงครับ** 당신은 태국어를 어떻게 공부하나요?
- Q3 태국어 학습 빈도 — **คุณเรียนภาษาไทยบ่อยแค่ไหนคะ** 당신은 태국어를 얼마나 자주 공부하나요?
- Q4 태국어와 한국어의 차이점 — **ภาษาไทยกับภาษาเกาหลีต่างกันยังไงครับ** 태국어와 한국어는 어떤 점이 다른가요?

답변 구조 & 핵심 표현

เพราะว่าผม/ดิฉัน 학습 이유 ครับ/ค่ะ 저는 **학습 이유** 때문이에요.

เพราะว่าผมชอบประเทศไทยมากครับ 저는 태국을 매우 좋아하기 때문이에요.

เพราะว่าดิฉันอยากทำงานเป็นมัคคุเทศก์ค่ะ 저는 관광 안내사로 일하고 싶기 때문이에요.

ผม/ดิฉันเรียนภาษาไทย 학습 방법 ครับ/ค่ะ 저는 **학습 방법** 으로 태국어를 공부했어요.

ผมเรียนภาษาไทยด้วยตัวเองครับ 저는 독학으로 태국어를 공부했어요.

ดิฉันเรียนภาษาไทยที่สถาบันภาษาต่างประเทศค่ะ 저는 외국어 학원에서 태국어를 공부했어요.

ผม/ดิฉันเรียนภาษาไทย 학습 빈도 ครับ/ค่ะ 저는 태국어를 **학습 빈도** 로 공부해요.

ผมเรียนภาษาไทยทุกวันเสาร์อาทิตย์ครับ 저는 태국어를 주말마다 공부해요.

ดิฉันเรียนภาษาไทยตั้งแต่วันจันทร์ถึงศุกร์ค่ะ 저는 태국어를 월요일부터 금요일까지 공부해요.

ความแตกต่างที่ชัดที่สุดน่าจะเป็น 언어적 특징 가장 뚜렷한 차이점은 아마도 **언어적 특징** 인 것 같아요.

ความแตกต่างที่ชัดที่สุดน่าจะเป็นสระ 가장 뚜렷한 차이점은 아마도 모음인 것 같아요.

ความแตกต่างที่ชัดที่สุดน่าจะเป็นวรรณยุกต์ 가장 뚜렷한 차이점은 아마도 성조인 것 같아요.

빈출 표현 익히기

Track 11-01

태국어 공부 이유	ชอบประเทศไทย 태국을 좋아하다★	ชอบท่องเที่ยวในไทย 태국 여행을 좋아하다★
	สื่อสารกับคนไทย 태국 사람과 소통하다★	เดินทางไปทำธุรกิจ 출장을 가다★
	สนใจวัฒนธรรมไทย 태국 문화에 관심이 있다★	อยากเป็นมัคคุเทศก์ 관광 안내사가 되고 싶다★
	ทำธุรกิจส่วนตัวที่ไทย 태국에서 개인 사업을 운영하다	ไปเรียนต่อที่ไทย 태국에 유학 가다
태국어 공부 방법	เรียนจากหนังสือ 책으로 공부하다★	เรียนออนไลน์ 온라인으로 공부하다★
	เรียนด้วยตัวเอง 혼자 공부하다★	เรียนพิเศษที่สถาบันภาษาต่างประเทศ 외국어 학원에서 공부하다★
	ครูคนไทยสอนให้ 태국인 선생님이 가르쳐 주다★	เพื่อนคนไทยสอนให้ 태국인 친구가 가르쳐 주다
	เรียนตัวต่อตัว 일대일로 공부하다	เรียนผ่านสื่อต่าง ๆ 각종 매체를 통해 공부하다
빈도 표현	ทุกครั้งที่มีเวลาว่าง 시간이 있을 때마다★	สัปดาห์ละ 4 ชั่วโมง 일주일에 4시간★
	วันละ 30 นาที 하루에 30분★	ทุกวันเสาร์อาทิตย์ 주말마다★
	ทุกวันจันทร์ พุธ ศุกร์ 월, 수, 금요일마다	ตั้งแต่วันจันทร์ถึงวันศุกร์ 월~금요일까지
언어적 특징	พยัญชนะ 자음★	สระ 모음★
	อักษรไทย 태국어 글자★	การออกเสียง 발음★
	วรรณยุกต์ 성조★	ไวยากรณ์ 문법
	ประโยค 문장	ลำดับคำ 어순

OPI 빈출 문제

❶ 태국어 학습 이유

태국어 OPI 시험을 보는 수험자들은 주로 높은 점수나 원하는 등급을 얻으려는 목적으로 학습을 시작하는 경우가 많을 것이라 예상됩니다. 하지만 이 질문에 답할 때는 점수를 목적으로 하기보다는 아래의 모범 답변처럼 자신의 흥미나 직업 진로와 관련지어 설명하는 편이 더 좋습니다.

실전 트레이닝

Track 11-02

ทำไมคุณจึงเรียนภาษาไทยคะ 당신은 태국어를 왜 공부하나요?

답변하기

모범 답변 보기

IL เพราะว่าผมชอบอาหารไทย วัฒนธรรมไทย และสถานที่ท่องเที่ยวของไทยมาก ๆ ครับ

왜냐하면 저는 태국 음식, 태국 문화, 태국의 관광명소를 매우 좋아하기 때문이에요.

IM ผมเคยทำงานที่บริษัทนำเที่ยวในไทยเป็นเวลา 1 ปีครับ ตอนนี้กลับมาอยู่เกาหลีแล้ว อยากเป็นมัคคุเทศก์ภาษาไทยในเกาหลี ก็เลยต้องเรียนภาษาไทยเพื่อสอบใบอนุญาตมัคคุเทศก์ครับ

저는 1년 동안 태국 내의 관광 안내 회사에서 일한 적이 있어요. 지금 한국에 돌아와서 태-한 관광 안내사로 일하고 싶어요. 그래서 관광안내사 자격증 시험을 보기 위해 태국어를 공부해야 해요.

IM เพราะว่าบริษัทจะส่งผมไปทำวิจัยการตลาดที่เมืองไทยเป็นเวลา 8 เดือน จะอาศัยอยู่ที่นั่นผมต้องเรียนรู้วัฒนธรรมไทยและภาษาไทยเพื่อปรับตัวให้เข้ากับวิถีชีวิตของคนไทยให้ได้ครับ

왜냐하면 회사에서 저를 태국으로 파견해서 8개월간 시장 조사를 하러 가기 때문이에요. 그곳에서 거주하려면 저는 태국인들의 생활 방식에 어울리게끔 적응해야 하기 때문에 태국 문화와 태국어를 배웠어요.

돌발상황! 면접관은 이렇게 질문할 수 있어요!

ทำไมคุณจึงเลือกเรียนภาษาไทยคะ 당신은 태국어를 왜 공부하기 시작한 건가요?

단어 สถานที่ท่องเที่ยว 관광지 | นำเที่ยว 관광 안내하다 | ใบอนุญาต 자격증 | ทำวิจัยการตลาด 시장 조사하다 | เป็นเวลา ~동안 | ในระหว่างที่ ~하는 동안 | วิถีชีวิต 생활 방식 | ปรับตัว 적응하다 | เลือก 선택하다, 고르다

② 태국어 학습 방식

수험자가 그동안 태국어를 어떤 방식으로 학습했는지 면접관에게 소개하는 내용입니다. 수험자마다 학습 방식이 다르지만 선생님을 통해 배우는 '**คุณครูสอนให้**', 혼자 독학하는 '**เรียนคนเดียว**' 혹은 '**เรียนเอง**', 어학원에서 배우는 '**ลงทะเบียนเรียนที่สถาบันภาษา**' 등이 주로 쓰이고, 요즘은 비대면이나 온라인 학습 방식도 선호하는 추세입니다.

실전 트레이닝

Track 11-03

คุณเรียนภาษาไทยยังไงครับ 당신은 태국어를 어떻게 공부하나요?

답변하기

모범 답변 보기

IL ครั้งแรกดิฉันเริ่มเรียนภาษาไทยด้วยตัวเองจากหนังสือเรียนและอินเทอร์เน็ตค่ะ จนถึงตอนนี้เรียนมาได้เกือบ 1 ปีแล้วค่ะ

저는 처음에 교재와 인터넷을 통해 태국어를 독학하기 시작했어요. 지금까지 공부해온 지 거의 1년이 됐어요.

IM ตอนแรกดิฉันเรียนพิเศษที่สถาบันภาษาต่างประเทศโดยมีครูชาวเกาหลีเป็นคนสอนค่ะ ปัจจุบันดิฉันไม่ได้ลงทะเบียนเรียนที่สถาบันแล้ว แต่ซื้อคอร์สเรียนออนไลน์เรียนแทนค่ะ

저는 처음에 외국어 학원에서 태국어를 공부하는데 한국인 선생님이 가르쳐 주셨어요. 지금은 학원을 등록하지 않고, 대신 온라인 과정을 구매해서 공부해요.

IM คุณครูคนเกาหลีและคุณครูคนไทยสอนภาษาไทยให้ค่ะ คุณครูคนเกาหลีสอนพยัญชนะ สระ วิธีการอ่าน และการเขียน ส่วนคุณครูคนไทยสอนการฟังและการพูดค่ะ

한국인 선생님과 태국인 선생님이 태국어를 가르쳐 주세요. 한국인 선생님은 자음, 모음, 읽기와 쓰기에 대해 가르치시고 태국인 선생님은 듣기와 말하기를 가르치세요.

돌발상황! 면접관은 이렇게 질문할 수 있어요!

คุณเตรียมสอบ OPI ภาษาไทยยังไงครับ 당신은 태국어 OPI 시험을 어떻게 준비했어요?

단어 ครั้งแรก(=ตอนแรก) 처음 | ลงทะเบียน 등록하다 | คอร์ส 과정, 코스 | การอ่าน 읽기 | การเขียน 쓰기 | การฟัง 듣기 | การพูด 말하기

③ 태국어 학습 빈도

태국어를 얼마나 자주 학습하는지 질문합니다. 대답할 때는 수험자 자신이 생각하는 기준에 맞춰 특정 요일, 일주일 단위, 하루의 시간 단위를 기준으로 학습 빈도를 구체적으로 이야기하는 것이 좋습니다. 또한, 학습 빈도뿐만 아니라 태국어를 언제 시작했는지에 대한 질문에 대해서도 대비해야 합니다.

 실전 트레이닝

คุณเรียนภาษาไทยบ่อยแค่ไหนคะ 당신은 태국어를 얼마나 자주 공부하나요?

 답변하기

 모범 답변 보기

IL ส่วนใหญ่ผมเรียนภาษาไทยหลังเลิกงาน หรือทุกครั้งที่มีเวลาว่างครับ

저는 주로 퇴근하고 나서나 한가한 시간이 있을 때마다 태국어를 공부해요.

IM ถึงแม้ว่างานจะยุ่ง ผมก็ไปเรียนภาษาไทยที่โรงเรียนกวดวิชาทุกวันอังคารและวันพฤหัสตั้งแต่ 6 โมงเย็นจนถึง 2 ทุ่มหรือสัปดาห์ละ 4 ชั่วโมงครับ

비록 일이 바빠도 저는 일주일에 4시간, 즉 화요일과 목요일마다 저녁 6시부터 밤 8시까지 태국어를 배우러 학원에 가요.

IM ช่วงนี้บริษัทให้ผมหยุดงาน 1 เดือนครึ่งเพื่อเตรียมสอบ OPI ภาษาไทยครับ แต่ผมต้องเข้าบริษัทเพื่อเรียนภาษาไทยตั้งแต่ 9 โมงเช้าจนถึง 1 ทุ่มทุกวันครับ

최근에 태국어 OPI 시험 공부를 위해 회사에서 저에게 한 달 반의 휴가를 줬는데 저는 매일 회사에 가서 아침 9시부터 저녁 7시까지 태국어를 공부해요.

 면접관은 이렇게 질문할 수 있어요!

 คุณเรียนภาษาไทยเมื่อไรคะ

당신은 언제 태국어 공부를 하나요?

เลิกงาน 퇴근하다 | โรงเรียนกวดวิชา 학원 | หยุดงาน 휴직하다 | สอบ 시험 보다

④ 태국어와 한국어의 차이점

언어에 대해서 이야기하다 보면 태국어와 한국어의 차이점 및 유사점을 묻는 질문을 받을 수 있습니다. 이때, 성조, 자음, 모음 등 언어의 특징을 설명할 때 쓰는 태국어 어휘들이 낯설어서 표현하기 어려울 수 있습니다. 따라서 언어의 각 요소와 관련된 태국어 어휘를 미리 잘 기억해 두어야 합니다.

실전 트레이닝

Track 11-05

ภาษาไทยกับภาษาเกาหลีต่างกันยังไงครับ 태국어와 한국어는 어떤 점이 다른가요?

답변하기

모범 답변 보기

IL น่าจะเป็นสระค่ะ ในภาษาไทยมีสระเสียงสั้นและเสียงยาว แต่ดิฉันได้ยินมาว่าภาษาเกาหลีก็มีแต่ไม่เยอะเท่าภาษาไทยค่ะ

아마도 모음인 것 같아요. 태국어에는 장모음과 단모음이 있는데 제가 알기로는 한국어에도 있긴 하지만 태국어만큼 많지 않아요.

IM พยัญชนะและสระภาษาไทยมีจำนวนมากกว่าอักษรเกาหลีค่ะ ดังนั้นการเขียนและการอ่านภาษาไทยจึงใช้เวลานาน ศึกษานาน และยากกว่าภาษาเกาหลีมากค่ะ

태국어 자음과 모음은 그 수가 한국어보다 더 많아요. 그렇기 때문에 태국어 읽기와 쓰기를 공부하는 데 시간이 오래 걸리고 한국어보다 더 어려워요.

IM ดิฉันคิดว่าวรรณยุกต์เป็นอุปสรรคในการเรียนภาษาไทยสำหรับคนเกาหลีมากค่ะ ในภาษาเกาหลีไม่มีวรรณยุกต์ ผู้เรียนระดับต้นจึงไม่ค่อยสามารถแยกความแตกต่างของแต่ละเสียงได้ค่ะ

저는 한국인이 태국어를 배우는 데 성조가 큰 장벽이라고 생각해요. 한국어에는 성조가 없어서 대부분의 초급 학습자들은 각각의 소리 차이를 잘 구분하지 못해요.

돌발상황! 면접관은 이렇게 질문할 수 있어요!

ภาษาไทยกับภาษาเกาหลีอะไรยากกว่าครับ 태국어와 한국어 중에 무엇이 더 어렵나요?

단어 สระเสียงสั้น 단모음 | สระเสียงยาว 장모음 | เท่า ~만큼 | อุปสรรค 장벽 | แยก 구별하다 | ความแตกต่าง 차이 | แต่ละ 각각

예시 미리보기

완벽 예시 다음 제시된 예시 상황을 참고하여 예상 대화를 미리 살펴보세요.

✓ 태국어 학습 이유: 태국 파견
✓ 태국어 학습 방식: 한국인, 태국인 선생님을 통해 학습
✓ 태국어 학습 빈도: 매일 오전 9시~오후 7시
✓ 태국어와 한국어의 차이점: 자음과 모음의 개수

태국어 학습 이유	Q: **ทำไมคุณจึงเรียนภาษาไทยครับ** 당신은 태국어를 왜 공부하나요? A: **เพราะว่าบริษัทจะส่งดิฉันไปทำวิจัยการตลาดที่เมืองไทยเป็นเวลา 8 เดือน จะอยู่ที่นั่นดิฉันต้องเรียนรู้วัฒนธรรมไทยเพื่อปรับตัวให้เข้ากับวิถีชีวิตของคนไทยค่ะ** 왜냐하면 회사에서 저를 태국으로 파견해서 8개월간 시장 조사를 하러 가기 때문이에요. 그리고 그곳에서 거주하려면 저는 태국 문화를 배우고 태국인들의 생활 방식에 어울리게끔 적응해야 하기 때문에 태국어를 배웠어요.
태국어 학습 방식	Q: **คุณเรียนภาษาไทยยังไงครับ** 당신은 태국어를 어떻게 공부했나요? A: **คุณครูคนเกาหลีและคุณครูคนไทยสอนภาษาไทยให้ดิฉันค่ะ** 한국인 선생님과 태국인 선생님이 저에게 태국어를 가르쳐 주셨어요.
태국어 학습 빈도	Q: **คุณเรียนภาษาไทยบ่อยแค่ไหนครับ** 당신은 태국어를 얼마나 자주 공부하나요? A: **ดิฉันเรียนภาษาไทยตั้งแต่ 9 โมงเช้าจนถึง 1 ทุ่มทุกวันค่ะ** 저는 매일 아침 9시부터 오후 7시까지 태국어를 공부해요.
태국어와 한국어의 차이점	Q: **คุณคิดว่าภาษาไทยกับภาษาเกาหลีต่างกันยังไงครับ** 당신은 태국어와 한국어가 어떻게 다르다고 생각하나요? A: **พยัญชนะและสระภาษาไทยมีจำนวนมากกว่าอักษรเกาหลี ดังนั้นการเขียนและการอ่านภาษาไทยจึงใช้เวลานานศึกษานานและยากกว่าค่ะ** 태국어의 자음과 모음은 한국어보다 수가 많아요. 그래서 태국어 읽기와 쓰기를 공부하는 데에 시간이 오래 걸리고 더 어려워요.

IL Target

완벽 IL 예시 세부 질문별 대답을 연결하면 자연스러운 서술형 대답이 가능합니다. Track 11-06

ดิฉันเรียนภาษาไทยเพราะว่าดิฉันชอบอาหารไทย วัฒนธรรมไทย และสถานที่ท่องเที่ยวของไทยมาก ๆ ค่ะ

ครั้งแรกดิฉันเริ่มเรียนภาษาไทยเองจากหนังสือเรียนและอินเทอร์เน็ตค่ะ จนถึงตอนนี้เรียนมาได้เกือบ 1 ปีแล้วค่ะ ส่วนใหญ่ดิฉันเรียนภาษาไทยหลังเลิกงานหรือทุกครั้งที่มีเวลาว่างค่ะ

ความแตกต่างน่าจะเป็นสระค่ะ ในภาษาไทยมีสระเสียงสั้นและเสียงยาว แต่ดิฉันได้ยินมาว่าภาษาเกาหลีก็มีแต่ไม่เยอะเท่าภาษาไทยค่ะ

저는 태국 음식, 태국 문화, 그리고 태국의 관광명소를 좋아하기 때문에 태국어를 공부해요. 저는 처음에 교재와 인터넷을 통해 태국어를 독학하기 시작했어요.

지금까지 공부해온 지 거의 1년이 되었어요. 저는 주로 퇴근하고 나서나 시간 여유가 있을 때마다 태국어를 공부해요.

차이점은 아마도 모음인 것 같아요. 태국어에서는 장모음과 단모음이 있는데 제가 듣기로는 한국어에도 있지만 태국어만큼 많지 않아요.

태국어 학습에 대한 대화를 하다 보면 앞서 배운 내용 외에도 다양한 질문을 받을 수 있습니다. 태국어를 공부한 지 얼마나 되었는지, 혹은 대학교에서 태국어를 전공한 경우에는 왜 태국어를 전공으로 선택했는지에 대한 답변을 미리 준비해 두는 것이 좋습니다. 또한, 태국어 학습의 어려운 점이나 태국어를 배우며 어땠는지 질문 받았을 때 태국어와 한국어의 차이를 비교하며 이야기하는 것이 좋습니다.

완벽 IM 예시 IL 예시에서 부연 설명을 추가하면 IM 수준의 답변을 할 수 있습니다. Track 11-07

ผมเรียนภาษาไทยเพราะว่าบริษัทจะส่งผมไปทำวิจัยการตลาดที่เมืองไทยเป็นเวลา 8 เดือน ในระหว่างที่อาศัยอยู่ที่นั่น ผมต้องเรียนรู้วัฒนธรรมไทยและภาษาไทยเพื่อปรับตัวให้เข้ากับวิถีชีวิตของคนไทยให้ได้ครับ

คุณครูคนเกาหลีและคุณครูคนไทยสอนภาษาไทยให้ผมครับ คุณครูคนเกาหลีสอนพยัญชนะ สระ วิธีการอ่าน และการเขียน

ส่วนคุณครูคนไทยสอนการฟังและการพูดครับ ช่วงนี้บริษัทให้ผมหยุดงาน 1 เดือนครึ่งเพื่อเตรียมสอบ OPI ภาษาไทยครับ ผมเรียนภาษาไทยตั้งแต่ 9 โมงเช้าจนถึง 1 ทุ่มทุกวันครับ

ผมคิดว่าวรรณยุกต์เป็นอุปสรรคในการเรียนภาษาไทยสำหรับคนเกาหลีมากครับ เพราะในภาษาเกาหลีไม่มีวรรณยุกต์ ผู้เรียนระดับต้นจึงไม่ค่อยสามารถแยกความแตกต่างของแต่ละเสียงได้ครับ

회사에서 저를 태국으로 파견해서 8개월간 시장 조사를 하러 가요. 그곳에서 거주하려면 저는 태국 문화를 배우고 태국 사람들의 생활 방식에 어울리게끔 적응해야 하기 때문에 태국어를 배웠어요.

한국인 선생님과 태국인 선생님이 태국어를 가르쳐 주세요. 한국인 선생님은 자음, 모음, 읽기와 쓰기에 대해 가르치시고 태국인 선생님은 듣기와 말하기를 가르치세요.

최근에 회사에서 태국어 OPI 시험 공부를 위해 저에게 한 달 반의 휴가를 줬어요. 저는 매일 아침 9시부터 저녁 7시까지 태국어 공부를 해요.

저는 한국인들이 태국어를 배울 때 성조가 큰 장벽이라고 생각해요. 왜냐하면 한국어에는 성조가 없어서 초급 학습자들은 각각의 소리 차이를 잘 구분하지 못해요.

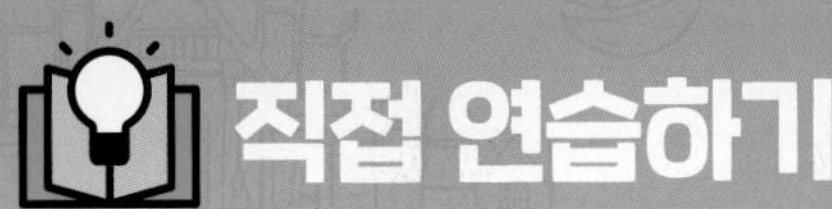

직접 연습하기

나만의 답변 한 줄 정리

자신의 상황에 맞게 답변을 정리해 보세요.

태국어 학습 이유	
태국어 학습 방식	
태국어 학습 빈도	
태국어와 한국어의 차이점	

나만의 스크립트 만들기

정리한 내용을 토대로 자신만의 답변을 만들어 보세요.

태국어 학습 이유	Q: ทำไมคุณจึงเรียนภาษาไทยคะ A:
태국어 학습 방식	Q: คุณเรียนภาษาไทยยังไงคะ A:
태국어 학습 빈도	Q: คุณเรียนภาษาไทยบ่อยแค่ไหนคะ A:
태국어와 한국어의 차이점	Q: คุณคิดว่าภาษาไทยกับภาษาเกาหลีต่างกันยังไงคะ A:

บทที่

12 한국 관광지 소개

"ช่วยแนะนำสถานที่ท่องเที่ยวในเกาหลีให้หน่อยได้ไหมคะ"

한국의 관광지를 좀 소개해 줄 수 있나요?

대비 전략

수험자는 자신이 소개할 한국의 관광지에 대해서 유명한 곳이나 축제, 가는 방법, 입장료, 구체적인 특징 등과 같이 세부적이고 탄탄한 정보를 가지고 있어야 합니다. 실제 시험에서 면접관은 수도권 외의 여행지나 수험자의 고향을 소개해 달라고 구체적으로 질문할 수도 있기 때문에 다양한 관광지에 대해 알아두면 좋습니다.

빈출 질문

Q1	한국의 관광지 소개	ช่วยแนะนำสถานที่ท่องเที่ยวในเกาหลีให้หน่อยได้ไหมคะ 한국의 관광지를 좀 소개해 줄 수 있나요?
Q2	관광지 위치	แหล่งท่องเที่ยวนั้นอยู่ภาคไหนครับ 그 관광지는 어느 지역에 있나요?
Q3	관광지 가는 방법	วิธีการเดินทางไปที่นั่นล่ะคะ 그곳에 가는 방법은요?
Q4	최적의 여행 시기	ถ้าจะไปเที่ยวที่นั่น ไปช่วงไหนดีที่สุดครับ 그곳에 여행 가려면 언제 가는 게 가장 좋을까요?

답변 구조 & 핵심 표현

ผม/ดิฉันอยากแนะนำ 관광지 ครับ/ค่ะ 저는 관광지 를 소개하고 싶어요.

ผมอยากแนะนำพระราชวังเคียงบกครับ 저는 경복궁을 소개하고 싶어요.

ดิฉันอยากแนะนำเกาะเชจูค่ะ 저는 제주도를 소개하고 싶어요.

관광지 ตั้งอยู่ทางภาค 위치 ของประเทศเกาหลี 관광지 는 한국의 위치 에 있어요.

พระราชวังเคียงบกตั้งอยู่ทางภาคเหนือของประเทศเกาหลี 경복궁은 한국의 북쪽에 있어요.

เกาะเชจูตั้งอยู่ทางภาคใต้ของประเทศเกาหลี 제주도는 한국의 남쪽에 있어요.

교통수단 ไปสะดวกที่สุด 교통수단 이 가장 편해요.

นั่งรถไฟใต้ดินไปสะดวกที่สุด 지하철을 타고 가는 게 가장 편해요.

ขึ้นเครื่องบินไปสะดวกที่สุด 비행기를 타고 가는 게 가장 편해요.

ผม/ดิฉันชอบไปช่วง 계절 มากที่สุดครับ/ค่ะ 저는 계절 에 가는 걸 좋아해요.

ผมชอบไปช่วงฤดูใบไม้ผลิมากที่สุดครับ 저는 봄에 가는 걸 좋아해요.

ดิฉันชอบไปช่วงฤดูร้อนมากที่สุดค่ะ 저는 여름에 가는 걸 좋아해요.

빈출 표현 익히기

Track 12-01

한국 관광지	พระราชวังเคียงบก 경복궁★	เกาะเชจู 제주도★
	อุทยานแห่งชาติซอรัคซาน 설악산 국립공원★	ล็อตเต้ทาวเวอร์ 롯데타워
	ป้อมฮวาซอง 화성	ฮงแด 홍대
	พิพิธภัณฑ์สถานแห่งชาติ 국립 박물관	หมู่บ้านพุกช่นฮันอก 북촌 한옥마을
	สุสานพระเจ้าเซจง 세종대왕릉	สกีรีสอร์ท 리조트 스키장

관광지 특징	เก่าแก่ 오래되다★	ทันสมัย 현대적이다★
	สง่างาม 화려하다	โดดเด่น 뛰어나다
	มีชีวิตชีวา 활기가 있다	เป็นมรดกโลก 세계유산이다
	มีทัศนียภาพที่สวยงาม 아름다운 풍경이 있다	มีความอุดมสมบูรณ์ทางธรรมชาติ 자연적으로 풍부하다

관광지 위치	ภาคตะวันออก 동부 지역★	ภาคตะวันตก 서부 지역★
	ภาคใต้ 남부 지역★	ภาคเหนือ 북부 지역★
	ภาคกลาง 중부 지역★	เขตท้องถิ่น 지방

계절 · 기후	ฤดูกาล(= ฤดู, หน้า) 계절★	ฤดูใบไม้ผลิ 봄★
	ฤดูร้อน 여름★	ฤดูใบไม้ร่วง 가을★
	ฤดูหนาว 겨울★	ฤดูฝน 우기★

OPI 빈출 문제

① 한국의 관광지 소개

한국의 관광지를 소개할 때는 단순히 관광지가 멋지고 아름답다는 표현만 하는 것보다는 새로운 어휘를 통해 수험자가 해당 관광지를 특별히 소개한 이유를 설명하는 것이 중요합니다. 특히 관광지는 주로 문화와 역사적인 내용과 밀접한 관련이 있기 때문에 이를 미리 파악해두고 해당 어휘를 활용하면 더 좋습니다.

실전 트레이닝

Track 12-02

ช่วยแนะนำสถานที่ท่องเที่ยวในเกาหลีให้หน่อยได้ไหมคะ 한국의 관광지를 좀 소개해 줄 수 있나요?

답변하기

모범 답변 보기

IL ผมอยากแนะนำพระราชวังเคียงบกซึ่งเป็นพระราชวังที่ใหญ่และเก่าแก่ที่สุดในกรุงโซลครับ

저는 서울에서 가장 크고 오래된 궁전인 경복궁을 소개하고 싶어요.

IM ผมขอแนะนำตึกที่สูงที่สุดในเอเชียอยู่ที่สถานีชัมชิลครับ ตึกนี้ออกแบบจากลักษณะของเครื่องปั้นดินเผาและพู่กันเกาหลี มี 123 ชั้น ชั้นที่ 118 เป็นหอชมวิวที่มีพื้นกระจกที่สูงที่สุดโลก

잠실역에 있으며 아시아에서 가장 높은 빌딩을 소개하고 싶어요. 이 건물은 한국 도자기와 붓의 특징으로부터 디자인되었고, 총 123층까지 있는데 118층은 유리 바닥이 있는 세계에서 가장 높은 전망대예요.

IM ผมขอแนะนำเกาะเชจูครับ บนเกาะเชจูมีภูเขาชื่อฮัลลาซานซึ่งเป็นภูเขาที่สูงที่สุดในเกาหลีและภูเขานั้นยังมีทะเลสาบเล็ก ๆ เรียกว่าแพ็กนกดัมด้วยครับ

저는 제주도를 추천하고 싶어요. 제주도에는 한국에서 가장 높은 한라산이라는 산이 있는데 백록담이라고 불리는 작은 호수도 있어요.

돌발상황! **면접관은 이렇게 질문할 수 있어요!**

ถ้าเพื่อนคนไทยคุณจะมาเที่ยวเกาหลี อยากจะพาไปเที่ยวที่ไหนคะ

만약 태국인 친구가 한국에 놀러 온다면 어디에 데려가고 싶나요?

단어 ออกแบบ 디자인하다 | ลักษณะ 특징 | เครื่องปั้นดินเผา 도자기 | พู่กัน 붓 | พื้น 바닥 | กระจก 유리 | ทะเลสาบ 호수 | พาไป 데리고 가다

② 관광지 위치

면접관이 관광지의 위치를 쉽게 가늠할 수 있도록 수험자가 소개한 관광지가 어디에 있는지 설명해야 합니다. 어느 지역에 위치해 있는지, 한국을 기준으로 어느 방향에 있는지 등을 설명할 수 있어야 합니다. 따라서 위치 관련 어휘나 해당 관광지가 위치한 한국의 지명 및 주변 지명에 대해서도 미리 숙지해 두어야 합니다.

실전 트레이닝

Track 12-03

แหล่งท่องเที่ยวนั้นอยู่ภาคไหนครับ 그 관광지는 어느 지역에 있나요?

답변하기

모범 답변 보기

IL พระราชวังเคียงบกอยู่บนถนนเซจงในกรุงโซล อยู่ใกล้ ๆ พระราชวังคยองฮีด้วยนะคะ

경복궁은 서울 세종로에 있고 경희궁과도 가까운 곳에 있어요.

IM ตึกที่สูงที่สุดของเกาหลีตั้งอยู่ที่เขตซงพากู ทางใต้ของกรุงโซล คนเกาหลีเรียกแถวนั้นว่า คังนัมค่ะ ถ้านั่งรถไฟใต้ดินจากสถานีโซลไปก็ใช้เวลาประมาณ 35 นาทีค่ะ

한국에서 가장 높은 건물은 서울 남쪽의 송파구에 있어요. 한국인들은 그곳을 '강남'이라고 불러요. 서울역에서 지하철을 타고 가면 35분쯤 걸려요.

IM เกาะเชจูเป็นเกาะที่ใหญ่ที่สุดของเกาหลีซึ่งตั้งอยู่ทางภาคใต้ของประเทศค่ะ ลงเรือจากปูซานหรือขึ้นเครื่องบินจากแผ่นดินใหญ่ไปได้ มีสายการบินจากไทยบินตรงไปเกาะเชจูด้วยค่ะ

제주도는 한국에서 가장 큰 섬이며 한국의 남부에 위치해요. 부산에서 배를 타거나 한국 본토에서 비행기를 타고 갈 수도 있어요. 태국에서 직행으로 제주도에 가는 항공사도 있어요.

돌발상황! 면접관은 이렇게 질문할 수 있어요!

ช่วยอธิบายที่ตั้งของสถานที่นั้นด้วยได้ไหมครับ

그곳의 위치를 좀 설명해 줄 수 있나요?

단어 ถนน 도로 | ลงเรือ 배를 타다 | แผ่นดินใหญ่ 본토 | สายการบิน 항공사 | บินตรง 직행 | ที่ตั้ง 위치

OPI 빈출 문제

❸ 관광지 가는 방법

만약 앞서 말한 관광지까지 두 가지 이상의 교통수단을 이용하여 갈 수 있는 경우, 두 가지 방법을 모두 소개해 주는 것이 좋습니다. 어디에서 타고 내리는지, 몇 번 버스, 몇 호선 지하철을 이용하는지, 대략의 교통비는 얼마인지 기본적인 정보를 숙지해 두었다가 설명하면 됩니다.

실전 트레이닝

Track 12-04

วิธีเดินทางไปที่นั่นล่ะคะ 그곳에 가는 방법은요?

답변하기

모범 답변 보기

IL นั่งรถไฟใต้ดินไปสะดวกที่สุดครับ ถ้าขึ้นรถไฟใต้ดินสาย 3 ก็ลงที่สถานีเคียงบกกุง แต่ถ้าขึ้นรถไฟใต้ดินสาย 5 ลงที่สถานีควังฮวามุนครับ

지하철을 타고 가는 게 가장 편해요. 지하철 3호선을 타면 경복궁역에서 내리고 지하철 5호선을 타면 광화문역에서 내려요.

IM การเดินทางไปที่นั่นสะดวกมากครับ สามารถขึ้นรถเมล์สาย 303 หรือ 360 หรือไม่ก็ขึ้นรถไฟใต้ดินสาย 2 หรือ สาย 8 แล้วลงที่สถานีชัมซิลทางออก 2 ก็จะสามารถเดินเข้าตึกได้เลยครับ

그곳에 가는 방법은 아주 간단해요. 303번이나 360번 버스를 타거나 지하철 2호선이나 8호선을 타고 잠실역 2번 출구에서 나오면 바로 건물로 들어갈 수 있어요.

IM เกาะเชจูมีทั้งสนามบินนานาชาติและมีท่าเรือเฟอร์รี่ที่ทันสมัยและสะดวกสบายครับ หากเดินทางโดยเครื่องบินใช้เวลาประมาณ 1 ชั่วโมงและหากเดินทางโดยเรือเฟอร์รี่จากท่าเรือปูซานจะใช้เวลาราว 13 ชั่วโมงครับ

제주도에는 국제 공항이 있고, 현대적이면서 편리한 페리 항구가 있어요. 비행기로 가면 약 1시간, 부산항에서 페리를 타고 가면 약 13시간 정도 소요돼요.

돌발상황! 면접관은 이렇게 질문할 수 있어요!

ถ้าจะไปที่นั่นต้องเดินทางไปยังไงคะ
그곳에 가려면 어떻게 가야 하나요?

단어 สะดวก 편하다 | สาย 번, 호선 | รถเมล์ 버스 | ทางออก 출구 | สนามบินนานาชาติ 국제 공항 | ท่าเรือ 항구

❹ 최적의 여행 시기

물론 사람마다, 장소마다 최적의 여행 시기는 다르겠지만, 일반적으로 여행하기 좋은 계절이나 수험자 개인적인 경험에 비추어 언제 여행 갔을 때 좋았는지 자유롭게 답변하면 됩니다. 또한, 수험자가 면접관에게 어떤 날씨나 계절을 좋아하는지 먼저 질문해 보고, 대답에 따라 여행하기 적당한 시기를 추천하는 것도 좋습니다.

실전 트레이닝

Track 12-05

ถ้าจะไปเที่ยวที่นั่น ไปช่วงไหนดีที่สุดครับ 그곳에 여행 가려면 언제 가는 게 가장 좋을까요?

답변하기

모범 답변 보기

IL พระราชวังเคียงบกมีทัศนียภาพที่สวยงามตลอดปี จึงไปเมื่อไรก็ได้ค่ะ แต่ส่วนตัวดิฉันชอบไปช่วงฤดูใบไม้ผลิมากที่สุดค่ะ

경복궁은 일년 내내 풍경이 아름답기 때문에 언제든지 가도 돼요. 그러나 저는 개인적으로 봄에 가는 걸 가장 좋아해요.

IM ถ้าไม่ชอบอากาศร้อน ดิฉันแนะนำให้เลี่ยงเดือนสิงหาคมค่ะ เพราะช่วงนั้นเกาหลีอากาศร้อนมากค่ะ ไม่ทราบว่าคุณชอบฤดูไหนของเกาหลีค่ะ ดิฉันจะได้แนะนำให้ได้ถูกค่ะ

더운 날씨를 싫어한다면 8월은 피하세요. 그때 서울은 날씨가 매우 덥기 때문이에요. 혹시 당신은 한국의 어떤 계절을 좋아하세요? 그래야 제가 잘 추천해드릴 수 있어요.

IM สมัยก่อนอากาศที่เกาะเชจูสบายทั้งปี ไม่ร้อนหรือไม่หนาวเกินไปค่ะ แต่เดี๋ยวนี้หน้าร้อนจะร้อนมากไม่แพ้เมืองไทยช่วงเดือนเมษาเลยค่ะ ถ้าอยากเล่นน้ำทะเลก็ต้องไปช่วงเดือนกรกฎาคมค่ะ

예전에 제주도 날씨는 너무 덥지도 않고 춥지도 않아 일년 내내 시원했어요. 그러나 요즘은 태국의 4월 못지않게 몹시 더워요. 만약 바다에서 물놀이를 하고 싶으면 7월에 가야 해요.

돌발상황! **면접관은 이렇게 질문할 수 있어요!**

ขอคำแนะนำเรื่องฤดูกาลที่ควรจะไปท่องเที่ยวด้วยครับ

여행하기에 좋은 계절에 대한 조언도 부탁드립니다.

단어 ส่วนตัว 개인적으로 | เลี่ยง 피하다 | สมัยก่อน 예전에 | เดี๋ยวนี้ 요즘 | ไม่แพ้ 못지않게 | เล่นน้ำ 물놀이하다 | คำแนะนำ 조언

예시 미리보기

완벽 예시 다음 제시된 예시 상황을 참고하여 예상 대화를 미리 살펴보세요.

✓ 한국의 관광지: 경복궁
✓ 관광지 위치: 서울 세종로
✓ 관광지 가는 방법: 지하철 3호선, 5호선
✓ 최적의 여행 시기: 8월의 한여름은 피하기

한국의 관광지 소개	Q: ช่วยแนะนำสถานที่ท่องเที่ยวในเกาหลีให้หน่อยได้ไหมครับ 한국의 관광지를 소개해 줄 수 있나요? A: ดิฉันอยากแนะนำพระราชวังเคียงบกซึ่งเป็นพระราชวังที่ใหญ่และเก่าแก่ที่สุดในกรุงโซลค่ะ 저는 서울에서 가장 크고 오래된 궁궐인 경복궁을 추천하고 싶어요.
관광지 위치	Q: พระราชวังเคียงบกอยู่ภาคไหนครับ 경복궁은 어느 지역에 있나요? A: พระราชวังเคียงบกอยู่บนถนนเซจงในกรุงโซล อยู่ใกล้ ๆ พระราชวังคยองฮีด้วยนะคะ 경복궁은 서울 세종로에 있고 경희궁과도 가까운 곳에 있어요.
관광지 가는 방법	Q: แล้ววิธีเดินทางไปที่นั่นล่ะครับ 가는 방법을 알려주세요. A: นั่งรถไฟใต้ดินไปสะดวกที่สุดค่ะ ถ้าขึ้นรถไฟใต้ดินสาย 3 ก็ลงที่สถานีเคียงบกกุง แต่ถ้าขึ้นรถไฟใต้ดินสาย 5 ลงที่สถานีควังฮวามุนค่ะ 지하철로 가는 게 가장 편해요. 3호선을 타면 경복궁역에서 내리고, 5호선을 타면 광화문역에서 내리면 돼요.
최적의 여행 시기	Q: ถ้าจะไปเที่ยวที่นั่น ไปช่วงไหนดีที่สุดครับ 어느 계절에 가는 것이 가장 좋을까요? A: พระราชเคียงบกมีทัศนียภาพที่สวยงามตลอดปี จึงไปเมื่อไรก็ได้ค่ะ แต่ส่วนตัวดิฉันชอบไปช่วงฤดูใบไม้ผลิมากที่สุดค่ะ ถ้าไม่ชอบอากาศร้อนก็หลีกเลี่ยงเดือนสิงหาคมค่ะ 경복궁은 일년 내내 풍경이 아름다워서 언제든지 가도 돼요. 그런데 저는 개인적으로 봄에 가는 걸 가장 좋아해요. 만약 더운 날씨를 싫어한다면 8월은 피하세요.

완벽 IL 예시 세부 질문별 대답을 연결하면 자연스러운 서술형 대답이 가능합니다. Track 12-06

ดิฉันอยากแนะนำพระราชวังเคียงบกซึ่งเป็นพระราชวังที่ใหญ่และเก่าแก่ที่สุดในกรุงโซลค่ะ พระราชวังเคียงบกอยู่บนถนนเซจงในกรุงโซล อยู่ใกล้ ๆ พระราชวังคยองฮีด้วยนะคะ

นั่งรถไฟใต้ดินไปสะดวกที่สุดค่ะ ถ้าขึ้นรถไฟใต้ดินสาย 3 ก็ลงที่สถานีเคียงบกกุง แต่ถ้าขึ้นรถไฟใต้ดินสาย 5 ลงที่สถานีควังฮวามุนค่ะ

พระราชเคียงบกมีทัศนียภาพที่สวยงามตลอดปี จึงไปเมื่อไรก็ได้ค่ะ แต่ส่วนตัวดิฉันชอบไปช่วงฤดูใบไม้ผลิมากที่สุดค่ะ

저는 서울에서 가장 크고 오래된 궁궐인 경복궁을 소개하고 싶어요. 경복궁은 서울 세종로에 있고 경희궁과도 가까운 곳에 있어요.

지하철을 타고 가는 게 가장 편해요. 지하철 3호선을 타면 경복궁역에서 내리고, 지하철 5호선을 타면 광화문역에서 내리면 돼요.

경복궁은 일년 내내 풍경이 아름답기 때문에 언제든지 가도 괜찮지만 개인적으로는 봄에 가는 걸 가장 좋아해요.

면접관은 단순히 한국 여행지 추천을 요청하기도 하고, 처음 한국 여행을 오려는 태국인 친구가 있는 상황이나 면접관이 한국 여행을 앞두고 있는 상황 등을 가정하여 수험자에게 질문을 던질 수도 있습니다. 이뿐만 아니라 수험자에게 다음 휴가 때 어디를 가고 싶은지 질문할 수도 있기 때문에 자신이 가고 싶은 여행지 한두 곳에 대해 답변을 준비하는 것이 좋습니다.

완벽 IM 예시 IL 예시에서 부연 설명을 추가하면 IM 수준의 답변을 할 수 있습니다. Track 12-07

ผมขอแนะนำเกาะเชจูครับ บนเกาะเชจูมีภูเขาชื่อฮัลลาซานซึ่งเป็นภูเขาที่สูงที่สุดในเกาหลีและภูเขานั้นยังมีทะเลสาบเล็ก ๆ ที่เรียกว่าแพ็กนกดัมด้วยครับ

เกาะเชจูเป็นเกาะที่ ใหญ่ที่สุดของเกาหลีตั้งอยู่ทางภาคใต้ของประเทศครับ ลงเรือจากปูซานหรือขึ้นเครื่องบินจากแผ่นดินใหญ่ไปได้ มีสายการบินจากไทยบินตรงไปเกาะเชจูด้วยครับ

เกาะเชจูมีทั้งสนามบินนานาชาติและมีท่าเรือเฟอร์รี่ที่ทันสมัยครับ หากเดินทางโดยเครื่องบินใช้เวลาประมาณ 1 ชั่วโมงและหากเดินทางโดยเรือเฟอร์รี่จากท่าเรือปูซานจะใช้เวลาราว 13 ชั่วโมงครับ

สมัยก่อนอากาศที่เกาะเชจูสบายทั้งปี ไม่ร้อนหรือไม่หนาวเกินไป แต่เดี๋ยวนี้หน้าร้อนจะร้อนมากไม่แพ้เมืองไทยช่วงเดือนเมษาเลยครับ ถ้าอยากเล่นน้ำทะเลก็ต้องไปช่วงเดือนกรกฎาครับ

저는 제주도를 추천하고 싶어요. 제주도에는 한국에서 가장 높은 한라산이라는 산이 있는데 백록담이라고 불리는 작은 호수도 있어요.

제주도는 한국에서 가장 큰 섬이며 한국의 남부에 위치해요. 부산에서 배를 타거나 한국 본토에서 비행기를 타고 가도 갈 수도 있어요. 태국에서 직행으로 제주도에 가는 항공사도 있어요.

제주도에는 국제 공항이 있고, 현대적인 페리 항구가 있어요. 비행기로 가면 약 1시간, 부산항에서 페리를 타고 가면 약 13시간 정도 소요돼요.

예전에는 제주도의 날씨가 너무 덥지도, 춥지도 않아서 일년 내내 시원했어요. 그러나 요즘은 태국의 4월 못지않게 아주 더워요. 만약 바다에서 물놀이하고 싶으면 7월에 가야 해요.

직접 연습하기

나만의 답변 한 줄 정리 자신의 상황에 맞게 답변을 정리해 보세요.

한국의 관광지 소개	
관광지 위치	
관광지 가는 방법	
최적의 여행 시기	

나만의 스크립트 만들기 정리한 내용을 토대로 자신만의 답변을 만들어 보세요.

한국의 관광지 소개	Q: ช่วยแนะนำสถานที่ท่องเที่ยวในเกาหลีให้หน่อยได้ไหมคะ A:
관광지 위치	Q: แหล่งท่องเที่ยวนั้นอยู่ภาคไหนคะ A:
관광지 가는 방법	Q: วิธีการเดินทางไปที่นั่นล่ะคะ A:
최적의 여행 시기	Q: ถ้าจะไปเที่ยวที่นั่น ไปช่วงไหนดีที่สุดคะ A:

บทที่

13 한국 음식 소개

"มีอาหารเกาหลีที่คุณอยากแนะนำไหมคะ"

당신이 소개하고 싶은 한국 음식이 있나요?

대비 전략

워밍업 단계에서 면접관은 수험자에게 시험 응시 전 식사 여부를 질문하는 경우가 많은데 여기에서 더 나아가서 먹고 온 경우 무엇을 먹었는지, 그 음식에 대해 설명해 줄 수 있는지 질문합니다. 따라서 수험자는 한국 음식 메뉴를 최소한 한 가지 이상 생각해 두어야 하며, 어떤 조리법으로 만드는지 미리 알아 두는 것이 좋습니다.

빈출 질문

Q1 한국 음식 소개 — มีอาหารเกาหลีที่คุณอยากแนะนำไหมคะ 당신이 소개하고 싶은 한국 음식이 있나요?

Q2 식재료 소개 — ใช้วัตถุดิบอะไรในการทำเมนูนี้บ้างครับ 이 음식을 만드는 데에 어떤 재료를 사용하나요?

Q3 레시피 소개 — ช่วยอธิบายวิธีทำคร่าว ๆ ให้หน่อยได้ไหมคะ 만드는 방법을 간략하게 좀 설명해 줄 수 있나요?

Q4 맛 표현 — รสชาติเป็นยังไงครับ 맛은 어때요?

답변 구조 & 핵심 표현

ผม/ดิฉันขอแนะนำ 음식 ครับ/ค่ะ 저는 음식 을 소개하고 싶어요.

ดิฉันขอแนะนำบีบิมบับครับ 저는 비빔밥을 소개하고 싶어요.

ผมขอแนะนำกิมจิจีเกค่ะ 저는 김치찌개를 소개하고 싶어요.

ส่วนผสมมี 재료① และ 재료② 재료는 재료① 과 재료② 예요.

ส่วนผสมมีไข่ไก่ ข้าว และผักต่าง ๆ 재료는 달걀, 밥과 각종 채소예요.

ส่วนผสมมีหมูสามชั้นและกิมจิ 재료는 삼겹살과 김치예요.

조리 방식① ก่อน จากนั้น 조리 방식② 먼저 조리 방식① 을 하고 조리 방식② 를 해요.

หั่นผักต่าง ๆ ก่อน จากนั้นก็ลวกผัก 먼저 각종 채소를 썰고 데쳐요.

ผัดหมูก่อน จากนั้นใส่น้ำเปล่า 먼저 돼지고기를 볶고 물을 넣어요.

음식 เป็นอาหารที่มี 맛 음식 은 맛 이에요.

บีบิมบับเป็นอาหารที่มีหลายรสชาติ 비빔밥은 다양한 맛이 나요.

กิมจิจีเกเป็นอาหารที่มีรสเผ็ด 김치찌개는 매운 맛이에요.

빈출 표현 익히기

Track 13-01

한국 음식	แกงกิมจิ 김치찌개★	หมูย่างเกาหลี (한국식) 돼지고기 구이★
	ข้าวผัดกิมจิ 김치볶음밥★	ซุปเต้าหู้ 순두부찌개★
	ไก่ผัดซอส 닭갈비	ไก่อบซีอิ๊ววุ้นเส้น 찜닭
	ไก่ตุ๋นโสม 삼계탕	หมี่เย็น 냉면

조미료·식재료	ไข่ไก่ 달걀★	ข้าว 밥★
	หมูสามชั้น (돼지고기) 삼겹살★	เนื้อวัว 쇠고기★
	เกลือ 소금★	น้ำตาล 설탕★
	น้ำมันงา 참기름★	ซีอิ๊ว 간장★
	กระเทียม 마늘	แครอท 당근
	เห็ด 버섯	ถั่วงอก 콩나물

조리법	หั่น 썰다★	ผัด 볶다★
	ต้ม 끓이다★	ทอด 튀기다★
	ลวก 데치다★	นึ่ง 찌다
	ผสม 섞다	สับ 다지다

맛 표현	หวาน 달다★	เผ็ด 맵다★
	เค็ม 짜다★	จืด 싱겁다★
	เปรี้ยว 시다★	เปรี้ยวอมหวาน 새콤달콤하다★
	ขม 쓰다	จัดจ้าน 자극적이다
	มัน 기름지다	เลี่ยน 느끼하다

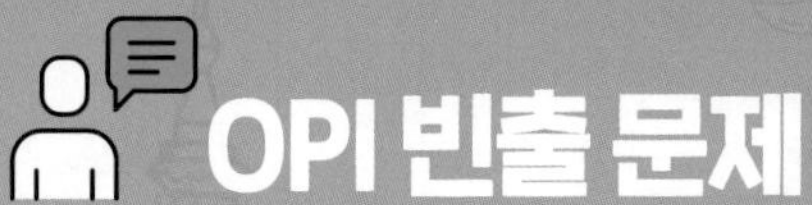

OPI 빈출 문제

❶ 한국 음식 소개

대부분의 한국 음식은 태국에 없는 경우가 많아 태국어로 번역하기 어려울 수 있습니다. 그렇기 때문에 어떤 방법으로 조리하는지, 주로 어떤 재료가 들어가는지 설명할 음식의 특징을 살려 태국어 문장으로 풀어서 표현해야 합니다. 예를 들면, '김치볶음밥'을 표현할 때는 '**ข้าวผัดกิมจิ**'라고 하여 '김치를 볶은 밥'이라고 표현하면 됩니다.

실전 트레이닝

Track 13-02

มีอาหารเกาหลีที่คุณอยากแนะนำไหมคะ 당신이 소개하고 싶은 한국 음식이 있나요?

답변하기

모범 답변 보기

IL ผมอยากแนะนำบีบิมบับหรือข้าวยำเกาหลี เป็นอาหารสุขภาพของคนเกาหลีก็ว่าได้ครับ

저는 태국어로 '카오얌까올리'라고 하는 비빔밥을 추천하고 싶은데 이는 한국인의 건강식이라고 할 수 있어요.

IM บีบิมบับถือว่าเป็นอาหารที่คนเกาหลีทานเป็นประจำครับ เพราะเป็นเมนูที่ทำได้ง่าย ๆ ไม่ยุ่งยากและมีประโยชน์ต่อสุขภาพด้วย ปกติเสิร์ฟในหม้อหินร้อน ๆ ครับ

비빔밥은 한국인들이 자주 먹는 음식으로 여겨집니다. 왜냐하면 만들기가 쉽고 복잡하지 않으며 건강에 좋은 메뉴이기도 하기 때문입니다. 보통 뜨거운 돌솥에 제공됩니다.

IM อาหารเกาหลีที่ชอบมีเยอะมากครับ แต่ที่ทานบ่อยที่สุดคือกิมจิจีเกหรือในภาษาไทยเรียกว่าซุปกิมจิหรือแกงกิมจิครับ เมนูนี้เป็นหนึ่งในอาหารประจำชาติของเกาหลีเลยก็ว่าได้ครับ

제가 좋아하는 한국 음식은 매우 많은데, 가장 자주 먹는 것은 김치찌개, 즉 태국어로 '숩김치'나 '깽김치'라고 불러요. 이 메뉴는 한국의 대표적인 음식이라고 할 수 있어요.

돌발상황! 면접관은 이렇게 질문할 수 있어요!

เมนูโปรดของคุณคืออะไรคะ 당신이 선호하는 메뉴는 무엇인가요?

단어 อาหารสุขภาพ 건강식 | ถือว่าเป็น ~(으)로 여겨지다 | เป็นประจำ 자주 | ยุ่งยาก 복잡하다 | มีประโยชน์ 유익하다 | เสิร์ฟ 서빙하다, 제공하다 | หม้อหิน 돌솥 | ประจำชาติ 대표적인 | โปรด 선호하다, 좋아하다

② 식재료 소개

소개한 음식의 재료를 말할 때 모든 재료를 하나하나 말할 필요는 없고, 가장 주가 되는 재료만 간단하게 소개해도 충분합니다. 평소에 자주 쓰이는 식재료의 태국어 명칭을 잘 숙지해 두었다가 활용하면 좋습니다. 참고로 '재료'를 나타내는 태국어로는 '**วัตถุดิบ**'와 '**ส่วนผสม**' 두 가지가 있습니다.

실전 트레이닝

Track 13-03

ใช้วัตถุดิบอะไรในการทำเมนูนี้บ้างครับ 이 음식을 만드는 데에 어떤 재료를 사용하나요?

답변하기

모범 답변 보기

IL ต้องมีข้าว เนื้อหมูหรือเนื้อวัวบด แครอท ไข่ไก่สด ถั่วงอก เห็ดหอม และผักต่าง ๆ ค่ะ

밥, 다진 돼지고기, 쇠고기, 당근, 날달걀, 콩나물, 표고버섯, 그리고 각종 채소가 필요해요.

IM ส่วนผสมที่ต้องเตรียมจะเป็นผักหลายชนิด เช่น หัวไชเท้า ผักกูด แตงกวาที่หั่นเป็นเส้น ๆ ไว้แล้ว ส่วนเครื่องปรุงมีน้ำตาล น้ำส้มสายชู เกลือ และน้ำมันงาค่ะ

준비해야 하는 재료는 주로 여러 종류의 채소인데, 예를 들어 미리 채썰어 놓은 무, 고사리, 오이예요. 조미료는 설탕, 식초, 소금, 그리고 참기름이 있어요.

IM สิ่งที่ต้องเตรียมไม่ยุ่งยากเลยค่ะ มีหมูสามชั้น กิมจิ เต้าหู้ขาว ซอสโคชูจัง ต้นหอม หัวหอม เห็ดเข็มทอง น้ำตาล เป็นต้นค่ะ หรือถ้าไม่ชอบหมูก็ใส่ปลาทูน่าแทนก็อร่อยเหมือนกันค่ะ

준비해야 할 것은 전혀 복잡하지 않아요. (돼지고기) 삼겹살, 김치, 두부, 고추장, 파, 양파, 팽이버섯, 그리고 설탕 등이 있어요. 만약 돼지고기를 좋아하지 않으면 그 대신 참치를 넣어도 맛있어요.

돌발상황! 면접관은 이렇게 질문할 수 있어요!

ต้องเตรียมวัตถุดิบอะไรบ้างครับ 어떤 재료를 준비해야 하나요?

단어 วัตถุดิบ(=ส่วนผสม) 재료 | บด 다지다, 빻다 | เห็ดหอม 표고버섯 | หลายชนิด 여러 종류 | หัวไชเท้า 무 | ผักกูด 고사리 | แตงกวา 오이 | เส้น 채, 선, 가락 | เครื่องปรุง 조미료 | น้ำส้มสายชู 식초 | สิ่ง ~것, 물건 | เต้าหู้ขาว 두부 | ซอสโคชูจัง 고추장 | ต้นหอม 파 | หัวหอม 양파 | เห็ดเข็มทอง 팽이버섯 | ปลาทูน่า 참치

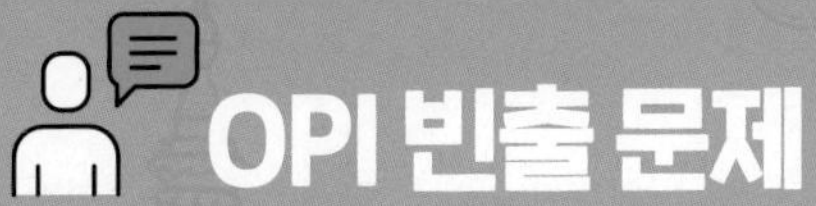

③ 레시피 소개

요리를 만드는 방법을 설명할 때 각각의 조리 방식에 해당하는 동사를 활용해야 하기 때문에 다소 복잡할 수 있습니다. 따라서 소개하고 싶은 요리에 쓰이는 조리법 어휘 외에도 다양한 음식, 조리법 관련 표현을 평소에 익혀 두고 활용해 봅시다.

실전 트레이닝

Track 13-04

ช่วยอธิบายวิธีทำคร่าว ๆ ให้หน่อยได้ไหมคะ 만드는 방법을 간략하게 좀 설명해 줄 수 있나요?

답변하기

IL ลวกผักที่หั่นไว้ก่อนแล้วปรุงรสจากนั้นนำผักไปเรียงบนข้าว แล้วคลุกให้เข้ากันกับซอสที่ปรุงไว้ครับ

먼저 잘게 채 썬 채소를 데쳐서 조미하고 밥 위에 얹어요. 조미된 양념과 함께 비벼서 먹어요.

IM ผสมซอสโคชูจัง น้ำตาล น้ำส้มสายชู และน้ำมันงา หลังจากนั้นก็คนทุกอย่างให้เข้ากันครับ เตรียมข้าวใส่หม้อหินแล้วเรียงส่วนผสมบนข้าวให้สวยงาม สุดท้ายใส่ไข่ดาวครับ

고추장, 설탕, 식초, 그리고 참기름을 섞어요. 그런 다음에 모든 조미료를 잘 섞어요. 돌솥에 밥을 준비하고 준비된 재료를 밥 위에 예쁘게 올려요. 마지막으로 달걀프라이를 넣어요.

IM ผัดหมูกับหัวหอมก่อนแล้วใส่กิมจิกับซอสโคชูจังครับ จากนั้นใส่น้ำเปล่า เห็ดเข็มทอง แล้วต้มประมาณ 15 นาที ใส่เต้าหู้ขาวเป็นขั้นตอนสุดท้ายแล้วต้มต่ออีก 5 นาทีก็เสร็จครับ

돼지고기와 양파를 먼저 볶은 후 김치와 고추장을 넣어 주세요. 그런 다음 물과 팽이버섯을 넣고 15분쯤 끓여요. 마지막으로 두부를 넣고 5분 더 끓이면 끝이에요.

돌발상황! 면접관은 이렇게 질문할 수 있어요!

ช่วยอธิบายวิธีทำคร่าว ๆ ให้หน่อยได้ไหมคะ

조리법을 간략하게 설명해 줄 수 있나요?

단어 ปรุงรส 조미하다 | คนให้เข้ากัน 잘 맞게 섞다 | เรียง 나란히 쌓다 | ไข่ดาว 달걀프라이 | ขั้นตอน 단계 | สุดท้าย 마지막

④ 맛 표현

태국어는 한국어만큼 맛을 표현하는 어휘가 다양한 편이 아니기 때문에 기본적인 맛 표현은 모두 익혀 두면 좋습니다. 또한 어떠한 맛을 태국어로 표현하기가 어려운 경우, 설명하려는 음식과 비슷한 맛이 나는 태국 음식이나 다른 음식을 빗대어 설명하면 면접관의 이해를 도울 수 있습니다.

실전 트레이닝

Track 13-05

รสชาติเป็นยังไงครับ 맛은 어때요?

답변하기

모범 답변 보기

IL เพราะบีบิมบับมีผักเยอะ ฉันรู้สึกว่าเป็นรสชาติที่ดีต่อสุขภาพค่ะ

비빔밥은 채소가 많이 들어가 있어서 건강에 좋은 맛이라고 생각해요.

IM รสชาติเผ็ดอมหวานค่ะ ไม่เผ็ดมากเกินไปแล้วก็ไม่หวานมากเกินไป ใคร ๆ ก็น่าจะชอบและทานได้ค่ะ

매콤달콤한 맛이에요. 너무 맵지도 않고 너무 달지도 않아서 누구나 좋아하고 잘 먹을 수 있을 것 같아요.

IM เมนูนี้มีหลายรสชาติค่ะ ทั้งรสที่ค่อนข้างเปรี้ยวอมหวาน เค็ม เผ็ด แต่ ในขณะเดียวกันก็หอมและอร่อยมากค่ะ ฉันว่ารสชาติคล้าย ๆ อาหารไทยที่ชื่อ แกงส้มเลยค่ะ

이 메뉴는 다양한 맛이 나요. 비교적 새콤달콤하면서 짜고 매운 맛이지만 동시에 향이 좋고 아주 맛있어요. 제 생각에는 '깽쏨'이란 태국 음식과 맛이 비슷한 것 같아요.

돌발상황! 면접관은 이렇게 질문할 수 있어요!

ช่วยอธิบายรสชาติได้ไหมครับ ว่าเป็นยังไง

맛이 어떤지 설명해 주시겠어요?

단어 ต่อ ~에 (대해서) | เผ็ดอมหวาน 매콤달콤하다 | ค่อนข้าง 비교적 | ในขณะเดียวกัน 동시에 | หอม 향이 좋다 | คล้าย 비슷하다

예시 미리보기

완벽 예시 다음 제시된 예시 상황을 참고하여 예상 대화를 미리 살펴보세요.

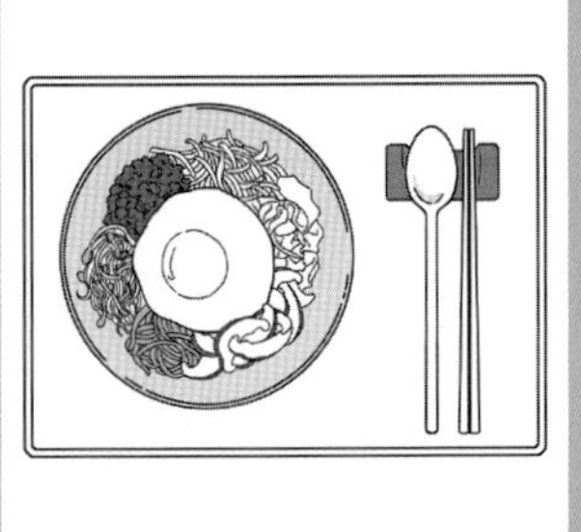

✓ 한국 음식: 비빔밥

✓ 식재료: 밥, 돼지고기/소고기, 당근, 달걀, 콩나물, 표고버섯, 각종 채소

✓ 레시피: 잘게 채 썬 채소를 데쳐서 조미 → 밥 위에 얹기 → 양념과 함께 비벼먹기

✓ 맛: 건강에 좋은 맛

한국 음식 소개	Q: มีอาหารเกาหลีที่คุณอยากแนะนำไหมครับ 소개하고 싶은 한국 음식이 있나요? A: ฉันอยากแนะนำบีบิมบับหรือข้าวยำเกาหลีซึ่งเป็นอาหารสุขภาพของคนเกาหลีก็ว่าได้ค่ะ 저는 태국어로 '카오얌까올리'라고 불리는 비빔밥을 소개하고 싶은데, 한국인의 건강식이라고 할 수 있어요.
식재료 소개	Q: ใช้วัตถุดิบอะไรในการทำเมนูนี้บ้างครับ 이 메뉴를 만드는 데에 어떤 재료를 사용하나요? A: ต้องมีข้าว เนื้อหมูหรือเนื้อวัวบด แครอท ไข่ดาว ถั่วงอก เห็ดหอม และผักต่าง ๆ ค่ะ 밥과 다진 돼지고기나 쇠고기가 있어야 하고 당근, 달걀, 콩나물, 표고버섯, 그리고 각종 채소가 필요해요.
레시피 소개	Q: ช่วยอธิบายวิธีทำคร่าว ๆ ให้หน่อยได้ไหมครับ 만드는 방법을 간략하게 좀 설명해 줄 수 있나요? A: ลวกผักที่หั่นไว้และปรุงรสด้วยก่อน แล้วเรียงบนข้าวค่ะ กินผสมด้วยกับซอสที่ปรุงค่ะ 먼저 잘게 채 썬 채소를 데쳐서 조미하고 밥 위에 얹어요. 조미된 양념과 함께 비벼서 먹어요.
맛 표현	Q: รสชาติเป็นยังไงครับ 맛은 어떤가요? A: เพราะบีบิมบับมีผักเยอะ ฉันรู้สึกว่าเป็นรสชาติที่ดีต่อสุขภาพค่ะ 비빔밥은 채소가 많이 들어가 있어서 저는 건강에 좋은 맛이라고 생각해요.

IL Target

완벽 IL 예시 세부 질문별 대답을 연결하면 자연스러운 서술형 대답이 가능합니다. Track 13-06

ฉันอยากแนะนำบีบิมบับหรือข้าวยำเกาหลี เป็นอาหารสุขภาพของคนเกาหลีก็ว่าได้ค่ะ
ต้องมีข้าว เนื้อหมูหรือเนื้อวัวบด แครอท ไข่ไก่สด ถั่วงอก เห็ดหอม และผักต่าง ๆ ค่ะ
ลวกผักที่หั่นไว้ก่อนแล้วปรุงรสจากนั้นนำผักไปเรียงบนข้าว แล้วคลุกให้เข้ากันกับซอสที่ปรุงไว้ครับ
เพราะบีบิมบับมีผักเยอะ ฉันรู้สึกว่าเป็นรสชาติที่ดีต่อสุขภาพค่ะ

저는 비빔밥(카오얌까올리)을 추천하고 싶은데, 이는 한국인의 건강식이라고 할 수 있어요.
재료는 밥, 다진 돼지고기나 쇠고기, 당근, 날달걀, 콩나물, 표고버섯, 그리고 각종 채소예요.
먼저 잘게 채 썬 채소를 데쳐서 조미하고 밥 위에 얹어요. 조미된 양념과 함께 비벼서 먹어요.
비빔밥은 채소가 많이 들어가 있어서 저는 건강에 좋은 맛이라고 생각해요.

면접관은 수험자가 좋아하는 한국 음식이 무엇인지, 태국인 친구에게 소개하고 싶은 한국 음식은 무엇인지 등 다양한 질문으로 묻곤 합니다. 만약 요리가 취미라고 대답하는 일부 수험자의 경우에는 수험자가 평소 즐겨 만들어 먹는 음식에 대해 설명해 달라고 할 수 있습니다. 따라서 적어도 한 메뉴 이상은 음식명과 조리법을 미리 준비해 두는 것이 좋습니다.

IM Target

완벽 IM 예시 IL 예시에서 부연 설명을 추가하면 IM 수준의 답변을 할 수 있습니다. Track 13-07

อาหารเกาหลีที่ผมชอบมีเยอะแต่ที่ทานบ่อยที่สุดคือ กิมจิจีเกหรือในภาษาไทยเรียกว่า ซุปกิมจิหรือแกงกิมจิครับ เมนูนี้เป็นหนึ่งในอาหารประจำชาติของเกาหลีเลยก็ว่าได้ครับ

สิ่งที่ต้องเตรียมมีหมูสามชั้น กิมจิ เต้าหู้ขาว ซอสโคชูจัง ต้นหอม หัวหอม เห็ดเข็มทอง น้ำตาล เป็นต้น หรือถ้าไม่ชอบหมูก็ใส่ปลาทูน่าแทนก็อร่อยเหมือนกันครับ

วิธีทำผัดหมูกับหัวหอมก่อนแล้วใส่กิมจิกับซอสโคชูจัง หลังจากนั้นใส่น้ำเปล่า เห็ดเข็มทอง แล้วต้มประมาณ 15 นาที ใส่เต้าหู้ขาวเป็นขั้นตอนสุดท้ายแล้วต้มต่ออีก 5 นาทีก็เสร็จครับ

เมนูนี้มีหลายรสชาติครับ ทั้งรสที่ค่อนข้างเปรี้ยวอมหวาน เค็ม เผ็ด แต่ในขณะเดียวกันก็หอมและอร่อยมากครับ ผมว่ารสชาติคล้าย ๆ อาหารไทยที่ชื่อแกงส้มเลยครับ

제가 좋아하는 한국 음식은 매우 많은데, 가장 자주 먹는 것은 김치찌개, 즉 태국어로 '쑵김치'나 '깽김치'라고 불러요. 이 메뉴는 한국의 대표적인 음식이라고 할 수 있어요.

준비해야 할 것은 (돼지고기) 삼겹살, 김치, 두부, 고추장, 파, 양파, 팽이버섯, 그리고 설탕 등이 있어요. 만약 돼지고기를 좋아하지 않으면 그 대신 참치를 넣어도 맛있어요.

만드는 방법은 돼지고기와 양파를 먼저 볶은 후 김치와 고추장을 넣어주세요. 그런 다음 물과 팽이버섯을 넣고 15분쯤 끓여요. 마지막으로 두부를 넣고 5분 더 끓이면 끝이에요.

이 메뉴는 다양한 맛이 나요. 비교적 새콤달콤하면서 짜고 매운 맛이지만 동시에 향이 좋고 아주 맛있어요. 제 생각에는 '깽쏨'이라는 태국 음식과 맛이 비슷한 것 같아요.

직접 연습하기

나만의 답변 한 줄 정리 자신의 상황에 맞게 답변을 정리해 보세요.

한국 음식 소개	
식재료 소개	
레시피 소개	
맛 표현	

나만의 스크립트 만들기 정리한 내용을 토대로 자신만의 답변을 만들어 보세요.

한국 음식 소개	Q: มีอาหารเกาหลีที่คุณอยากแนะนำไหมคะ A:
식재료 소개	Q: ใช้วัตถุดิบอะไรในการทำเมนูนี้บ้างคะ A:
레시피 소개	Q: ช่วยอธิบายวิธีทำคร่าว ๆ ให้หน่อยได้ไหมคะ A:
맛 표현	Q: รสชาติเป็นยังไงคะ A:

บทที่

14 한국 날씨 소개

"ตอนนี้ที่เกาหลีฤดูอะไรคะ"

한국은 지금 어떤 계절인가요?

대비 전략

오늘의 날씨는 어떠한지, 수험자가 좋아하거나 싫어하는 계절은 어떤 계절인지 표현할 수 있어야 합니다. 또한, 한국 사계절의 특징과 각 계절에 본인이나 한국인이 주로 하는 활동까지 함께 설명할 수 있으면 좋습니다. 태국 거주 경험이 있는 경우, 한국과 태국 날씨의 차이점을 비교 설명할 수 있다면 높은 점수를 기대할 수 있습니다.

빈출 질문

Q1 현재 계절	ตอนนี้ที่เกาหลีฤดูอะไรคะ	한국은 지금 어떤 계절인가요?
Q2 계절에 해당되는 기간	ฤดูนั้นเริ่มตั้งแต่ประมาณเดือนอะไรครับ	그 계절은 몇 월부터 시작되나요?
Q3 계절별 활동	ช่วงฤดูนั้นคนเกาหลีมักจะทำอะไรคะ	그 계절 동안에 한국인들은 주로 무엇을 하나요?
Q4 한국과 태국의 계절 차이	ฤดูของเกาหลีและฤดูของไทยต่างกันยังไงครับ	한국과 태국의 계절은 어떻게 달라요?

답변 구조 & 핵심 표현

ตอนนี้ที่เกาหลี 계절 한국은 지금 계절 이에요.

ตอนนี้ที่เกาหลีฤดูใบไม้ผลิ 한국은 지금 봄이에요.
ตอนนี้ที่เกาหลีฤดูร้อน 한국은 지금 여름이에요.

เริ่มตั้งแต่เดือน 개월① จนถึงเดือน 개월② 개월① 부터 시작해서 개월② 까지예요.

เริ่มตั้งแต่เดือนมีนาคมจนถึงเดือนพฤษภาคม 3월부터 시작해서 5월까지예요.
เริ่มตั้งแต่เดือนมิถุนายนจนถึงเดือนสิงหาคม 6월부터 시작해서 8월까지예요.

계절 เป็นช่วงที่ 계절 특징 계절 은 계절 특징 인 기간이에요.

ฤดูใบไม้ผลิเป็นช่วงที่ดอกเชอร์รี่บลอสซัมบาน 봄은 벚꽃이 피는 기간이에요.
ฤดูใบไม้ร่วงเป็นช่วงที่ใบไม้เปลี่ยนสี 가을은 나뭇잎 색이 바뀌는 기간이에요.

ที่ประเทศเกาหลี 계절 특징① แต่ที่เมืองไทย 계절 특징②
한국은 계절 특징① 이지만 태국은 계절 특징② 이에요.

ที่ประเทศเกาหลีไม่มีหน้าฝน แต่ที่เมืองไทยมีหน้าฝน 한국은 우기가 없지만 태국은 우기가 있어요.
ที่ประเทศเกาหลีมีฤดูใบไม้ผลิ แต่ที่เมืองไทยไม่มี 한국은 봄이 있지만 태국은 봄이 없어요.

빈출 표현 익히기

계절	ฤดูใบไม้ผลิ 봄★	หน้าร้อน(=ฤดูร้อน) 여름★
	ฤดูใบไม้ร่วง 가을★	หน้าหนาว(=ฤดูหนาว) 겨울★
	ฤดูกาล 계절★	หน้าฝน(=ฤดูฝน) 우기★
	หน้าแล้ง(=ฤดูแล้ง) 건기	ช่วงเปลี่ยนฤดู 환절기

날씨	ท้องฟ้าแจ่มใส 하늘이 맑다★	เย็นสบาย 시원하다★
	ร้อนอบอ้าว 후덥지근하다★	หนาวจัด 매우 춥다★
	มีความชื้นสูง 습도가 높다★	อากาศแห้ง 날씨가 건조하다★
	ฝนตกหนัก 비가 많이 오다★	หิมะตก 눈이 오다★
	อุณหภูมิสูง 온도가 높다	ลมแรง 바람이 강하다

개월	มกราคม 1월★	กุมภาพันธ์ 2월★
	มีนาคม 3월★	เมษายน 4월★
	พฤษภาคม 5월★	มิถุนายน 6월★
	กรกฎาคม 7월★	สิงหาคม 8월★
	กันยายน 9월★	ตุลาคม 10월★
	พฤศจิกายน 11월★	ธันวาคม 12월★

계절별 활동	ชมดอกไม้ 꽃을 구경하다★	ตั้งแคมป์ 캠핑하다★
	เล่นน้ำ 물놀이하다★	เดินเขา 등산하다★
	ใบไม้เปลี่ยนสี 단풍 구경을 하다	เล่นสกี 스키를 타다

OPI 빈출 문제

① 현재 계절

면접관은 수험자에게 시험을 보는 당시의 날씨나 계절에 대해 질문합니다. '계절'은 태국어의 두 가지 표현으로 나타낼 수 있는데 먼저 'ฤดู'는 한국의 사계절에 모두 사용할 수 있습니다. 반면 'หน้า'는 여름이나 겨울에만 사용할 수 있습니다. 따라서 상황에 따라 적합한 표현으로 써야 합니다.

실전 트레이닝

Track 14-02

ตอนนี้ที่เกาหลีฤดูอะไรคะ 한국은 지금 어떤 계절인가요?

답변하기

모범 답변 보기

IL ตอนนี้ที่เกาหลีฤดูใบไม้ผลิครับ อากาศกำลังดี ท้องฟ้าแจ่มใสครับ

한국은 지금 봄이에요. 날씨가 딱 좋고 하늘이 맑아요.

IM หน้าร้อนครับ ช่วงนี้ที่เกาหลีฝนตกหนักและลมแรงเพราะมีพายุไต้ฝุ่นเข้า ถึงแม้ว่าฝนตกแต่อากาศก็ร้อนไม่แพ้เมืองไทย บางปีอุณหภูมิสูงถึง 38 องศาเลยครับ

여름이에요. 요즘 한국에는 태풍이 와서 비가 많이 오고 바람도 강해요. 비록 비가 오지만 날씨가 태국 못지않게 덥고 어느 해에는 기온이 38도까지 올라요.

IM ตอนนี้ที่เกาหลีเป็นฤดูใบไม้ร่วงซึ่งเป็นฤดูกาลที่ผมชอบที่สุดครับ เพราะคิดว่าอากาศพอดีที่สุด ไม่ร้อนและไม่หนาวเกินไป บรรยากาศโดยทั่วไปดูโรแมนติกด้วยครับ

한국은 지금 가을인데 제가 가장 좋아하는 계절이에요. 왜냐하면 날씨가 적당하다고 생각되기 때문이에요. 너무 덥지도 춥지도 않으며 일반적인 분위기가 낭만적인 것 같아 보이기도 해요.

돌발상황! 면접관은 이렇게 질문할 수 있어요!

ช่วงนี้ที่เกาหลีอากาศเป็นยังไงคะ

요즘 한국은 날씨가 어때요?

단어 กำลังดี 딱 좋다 | ถึงแม้ว่า…ก็ ~에도 불구하고 | อุณหภูมิ 기온, 온도 | องศา 도(℃) | บรรยากาศ 분위기 | โดยทั่วไป 일반적인 | โรแมนติก 낭만적이다

② 계절에 해당되는 기간

어느 시기가 각 계절에 해당되는지 개월로 답변해야 합니다. 특히 개월을 표현할 때, 태국어는 한국어와 달리 숫자로 표현하지 않고 영어처럼 개월마다 고유한 명칭이 각각 따로 있기 때문에 수험자는 이를 잘 기억해 두었다가 적재적소에 활용할 수 있어야 합니다.

실전 트레이닝

Track 14-03

ฤดูนั้นเริ่มตั้งแต่เดือนอะไรครับ 그 계절은 몇 월부터 시작되나요?

답변하기

모범 답변 보기

IL โดยปกติแล้วฤดูใบไม้ผลิเริ่มตั้งแต่เดือนมีนาคมจนถึงเดือนพฤษภาคมค่ะ ฤดูนี้ถือว่าเป็นฤดูแรกของฤดูทั้ง 4 ในเกาหลีค่ะ

일반적으로 3월부터 시작해서 5월까지예요. 이 계절은 1년 사계절의 첫 번째 계절로 여겨져요.

IM หน้าร้อนของเกาหลีกินเวลาตั้งแต่เดือนมิถุนายนจนถึงเดือนสิงหาคมค่ะ ในช่วงนี้จะมีฝนตกหนัก แล้วถ้าหากมีพายุไต้ฝุ่นเข้าบ่อยก็จะเกิดน้ำท่วมในบางเมืองด้วยค่ะ

한국의 여름은 6월부터 8월까지 기간을 포함해요. 이 시기에는 비가 많이 오며 만약에 태풍이 자주 올 때는 일부 지역에서 홍수가 나기도 해요.

IM ฤดูหนาวของเกาหลีโดยปกติแล้วเริ่มต้นตั้งแต่เดือนธันวาคมถึงเดือนกุมภาพันธ์ อากาศจะหนาวจัดและแห้งมากเป็นเวลาประมาณ 3 เดือน โดยเฉพาะเดือนมกราอุณหภูมิอาจต่ำกว่าลบ 10 องศาเลยค่ะ

한국의 겨울은 일반적으로 12월부터 시작해서 2월까지인데 총 3개월 동안 날씨가 무척 춥고 건조해요. 특히 1월에는 기온이 영하 10도 이하로 내려가요.

돌발상황! 면접관은 이렇게 질문할 수 있어요!

ถ้าผมอยากจะไปเที่ยวเกาหลีช่วงฤดูใบไม้ร่วงต้องไปเดือนอะไรครับ

만약 제가 가을에 한국으로 놀러 가고 싶다면 몇 월에 가야 하나요?

단어 โดยปกติแล้ว 일반적으로 | แรก 첫 번째 | กินเวลา 시간이 소요되다 | น้ำท่วม 홍수 | เมือง 도시 | เป็นเวลา ~동안 | โดยเฉพาะ 특히 | ต่ำกว่า 이하 | ลบ 영하, 마이너스

OPI 빈출 문제

③ 계절별 활동

한국은 사계절이 있는 국가이기 때문에 각 계절에 하는 활동이나 계절별로 특별히 먹는 음식 등이 있기 마련입니다. 면접관은 각 계절 동안 한국인들이 일반적으로 하는 활동을 물어볼 수도 있고, 아니면 수험자가 개별적으로 하는 활동이 있는지 질문할 수 있습니다.

실전 트레이닝

Track 14-04

ช่วงฤดูนั้นคนเกาหลีมักจะทำอะไรคะ 그 계절 동안에 한국인들은 주로 무엇을 하나요?

답변하기

모범 답변 보기

IL ฤดูใบไม้ผลิเป็นช่วงที่ดอกเชอร์รี่บลอสซัมบานทั่วประเทศ จึงมีคนเกาหลีจำนวนมากออกมาเดินชมดอกไม้ตามสวนสาธารณะหรือริมถนนครับ

봄은 전국적으로 벚꽃이 피는 시기예요. 그래서 수많은 한국인들은 공원이나 길가를 따라 꽃을 구경하러 나와요.

IM ผมชอบฤดูร้อนเพราะมีวันหยุดพักร้อนและกิจกรรมต่าง ๆ ที่ทำนอกบ้านได้เยอะ คนเกาหลีส่วนใหญ่ชอบไปเที่ยวทะเล ดำน้ำ เล่นน้ำ แล้วก็ทานน้ำแข็งใสกันครับ

저는 여름을 좋아해요. 왜냐하면 여름 휴가가 있고 야외에서 할 수 있는 활동들이 많아요. 대부분의 한국인들은 바다로 놀러 가고, 잠수나 물놀이를 하고 빙수도 먹어요.

IM ฤดูใบไม้ร่วงเป็นช่วงที่ใบไม้เปลี่ยนสีเป็นสีเหลืองและสีแดง คนเกาหลีกล่าวว่าเป็นฤดูที่เหมาะแก่การอ่านหนังสือ แต่ผมชอบไปตั้งแคมป์ เที่ยวลำธาร และขับรถเล่นแถวภูเขามากกว่าครับ

가을은 나뭇잎이 노랗고 붉게 단풍으로 물드는 계절이에요. 한국인들은 책 읽기 좋은 계절이라고 해요. 하지만 저는 캠핑하러 가고 계곡에서 놀고 산 근처에 드라이브 가는 것을 더 좋아해요.

돌발상황! 면접관은 이렇게 질문할 수 있어요!

มีกิจกรรมอะไรที่น่าสนใจในช่วงฤดูหนาวไหมคะ 겨울에는 흥미로운 활동이 있나요?

단어 บาน (꽃이) 피다 | ทั่วประเทศ 전국적으로 | จำนวนมาก 수많은 | ริมถนน 길가 | วันหยุดพักร้อน 여름 휴가 | ดำน้ำ 잠수 | น้ำแข็งใส 빙수 | ใบไม้ 나뭇잎 | สีเหลือง 노란색 | สีแดง 붉은색 | กล่าวว่า ~라고 말하기를 | เหมาะแก่ ~에 어울리다 | ลำธาร 계곡 | กิจกรรม 활동

④ 한국과 태국의 계절 차이

면접관은 수험자에게 한국과 태국의 계절에 어떤 차이점이 있는지 질문할 수 있습니다. 따라서 두 국가의 계절별 특징을 잘 파악해 두어야 하며 특히 수험자가 태국에 가 봤거나 거주한 경험이 있다면 두 국가의 계절이나 날씨의 차이를 직접 느꼈는지 질문할 수 있습니다.

실전 트레이닝

Track 14-05

ฤดูของเกาหลีและฤดูของไทยต่างกันยังไงครับ 한국과 태국의 계절은 어떻게 달라요?

답변하기

모범 답변 보기

IL ประเทศเกาหลีมีทั้งหมด 4 ฤดู ในขณะที่ประเทศไทยมีทั้งหมด 3 ฤดู ได้แก่ ฤดูร้อน ฤดูฝน และฤดูหนาวค่ะ

한국은 총 네 개의 계절이 있지만 태국은 총 세 개의 계절이 있는데, 이는 여름, 우기, 그리고 겨울이에요.

IM ความแตกต่างที่ชัดเจนคือ ฤดูหนาวของเกาหลีมีหิมะตกและอุณหภูมิติดลบ แต่ฤดูหนาวของประเทศไทยอากาศเย็นสบายและไม่เคยมีหิมะตกค่ะ

한국의 겨울은 눈이 오고 기온이 영하로 내려가지만 태국의 겨울은 날씨가 시원하고 눈이 내린 적이 없다는 점이 가장 뚜렷한 차이점이에요.

IM ที่ประเทศเกาหลีไม่มีฤดูฝนแต่ฝนจะตกมากในช่วงฤดูร้อนค่ะ เป็นฝนที่ตกอย่างต่อเนื่องเป็นเวลาหลายวันหรือหลายสัปดาห์ แต่ที่เมืองไทยฝนตกหนักแค่ 1-2 ชั่วโมงแล้วก็หยุดค่ะ

한국에는 우기가 없지만 여름에 비가 많이 와요. 이는 며칠씩 혹은 몇 주 동안 비가 계속해서 내리는 것인데, (이와 달리) 태국은 비가 한두 시간만 많이 내리다 그쳐요.

돌발상황! 면접관은 이렇게 질문할 수 있어요!

คุณทราบความแตกต่างของฤดูกาลของเกาหลีและไทยไหมครับ

당신은 한국과 태국의 계절 차이를 아나요?

단어 ในขณะที่ 한편 | ติดลบ 영하로 내려가다 | ชัดเจน 뚜렷하다 | อย่างต่อเนื่อง 계속해서 | ความแตกต่าง 차이점

예시 미리보기

완벽 예시 다음 제시된 예시 상황을 참고하여 예상 대화를 미리 살펴보세요.

✓ 현재 계절: 봄
✓ 계절에 해당되는 기간: 대략 3월부터 5월까지
✓ 계절별 활동: 벚꽃 구경
✓ 한국과 태국의 계절 차이: 한국에는 봄과 가을이 있지만 태국에는 없음

현재 계절	Q: ตอนนี้ที่เกาหลีฤดูอะไรครับ 지금은 한국은 어떤 계절인가요? A: ตอนนี้ที่เกาหลีฤดูใบไม้ผลิครับ อากาศกำลังดี ท้องฟ้าแจ่มใสค่ะ 지금 한국은 봄이에요. 날씨가 딱 좋고 하늘이 맑아요.
계절에 해당되는 기간	Q: ฤดูใบไม้ผลิเริ่มตั้งแต่ประมาณเดือนอะไรครับ 봄은 몇 월쯤부터 시작되나요? A: โดยปกติแล้วฤดูใบไม้ผลิเริ่มตั้งแต่เดือนมีนาคมจนถึงเดือนพฤษภาคมค่ะ 봄은 일반적으로 3월부터 시작해서 5월까지예요.
계절별 활동	Q: ช่วงฤดูใบไม้ผลิคนเกาหลีมักจะทำอะไรครับ 한국인들은 봄에 무엇을 하나요? A: ฤดูใบไม้ผลิเป็นช่วงที่ดอกเชอร์รี่บลอสซัมบานทั่วประเทศ จึงมีคนเกาหลีจำนวนมากออกมาเดินชมดอกไม้ตามสวนสาธารณะ หรือริมถนนค่ะ 봄은 전국적으로 벚꽃이 피는 시기예요. 그래서 많은 한국인들은 공원이나 길가를 따라 꽃을 구경하러 나와요.
한국과 태국의 계절 차이	Q: ฤดูของเกาหลีและฤดูของไทยต่างกันยังไงครับ 한국과 태국의 계절은 어떻게 다른가요? A: ประเทศเกาหลีมีฤดูใบไม้ผลิและฤดูใบไม้ร่วง แต่ประเทศไทยไม่มีฤดูเหล่านี้ค่ะ 한국은 봄과 가을이 있지만 태국에는 이 계절들이 없어요.

IL Target

완벽 IL 예시 세부 질문별 대답을 연결하면 자연스러운 서술형 대답이 가능합니다. Track 14-06

ตอนนี้ที่เกาหลีฤดูใบไม้ผลิ อากาศกำลังดี ท้องฟ้าแจ่มใสค่ะโดยปกติแล้วฤดูใบไม้ผลิเริ่มตั้งแต่เดือนมีนาคมจนถึงเดือนพฤษภาคมค่ะ
ฤดูใบไม้ผลิเป็นช่วงที่ดอกเชอร์รี่บลอสซัมบานทั่วประเทศ จึงมีคนเกาหลีจำนวนมากออกมาเดินชมดอกไม้ตามสวนสาธารณะหรือริมถนนค่ะ
ประเทศเกาหลีมีทั้งหมด 4 ฤดู ในขณะที่ประเทศไทยมีทั้งหมด 3 ฤดู ได้แก่ ฤดูร้อน ฤดูฝน และฤดูหนาวค่ะ

한국은 지금 봄이에요. 날씨가 딱 좋고 하늘이 맑아요. 일반적으로 3월부터 시작해서 5월까지예요.
봄은 전국적으로 벚꽃이 피는 기간이에요. 그래서 수많은 한국인들은 공원이나 길가를 따라 꽃을 구경하러 나와요.
한국은 총 네 개의 계절이 있지만 태국은 총 세 개의 계절이 있는데, 이는 여름, 우기, 그리고 겨울이에요.

수험자는 OPI 시험을 치르는 계절이나 개월에 대한 정보와 본인이 선호하는 계절에 대한 정보를 미리 파악해 두어야 합니다. 또한, 태국어에서 각 개월을 나타낼 때 서류상에서는 숫자로 쓰기도 하지만 말할 때는 대부분 숫자로 표현하지 않고 각각의 고유한 태국어 명칭으로 부릅니다. 따라서 시험에서 말할 때도 반드시 태국어로 된 개월별 명칭을 기억해 두었다가 활용해야 합니다.

완벽 IM 예시 IL 예시에서 부연 설명을 추가하면 IM 수준의 답변을 할 수 있습니다. Track 14-07

ตอนนี้ที่เกาหลีอยู่ ในช่วงหน้าร้อนครับ ที่เกาหลีฝนตกหนักและลมแรง เพราะมีพายุไต้ฝุ่นเข้า ถึงแม้ว่าฝนตกแต่อากาศก็ร้อนไม่แพ้เมืองไทย บางปีอุณหภูมิสูงถึง 38 องศาเลยครับ

หน้าร้อนของเกาหลีกินเวลาตั้งแต่เดือนมิถุนายนจนถึงเดือนสิงหาคมครับ ในช่วงนี้จะมีฝนตกหนัก แล้วถ้าหากมีพายุไต้ฝุ่นเข้าบ่อยก็จะเกิดน้ำท่วมในบางเมืองด้วยครับ

ผมชอบฤดูร้อนเพราะมีวันหยุดพักร้อนและกิจกรรมต่าง ๆ ที่ทำนอกบ้านได้เยอะ คนเกาหลีส่วนใหญ่ชอบไปเที่ยวทะเล ดำน้ำ เล่นน้ำ แล้วก็ทานน้ำแข็งใสกันครับ

เปรียบเทียบฤดูของเกาหลีกับไทยความแตกต่างที่ชัดเจนคือ ฤดูหนาวของเกาหลีมีหิมะตกและอุณหภูมิติดลบ แต่ฤดูหนาวของประเทศไทยอากาศเย็นสบายและไม่เคยมีหิมะตกครับ

지금 한국은 여름이에요. 한국은 태풍이 와서 비가 많이 오고 바람도 강해요. 비록 비가 오지만 날씨가 태국 못지않게 덥고 어느 해에는 기온이 38도까지 올라요.

한국의 여름은 6월부터 8월까지 기간을 포함해요. 이 시기에는 비가 많이 오며 만약 태풍이 자주 올 때는 일부 지역에서 홍수가 나곤 해요.

저는 여름을 좋아해요. 왜냐하면 여름 휴가가 있고 집에서 할 수 있는 활동들이 많아요. 대부분의 한국인들은 바다로 놀러 가고, 잠수나 물놀이를 하고 빙수도 먹어요.

한국과 태국의 계절을 비교해 보면 한국의 겨울은 눈이 오고 기온이 영하로 내려가지만 태국의 겨울은 날씨가 시원하고 눈이 내린 적이 없다는 점이 가장 뚜렷한 차이점이에요.

직접 연습하기

나만의 답변 한 줄 정리

자신의 상황에 맞게 답변을 정리해 보세요.

현재 계절	
계절에 해당되는 기간	
계절별 활동	
한국과 태국의 계절 차이	

나만의 스크립트 만들기

정리한 내용을 토대로 자신만의 답변을 만들어 보세요.

현재 계절	Q: ตอนนี้ที่เกาหลีฤดูอะไรคะ A:
계절에 해당되는 기간	Q: ฤดูนั้นเริ่มตั้งแต่ประมาณเดือนอะไรคะ A:
계절별 활동	Q: ช่วงฤดูนั้นคนเกาหลีมักจะทำอะไรคะ A:
한국과 태국의 계절 차이	Q: ฤดูของเกาหลีและฤดูของไทยต่างกันยังไงคะ A:

บทที่

15 한국 명절 소개

"เทศกาลสำคัญของเกาหลีมีเทศกาลอะไรบ้างคะ"

한국의 주요 명절에는 어떤 명절이 있나요?

대비 전략

한국의 명절쯤에 시험을 본다면, 면접관은 한국의 주요 명절에 대해서 질문할 가능성이 높고, 해당 기간이 아니더라도 질문 받을 수 있는 주제이므로 올해 주요 명절이 언제인지, 한국인들은 그때 주로 무엇을 하며 어떤 풍습이 있는지, 지난 명절에 무엇을 했고 다가오는 명절에 무엇을 할 것인지에 대해 미리 생각해 두어야 합니다.

빈출 질문

Q1 한국 명절 소개 เทศกาลสำคัญของเกาหลีมีเทศกาลอะไรบ้างคะ 한국의 주요 명절에는 어떤 명절이 있나요?

Q2 명절 날짜 เทศกาลชูซ็อก(ซ็อลลัล…)ปีนี้ตรงกับวันที่เท่าไรครับ 올해 추석(설날 등)은 며칠이에요?

Q3 명절의 주요 활동 ในวันชูซ็อก(ซ็อลลัล…)คนเกาหลีมักจะทำอะไรคะ
추석(설날 등)에 대부분의 한국인들은 무엇을 하나요?

Q4 명절의 관습·풍습 ในช่วงเทศกาลนี้มีประเพณีหรือกิจกรรมอะไรที่น่าสนใจบ้างไหมครับ
명절 기간에 어떤 흥미로운 관습이나 활동이 있나요?

답변 구조 & 핵심 표현

명절 เป็นวันที่ชาวเกาหลีให้ความสำคัญมาก 명절 은 한국인들이 중요하게 생각하는 날이에요.

ซ็อลลัลเป็นวันที่ชาวเกาหลีให้ความสำคัญมาก 설날은 한국인들이 중요하게 생각하는 날이에요.
ชูซ็อกเป็นวันที่ชาวเกาหลีให้ความสำคัญมาก 추석은 한국인들이 중요하게 생각하는 날이에요.

เทศกาล 명절 ปีนี้ตรงกับวันที่ 일 เดือน 월 올해 명절 은 일 월 이에요.

เทศกาลซ็อลลัลปีนี้ตรงกับวันที่ 22 เดือนมกราคม 올해 설날은 1월 22일이에요.
เทศกาลชูซ็อกปีนี้ตรงกับวันที่ 29 เดือนกันยายน 올해 추석은 9월 29일이에요.

โดยปกติแล้วคนเกาหลีจะ 활동 일반적으로 한국인들은 활동 을 해요.

โดยปกติคนเกาหลีจะคารวะผู้อาวุโส 일반적으로 한국인들은 어르신에게 세배를 해요.
โดยปกติคนเกาหลีจะเดินทางกลับบ้านเกิด 일반적으로 한국인들은 고향으로 돌아가요.

สำหรับเทศกาลนี้คนเกาหลีจะ 관습·풍습 이 명절에 한국인들은 관습·풍습 을 해요.

สำหรับเทศกาลนี้คนเกาหลีจะเซ่นไหว้บรรพบุรุษ 이 명절에 한국인들은 차례를 지내요.
สำหรับเทศกาลนี้คนเกาหลีจะปั้นขนมซงพยอน 이 명절에 한국인들은 송편을 만들어요.

빈출 표현 익히기

Track 15-01

한국 주요 명절	ซ็อลลัล(=วันตรุษเกาหลี) 설날★	ชูซ็อก(=วันขอบคุณพระเจ้า) 추석★
	เทศกาลทาโน 단오	เทศกาลโคมไฟ 정월대보름
달력	ปฏิทิน 달력★	ปฏิทินจันทรคติ 음력★
	ปฏิทินสุริยคติ 양력★	เดือนอ้าย 정월(음력 1월)
명절 음식	พิซซ่าเกาหลี 전★	เค้กข้าวเกาหลี 떡★
	ซุปต็อกกุก 떡국★	ขนมซงพยอน 송편
	เครื่องเคียงประเภทผัก 나물	ผัดจับฉ่ายวุ้นเส้น 잡채
명절 관련 어휘	ผู้อาวุโส 웃어른★	ญาติพี่น้อง 친척★
	ชุดฮันบก 한복★	บรรพบุรุษ 조상★
	โต๊ะไหว้เจ้า 차례상★	หลุมฝังศพ 묘지, 무덤★
	กระชอนนำโชค 복조리	คารวะ 숭배하다
	การละเล่น 놀이	วันพระจันทร์เต็มดวง 보름달
명절 관습·풍습	คารวะผู้อาวุโส 세배하다★	ครอบครัวรวมตัวกัน 가족이 모이다★
	ขอพร ~하기를 빌다, 소원을 빌다★	เซ่นไหว้บรรพบุรุษ 차례를 지내다★
	รำวงเกาหลี 강강술래	คารวะบรรพบุรุษที่หลุมฝังศพ 성묘하다
	มวยปล้ำ 씨름	รำหน้ากาก 탈춤

OPI 빈출 문제

❶ 한국 명절 소개

한국의 다양한 명절이나 축제 중 설날과 추석과 같은 민족 대명절에 대해 소개하면 좋습니다. 한국의 추석은 태국어로 'ชูซ็อก', 'วันขอบคุณพระเจ้า', 설날은 'ซ็อลลัล', 'วันตรุษเกาหลี', 'วันขึ้นปีใหม่ของเกาหลี'로 표현하는 어휘가 다양하므로 모두 알아두는 것이 좋습니다.

실전 트레이닝

Track 15-02

เทศกาลสำคัญของเกาหลีมีเทศกาลอะไรบ้างคะ　한국의 주요 명절에는 어떤 명절이 있나요?

답변하기

모범 답변 보기

IL เทศกาลสำคัญของเกาหลีคือชูซ็อก บางครั้งคนเกาหลีเรียกว่า ฮันกาวี ครับ

한국의 주요 명절으로는 추석이 있는데 한국인들은 종종 '한가위'라고 부르기도 해요.

IM เทศกาลชูซ็อกหรือวันขอบคุณพระเจ้าเป็นวันที่ชาวเกาหลีให้ความสำคัญมากค่ะ เพราะเป็นวันที่พระจันทร์เต็มดวงและมีพิธีฉลองการเก็บเกี่ยวในช่วงนี้ด้วยค่ะ

추석 혹은 한국의 추수 감사절은 한국 사람들이 매우 중요하게 여기는 날이에요. 왜냐하면 보름달이 뜨는 날이고, 추수를 축하하는 의식도 있어요.

IM วันซ็อลลัลหรือวันขึ้นปีใหม่เป็นวันที่คนเกาหลีให้ความสำคัญมากครับ ตามปฏิทินสุริยคติวันนี้จะอยู่ในช่วงเดือนมกราคมหรือกุมภาพันธ์ของทุกปีครับ

설날 혹은 새해는 한국인들이 매우 중요하게 생각하는 날이에요. 양력에 따라 이 날은 매년 1월이나 2월쯤에 있어요.

돌발상황! **면접관은 이렇게 질문할 수 있어요!**

ได้ยินว่าช่วงนี้เป็นวันซ็อลลัลของเกาหลี ไม่ทราบว่าวันซ็อลลัลคือวันอะไรคะ

요즘 한국은 설날이라고 들었는데 혹시 설날이 무슨 날인가요?

단어 ฮันกาวี 한가위 | ตาม ~에 따라 | พระจันทร์ 달 | พิธี 의식 | ฉลอง 축하하다, 경축하다 | การเก็บเกี่ยว 추수

② 명절 날짜

면접관은 한국에 어떤 명절이 있는지 물어본 다음, 응시하는 해의 해당 명절이 몇 월 며칠인지 수험자에게 질문하곤 합니다. 수험자가 시험을 볼 때 해당 명절이 지났더라도 날짜가 언제인지 물을 수 있기 때문에 대략적인 개월 정도는 해당 어휘로 미리 숙지해 두어야 합니다.

실전 트레이닝

Track 15-03

เทศกาลชูซ็อก(ซ็อลลัล…)ปีนี้ตรงกับวันที่เท่าไรครับ 올해 추석(설날 등)은 며칠이에요?

답변하기

모범 답변 보기

IL วันชูซ็อกปีนี้คือวันที่ 29 เดือนกันยายน ปี 2566 หรือวันที่ 15 สิงหาคมตามปฏิทินเกาหลีค่ะ

올해 추석은 9월 29일인데 한국 달력에 따르면 음력 8월 15일이에요.

IM เทศกาลซ็อลลัลหรือวันตรุษเกาหลีตรงกับวันที่ 1 เดือนมกราคมตามปฏิทินจันทรคติค่ะ ปีนี้ตรงกับวันที่ 22 มกราคมตามปฏิทินสุริยคติค่ะ

설날 혹은 완뜨룻까울리는 음력 1월 1일이에요. 즉, 올해는 양력으로 1월 22일이에요.

IM เทศกาลทาโนของเกาหลีตรงกับวันที่ 5 เดือนพฤษภาคมตามปฏิทินจันทรคติค่ะ ในปี 2023 นี้คือวันพฤหัสบดี 22 มิถุนายนค่ะ ในวันนี้คนเกาหลีจะขอพรให้ทำการเกษตรได้ดีค่ะ

한국의 단오는 음력으로 5월 5일이에요. 올해 2023년은 6월 22일 목요일이에요. 이날 한국인들은 농사가 잘 되기를 빌어요.

돌발상황! 면접관은 이렇게 질문할 수 있어요!

แล้วทราบไหมคะว่าปีนี้เทศกาลนี้จะจัดขึ้นวันที่เท่าไรเดือนอะไรครับ

그럼 올해는 이 축제(명절)가 몇 월 며칠에 열리는지(시작되는지) 아세요?

단어 ตรงกับ ~이(가) 되다 | การเกษตร 농사 | จัดขึ้น 열리다, 개최하다

OPI 빈출 문제

③ 명절의 주요 활동

추석이나 설날과 같은 대표적인 명절에는 주로 고향을 방문하여, '차례 지내기', '성묘', '세배' 등과 같은 활동을 합니다. 단, 이처럼 한국 고유의 문화와 관련된 어휘는 태국어로 바꾸어 표현할 수 있는 어휘가 없으므로 각 어휘의 특징을 태국어로 잘 묘사할 수 있도록 미리 준비해야 합니다.

실전 트레이닝

Track 15-04

ในวันชูซ็อก(ซ็อลลัล…)คนเกาหลีมักจะทำอะไรคะ

추석(설날 등)에 대부분의 한국인들은 무엇을 하나요?

답변하기

모범 답변 보기

IL เป็นวันที่สมาชิกในครอบครัวไปรวมตัวกันที่บ้านเกิดครับ เราใช้เวลาทำอาหารและเตรียมผลไม้ต่าง ๆ ด้วยกันเพื่อเซ่นไหว้ขอบคุณบรรพบุรุษครับ

가족들이 고향으로 가서 모이는 날이에요. 우리는 조상에게 경의를 표하기 위해 음식을 만들고 다양한 과일을 준비하면서 함께 시간을 보내요.

IM ประเพณีดั้งเดิมของเทศกาลชูซ็อกคือการไปเยี่ยมหลุมฝังศพของบรรพบุรุษ ในระหว่างที่คารวะหลุมฝังศพของบรรพบุรุษ สมาชิกในครอบครัวจะช่วยกันกำจัดวัชพืชรอบ ๆ หลุมฝังศพครับ

추석의 원래 전통은 조상의 묘를 찾아 뵙는 것이에요. 성묘가 진행되는 동안 가족들은 묘지 주변의 잡초를 제거해요.

IM โดยปกติแล้วคนเกาหลีจะเดินทางกลับบ้านเกิดของตนเพื่อเยี่ยมครอบครัวและญาติพี่น้อง จากนั้นจะทำพิธีเซ่นไหว้บรรพบุรุษ ในวันนี้เด็ก ๆ จะแต่งกายด้วยชุดฮันบกสีสันสดใสค่ะ

보통 한국인들은 고향으로 돌아가 가족과 친척을 만나고 차례를 지내요. 이날 아이들은 오색찬란한 색상의 한복을 입어요.

돌발상황! 면접관은 이렇게 질문할 수 있어요!

สิ่งที่คนเกาหลีนิยมปฏิบัติในช่วงเทศกาลมีอะไรบ้างคะ

명절 기간에 한국인들이 즐겨 하는 일에는 어떤 것이 있나요?

단어 สมาชิก 식구 | รวมตัว 모이다, 모으다 | ดั้งเดิม 전통 | ในระหว่างที่ ~하는 한 | กำจัด 제거하다 | วัชพืช 잡초 | สีสันสดใส 오색찬란하다, 울긋불긋하다

④ 명절의 관습 · 풍습

명절 기간에 무엇을 하는지에 대해 묻는 질문과 비슷하지만, 앞의 질문은 일반적인 활동을 묻는 거라면 이번에는 좀 더 구체적인 정보나 민족 고유의 풍습, 신앙, 전통적으로 특별히 만들어 먹어야 하는 음식 등을 묻는 것입니다. 즉, 각각 명절의 특징을 추가적으로 설명하는 것이 좋습니다.

실전 트레이닝

Track 15-05

ในช่วงเทศกาลนี้มีประเพณีหรือกิจกรรมอะไรที่น่าสนใจบ้างไหมครับ

명절 기간에 어떤 흥미로운 관습이나 활동이 있나요?

답변하기

모범 답변 보기

IL วันชูซ็อกจะมีการแสดงต่าง ๆ เช่น รำหน้ากาก รำวงเกาหลี และมวยปล้ำค่ะ

추석에는 탈춤, 강강술래, 그리고 씨름과 같은 각종 공연이 있어요.

IM สำหรับเทศกาลนี้คนเกาหลีจะทำขนมซงพยอน หรือเค้กข้าวเกาหลีค่ะ คนเกาหลีมีความเชื่อว่าถ้าปั้นขนมซงพยอนได้สวยจะให้กำเนิดลูกที่หน้าตาสวยงามได้ค่ะ

이 명절의 경우, 한국인들은 '송편' 즉, 떡을 만들어요. 한국인들은 송편을 예쁘게 빚을 수 있으면 예쁜 아기를 낳는다는 믿음이 있어요.

IM คนเกาหลีนิยมทานซุปต็อกกุกในวันแรกของปีใหม่ซึ่งหมายถึงเรามีอายุมากขึ้นอีกหนึ่งปี ต็อกในซุปเป็นชิ้นบาง ๆ รูปร่างคล้ายเหรียญซึ่งแสดงถึงความร่ำรวย ความอุดมสมบูรณ์ ความโชคดี และอายุยืนค่ะ

한국인들은 새해 첫날에 떡국을 즐겨 먹는데 우리가 한 살 더 먹는다는 것을 의미해요. 국 속에 떡은 동전과 비슷한 모양으로 얇은데 부유, 풍요로움, 행운, 그리고 장수를 나타내요.

돌발상황! 면접관은 이렇게 질문할 수 있어요!

มีการละเล่นสำหรับเทศกาลนี้ไหมครับ

이 명절에 하는 놀이가 있나요?

단어 การแสดง 공연 | ปั้น 반죽하여 만들다 | ให้กำเนิด 낳다, 출산하다 | รูปร่าง 모양 | เหรียญ 동전 | ความร่ำรวย 부유 | ความอุดมสมบูรณ์ 풍요로움 | ความโชคดี 행운 | อายุยืน 장수

예시 미리보기

완벽 예시 다음 제시된 예시 상황을 참고하여 예상 대화를 미리 살펴보세요.

✓ 한국 명절: 추석
✓ 명절 날짜: 매년 음력 8월 15일
✓ 명절의 주요 활동: 가족 모임, 성묘, 세배 등
✓ 명절의 관습 · 풍습: 탈춤, 강강술래, 씨름 등

한국 명절	Q: เทศกาลสำคัญของเกาหลีมีเทศกาลอะไรบ้างครับ 한국의 주요 명절은 무엇이 있나요? A: เทศกาลสำคัญของเกาหลีคือชูซ็อกบางครั้งคนเกาหลีเรียกว่า ฮันกาวีค่ะ 한국의 중요한 명절으로는 추석이 있는데 한국 사람들은 종종 '한가위'라고 불러요.
명절 날짜	Q: เทศกาลชูซ็อกปีนี้ตรงกับวันที่เท่าไรเดือนอะไรครับ 추석은 몇 월 며칠인가요? A: วันชูซ็อกปีนี้คือวันที่ 29 เดือนกันยายนหรือวันที่ 15 สิงหาคมตามปฏิทินเกาหลีค่ะ 올해 추석은 9월 29일인데 한국 달력에 따르면 음력 8월 15일이에요.
명절의 주요 활동	Q: ในวันชูซ็อกคนเกาหลีมักจะทำอะไรครับ 추석에 대부분의 한국인들은 주로 무엇을 하나요? A: เป็นวันที่สมาชิกในครอบครัวไปรวมตัวกันที่บ้านเกิดครับ เราใช้เวลาทำอาหารและเตรียมผลไม้ต่าง ๆ เพื่อเซ่นไหว้ขอบคุณบรรพบุรุษด้วยกันค่ะ 가족들이 고향으로 가서 모이는 날이에요. 우리는 조상에게 경의를 표하기 위해 요리를 하고 다양한 과일을 준비하면서 함께 시간을 보내요.
명절의 관습·풍습	Q: ในช่วงเทศกาลนี้มีประเพณีหรือกิจกรรมอะไรที่น่าสนใจบ้างไหมครับ 명절 기간에 어떤 흥미로운 관습이나 활동이 있나요? A: วันชูซ็อกจะมีการแสดงต่าง ๆ เช่น รำหน้ากาก รำวงเกาหลี และมวยปล้ำค่ะ 추석에는 탈춤, 강강술래, 그리고 씨름과 같은 각종 공연들이 있어요.

완벽 IL 예시 세부 질문별 대답을 연결하면 자연스러운 서술형 대답이 가능합니다. Track 15-06

เทศกาลสำคัญของเกาหลีคือชูซ็อกหรือบางครั้งคนเกาหลีเรียกว่า ฮันกาวี ค่ะ วันชูซ็อกปีนี้คือวันที่ 29เดือนกันยายน ปี 2566 หรือวันที่ 15 สิงหาคมตามปฏิทินเกาหลีค่ะ

เป็นวันที่สมาชิกในครอบครัวไปรวมตัวกันที่บ้านเกิด เราใช้เวลาทำอาหารและเตรียมผลไม้ต่าง ๆ ด้วยกันเพื่อเซ่นไหว้ขอบคุณบรรพบุรุษค่ะ

วันชูซ็อกจะมีการแสดงต่าง ๆ เช่น รำหน้ากาก รำวงเกาหลี และมวยปล้ำค่ะ

한국의 주요 명절에는 추석이 있는데 한국인들은 종종 '한가위'라고 부르기도 해요. 올해 추석은 9월 29일인데 한국 달력에 따르면 음력 8월 15일이에요.

가족들이 고향으로 가서 모이는 날이에요. 우리는 조상에게 경의를 표하기 위해 요리를 하고 다양한 과일을 준비하면서 함께 시간을 보내요.

추석에는 탈춤, 강강술래, 그리고 씨름과 같은 각종 공연이 있어요.

수험자가 시험을 보는 시기가 한국의 어떤 명절과 시기상 가까운지 알아야 합니다. 한국 설날이나 추석 이전과 이후 상관없이 질문을 받을 수 있기 때문입니다. 그 명절에 대부분의 한국인들은 무엇을 하는지에 대해서 주로 묻기 때문에 준비해 둔 내용을 바탕으로 답변하고, 특히 규칙을 설명하기 어려운 윷놀이나 화투 놀이와 같은 게임에 대한 답변은 가급적 피하는 것이 좋습니다.

완벽 IM 예시 IL 예시에서 부연 설명을 추가하면 IM 수준의 답변을 할 수 있습니다. Track 15-07

วันซ็อลลัลหรือวันตรุษเกาหลีเป็นวันที่คนเกาหลีให้ความสำคัญมากครับ ตามปฏิทินสุริยคติวันนี้จะอยู่ในช่วงเดือนมกราคมหรือกุมภาพันธ์ของทุกปีครับ เทศกาลซ็อลลัลตรงกับวันที่ 1 เดือนมกราคมตามปฏิทินจันทรคติครับ ปีนี้ตรงกับวันที่ 22 มกราคมตามปฏิทินสุริยคติครับ

โดยปกติแล้วคนเกาหลีจะเดินทางกลับบ้านเกิดของตนเพื่อเยี่ยมครอบครัวและญาติพี่น้อง หลังจากนั้นจะทำพิธีเซ่นไหว้บรรพบุรุษ ในวันนี้เด็ก ๆ จะแต่งกายด้วยชุดฮันบกสีสันสดใสครับ คนเกาหลีนิยมทานซุปต็อกกุกในวันแรกของปีใหม่ซึ่งหมายถึงเรามีอายุมากขึ้นอีกหนึ่งปี ต็อกในซุปเป็นชิ้นบาง ๆ รูปร่างคล้ายเหรียญซึ่งแสดงถึงความร่ำรวย ความอุดมสมบูรณ์ ความโชคดี และอายุยืนครับ

설날 혹은 새해는 한국인들이 중요하게 생각하는 날이에요. 양력에 따라 이 날은 매년 1월이나 2월쯤에 있어요. 설날은 음력으로 1월 1일이에요. 즉, 올해는 양력으로 1월 22일에 해당해요.

보통 한국인들은 고향으로 돌아가 가족과 친척을 만나고 차례를 지내요. 이날 아이들은 오색찬란한 색상의 한복을 입어요. 한국인들은 새해 첫날에 떡국을 즐겨 먹는데 우리가 한 살 더 먹는다는 것을 의미해요. 국속에 떡은 동전과 비슷한 모양으로 얇은데 부유, 풍요로움, 행운, 그리고 장수를 나타내요.

직접 연습하기

나만의 답변 한 줄 정리 자신의 상황에 맞게 답변을 정리해 보세요.

한국 명절 소개	
명절 날짜	
명절의 주요 활동	
명절의 관습·풍습	

나만의 스크립트 만들기 정리한 내용을 토대로 자신만의 답변을 만들어 보세요.

한국 명절 소개	Q: เทศกาลสำคัญของเกาหลีมีเทศกาลอะไรบ้างคะ A:
명절 날짜	Q: เทศกาลชูซ็อก(ซ็อลลัล…)ปีนี้ตรงกับวันที่เท่าไรคะ A:
명절의 주요 활동	Q: ในวันชูซ็อก(ซ็อลลัล…)คนเกาหลีมักจะทำอะไรคะ A:
명절의 관습·풍습	Q: ในช่วงเทศกาลนี้มีประเพณีหรือกิจกรรมอะไรที่น่าสนใจบ้างไหมคะ A:

Part

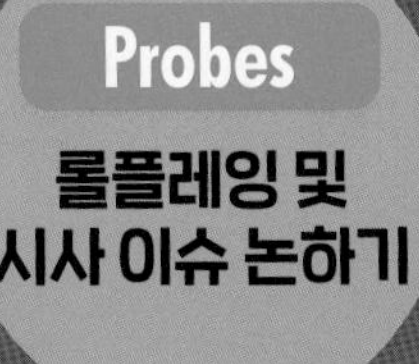

Probes

롤플레잉 및 시사 이슈 논하기

서비스 예약

· 식당, 숙소, 교통편, 병원 진료 예약

서비스 이용

· 은행, 렌터카 이용 및 학원 등록
· 상품 설명, 교환 및 환불

약속 일정 변경

· 약속 일정을 변경하는 이유
· 정중한 사과 및 일정 변경

사회적 이슈

· 교육·취업·아동 문제, 자연재해, 유행병 등 세계적, 국가적 이슈

수험자의 태국어 실력을 보다 정확히
파악하기 위해 인터뷰의 난이도를
조금씩 올리는 단계입니다.
주로 역할놀이(Role Play) 형식으로 진행되어,
특정 상황을 설정하여 면접관이 질문하면
수험자가 대답하는 형식으로
진행되는 경우가 많습니다.

บทที่

16 식당 예약

"สวัสดีค่ะ ร้านอาหารไทยค่ะ"

안녕하세요? 태국 음식점입니다.

대비 전략

면접관은 식당 리셉션 직원의 역할을 하고, 수험자는 식당에 전화하여 자리를 예약하려는 손님 역할을 맡습니다. 이때 수험자는 예약 날짜 및 시간, 인원, 선호하는 자리, 메뉴, 추가 요청 사항 등에 대해서 대화를 주고받아야 하기 때문에 주문 및 자리와 관련된 표현은 물론이고 기념일과 관련된 어휘 등을 미리 학습해 두어야 합니다.

빈출 질문

Q1 예약 시간 및 인원 — **สวัสดีค่ะ ร้านอาหารไทยค่ะ** 안녕하세요? 태국 음식점입니다.

Q2 원하는 자리 확인 — **คุณต้องการจองที่นั่งแบบไหนครับ** 손님, 어떤 자리를 예약하고 싶으신가요?

Q3 특별한 날에 예약 및 요청 — **ไม่ทราบว่าจองในโอกาสพิเศษอะไรหรือเปล่าคะ** 혹시 어떤 특별한 기회로 예약하신 건가요?

Q4 음식 미리 주문하기 — **จะสั่งอาหารล่วงหน้าไหมครับ** 음식도 미리 주문하시겠어요?

답변 구조 & 핵심 표현

ผม/ดิฉันต้องการจองโต๊ะ 날짜 ตอน 시간 ครับ/ค่ะ 날짜 시간 에 자리를 예약하고 싶어요.

ผมต้องการจองโต๊ะวันพรุ่งนี้ตอน 6 โมงเย็นครับ 내일 저녁 6시에 자리를 예약하고 싶어요.
ดิฉันต้องการจองที่นั่งวันเสาร์ที่ 12 ตอน 1 ทุ่มค่ะ 12일 토요일 저녁 7시에 자리를 예약하고 싶어요.

ไม่ทราบว่า มีโต๊ะ 위치 ไหม 혹시 위치 테이블 자리가 있나요?

ไม่ทราบว่า มีโต๊ะกลางแจ้งไหม 혹시 야외 테이블 자리가 있나요?
ไม่ทราบว่า มีโต๊ะริมหน้าต่างไหม 혹시 창가 쪽 테이블 자리가 있나요?

พอดีวันนั้นเป็น 기념일 ของ 대상 ครับ/ค่ะ 마침 그날은 대상 의 기념일 이에요.

พอดีวันนั้นเป็นวันเกิดของคุณแม่ผมครับ 마침 그날은 제 어머니의 생신이에요.
พอดีวันนั้นเป็นวันครบรอบแต่งงานของค่ะ 마침 그날은 저희 부부의 결혼기념일이에요.

งั้น 날짜 ผม/ดิฉันจะไปตามเวลานัดครับ/ค่ะ 그럼 날짜 예약한 시간에 갈게요.

งั้นพรุ่งนี้ผมจะไปตามเวลาจองครับ 그럼 내일 예약한 시간에 갈게요.
งั้นวันเสาร์นี้ดิฉันจะไปตามเวลาจองค่ะ 그럼 토요일 예약한 시간에 갈게요.

빈출 표현 익히기

Track 16-01

날짜	พรุ่งนี้ 내일★	มะรืนนี้ 내일모레★
	วันเสาร์นี้ 이번 주 토요일	วันพุธที่ 15 เมษายนนี้ 이번 4월 15일 수요일
시간	บ่ายโมงตรง 오후 1시 정각★	เที่ยงวัน 오후 6시★
	11 โมงเช้า 오전 11시	5 โมงครึ่งตอนเย็น 오후 5시 반
	1 ทุ่ม 저녁 7시	2 ทุ่ม 저녁 8시
테이블 위치	ห้อง 룸★	ริมหน้าต่าง 창가★
	ชั้น 층	ดาดฟ้า 옥상
	ในตึก 실내	กลางแจ้ง 야외
	สำหรับ 4 ที่ 4인석	ที่นั่งกลุ่ม 단체석
	ที่ปลอดบุหรี่ 금연석	โต๊ะที่ระเบียง 테라스 자리
기념일·모임	งานเลี้ยงวันเกิด 생일 파티★	วันครบรอบแต่งงาน 결혼기념일★
	งานเลี้ยงต้อนรับ 환영회	งานเลี้ยงส่งท้ายปีเก่า 송년회
음식·음료	สุกี้ 스키야키★	ก๋วยเตี๋ยว 태국식 쌀국수★
	ต้มยำกุ้ง 똠얌꿍★	ผัดไทย 팟타이★
	ปูผัดผงกะหรี่ 뿌팟퐁까리(게 카레 볶음)	เค้ก 케이크
	ไวน์ 와인	เบียร์ 맥주
	โค้ก 콜라	สไปรท์ 사이다

OPI 빈출 문제

① 시간 및 인원 예약

면접관과 인사를 주고받은 다음, 수험자가 식당에 전화한 목적을 이야기합니다. 태국에 있는 음식점으로 상황을 설정하여 질문하기 때문에 이와 관련된 답변을 준비해야 합니다. 예약하고 싶은 날짜, 시간, 인원 등을 알려주면 됩니다. 참고로 '자리를 예약하다'라는 뜻의 동사로는 '**จองโต๊ะ**'와 '**จองที่นั่ง**'가 주로 쓰입니다.

실전 트레이닝

Track 16-02

สวัสดีค่ะ ร้านอาหารไทยค่ะ 안녕하세요? 태국 음식점입니다.

답변하기

모범 답변 보기

IL ผมต้องการจองโต๊ะวันพรุ่งนี้ตอน 6 โมงเย็นครับ

저는 내일 저녁 6시에 자리를 예약하고 싶습니다.

IM สวัสดีครับ ผมขอจองโต๊ะวันเสาร์ที่ 18 เดือนนี้ตอน 6 โมงเย็นสำหรับ 4 ที่ครับ ไม่ทราบว่า เวลานั้นมีโต๊ะว่างหรือเปล่าครับ

여보세요? 저는 이번 달 18일 토요일 저녁 6시에 4인 자리를 예약하고 싶어요. 혹시 그 시간에 빈 테이블이 있나요?

IM สวัสดีครับ ขออนุญาตสอบถามครับ วันก่อนผมจองโต๊ะในเว็บไซต์ของร้านแล้ว แต่ยังไม่ได้รับ ข้อความตอบกลับเลยโทรมาจองโดยตรงครับ ขอจองที่นั่งสำหรับ 2 คนพรุ่งนี้เที่ยงตรงครับ

여보세요? 문의 좀 해도 될까요? 얼마 전에 제가 식당 사이트에서 자리를 예약했는데, 아직 회신 문자를 못 받아서 직접 전화 드렸어요. 내일 오후 12시 정각에 2명 자리를 예약하고 싶어요.

돌발상황! 면접관은 이렇게 답변할 수 있어요!

A: ขอโทษค่ะ เวลานั้นไม่มีโต๊ะว่างเลย ถูกจองหมดแล้วค่ะ

죄송합니다. 문의하신 시간에는 모두 예약되어서 빈 테이블이 없습니다.

B: หรือครับ ถ้างั้นเวลาอื่นล่ะครับ

그렇군요. 그럼 다음 타임은요?

단어 ต้องการ 원하다 | จอง 예약하다 | ที่ (몇) 인분 | สำหรับ ~을(를) 위해 | อนุญาต 허락하다 | สอบถาม 문의하다 | วันก่อน 얼마 전, 며칠 전, 이전 | เว็บไซต์ 웹사이트 | ข้อความ 문자 | ตอบกลับ 회신 | โดยตรง 직접

❷ 원하는 자리 확인

대화가 너무 짧게 끝나지 않도록 어떤 자리가 남아 있는지, 원하는 자리를 예약할 수 있는지도 한번 문의해 보면 좋습니다. 특히 테이블 위치와 관련된 구체적인 표현들은 잘 기억해 두었다가 처음 생각한 자리가 없다고 했을 때 차안으로 생각했던 자리는 예약이 가능한지 확인해 볼 수 있습니다.

실전 트레이닝

Track 16-03

คุณต้องการจองโต๊ะแบบไหนครับ 손님, 어떤 자리를 예약하고 싶으신가요?

답변하기

모범 답변 보기

IL ไม่ทราบว่า มีที่นั่งของโต๊ะริมหน้าต่างไหมคะ

혹시 창가 쪽 테이블 자리가 있나요?

IM ดิฉันมีเด็กมาด้วยค่ะ เลยอยากจะขอจองที่ปลอดบุหรี่จะได้ไหมคะ

아이가 있어서 금연석으로 예약하고 싶은데 가능할까요?

IM ถ้ามีโต๊ะที่ระเบียงข้างนอก ขอจองตรงนั้นจะได้ไหมคะ ถ้าไม่มีขอโต๊ะตรงไหนก็ได้ค่ะ

혹시 야외 테라스 자리가 있다면 그 자리로 예약해도 될까요?

돌발상황! 면접관은 이렇게 답변할 수 있어요!

A: ขอโทษครับ ที่ตรงนั้นเต็มแล้ว ตอนนี้เหลือแค่ที่ข้างนอกร้านครับ

죄송합니다. 그 자리는 다 찼어요. 지금은 실외 자리밖에 남지 않았어요.

B: น่าจะร้อนมากเลยนะคะ ขอจองโต๊ะที่ร่มที่สุดหน่อยค่ะ

너무 더울 것 같은데 최대한 그늘진 자리로 예약해 주세요.

단어 ริม 가장자리 | ตรงนั้น 바로 거기 | จองไว้ 예약해두다 | ที่ไหน 어디 | เหลือ 남다 | อย่างมากที่สุด 최대한 | ร่มรื่น 그늘지다

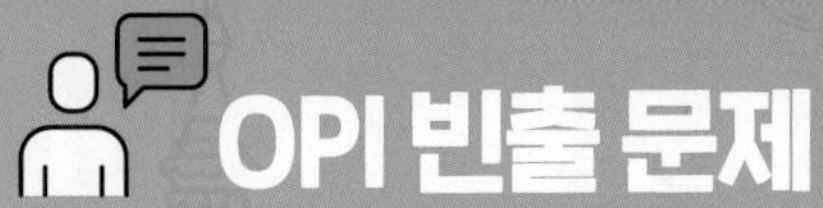

OPI 빈출 문제

③ 특별한 날에 예약 및 요청

대화가 원활하게 이루어지면 면접관은 수험자에게 좀 더 구체적인 상황을 설정해 주며 자리를 예약해 보라고 할 수 있습니다. 예를 들어 가족이나 지인의 생일, 회사 동료의 승진 기념 파티, 혹은 자녀의 수여식과 같은 특별한 상황이 주어집니다. 이때 수험자는 행사 종류에 따라 선물이나 케이크를 따로 준비해 달라고 식당에 요청할 수 있습니다.

 **실전 트레이닝**  Track 16-04

ไม่ทราบว่าจองในโอกาสพิเศษอะไรหรือเปล่าคะ 혹시 어떤 특별한 기회로 예약하신 건가요?

 **답변하기**

 **모범 답변 보기**

IL พรุ่งนี้เป็นวันเกิดเพื่อนสนิทของผมครับ ก็เลยอยากจะฉลองให้สักหน่อยครับ

내일은 제 친한 친구의 생일이에요. 그래서 좀 기념해 주고 싶어서요.

IM ใช่ครับ เป็นวันครบรอบแต่งงานของผมกับภรรยา เลยจะพาภรรยาและลูก ๆ ไปทานข้าวกันในวันพิเศษ ช่วยเตรียมขนมเค้กแล้วก็ไวน์แดงให้ขวดหนึ่งด้วยจะได้ไหมครับ

맞아요. 저와 아내의 결혼기념일이에요. 그래서 이 특별한 날에 아내와 아이들을 데리고 같이 식사하러 갈 거예요. 케이크와 레드와인 한 병도 준비해 주실 수 있나요?

IM พอดีเป็นวันเกิดของคุณแม่ผมเองครับ อยากจะรบกวนทางร้านช่วยเตรียมเค้กพร้อมเทียนให้หน่อยครับ แล้วก็ช่วยเปิดเพลงวันเกิดให้ประมาณตอน 3 ทุ่มด้วยนะครับ

마침 저희 어머니의 생신이라 식당 측에 케이크와 초를 함께 준비해 달라고 부탁드리고 싶어요. 그리고 저녁 9시쯤에 생일 노래도 틀어 주세요.

돌발상황! 면접관은 이렇게 질문할 수 있어요!

ต้องการให้เราเตรียมอะไรให้ในโอกาสพิเศษนี้ไหมคะ
이 특별한 기회에 저희가 무엇을 준비해드릴 게 있을까요?

단어 โอกาส 기회 | ฉลอง 기념하다 | วันพิเศษ 특별한 날 | ขวด 병(병, 용기를 셀 때 쓰는 유별사) | พอดี 마침 | เทียน 초, 양초

④ 음식 미리 주문하기

면접관은 수험자에게 자리를 예약하면서 음식도 미리 주문해둘 것인지 질문할 수 있습니다. 이때 수험자는 주문 여부를 답하고 주문하는 경우 자신이 원하는 메뉴를 말하면 됩니다. 원활한 답변을 위해 시험 응시 전에 주문할 음식의 종류를 미리 생각해 두는 것이 좋습니다.

실전 트레이닝

Track 16-05

จะสั่งอาหารล่วงหน้าด้วยไหมครับ 음식도 미리 주문하시겠어요?

답변하기

모범 답변 보기

IL ไม่ดีกว่าค่ะ ดิฉันจะไปสั่งที่ร้านอาหารเลยค่ะ

안 하는 게 나을 것 같아요. 제가 바로 식당에 가서 주문할게요.

IM สั่งอาหารล่วงหน้าได้หรือคะ ถ้างั้นดิฉันเอาสุกี้ถ้วยใหญ่ 1 ถ้วย ก๋วยเตี๋ยว 1 ที่ ต้มยำกุ้ง 1 ชาม และ โคกกับเบียร์อย่างละ 1 แก้วค่ะ

음식을 미리 주문할 수 있을까요? 그럼 저는 스키야키 큰 것 한 그릇, 쌀국수 한 그릇, 똠얌꿍 한 그릇, 그리고 콜라와 맥주 한 잔씩 주문 부탁드려요.

IM ถ้าจะสั่งอาหารล่วงหน้าจะได้ไหมคะ ถ้าได้จะขอผัดไทย 1 จาน ปูผัดผงกะหรี่ชามใหญ่ 1 ชาม แล้วก็ข้าวเปล่า 2 จานค่ะ วันพรุ่งนี้ดิฉันจะไปตามเวลานัดนะคะ

혹시 음식을 미리 주문해도 될까요? 만약 가능하다면 팟타이 1인분, 뿌팟퐁까리 큰 것 한 그릇, 밥 두 접시를 준비해 주세요. 내일 예약 시간에 맞춰 갈게요.

돌발상황! 면접관은 이렇게 질문할 수 있어요!

รับอะไรเพิ่มอีกไหมครับ

더 필요하신 게 있나요?

단어 สั่ง 주문하다 | ล่วงหน้า 미리 | ชาม 그릇(그릇, 접시를 셀 때 쓰는 유별사) | จานใหญ่ 큰 것, 대자 | ข้าวเปล่า 밥 | เพิ่ม 추가하다

예시 미리보기

완벽 예시 주어진 상황에 따른 예상 대화를 미리 살펴보세요. Track 16-06

A สวัสดีค่ะ ร้านอาหารไทยค่ะ

안녕하세요? 태국 음식점입니다.

B สวัสดีครับ ผมต้องการจองโต๊ะวันอาทิตย์ที่ 23 เดือนนี้ตอน 6 โมงเย็นสำหรับ 3 ที่ครับ

여보세요? 저는 이번 달 23일 토요일 저녁 6시에 3인 테이블을 예약하고 싶어요.

A ขอโทษจริง ๆ ค่ะ เวลานั้นไม่มีโต๊ะว่างเลย ถูกจองหมดแล้วค่ะ

정말 죄송합니다. 그 시간에 빈 테이블이 없고 다 예약됐어요.

B ถ้างั้น ตอนบ่ายโมงตรงล่ะครับ

그럼 오후 1시 정각은요?

A ได้ค่ะ ตอนบ่ายโมงมีโต๊ะว่างอยู่ค่ะ ต้องการจองที่นั่งตรงไหนคะ

가능해요. 오후 1시에 빈 테이블이 있습니다. 손님, 어떤 자리를 예약하고 싶으세요?

B ถ้าโต๊ะข้างในยังเหลืออยู่ ขอจองที่ตรงนั้นได้ไหมครับ

혹시 실내 테이블이 아직 남아 있다면 그 자리를 예약할 수 있을까요?

A ขออภัยค่ะ เวลานั้นโต๊ะข้างในเต็มหมดแล้วค่ะ เหลือแค่โต๊ะที่ระเบียงข้างนอกค่ะ

죄송합니다. 실내 테이블은 그 시간에 자리가 없고, 야외 테이블 밖에 안 남았어요.

B งั้นโต๊ะที่ระเบียงข้างนอกก็ได้ครับ

그럼 야외 테라스도 괜찮아요.

Ⓐ ไม่ทราบว่า จองในโอกาสพิเศษอะไรหรือเปล่าคะ

혹시 어떤 특별한 기회로 예약하신 건가요?

Ⓑ พอดีเป็นวันเกิดของคุณแม่ผมครับ เลยอยากรบกวนทางร้านช่วยเตรียมเค้กกับเพลงวันเกิดให้ด้วยได้ไหมครับ

마침 저희 어머니 생신이신데 케이크와 생일 노래를 함께 준비해 주실 수 있을까요?

Ⓐ ได้ค่ะ จะเตรียมให้ตามนั้นนะคะ ต้องการสั่งอาหารล่วงหน้าด้วยไหมคะ

그럼요. 그럼 준비해 두겠습니다. 음식도 미리 주문하시겠어요?

Ⓑ สั่งอาหารล่วงหน้าได้หรือครับ ผมขอต้มยำกุ้งไม่เค็ม 1 ชาม ก๋วยเตี๋ยว 2 ชาม สุกี้ถ้วยใหญ่ 1 ครับ แล้วก็ขอเบียร์ 1 ขวดครับ

음식을 미리 주문할 수 있을까요? 저는 똠얌꿍 짜지 않게 한 그릇, 태국식 쌀국수 두 그릇, 스키야키 큰 걸로 하나 주문할게요. 맥주도 한 병 준비해 주세요.

Ⓐ เรียบร้อยแล้วค่ะ รับอะไรเพิ่มอีกไหมคะ

주문이 완료되었습니다. 더 필요하신 게 있나요?

Ⓑ สั่งแค่นี้ก่อนครับ งั้นวันนั้นผมจะไปตามเวลาจองครับ

일단 여기까지만 주문할게요. 그럼 그날 예약한 시간에 갈게요.

Ⓐ ค่ะ รับทราบค่ะ ขอบคุณค่ะ

네. 알겠습니다. 감사합니다.

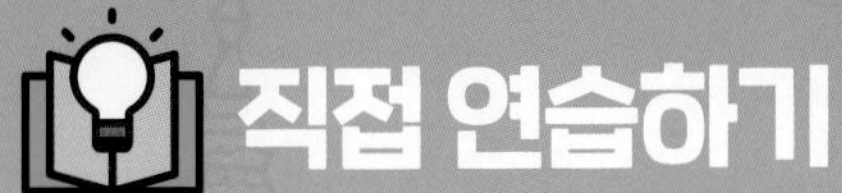

빈칸 채우기 빈칸에 알맞은 답을 쓴 후, 따라 읽으며 연습해 보세요.

A สวัสดีค่ะ ร้านอาหารไทยครับ

안녕하세요? 태국 음식점입니다.

B สวัสดีค่ะ ดิฉันต้องการจองโต๊ะวันพรุ่งนี้ตอน 2 ทุ่ม [1] 2 ที่ค่ะ

여보세요? 저는 내일 저녁 8시에 2인 테이블을 예약하고 싶어요.

A ขอโทษครับลูกค้า แต่เวลานั้นโต๊ะเต็มหมดแล้วครับ

손님, 죄송합니다만 그 시간에 테이블이 모두 꽉 찼어요.

B ถ้าอย่างนั้น ตอนเย็นเวลา 5 โมง [2] ล่ะคะ

그러면 저녁 5시 정각은요?

A ได้ครับ ตอน 5 โมงเย็นมีที่ว่างครับ ต้องการจองโต๊ะแบบไหนครับ

가능해요. 오후 5시에 빈 자리가 있습니다. 손님, 어떤 테이블을 예약하고 싶으세요?

B ไม่ทราบว่า มีที่นั่งโต๊ะ [3] เหลือไหมคะ ถ้ามีที่นั่งขอจองตรงนั้นได้ไหมคะ

혹시 창가 쪽 테이블 자리가 남아 있나요? 만약 자리가 있으면 그 자리로 예약해도 될까요?

A ว่างพอดีครับ จะจองให้เลยนะครับ ไม่ทราบว่าจองในโอกาสพิเศษอะไรหรือเปล่าครับ

마침 자리가 있어요. 바로 예약해 드릴게요. 혹시 어떤 특별한 기회로 예약하신 건가요?

B ค่ะ เป็นวัน [4] ของดิฉันกับสามีค่ะ

네. 저와 남편의 결혼기념일이에요.

A ต้องการให้เราเตรียมอะไรให้ไหมครับ

준비해 드릴 게 있을까요?

B ได้หรือคะ ถ้างั้น ช่วยเตรียม (5) ขวดหนึ่งให้หน่อยได้ไหมคะ

가능한가요? 그러면 케이크와 레드와인 한 병을 준비해 주실 수 있을까요?

A แน่นอนครับ แล้วจะเตรียมไว้ให้นะครับ

물론입니다. 그럼 준비해 드릴게요.

B แล้วไม่ทราบว่าสั่งอาหาร (6) ได้ไหมคะ

그리고 혹시 음식을 미리 주문할 수 있을까요?

A ขอโทษที่ว่า นั้นเป็นเรื่องยากครับ ลูกค้าต้องมาสั่งที่ร้านเองนะครับ

죄송하지만 그건 어렵습니다. 손님께서 직접 식당에서 주문하셔야 해요.

B รับทราบค่ะ ขอบคุณค่ะ งั้นพรุ่งนี้ดิฉันจะไปตามเวลาจองนะค่ะ

알겠습니다. 감사합니다. 그럼 내일 예약한 시간에 갈게요.

A ครับ ขอบคุณครับ

네. 감사합니다.

정답

1. สำหรับ 2. ตรง 3. ริมหน้าต่าง 4. ครบรอบแต่งงาน 5. เค้กและไวน์แดง 6. ล่วงหน้า

บทที่ 17

호텔 예약

"ไม่ทราบว่าเข้าพักกี่ท่านและต้องการห้องพักแบบไหนคะ"

혹시 몇 분 머무르시고 어떤 객실을 원하시나요?

대비 전략

면접관은 수험자가 태국의 호텔에 전화하여 객실을 예약해야 하는 상황을 가정합니다. 면접관은 호텔 직원 역할을 하고, 수험자는 객실을 예약하려는 고객 역할을 맡습니다. 이때 수험자는 예약 날짜, 인원, 가격, 조식 포함 여부, 체크인 및 체크아웃 시간 등에 대해서 대화를 주고받아야 합니다. 특히 객실 종류는 다양하게 알아두고 활용하면 좋습니다.

빈출 질문

Q1	기본 예약 정보	ไม่ทราบว่าเข้าพักกี่ท่านและต้องการห้องพักแบบไหนคะ 혹시 몇 분 머무르시고 어떤 객실을 원하시나요?
Q2	객실 비용	วันนั้นมีห้องเตียงเดี่ยวว่างอยู่ครับ 그날 비어 있는 싱글룸이 있어요.
Q3	추가 문의	ต้องการสอบถามอะไรเพิ่มเติมอีกไหมคะ 더 문의하실 것이 있나요?
Q4	예약 마무리	ให้ผมดำเนินการจองให้เลยไหมครับ 제가 바로 예약을 진행해 드릴까요?

답변 구조 & 핵심 표현

ผม/ดิฉันขอจองห้องพักตั้งแต่วันที่ 일① ถึง 일② 월 ครับ/ค่ะ
월 일① 부터 일② 까지 방을 예약하고 싶어요.

ผมขอจองห้องพักตั้งแต่วันที่ 1 ถึง 3 มกราคมครับ 1월 1일부터 3일까지 방을 예약하고 싶어요.
ดิฉันขอจองห้องพักตั้งแต่วันที่ 10 ถึง 12 กรกฎาคมค่ะ 7월 10일부터 12일까지 방을 예약하고 싶어요.

ราคา 객실① กับ 객실② ต่างกันเท่าไร 객실① 과 객실② 의 가격 차이는 얼마예요?

ราคาห้องเตียงเดี่ยวกับห้องดับเบิ้ลเบดรูมต่างกันเท่าไร 싱글룸과 더블 베드룸의 가격 차이는 얼마예요?
ราคาห้องเตียงคู่กับห้องดับเบิ้ลเบดรูมต่างกันเท่าไร 트윈룸과 더블 베드룸의 가격 차이는 얼마예요?

ต้อง 체크인/체크아웃 กี่โมง 체크인/체크아웃 은 몇 시예요?

ต้องเช็คอินกี่โมง 체크인은 몇 시예요?
ต้องเช็คเอาท์กี่โมง 체크아웃은 몇 시예요?

งั้น ผม/ดิฉันตกลงจอง 객실 종류 ครับ/ค่ะ 그럼 저는 객실 종류 를 예약하겠습니다.

งั้น ผมตกลงจองห้องเตียงเดี่ยวครับ 그럼 저는 싱글룸을 예약하겠습니다.
งั้น ดิฉันตกลงจองห้องเตียงคู่ค่ะ 그럼 저는 더블 베드룸을 예약하겠습니다.

빈출 표현 익히기

Track 17-01

객실 종류		
객실 종류	ห้องเตียงเดี่ยว 싱글룸★	ห้องเตียงคู่ 트윈룸★
	ห้องดับเบิ้ลเบดรูม 더블 베드룸★	ห้องพักมาตรฐาน 스탠다드룸★
	ห้องพักปลอดบุหรี่ 금연 객실★	ห้องสำหรับครอบครัว 패밀리룸★
	ห้องสวีท 스위트룸	ห้องพักฮันนีมูน 허니문룸
	ห้องที่มีประตูเชื่อมกัน 커넥팅룸	ห้อง 3 เตียง 트리플룸

호텔 직원 호칭		
호텔 직원 호칭	ผู้จัดการแผนกต้อนรับ 프론트 매니저, 지배인★	พนักงานต้อนรับ 접수 담당자★
	พนักงานยกสัมภาระ 벨보이	พนักงานขับรถ 운전기사

호텔 서비스		
호텔 서비스	อาหารเช้า 조식★	บริการรถรับส่ง 픽업 서비스★
	สระว่ายน้ำ 수영장★	บริการซักอบรีด 세탁 서비스★
	ฟิตเนส 헬스장, 피트니스★	บริการที่จอดรถ 주차장 서비스
	บริการมินิบาร์ 미니바 서비스	ห้องซาวน่า 사우나
	บริการเครื่องดื่มต้อนรับ 웰컴드링크 서비스	บริการบัตเลอร์ส่วนตัว 개인 집사 서비스
	บริการพนักงานทำความสะอาด 청소 서비스	บริการยกสัมภาระ เข้าห้องพัก 객실 짐 운반 서비스
	บริการอินเทอร์เน็ตระบบแลนและไวไฟ 와이파이 및 인터넷 서비스	บริการอาหารเช้าภายในห้องสวีท 스위트룸 내 조식 서비스

OPI 빈출 문제

❶ 기본 예약 정보

면접관은 수험자가 호텔에 전화하여 숙박을 원하는 날짜와 예약할 인원을 이야기하는 상황을 가정합니다. 호텔의 다양한 객실 종류를 어떻게 부르는지, 태국의 개월을 나타내는 단어는 각각 어떻게 말하는지 관련 어휘들을 충분히 숙지해야 합니다.

실전 트레이닝

Track 17-02

ไม่ทราบว่าเข้าพักกี่ท่านและต้องการห้องพักแบบไหนคะ

혹시 몇 분 머무르시고 어떤 객실을 원하시나요?

답변하기

모범 답변 보기

IL ไม่ทราบว่า มีห้องว่างวันที่ 1 ถึง 3 กรกฎาคมนี้สำหรับ 1 คนไหมครับ

혹시 이번 7월 1일부터 3일까지 1인실 빈 방이 있나요?

IM โรงแรมกรุงเทพใช่ไหมครับ ผมต้องการจองห้องตั้งแต่วันที่ 1 ถึง 3 ธันวาคมนี้สำหรับ 1 คนครับ มีห้องเตียงเดี่ยวว่างอยู่ไหมครับ

방콕 호텔 맞나요? 저는 12월 1일부터 3일까지 1인실을 예약하고 싶습니다. 비어 있는 싱글룸이 있을까요?

IM สวัสดีครับ พอดีผมอยากจองห้องพักตั้งแต่วันจันทร์ที่ 21 ถึงวันพุธที่ 23 กุมภาพันธ์นี้สำหรับ 2 คนครับ เลยอยากทราบว่าช่วงนั้นมีห้องพักแบบไหนว่างอยู่บ้างครับ

여보세요? 다름이 아니라 저는 2월 21일 월요일부터 23일 수요일까지 2인실을 예약하고 싶은데요. 그래서 그때 어떤 객실이 비어 있는지 알고 싶습니다.

돌발상황! 면접관은 이렇게 질문할 수 있어요!

คุณลูกค้าต้องการจองห้องเตียงเดี่ยวทั้งหมดเป็นเวลา 3 วัน 2 คืนใช่ไหมคะ

고객님께서는 총 2박 3일간 싱글룸을 예약하고 싶으신 거죠?

단어 โรงแรม 호텔 | ตั้งแต่ ~부터 | ถึง ~까지 | ห้องพัก 객실 | ว่างอยู่ 비어 있다 | เตียง 침대 | พอดี 다름이 아니라 | เลย 그래서

❷ 객실 비용

비용에 대한 내용은 호텔 예약 롤플레잉에서 필수적으로 등장하는 질문입니다. 수험자는 원하는 객실의 숙박비를 물어볼 수 있을 뿐만 아니라, 다른 객실과의 숙박비 차이 또한 질문할 수 있습니다. 추가적으로 조식 포함 여부도 구체적으로 질문한다면 더욱 높은 점수를 기대해 볼 수 있습니다.

실전 트레이닝

Track 17-03

วันนั้นมีห้องเตียงเดี่ยวว่างอยู่ครับ 그날 비어 있는 싱글룸이 있어요.

답변하기

모범 답변 보기

IL ค่าห้องพักทั้งแบบเตียงเดี่ยวและห้องเตียงคู่คืนละเท่าไรคะ

싱글룸과 트윈룸의 숙박비는 1박에 얼마예요?

IM ขอทราบราคาของห้องเตียงคู่ที่เห็นวิวทะเลกับห้องเตียงคู่ธรรมดาได้ไหมคะว่าต่างกันเท่าไร ขอทราบราคาก่อนและหลังรวมอาหารเช้าด้วยค่ะ

오션뷰인 트윈룸과 일반 트윈룸의 가격 차이가 총 얼마나 나는지 알 수 있을까요? 조식이 포함되기 전과 후 숙박비도 알려주시고요.

IM ราคาห้องพักสำหรับครอบครัวที่แจ้งมาเมื่อกี้รวมอาหารเช้าด้วยไหมคะ แล้วถ้าอยากจะขอเสริมเตียงอีก 1 เตียงจะต้องเสียค่าใช้จ่ายเพิ่มเท่าไรคะ

방금 알려주신 이 패밀리룸의 숙박비에는 조식도 포함되어 있나요? 그리고 만약 침대를 하나 더 추가하려면 추가 비용을 얼마 더 지불해야 하나요?

돌발상황! 면접관은 이렇게 답변할 수 있어요!

A: ขออภัยด้วยครับคุณลูกค้า ตอนนี้ห้องเตียงเดี่ยวเต็มหมดแล้ว เหลือแต่ห้องดับเบิ้ลเบดรูมครับ

죄송합니다, 손님. 지금 싱글룸은 모두 찼고 더블 베드룸만 남았어요.

B: งั้นห้องดับเบิ้ลเบดรูมคืนละเท่าไรคะ

그럼 더블 베드룸은 1박에 얼마예요?

단어 ค่า 비용 | ทั้ง 모두 | แบบ 식, 형식 | วิว 뷰, 풍경 | ธรรมดา 일반 | ต่างกัน 서로 다르다 | แจ้ง 알리다 | รวม 포함하다 | เสริม 덧붙이다 | เสียค่าใช้จ่าย 비용이 들다 | เพิ่ม 추가하다

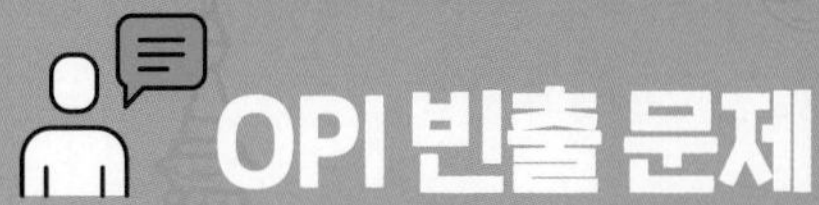

OPI 빈출 문제

③ 추가 문의

객실 종류나 비용 이외에도 수험자는 호텔의 기본적인 규정이나 다양한 서비스에 대해 추가 질문할 수 있습니다. 가장 대표적으로 체크인, 체크아웃, 레이트 체크아웃 시간을 물어보거나 특정 시간대에 공항 픽업 서비스가 가능한지 문의하는 것도 좋습니다.

실전 트레이닝

Track 17-04

ต้องการสอบถามอะไรเพิ่มเติมอีกไหมคะ 더 문의하실 것이 있나요?

답변하기

모범 답변 보기

IL เช็คอินได้ตั้งแต่กี่โมงและต้องเช็คเอาท์ก่อนกี่โมงครับ

체크인은 몇 시부터 가능하고 체크아웃은 몇 시 전에 해야 하나요?

IM ขออนุญาตสอบถามเพิ่มเติมครับ ในห้องน้ำมีอ่างอาบน้ำด้วยไหมหรือว่ามีแค่ฝักบัวเฉย ๆ ครับ ถ้าเป็นไปได้อยากจองห้องที่มีอ่างอาบน้ำด้วยครับ

추가 문의 좀 할게요. 샤워실에 욕조도 있나요? 아니면 그냥 샤워기만 있나요? 가능하다면 욕조가 있는 방을 예약하고 싶어요.

IM พอดีวันนั้นผมบินไฟล์ทเย็นจากเกาหลี เลยอาจจะถึงไทยดึกมาก อยากทราบว่าทางโรงแรมมีบริการรถรับส่งจากสนามบินช่วงหลังเที่ยงคืนด้วยไหมครับ ถ้ามีคิดค่าบริการเที่ยวละเท่าไรครับ

마침 그날 한국에서 야간 비행기를 타고 와서 그러는데, 호텔에 밤 12시 이후 공항 픽업 서비스도 있는지 알고 싶어요. 만약 있다면 한 회 서비스 이용비가 얼마인가요?

돌발상황! 면접관은 이렇게 답변할 수 있어요!

A: ต้องการขอเลทเช็คเอาท์ด้วยไหมคะ จะมีค่าใช้จ่ายเพิ่ม 400 บาทต่อหนึ่งห้องคะ

레이트 체크아웃도 필요하세요? 추가 비용은 객실당 400밧입니다.

B: ไม่ต้องครับ ไม่เป็นไรครับ

아뇨, 괜찮습니다.

단어 อ่างอาบน้ำ 욕조 | ฝักบัว 샤워기 | บินไฟล์ท 비행하다 | ดึก 밤늦다 | บริการรถรับส่ง 픽업 서비스 | คิด 계산하다 | ค่าบริการ 서비스 이용비 | เที่ยว 회(횟수를 세는 유별사), (교통)편 | เลทเช็คเอาท์ 레이트 체크아웃

④ 예약 마무리

원하는 방과 호텔에 대한 정보를 충분하게 얻었으면 마무리 멘트를 하며 대화를 종료합니다. 마지막에는 어떤 방을 예약할지 이야기하며 정리할 수도 있고 예약할 날짜나 자신이 이용할 서비스 내용을 확인차 다시 한번 언급하는 것도 좋은 답변 방법입니다.

실전 트레이닝

Track 17-05

ให้ผมดำเนินการจองให้เลยไหมครับ 제가 바로 예약을 진행해 드릴까요?

답변하기

모범 답변 보기

IL ถ้าอย่างนั้น ดิฉันตกลงจองห้องเตียงเดี่ยว 2 คืนค่ะ

그러면 저는 싱글룸으로 2박을 예약하겠습니다.

IM ช่วยดำเนินการให้เลยค่ะ ดิฉันตกลงจองห้องเตียงคู่ที่เห็นวิวทะเลรวมอาหารเช้าตั้งแต่วันจันทร์ที่ 1 ถึงวันพุธที่ 3 กรกฎาคมนี้ค่ะ ขอบคุณค่ะ

진행해 주세요. 저는 조식 포함하여 오션뷰 트윈룸을 7월 1일 월요일부터 3일 수요일까지 예약하겠습니다. 감사합니다.

IM ตกลงค่ะ ถ้างั้น ดิฉันขอจองห้องพักสำหรับครอบครัว มีผู้เข้าพักจำนวน 5 คน พร้อมบริการรถรับส่งจากสนามบินเวลา 8 นาฬิกาในตอนเช้าวันที่ 1 กรกฎาคมด้วยค่ะ

그렇게 할게요. 그럼 저는 다섯 명 머무를 패밀리룸과 함께 7월 1일 오전 8시에 공항에서 픽업 서비스도 예약할게요.

돌발상황! 면접관은 이렇게 답변할 수 있어요!

ทำการจองได้สำเร็จเรียบร้อยแล้วนะครับ ขอบคุณที่ใช้บริการครับ

예약이 성공적으로 완료되었습니다. 서비스를 이용해 주셔서 감사합니다.

단어 ดำเนินการ 진행하다 | ตกลง 동의하다 | จำนวน 수, 수량 | พร้อม 함께 | สนามบิน 공항 | สำเร็จ 성공하다

예시 미리보기

완벽 예시 주어진 상황에 따른 예상 대화를 미리 살펴보세요. Track 17-06

A สวัสดีค่ะ โรงแรมบางกอกค่ะ

여보세요? 방콕 호텔입니다.

B สวัสดีครับ ผมต้องการจองห้องตั้งแต่วันจันทร์ที่ 1 ถึงวันพุธที่ 3 กรกฎานี้ ช่วงนั้นมีห้องว่างไหมครับ

여보세요? 저는 7월 1일 월요일부터 3일 수요일까지 방을 예약하고 싶은데요. 혹시 그때 빈 방이 있나요?

A ไม่ทราบว่าเข้าพักกี่คนและต้องการห้องพักแบบไหนคะ

혹시 몇 분이 머무르시고 어떤 객실을 원하시나요?

B ผมต้องการห้องพักสำหรับ 2 คนครับ มีห้องดับเบิ้ลเบดรูมไหมครับ

저는 2인 객실을 원합니다. 더블 베드룸이 있나요?

A ขออภัยด้วยค่ะ วันที่ 1 ถึง 3 กรกฎาคมนี้ ห้องดับเบิ้ลเบดรูมเต็มหมดแล้วค่ะ ช่วงนั้นมีแต่ห้องเตียงคู่ธรรมดากับห้องเตียงคู่วิวทะเลค่ะ

죄송합니다. 7월 1일부터 3일까지 더블 베드룸이 모두 찼어요. 그날은 일반 트윈룸과 오션뷰 트윈룸만 있어요.

B ไม่ทราบว่าราคาห้องเตียงคู่ธรรมดากับห้องเตียงคู่วิวทะเลต่างกันเท่าไรครับ

혹시 일반 트윈룸과 오션뷰 트윈룸의 가격 차이는 얼마나 나나요?

A ค่าห้องเตียงคู่ธรรมดาคืนละ 2,000 บาท ส่วนห้องเตียงคู่วิวทะเลคืนละ 2,800 บาทค่ะ

일반 트윈룸은 하룻밤에 2,000밧이고 오션뷰 트윈룸은 2,800밧입니다.

B ราคาที่แจ้งมาเมื่อสักครู่นี้รวมอาหารเช้าด้วยไหมครับ

방금 알려주신 금액은 조식이 포함된 건가요?

A ราคานี้รวมอาหารเช้าแล้วค่ะ

이 금액은 조식이 포함된 것입니다.

B รับทราบครับ แล้วเช็คอินได้ตั้งแต่กี่โมงและต้องเช็คเอาท์ก่อนกี่โมงครับ

알겠습니다. 그럼 몇 시 이후에 체크인하고 몇 시 전에 체크아웃해야 하나요?

A เช็คอินได้ตั้งแต่บ่าย 2 และเช็คเอาท์ก่อนเที่ยงวันค่ะ

체크인은 오후 2시부터 하실 수 있고 체크아웃은 오후 12시 전이에요.

B ครับ แล้วทางโรงแรมมีบริการรถรับส่งจากสนามบินไหมครับ ถ้ามีค่าบริการรับส่งเที่ยวละเท่าไรครับ

네. 그리고 호텔에 공항 픽업 서비스가 있나요? 있다면 한 회당 이용비가 얼마인가요?

A มีค่ะ ค่าบริการเที่ยวละ 500 บาทค่ะ ให้ดิฉันดำเนินการจองให้เลยไหมคะ

있어요. 서비스 비용은 한 회당 500밧이에요. 제가 예약을 바로 진행해 드릴까요?

B ครับ ผมขอจองห้องเตียงคู่วิวทะเลรวมอาหารเช้า แล้วก็ขอบริการรถรับส่งเวลา 5 ทุ่มด้วยครับ

네. 조식 포함된 오션뷰 트윈룸을 예약해 주시고 밤 11시에 픽업 서비스도 부탁드립니다.

A ค่ะ จะจองให้ตามนั้นค่ะ

네. 그렇게 예약 진행해 드리겠습니다.

직접 연습하기

빈칸 채우기 빈칸에 알맞은 답을 쓴 후, 따라 읽으며 연습해 보세요.

A สวัสดีครับ โรงแรมบางกอกครับ

여보세요? 방콕 호텔입니다.

B สวัสดีค่ะ ดิฉันอยากจองห้องพัก [1] วันจันทร์ที่ 21 ถึงวันพุธที่ 23 กุมภาพันธ์นี้ค่ะ

여보세요? 저는 2월 21일부터 23일까지 객실을 예약하고 싶어요.

A รอสักครู่นะครับ ไม่ทราบว่าเข้าพักกี่ท่านและต้องการห้องพักแบบไหนครับ

잠시만 기다려 주세요. 혹시 몇 분 머무르시고 어떤 객실을 원하시나요?

B ห้องพัก [2] ครอบครัว 3 คนมีไหมคะ

3인 가족을 위한 객실이 있나요?

A ขออภัยด้วยครับ วันที่ 21 ถึง 23 กุมภาพันธ์นี้ ห้องพักครอบครัวเต็มหมดแล้ว ช่วงนั้นมีแต่ห้องเตียงคู่กับห้องดับเบิ้ลเบดรูมครับ

죄송합니다. 이번 2월 21일부터 23일까지의 패밀리룸은 모두 찼어요. 그날은 트윈룸과 더블 베드룸만 있어요.

B อ้าว หรือคะ ถ้างั้น ไม่ทราบว่าราคาห้องเตียงคู่ธรรมดากับห้องดับเบิ้ลเบดรูม [3] เท่าไรคะ

아, 그래요? 그럼 혹시 트윈룸과 더블 베드룸의 가격 차이가 얼마나 나나요?

A ค่าห้องเตียงคู่คืนละ 2,500 บาท ส่วนห้องดับเบิ้ลเบดรูมคืนละ 2,300 บาทครับ

트윈룸은 1박에 2,500밧이고 더블 베드룸은 1박에 2,300밧이에요.

B ราคานี้รวมอาหารเช้าหรือยังคะ แล้วถ้าอยากจะขอเสริมที่นอนอีก 1 ที่จะต้อง 4 __________ เพิ่มเท่าไรคะ

이 금액은 조식이 포함된 건가요? 그리고 침대 하나를 추가하고 싶다면 추가 비용을 얼마 더 부담해야 하나요?

A ราคานี้รวมอาหารเช้าเรียบร้อยแล้วครับ ต้องเพิ่ม 300 บาทสำหรับการเสริมที่นอน 1 ที่ครับ

이 가격은 조식이 포함된 거예요. 침대 하나를 추가하시려면 300밧을 추가로 지불하셔야 돼요.

B ค่ะ ขออนุญาต 5 __________ เพิ่มเติมค่ะ พอดีวันนั้นดิฉันจะมาถึงดึก อยากทราบว่าทางโรงแรมมี 6 __________ จากสนามบินไหมคะ ถ้ามีคิดราคาเที่ยวละเท่าไรคะ

네. 더 여쭤볼게요. 마침 그날 늦게 도착할 예정인데 호텔에 공항 픽업 서비스가 있는지 궁금해요.

A มีครับ เที่ยวละ 400 บาทครับ ให้ผมดำเนินการจองให้เลยไหมครับ

있습니다. 편당 400밧입니다. 바로 예약을 진행해 드릴까요?

B ค่ะ ดิฉัน 7 __________ จองห้องดับเบิ้ลเบดรูมเพิ่มที่นอน 1 ที่ค่ะ

네. 침대 하나 추가한 더블 베드룸을 예약하겠습니다.

A ทำการจองให้เรียบร้อยแล้วนะครับ ขอบคุณที่ใช้บริการครับ

예약이 완료되었습니다. 이용해 주셔서 감사합니다.

정답

1. ตั้งแต่ 2. สำหรับ 3. ต่างกัน 4. เสียค่าใช้จ่าย, จ่าย 5. สอบถาม 6. บริการรถรับส่ง 7. ตกลง, ขอ

บทที่

18 버스표 예약

"เดินทางไปที่ไหนตอนกี่โมงคะ"

몇 시에 어디로 출발하세요?

대비 전략

수험자가 태국에서 태국 내 다른 지역으로 가기 위해 버스표를 예약해야 하는 상황을 가정합니다. 면접관은 매표소 직원 역할을 하고, 수험자는 표를 구매하려는 고객 역할을 맡습니다. 이때 수험자는 출발-도착지, 날짜, 시간, 좌석, 푯값 등에 대해서 대화를 주고받아야 하기 때문에 지역명이나 결제 관련 어휘들을 숙지해 두어야 합니다.

빈출 질문

Q1 일시 및 경로 เดินทางไปที่ไหนตอนกี่โมงคะ 몇 시에 어디로 출발하세요?

Q2 교통비 문의 ไม่ทราบว่าคุณลูกค้าสนใจจองตั๋วรถประเภทไหนครับ
혹시 고객님께서는 어떤 종류의 버스표를 예약하고 싶으신가요?

Q3 예약 확정 ให้ดิฉันดำเนินการจองตั๋วให้ตามนั้นเลยไหมคะ 그대로 표 예약을 바로 진행해 드릴까요?

Q4 결제 방식 ทำการจองตั๋วให้เรียบร้อยแล้วครับ สะดวกชำระเงินยังไงครับ
표 예약을 완료하였습니다. 어떻게 결제해 드릴까요?

답변 구조 & 핵심 표현

ผม/ดิฉันจะเดินทางจาก 출발지 ไป 목적지 ครับ/ค่ะ 저는 출발지 에서 목적지 로 가요.

ผมจะเดินทางจากกรุงเทพฯ ไปเชียงใหม่ครับ 저는 방콕에서 치앙마이로 가요.
ดิฉันจะเดินทางจากเชียงราย ไปพัทยาค่ะ 저는 치앙라이에서 파타야로 가요.

ค่าโดยสาร 편도/왕복 เท่าไร 편도/왕복 교통비는 얼마예요?

ค่าโดยสารเที่ยวละเท่าไร 편도 교통비는 얼마예요?
ค่าโดยสารไปกลับรวมแล้วเท่าไร 왕복 교통비는 얼마예요?

ผม/ดิฉันขอจองตั๋วไป 목적지 เที่ยวเดียวครับ/ค่ะ 목적지 행 편도표를 예약할게요.

ผมขอจองตั๋วไปพัทยาเที่ยวเดียวนะครับ 파타야행 편도표를 예약할게요.
ดิฉันขอจองตั๋วไปเชียงใหม่เที่ยวเดียวนะคะ 치앙마이행 편도표를 예약할게요.

ผม/ดิฉันสามารถชำระเงิน 결제 방식 ได้ไหมครับ/คะ 결제 방식 으로 결제해도 될까요?

ผมสามารถชำระเงินด้วยบัตรเครดิตได้ไหมครับ 신용 카드로 결제해도 될까요?
ดิฉันสามารถชำระเงินที่ช่องขายตั๋วของสถานีขนส่งได้ไหมคะ 매표소에서 결제해도 될까요?

빈출 표현 익히기

Track 18-01

태국 지역명		
	กรุงเทพฯ 방콕★	พัทยา 파타야★
	เชียงใหม่ 치앙마이★	เชียงราย 치앙라이
	ภูเก็ต 푸켓	อยุธยา 아유타야
	สุโขทัย 쑤코타이	หาดใหญ่ 핫야이

표 예매		
	จอง 예약하다★	ชำระเงิน 결제하다, 지불하다★
	ขายหมด 매진되다★	ออกเดินทาง 출발하다★
	จำหน่าย 판매하다	ล่าช้า 지연하다
	ถึงตรงเวลา 제시간에 도착하다	ถึงก่อนเวลา (제시간보다) 일찍 도착하다

결제 방식		
	ด้วยการโอนเงินเข้าบัญชี 계좌이체로★	ด้วยบัตรเครดิต 신용 카드로★
	ด้วยบัตรเดบิต 체크 카드로★	ที่ช่องขายตั๋วของ 매표소에서★
	ด้วยเงินสด 현금으로★	สแกนคิวอาร์โค้ด QR코드를 스캔하다

터미널 관련 장소		
	สถานีขนส่ง 버스터미널★	ช่องขายตั๋ว 매표소★
	ทางเข้าสถานี 터미널 입구	ทางออกสถานี 터미널 출구
	จุดขึ้นรถ 승차 장소	จุดจอดส่งผู้โดยสาร 승객 승하차 플랫폼
	บริการฝากสัมภาระ 화물 보관소	จุดตรวจสัมภาระ 수하물 검색대
	ลานจอดรถ 주차장	ศูนย์อาหาร 푸드코트

OPI 빈출 문제

❶ 일시 및 경로

수험자는 버스표를 발권하는 곳으로 전화하여 출발지와 목적지, 출발 날짜, 예약할 인원 등을 이야기할 수 있어야 합니다. 이 외에도 가장 이른 출발 시간이나 가장 늦은 출발 시간에 대한 질문도 추가적으로 하면 좋습니다. 태국 지명과 대략의 위치 정도는 숙지하고 있어야 적절한 답변을 할 수 있습니다.

실전 트레이닝

Track 18-02

เดินทางไปที่ไหนตอนกี่โมงคะ 몇 시에 어디로 출발하세요?

답변하기

모범 답변 보기

IL ผมจะเดินทางจากกรุงเทพฯ ไปเชียงใหม่ 1 ที่ครับ มีรถตอนกี่โมงบ้างครับ

방콕에서 치앙마이로 한 명 가려고 하는데 몇 시 차가 있을까요?

IM ผมอยากจองตั๋ว 1 ใบจากเชียงใหม่ไปสถานีหมอชิต 2 กรุงเทพฯ ในวันที่ 11 พฤษภาคมนี้ครับ ไม่ทราบว่า วันนั้นมีรถเที่ยวดึกที่สุดตอนกี่โมงครับ

저는 이번 5월 11일에 치앙마이에서 방콕 머칫 터미널2로 가는 표 한 장을 예약하고 싶은데요. 혹시 그날 가장 늦게 출발하는 차는 몇 시에 있나요?

IM ผมต้องการจองตั๋วจากสถานีขนส่งกรุงเทพฯไปลงพัทยา เย็นวันนี้ 2 ใบครับ ไม่ทราบว่า ยังมีที่ว่างอยู่บ้างไหมครับ แล้วรถออกเดินทางที่เร็วที่สุดคือกี่โมงครับ

저는 방콕 터미널에서 파타야까지 가는 표 두 장을 예약하고 싶은데, 혹시 아직 잔여 좌석이 좀 있을까요? 그리고 가장 빠르게 출발하는 차는 몇 시 차인가요?

돌발상황! **면접관은 이렇게 질문할 수 있어요!**

มีรถหลายเที่ยวค่ะ ไม่ทราบว่าต้องการเดินทางประมาณช่วงไหนคะ

차가 여러 편이 있는데 혹시 몇 시쯤 출발하는 걸 원하시나요?

สถานีหมอชิต 머칫 터미널(Mo Chit BTS)

❷ 교통비 문의

비용 문의는 표 구매 롤플레잉에서 필수적으로 포함되어야 할 질문입니다. 수험자는 편도와 왕복 각각의 교통비를 묻는 것 외에도 좌석의 형태나 종류에 따른 비용 차이 등을 질문할 수 있어야 합니다. 추가로 멤버십 회원인 경우 할인 받을 수 있을지 구체적으로 질문한다면 더욱 높은 점수를 받을 수 있습니다.

실전 트레이닝

Track 18-03

ไม่ทราบว่าคุณลูกค้าสนใจจองตั๋วรถประเภทไหนครับ

혹시 고객님께서는 어떤 종류의 버스표를 예약하고 싶으신가요?

답변하기

모범 답변 보기

IL จากกรุงเทพฯ ไปเชียงใหม่ มีรถประเภทไหนแล้วค่าโดยสารเที่ยวละเท่าไรคะ

방콕에서 치앙마이까지 어떤 버스 종류가 있고 편도 교통비는 얼마예요?

IM เห็นในเว็บไซต์ว่าอัตราค่าโดยสารจะแตกต่างกันไปตามประเภทรถ ขอทราบค่ารถประเภทโกลด์คลาสกับเฟิสต์คลาสจากเชียงรายไปกรุงเทพฯ หน่อยได้ไหมคะ

웹사이트에서 요금율은 버스 종류에 따라 달라진다고 하는데 치앙라이에서 방콕까지 가는 골드클래스와 퍼스트클래스의 가격을 알려 주세요.

IM ได้ยินมาว่าราคาตั๋วขึ้นอยู่กับประเภทของรถโดยสารและประเภทที่นั่งค่ะ ก็เลยอยากจะทราบค่าโดยสารไปกลับอย่างละเอียดหน่อยค่ะ แล้วถ้าเป็นสมาชิกจะได้รับส่วนลดเท่าไรคะ

푯값은 버스 종류와 좌석 종류에 따라 다르다고 들었는데 자세한 왕복 가격이 궁금해서요. 그리고 회원이면 얼마나 할인을 받나요?

돌발상황! 면접관은 이렇게 질문할 수 있어요!

A: ไม่ทราบว่าเป็นสมาชิกของบริษัทเราหรือเปล่าครับ 혹시 저희 멤버십 회원이신가요?
B: ถ้าเป็นสมาชิกจะได้รับส่วนลดเท่าไรคะ 멤버십 회원이면 얼마나 할인을 받나요?

단어 เว็บไซต์ 웹사이트 | อัตรา 비율 | โดยสาร 탑승하다 | ประเภท 종류 | โกลด์คลาส 골드클래스 | เฟิสต์คลาส 퍼스트클래스 | ขึ้นอยู่กับ ~에 달려 있다 | อย่างละเอียด 자세하게 | สมาชิก 멤버십 회원 | ส่วนลด 할인

OPI 빈출 문제

③ 예약 확정

면접관과 주고받은 내용을 바탕으로 예약 여부를 확정하는 단계입니다. 이때 수험자는 자신이 예약할 내용을 정리하면서 동시에 통로 쪽 좌석이나 창가 좌석 등 자신이 특별히 원하는 위치의 좌석이 있다면 덧붙여서 질문하거나 요청해도 좋습니다.

실전 트레이닝

Track 18-04

ให้ดิฉันดำเนินการจองตั๋วให้ตามนั้นเลยไหมคะ 그대로 표 예약을 바로 진행해 드릴까요?

답변하기

모범 답변 보기

IL ครับ ตามนั้นเลยครับ ขอตั๋วไปเชียงใหม่เที่ยวเดียวใบหนึ่งนะครับ
네. 그렇게 해 주세요. 치앙마이 편도 한 장을 주세요.

IM ถ้างั้น ขอจองตั๋วไปกลับเชียงใหม่ - สถานีหมอชิต 2 หนึ่งใบวันที่ 11 พฤษภาคมนี้นะครับ ขอเลือกที่นั่งด้วยเลยได้ไหมครับ ถ้าได้ผมขอที่นั่งติดหน้าต่างนะครับ
그럼 이번 5월 11일에 치앙마이-머칫 터미널2 왕복표 한 장을 예약할게요. 좌석은 바로 고를 수 있을까요? 가능하면 창가 쪽 좌석으로 주세요.

IM ถ้าอย่างนั้น ช่วยจองตั๋วชั้นหนึ่งจากกรุงเทพฯไปพัทยาขาเดียวจำนวน 1 ใบให้ผมหน่อยนะครับ ถ้ามีที่นั่งติดทางเดินว่างอยู่ขอที่ตรงนั้นครับ ถ้าเป็นไปได้ไม่เอาที่นั่งใกล้ห้องน้ำนะครับ
저는 일등석 방콕-파타야 편도 한 장만 예약해 주세요. 통로 쪽 좌석이 있으면 그걸로 주시고 가능하면 화장실 근처 좌석은 주지 마세요.

돌발상황! 면접관은 이렇게 질문할 수 있어요!

A: ลูกค้าต้องการจองเที่ยวเดียวหรือไปกลับคะ 손님, 편도 아니면 왕복으로 예약하고 싶으신가요?
B: ตั้งใจจะจองตั๋วไปกลับครับ 왕복표로 예약하려고 합니다.

단어 ตามนั้น 그대로 | เที่ยวเดียว(=ขาเดียว) 편도 | ตั๋วไปกลับ 왕복 | ชั้นหนึ่ง 일등석 | จำนวน 수량 | ถ้าเป็นไปได้ 가능하면

④ 결제 방식

면접관이 결제 방식을 물으면 수험자는 면접관에게 결제 가능한 방법을 묻거나 수험자가 원하는 방법으로 결제가 가능할지 질문할 수 있습니다. 면접관이 제시한 여러 결제 방식 중 수험자가 원하는 방식을 바로 답변해야 하므로 결제 방법과 관련된 표현을 두루 숙지해야 합니다.

실전 트레이닝

Track 18-05

ทำการจองตั๋วให้เรียบร้อยแล้วครับ สะดวกชำระเงินยังไงครับ

표 예약을 완료하였습니다. 어떻게 결제해 드릴까요?

답변하기

모범 답변 보기

IL ไม่ทราบว่า เงินค่าตั๋วดิฉันจ่ายให้ทางไหนได้บ้าง แล้วก็ต้องจ่ายก่อนวันที่เท่าไรคะ

혹시 푯값은 어떤 방법으로 지불할 수 있을까요? 그리고 며칠 전에 내야 하나요?

IM ไม่ทราบว่า สามารถชำระค่าตั๋วโดยสารผ่านทางการโอนเงินเข้าบัญชีธนาคารตอนนี้เลยได้ไหมคะ แล้วก็ดิฉันเป็นสมาชิกของบริษัทจะได้รับส่วนลดด้วยไหมคะ

혹시 제가 지금 계좌이체로 푯값을 지불해도 될까요? 그리고 저는 멤버십 회원인데 할인을 받을 수 있을까요?

IM ถ้าเป็นไปได้ ดิฉันอยากจะขอชำระค่าตั๋วโดยสารด้วยการโอนเงินเข้าบัญชีธนาคารของบริษัทค่ะ ขอทราบหมายเลขบัญชี ชื่อบัญชีของบริษัท และยอดรวมที่ต้องโอนไปหน่อยได้ไหมคะ

가능하다면 (회사) 은행 계좌로 푯값을 송금하고 싶습니다. 회사 계좌번호, 계좌명, 그리고 송금해야 할 총액도 좀 알려 주실 수 있을까요?

돌발상황! 면접관은 이렇게 답변할 수 있어요!

A: จ่ายด้วยเงินสดตอนที่มาสถานีขนส่งก็ได้ครับ 터미널에 오실 때 현금으로 내셔도 돼요.
B: งั้นวันนั้นจะชำระเป็นเงินสดค่ะ 그럼 그날 현금으로 지불할게요.

단어 ชำระ 지불하다 | การโอนเงินเข้าบัญชีธนาคาร 계좌이체하다 | โอนเงิน 송금하다 | เลขที่บัญชี 계좌번호 | ชื่อบัญชี 계좌명 | ยอดรวม 총액

완벽 예시 주어진 상황에 따른 예상 대화를 미리 살펴보세요. Track 18-06

A สวัสดีค่ะ บริษัทเบางกอกทัวร์ค่ะ ไม่ทราบว่าจะเดินทางไปที่ไหนกี่โมงคะ

여보세요? 방콕 투어입니다. 혹시 몇 시에 어디로 출발하시나요?

B ผมจะเดินทางจากสถานีขนส่งเชียงใหม่ไปสถานีหมอชิต 2 กรุงเทพฯ วันนี้มีรถตอนกี่โมงบ้างครับ

치앙마이 버스터미널에서 방콕 머칫 터미널2로 가려고 하는데 몇 시에 차가 있을까요?

A วันนี้มีรถหลายเที่ยวค่ะ ไม่ทราบว่า ผู้โดยสารต้องการเดินทางประมาณช่วงไหนคะ

오늘은 차가 여러 편이 있는데 혹시 고객님께서 몇 시쯤에 출발하는 걸 원하시나요?

B เที่ยวที่ดึกที่สุดกี่โมงครับ

가장 늦은 시간이 몇 시인가요?

A มีตอน 4 ทุ่ม 40 นาทีและ 5 ทุ่มตรงค่ะ ไม่ทราบว่าคุณลูกค้าสนใจจองตั๋วรถประเภทไหนคะ

밤 10시 40분과 11시 정각 차가 있어요. 혹시 고객님께서는 어떤 버스표를 예약하고 싶으신가요?

B มีรถประเภทไหนบ้างครับแล้วค่าโดยสารเที่ยวละเท่าไรครับ

어떤 버스 종류가 있는지 그리고 편도표는 얼마인지 알고 싶습니다.

A รถประเภทโกลด์คลาสเที่ยวละ 879 บาท ส่วนประเภทเฟิสต์คลาสเที่ยวละ 989 บาทค่ะ

골드클래스 종류는 편도에 879밧이고 퍼스트클래스 종류는 989밧입니다.

Ⓑ ขอจองประเภทเฟิสต์คลาสไปกลับหนึ่งใบวันที่ 11 พฤษภาคมนี้ครับ ถ้าเป็นไปได้ผมขอที่นั่งติดหน้าต่างนะครับ

그럼 퍼스트클래스로 이번 5월 11일 왕복표 한 장을 예약할게요. 가능하면 창가 좌석으로 할게요.

Ⓐ รับทราบค่ะ เป็นสมาชิกของบริษัทหรือเปล่าคะ ถ้าเป็นสมาชิกจะได้รับส่วนลด 10% ค่ะ

알겠습니다. 멤버십 회원이신가요? 회원이시면 10% 할인 받으실 수 있어요.

Ⓑ เป็นสมาชิกครับ ผมชื่อชีวอน S-I-W-O-N นามสกุลคิม K-I-M เบอร์โทรศัพท์ 089-123-4567 ครับ

회원입니다. 제 이름은 시원 S-I-W-O-N이고, 성은 김 K-I-M이에요. 전화번호는 089-123-4567 입니다.

Ⓐ ขอบคุณค่ะ ทำการจองตั๋วให้เรียบร้อยแล้วค่ะ สะดวกชำระเงินยังไงคะ สามารถมาชำระเงินสด รหัสคิวอาร์ หรือบัตรเครดิตทั้งได้ที่ขายตั๋วของสถานีขนส่งค่ะ

감사합니다. 표 예약이 완료되었습니다. 어떻게 결제해 드릴까요? 터미널 매표소에서 현금, QR 코드, 신용 카드 결제 모두 가능합니다.

Ⓑ ครับ งั้นผมจะไปชำระที่ช่องขายตั๋วนะคะ ขอบคุณครับ

네. 그럼 제가 매표소에 가서 결제할게요. 감사합니다.

직접 연습하기

빈칸 채우기 빈칸에 알맞은 답을 쓴 후, 따라 읽으며 연습해 보세요.

A สวัสดีครับ บริษัทบางกอกทัวร์ครับ ไม่ทราบว่าจะเดินทางไปที่ไหนกี่โมงครับ

여보세요? 방콕 투어입니다. 혹시 몇 시에 어디로 출발하시나요?

B ดิฉันจะเดินทางจาก [1] กรุงเทพฯ ไปพัทยาวันที่ 11 พฤษภาคมนี้ มีรถตอนกี่โมงบ้างคะ

저는 이번 5월 11일에 방콕 버스터미널에서 파타야로 가려는데 몇 시 버스가 있을까요?

A มีรถหลายเที่ยวครับ ไม่ทราบว่า ผู้โดยสารต้องการเดินทางประมาณช่วงไหนครับ

버스가 여러 편이 있는데 혹시 고객님께서는 몇 시쯤 출발하는 걸 원하시나요?

B รถที่เที่ยว [2] กี่โมงคะ

가장 늦게 출발하는 차는 몇 시 차인가요?

A เที่ยวสุดท้ายมีตอน 5 ทุ่ม 50 นาทีครับ คุณลูกค้าสนใจจองตั๋วรถประเภทไหนครับ

마지막 차가 밤 11시 50분입니다. 어떤 버스표를 예약하고 싶으신가요?

B ดิฉันอยากทราบว่ามีรถประเภทไหนบ้างแล้ว [3] กรุงเทพฯ – พัทยาเที่ยวละเท่าไรคะ

어떤 버스 종류가 있는지 알고 싶고 방콕–파타야 편도표는 얼마인가요?

A รถประเภทโกลด์คลาสเที่ยวละ 230 บาท ส่วนรถประเภทชั้นหนึ่งเที่ยวละ 329 บาทครับ

골드클래스는 편도에 230밧이고 퍼스트클래스는 329밧입니다.

B ถ้างั้น ช่วยจองตั๋วชั้นหนึ่งจากกรุงเทพฯ – พัทยา ขาเดียวจำนวน 2 ใบให้ดิฉันวันนั้นหน่อยค่ะ ถ้ามี 4 ______ ว่างอยู่ขอที่ตรงนั้นค่ะ 5 ______ ไม่เอาที่นั่งใกล้ห้องน้ำนะคะ

그럼 방콕-파타야 편도 퍼스트클래스로 두 장 예약해 주세요. 통로 쪽 좌석이 비어 있다면 그걸로 주시고 가능하면 화장실 주변 좌석은 주지 마세요.

A ขออภัยครับ ตอนนี้มีแค่ที่นั่งติดหน้าต่างว่างอยู่ครับ จองให้เลยไหมครับ

죄송하지만 지금은 창가 쪽 좌석만 남아 있네요. 바로 예약해 드릴까요?

B ที่นั่งตรงนั้นก็ได้ค่ะ จองให้เลยค่ะ ดิฉันสามารถชำระค่าตั๋วผ่านทางอินเทอร์เน็ตแบงก์กิ้งได้ไหมคะ แล้วก็ดิฉันเป็น 6 ______ ของบริษัทจะได้รับส่วนลดด้วยไหมคะ

그 좌석도 괜찮아요. 바로 예약해 주세요. 혹시 계좌이체로 푯값을 지불해도 될까요? 그리고 저는 멤버십 회원인데 할인 받을 수 있을까요?

A ได้ครับ จะได้รับส่วนลด 10% ครับ ยอดรวม 2 ใบลดแล้ว 896 บาทครับ

가능합니다. 10% 할인 받으실 수 있어요. 할인되어서 두 장 총 금액 896밧이에요.

B ขอบคุณค่ะ งั้นดิฉันขอทราบ 7 ______ ของบริษัทหน่อยค่ะ

감사합니다. 그럼 (회사) 계좌번호와 계좌명을 알려 주세요.

A หมายเลขบัญชีบริษัทคือ 0123-45-67890 และชื่อบัญชีคือ บางกอกทัวครับ

계좌번호는 0123-45-67890이고, 계좌명은 방콕 투어입니다.

정답

1. สถานีขนส่ง 2. ดึกที่สุด 3. ค่าโดยสาร 4. ที่นั่งติดทางเดิน 5. ถ้าเป็นไปได้ 6. สมาชิก 7. หมายเลขและชื่อบัญชี

บทที่

19 약속 일정 변경

"ติดต่อมามีเรื่องอะไรหรือเปล่าคะ"

무슨 일로 연락하셨어요?

대비 전략

수험자가 약속 장소로 가는 도중에 기상 악화, 차량 고장 등 갑작스러운 상황이 발생하여 비서 역할인 면접관을 통해 약속 시간을 변경하라는 질문이 주어집니다. 외부적인 돌발 상황과 관련된 어휘와 양해를 구하는 표현을 익혀 두고 상황에 따라 활용해 봅시다.

빈출 질문

- **Q1 상황 설명** ติดต่อมามีเรื่องอะไรหรือเปล่าคะ 무슨 일로 연락하셨어요?
- **Q2 처리 소요 시간** จะต้องใช้เวลาจัดการนานเท่าไรครับ 처리하는 데에 얼마나 걸릴까요?
- **Q3 해결 방안 제시** ถ้าอย่างนั้นจะให้ดิฉันติดต่อลูกค้าให้ไหมคะ 그러면 제가 손님께 연락 드릴까요?
- **Q4 양해의 말 전달** อยากฝากบอกอะไรอีกไหมครับ 또 전하실 말씀 있나요?

답변 구조 & 핵심 표현

เผอิญว่า 일·사건 어쩌다가 일·사건 했어요.

เผอิญว่ารถเสียกลางทาง 어쩌다가 가는 길에 차가 고장 났어요.

เผอิญว่ารถประสบอุบัติเหตุ 어쩌다가 교통사고가 났어요.

น่าจะใช้เวลามากกว่า 시간 시간 이상 걸릴 것 같아요.

น่าจะใช้เวลามากกว่า 2 ชั่วโมง 2시간 이상 걸릴 것 같아요.

น่าจะใช้เวลามากกว่า 3 ชั่วโมง 3시간 이상 걸릴 것 같아요.

ช่วยแจ้ง 대상 ว่า 약속 변경에 대한 내용 대상 에게 약속 변경에 대한 내용 을 전해 주세요.

ช่วยแจ้งแขกว่าจะไปสาย 1 ชั่วโมง 손님께 1시간 늦게 간다고 전해 주세요.

ช่วยแจ้งเขาว่าขอเลื่อนนัดเป็น 5 โมงเย็น 그에게 오후 5시로 약속을 미루겠다고 전해 주세요.

ฝากขอโทษ 대상 เป็นอย่างยิ่งด้วย 대상 에게 대단히 죄송하다는 말씀을 전해 주세요.

ฝากขอโทษแขกเป็นอย่างยิ่งด้วย 손님께 대단히 죄송하다는 말씀을 전해 주세요.

ฝากขอโทษลูกค้าเป็นอย่างยิ่งด้วย 고객님께 대단히 죄송하다는 말씀을 전해 주세요.

빈출 표현 익히기

Track 19-01

돌발 상황	รถเสียกลางทาง 도중에 차가 고장 나다★	รถประสบอุบัติเหตุ 교통사고를 당하다★
	ฝนตกหนัก 폭우가 내리다★	ป่วยกระทันหัน 갑작스럽게 아프다

진행 상황	เจรจากับคู่กรณี 상대방과 협의하다★	เรียกช่างซ่อมรถ 정비사를 부르다★
	แจ้งตำรวจ 경찰에게 신고하다★	เรียกประกัน 보험사를 부르다★
	ตรวจสภาพรถ 차 상태를 확인하다	รอดูสถานการณ์ 상황을 지켜보다
	เรียกรถพยาบาล 구급차를 부르다	ไปพบแพทย์โดยด่วน 신속히 병원에 가다
	รอฝนหยุด 비가 그치길 기다리다	คลายรถติด 교통정체가 완화되다

해결 방안	เลื่อนนัด 약속을 미루다★	เลื่อนประชุม 회의를 미루다★
	ติดต่อลูกค้าโดยตรง 직접 손님에게 연락하다★	ติดต่อเลขานุการ 비서에게 연락하다★
	นัดพบใหม่ 새로운 약속을 잡다	นั่งแท็กซี่ไป 택시를 타고 가다

사과 표현	เป็นอย่างยิ่ง 대단히★	จากใจจริง 진심으로 ★
	ขอโทษ (=ขออภัย) 죄송합니다.★	อภัย 용서(하다)★
	ขอความเห็นใจด้วย 양해를 구하다	ส่งอีเมลที่ความเข้าใจ 양해 메일을 보내다
	เราจะรีบเดินทางไปให้เร็วที่สุด 저희가 최대한 서둘러 가겠습니다.	หวังว่าคุณจะให้โอกาสเราอีกครั้ง 저희에게 다시 한 번 기회를 주시길 바랍니다.

OPI 빈출 문제

① 상황 설명

면접관은 수험자가 약속 장소에 가는 도중 예기치 못한 문제가 발생하여 면접관인 비서에게 연락하는 상황을 가정합니다. 갑작스럽게 차가 고장난 경우, 교통사고가 나게 된 경우 등이 가장 많이 등장하는 상황입니다. 사고가 발생한 이유를 구체적으로 표현할수록 좋습니다.

실전 트레이닝

Track 19-02

ติดต่อมามีเรื่องอะไรหรือเปล่าคะ 무슨 일로 연락하셨어요?

답변하기

모범 답변 보기

IL เลขายุน ผมมีนัดกับลูกค้าตอนเที่ยง แต่เผอิญว่าตอนนี้รถผมเสียกลางทางคงจะไปไม่ทันครับ

윤 비서님, 제가 12시에 고객과 약속이 있는데 지금 가는 도중에 어쩌다가 차가 고장 나서 제때 못 갈 것 같아요.

IM สวัสดีครับ ผมชีวอนนะครับ อีก 30 นาทีผมมีนัดกับแขกคนสำคัญแต่ตอนนี้รถเสียกะทันหันอยู่กลางถนนครับ ดูท่าว่าจะไปไม่ทันเวลาแน่ ๆ เลยครับ

안녕하세요? 저 시원입니다. 30분 후 중요한 손님과 약속이 있는데, 지금 길 한복판에서 차가 갑자기 고장난 것 같아요. 제시간에 절대 도착하지 못할 것 같아요.

IM สวัสดีครับ คือผมจะโทรมาแจ้ง เพราะ ระหว่างขับรถไป ตอนนี้ประสบอุบัติเหตุที่สี่แยกหน้าบ้านเลยครับ แต่โชคดีที่ไม่มีใครได้รับบาดเจ็บ ตอนนี้ก็เลยกำลังเจรจากับคู่กรณีอยู่ครับ

안녕하세요? 제가 지금 차를 타고 가다가 집 앞 사거리에서 교통사고를 당해서 전화 드렸어요. 다행히 아무도 다치지는 않았고, 지금 상대방과 협의하고 있어요.

돌발상황! **면접관은 이렇게 질문할 수 있어요!**

คุณไม่เป็นอะไรใช่ไหมคะ ให้ดิฉันช่วยอะไรไหมคะ

괜찮으시죠? 제가 뭘 도와드릴까요?

단어 เลขา 비서 | ตอนเที่ยง 정오 | เผอิญว่า 어쩌다가 | กะทันหัน 갑자기 | ประสบ 당하다 | อุบัติเหตุ 사고 | ดูท่าว่า ~한 모양이다 | แจ้ง 알리다 | โชคดีที่ 다행히 | เจรจา 협의하다, 협상하다 | คู่กรณี 상대방

② 처리 소요 시간

면접관은 수험자에게 해당 사건이 해결되기까지 시간이 얼마나 소요될지 질문할 수도 있습니다. 이에 대해 답변할 때는 처리에 예상되는 시간을 대략적으로 이야기하고 상대방과 협의를 해야 한다거나 정비사가 아직 차를 수리 중이라는 등의 자세한 이유까지 덧붙이는 것이 좋습니다.

실전 트레이닝

Track 19-03

ไม่ทราบว่า จะต้องใช้เวลาจัดการนานเท่าไรครับ 혹시 처리하는 데에 얼마나 걸릴까요?

답변하기

모범 답변 보기

IL ช่างบอกว่า น่าจะใช้เวลามากกว่า 4 ชั่วโมงกว่าจะซ่อมเสร็จค่ะ

정비사가 다 수리하려면 대략 4시간 정도 걸릴 것 같다고 했어요.

IM ตอนนี้ดิฉันเองก็ยังไม่ทราบว่าจะซ่อมเสร็จกี่โมง แต่ช่างมาถึงที่เกิดเหตุแล้วนะคะ ตอนนี้เขากำลังตรวจเช็คสภาพรถของดิฉันอยู่ว่าผิดปกติตรงไหนค่ะ

지금 저도 몇 시에 수리가 끝날지 아직 모르겠지만 정비사가 도착해서 제 차에 이상이 있는지 상태를 확인하고 있는 중이에요.

IM ดิฉันโทรหาบริษัทประกันแล้วเขาบอกว่า กำลังเดินทางมาที่เกิดเหตุค่ะ ต้องเช็คกล้องวงจรปิด เจรจากับคู่กรณี และรอดูสถานการณ์อีกหน่อยก่อนค่ะ เลยยังบอกไม่ได้ว่าจะใช้เวลานานเท่าไรค่ะ

보험사에 전화했어요. 사고 현장에 오는 중이라고 했는데, CCTV를 확인한 후 상대방과도 협의를 해야 하고 상황을 좀 더 지켜봐야 해서 얼마나 걸릴지 아직 말씀드릴 수 없어요.

돌발상황! 면접관은 이렇게 질문할 수 있어요!

โล่งอกไปทีครับ ว่าแต่จะต้องใช้เวลาซ่อมนานเท่าไรครับ

다행이네요. 그나저나 처리하는 데 얼마나 걸려요?

단어 จัดการ 처리하다 | ช่าง 정비사, 엔지니어 | กว่าจะ ~하기까지 | ซ่อม 수리하다 | ที่เกิดเหตุ 사건이 발생한 곳 | ตรวจเช็ค 확인하다, 점검하다 | สภาพ 상태 | ผิดปกติ 이상 | ประกัน 보험 | กล้องวงจรปิด CCTV 카메라 | โล่งอก 다행이다

OPI 빈출 문제

③ 해결 방안 제시

약속을 지키지 못하게 된 상황을 해결하기 위해 여러 가지 방안을 제시할 수 있습니다. 손님에게 전화해서 약속을 조금 미루거나, 혹은 다른 날로 약속을 변경하도록 요청할 수 있습니다. 논리적으로 해결 방안을 제시하는 것이 중요하므로 앞뒤 상황을 고려하여 답해 봅시다.

실전 트레이닝

Track 19-04

ถ้าอย่างนั้นจะให้ดิฉันติดต่อลูกค้าให้ไหมคะ 그러면 제가 손님께 연락드릴까요?

답변하기

모범 답변 보기

IL ช่วยโทรแจ้งลูกค้าว่า ผมอาจจะไปสายสัก 1 ชั่วโมงและถามว่ารอได้หรือเปล่าครับ

고객님께 전화드려서 제가 1시간 늦게 간다고 전해 주시고, 혹시 기다려 주실 수 있는지 여쭤봐 주세요.

IM รบกวนคุณโทรหาแขกโดยตรงแล้วอธิบายเหตุฉุกเฉินให้เขาทราบหน่อยครับ เดี๋ยวผมจะรีบนั่งแท็กซี่ไปพบแต่อาจจะสายสัก 1 ชั่วโมง ฝากด้วยนะครับ

죄송하지만 손님께 직접 전화드려서 급한 사정을 설명해 주실 수 있나요? 이따 제가 얼른 택시 타고 만나 뵈러 갈 건데 한 1시간 정도 늦을 수 있으니까 잘 부탁드려요.

IM ช่วยติดต่อลูกค้าแล้วถามว่า ขอเลื่อนนัดเป็นพรุ่งนี้ได้ไหมครับ เวลาไหนก็ได้ที่เขาสะดวก ผมไม่มีปัญหาครับ ถ้าพรุ่งนี้ผมเจอเขาแล้วจะขอโทษเป็นการส่วนตัวอีกครั้งครับ

손님께 연락드려서 내일로 약속을 미뤄도 될지 여쭤봐 주세요. 그분이 편하신 시간이면 언제든 저는 괜찮아요. 내일 제가 그분을 만나면 다시 개인적으로 사과드릴게요.

돌발상황! 면접관은 이렇게 질문할 수 있어요!

ถ้างั้น ผมจะเลื่อนนัดกับแขกให้ดีไหมคะ

그럼 제가 손님과의 약속을 미뤄 드릴까요?

단어 รบกวน 폐를 끼치다 | โดยตรง 직접 | อธิบาย 설명하다 | เหตุฉุกเฉิน 급한 사정 | เลื่อน 이동시키다 | เป็นการส่วนตัว 개인적으로, 사사로이

4 양해의 말 전달

앞서 발생한 사건으로 인해 수험자는 비서 역할인 면접관을 통하여 고객에게 사과와 양해의 말을 전달해야 합니다. 이때는 평상시에 가볍게 쓰이는 사과 표현 대신 업무와 관련된 손님이니 격식있는 표현을 사용하여 답변하는 것이 좋습니다.

실전 트레이닝

Track 19-05

มีอะไรอยากจะฝากบอกอีกไหมครับ 또 전하실 말씀 있나요?

답변하기

모범 답변 보기

IL ค่ะ ฝากขอโทษลูกค้าจากใจจริงด้วยนะคะ

네. 손님께 진심으로 죄송하다는 말씀을 전해 주세요.

IM ฝากขอโทษลูกค้าเป็นอย่างยิ่งด้วยค่ะ ดิฉันหวังว่าเขาจะให้อภัยและเข้าใจสถานการณ์ฉุกเฉินนี้ เดี๋ยวดิฉันจะรีบเดินทางไปพบและขอโทษด้วยให้เร็วที่สุดค่ะ

손님께 대단히 죄송하다는 말씀을 전해 주세요. 부디 양해해 주시고 급한 상황임을 이해해 주시길 바랍니다. 제가 최대한 빨리 찾아 뵙고 직접 사과드릴게요.

IM ฝากเรียนลูกค้าว่าดิฉันขอโทษจากใจจริงและขอความเห็นใจด้วยค่ะ หวังว่าจะให้โอกาสอีกครั้ง ยังไงหลังจากจัดการเรื่องนี้เสร็จแล้วจะส่งอีเมลที่ความเข้าใจอย่างเป็นทางการค่ะ

손님께 진심으로 죄송하다고 전해 주시면서 양해를 구해 주세요. 다시 한번 기회를 주셨으면 좋겠고 어쨌든 이 일을 다 처리하고 나서 정식으로 양해 메일을 보내겠습니다.

돌발상황! 면접관은 이렇게 질문할 수 있어요!

ไม่ต้องเป็นห่วงนะครับ ผมจะเรียนลูกค้าให้อย่างดีครับ

걱정하지 마세요. 제가 손님께 잘 전달해 드릴게요.

단어 ฝาก 전하다 | หวัง 희망하다 | ให้อภัย 용서하다 | สถานการณ์ 상황 | เรียน 전해드리다, 귀하 | ความเห็นใจ 양해 | โอกาส 기회 | ยังไง 어쨌든 | อย่างเป็นทางการ 정식으로

예시 미리보기

완벽 예시 주어진 상황에 따른 예상 대화를 미리 살펴보세요. Track 19-06

A สวัสดีค่ะ ติดต่อมามีเรื่องอะไรหรือเปล่าคะ

여보세요? 무슨 일로 연락하셨어요?

B สวัสดีครับ ผมชีวอนนะครับ อีก 30 นาทีผมมีนัดกับแขกคนสำคัญ แต่เผอิญว่า ตอนนี้รถเสียกะทันหันอยู่กลางถนน ดูท่าว่า จะไปไม่ทันเวลาแน่ ๆ เลยครับ

안녕하세요? 저 시원인데요. 30분 후 중요한 손님과 약속이 있는데, 지금 길 가운데에서 차가 갑작스럽게 고장이 났어요. 절대 제때 도착하지 못할 것 같아요.

A อ้าว คุณไม่เป็นอะไรใช่ไหมคะ ให้ดิฉันช่วยอะไรไหมคะ

어머! 괜찮으세요? 제가 뭘 도와드릴까요?

B ไม่เป็นไรครับ ตอนนี้ช่างซ่อมรถมาถึงแล้วครับ

괜찮아요. 지금 정비사가 도착했어요.

A โล่งอกไปทีค่ะ แล้วไม่ทราบว่าจะต้องใช้เวลาจัดการนานเท่าไรคะ

다행이에요. 그럼 혹시 처리하는 데 시간이 얼마나 걸릴까요?

B ผมเองก็ยังไม่ทราบครับ แต่ช่างกำลังตรวจสภาพรถอยู่ว่าผิดปกติตรงไหนครับ

저도 아직 잘 모르겠지만 정비사가 차에 이상이 있는지 지금 상태를 확인하는 중이에요.

A ถ้างั้นจะให้ดิฉันติดต่อแขกแทนให้ไหมคะ

그럼 제가 손님께 대신 연락해 드릴까요?

B รบกวนคุณโทรหาแขกโดยตรงแล้วอธิบายเหตุฉุกเฉินให้เขาทราบหน่อยครับ เดี๋ยวผมจะรีบนั่งแท็กซี่ไปพบ แต่อาจจะสายสัก 1 ชั่วโมง ขอถามหน่อยว่า รอได้หรือเปล่าครับ

직접 연락을 부탁드려서 죄송하지만 손님께 전화드려서 급한 사정을 설명해 주실 수 있을까요? 이때 제가 얼른 택시를 타고 뵈러 갈 건데 1시간 정도 늦을 거예요. 기다려 주실 수 있는지 여쭤봐 주세요.

A รับทราบค่ะ มีอะไรอยากจะฝากบอกอีกไหมคะ

알겠습니다. 또 전할 말씀 있으신가요?

B ฝากขอโทษแขกเป็นอย่างยิ่งด้วยครับ เดี๋ยวผมจะรีบเดินทางไปพบให้เร็วที่สุดครับ

손님께 대단히 죄송하다는 말씀을 전해 주세요. 제가 빨리 찾아 뵙기 위해 최대한 서둘러 가겠습니다.

A ไม่ต้องเป็นห่วงนะคะ ดิฉันจะเรียนแขกให้อย่างดีค่ะ

걱정하지 마세요. 제가 손님께 잘 전달해 드릴게요.

B ขอบคุณมากครับ

정말 감사합니다.

직접 연습하기

빈칸 채우기 빈칸에 알맞은 답을 쓴 후, 따라 읽으며 연습해 보세요.

A สวัสดีครับ ติดต่อมามีเรื่องอะไรหรือเปล่าครับ

여보세요? 무슨 일로 연락하셨어요?

B สวัสดีค่ะ เลขายุน [1] ตอนนี้รถดิฉันประสบ [2] ที่สี่แยกหน้าบ้านค่ะ โชคดีที่ไม่มีใครได้รับบาดเจ็บ และตอนนี้กำลังเจรจากับคู่กรณีอยู่ค่ะ

안녕하세요? 윤 비서님, 지금 제 차가 집 앞 사거리에서 어쩌다가 교통사고를 당했어요. 다행히 아무도 다치진 않았고, 지금 상대방과 협의하고 있어요.

A โล่งอกไปทีครับ แล้วไม่ทราบว่าจะต้องใช้เวลาจัดการนานเท่าไรครับ

다행이네요. 그럼 혹시 처리하는 데 시간이 얼마나 걸릴까요?

B ดิฉันโทรหาบริษัทประกันแล้วเขาบอกว่ากำลังเดินทางมาที่เกิดเหตุค่ะ แต่ต้องเช็คกล้องวงจรปิด และรอดู [3] ก่อน ก็เลยยังบอกไม่ได้ว่าจะใช้เวลานานเท่าไรค่ะ

보험사에 전화했는데 사고 현장에 오는 중이라고 했어요. 그런데 CCTV를 확인하고 상황을 지켜봐야 해서 얼마나 걸릴지 아직 말씀드릴 수가 없어요.

A ถ้างั้น ผมจะติดต่อกับลูกค้าแทนให้ดีไหมครับ

그럼 제가 대신 고객님께 연락해 드릴까요?

B ค่ะ ช่วยติดต่อแล้วถามว่า ขอ [4] เป็นวันพรุ่งนี้ได้ไหมคะ เวลาไหนก็ได้ที่เขาสะดวก ดิฉันไม่มีปัญหาค่ะ ถ้าพรุ่งนี้ดิฉันเจอเขาแล้วจะขอโทษ [5] อีกครั้งค่ะ

네. 연락드려서 내일로 약속을 미뤄도 될지 여쭤봐 주세요. 그분이 편하신 시간이면 저는 언제든 괜찮아요. 내일 제가 그분을 만나 뵈면 다시 개인적으로 사과드릴게요.

Ⓐ **รับทราบครับ มีอะไรอยากจะฝากบอกอีกไหมครับ**

알겠습니다. 또 전할 말씀 있으신가요?

Ⓑ **ฝากเรียนลูกค้าว่า ดิฉันขอโทษจากใจจริงและขอ [6] ด้วยค่ะ หลังจากจัดการเรื่องรถเสร็จแล้ว ดิฉันจะส่งอีเมลที่ [7]**

손님께 진심으로 죄송하다고 전해 주시면서 양해를 구해 주세요. 제가 차 사고를 다 처리한 이후에 정식으로 양해 메일을 보내겠습니다.

Ⓐ **ไม่ต้องเป็นห่วงนะครับ ผมจะเรียนแขกให้อย่างดีครับ**

걱정하지 마세요. 제가 손님께 잘 전달해 드릴게요.

Ⓑ **ขอบคุณมากค่ะ**

정말 감사합니다.

정답

1. เผอิญว่า 2. อุบัติเหตุ 3. สถานการณ์ 4. เลื่อนนัด 5. เป็นการส่วนตัว 6. ความเห็นใจ 7. ความเข้าใจ

บทที่

20 은행 이용

"มาทำธุระเรื่องอะไรคะ"

어떤 은행 업무로 오셨나요?

대비 전략

수험자가 태국에서 태국 통화를 환전하거나 계좌를 개설하기 위해 은행에 방문한 상황을 가정합니다. 면접관은 은행원, 수험자는 은행 고객 역할을 맡습니다. 이 질문에 대비하기 위해 계좌 개설 종류 및 환율, 환전과 관련된 어휘는 물론이고 태국에서는 체크 카드 개설 및 이용 시 별도의 수수료가 발생하기 때문에 관련 내용도 미리 파악해 두어야 합니다.

빈출 질문

Q1 은행 방문 목적 มาทำธุระเรื่องอะไรคะ 어떤 은행 업무로 오셨나요?

Q2 계좌 개설 문의 หากเปิดบัญชีออมทรัพย์จะมีเงินฝากขั้นต่ำครับ
저축 예금 계좌를 개설하려면 최소 입금해야 할 금액이 있어요.

Q3 수수료 문의 รายละเอียดอื่น ๆ คือเรื่องค่าธรรมเนียมรายปีค่ะ
기타 사항은 연간 수수료에 관한 부분입니다.

Q4 환전 문의 ต้องการแลกเงินสกุลอะไรครับ 어떤 통화를 환전하고 싶으세요?

답변 구조 & 핵심 표현

พอดีผม/ดิฉันมา 은행 방문 목적 ครับ/ค่ะ 저는 은행 방문 목적 하러 왔어요.

พอดีผมมาเปิดบัญชีธนาคารครับ 저는 은행 계좌를 개설하러 왔어요.
พอดีดิฉันมาแลกเงินต่างประเทศค่ะ 저는 외화를 환전하러 왔어요.

ผม/ดิฉันขอฝาก 금액 ก่อนครับ/ค่ะ 저는 금액 을 먼저 입금할게요.

ผมขอฝาก 3,000 บาทก่อนนะครับ 저는 3,000밧을 먼저 입금할게요.
ดิฉันขอฝาก 5,000 บาทก่อนนะคะ 저는 5,000밧을 먼저 입금할게요.

มีค่าธรรมเนียมในการ 은행 업무 หรือเปล่า 은행 업무 하는 데 수수료가 있어요?

มีค่าธรรมเนียมในการทำบัตรเดบิตหรือเปล่า 체크 카드 만드는 데 수수료가 있어요?
มีค่าธรรมเนียมในการทำบัตรเครดิตหรือเปล่า 신용 카드 만드는 데 수수료가 있어요?

ผม/ดิฉันขอแลก 화폐① เป็น 화폐② ครับ/ค่ะ 저는 화폐① 을 화폐② 로 환전할게요.

ผมขอแลกเงินวอนเป็นเงินบาทครับ 저는 원화를 밧화로 환전할게요.
ดิฉันขอแลกเงินวอนเป็นเงินดอลลาร์ค่ะ 저는 원화를 달러로 환전할게요.

빈출 표현 익히기

Track 20-01

방문 목적	ฝากเงิน 입금하다★	ถอนเงิน 출금하다★
	โอนเงิน 송금하다★	เปิดบัญชี 계좌를 개설하다★
	แจ้งบัตรหาย 카드 분실을 신고하다★	แลกเงินต่างประเทศ 환전하다★
	ขอคำปรึกษา 상담하다	กู้เงิน 대출하다
	ลืมรหัสผ่าน 비밀번호를 잊다	มียอดเงินฝากขั้นต่ำ 최소 입금 금액이 있다
	สอบถามอัตราดอกเบี้ย 이자율을 문의하다	แจ้งเปลี่ยนที่อยู่ 거주지 변경을 신고하다
	เปิดบัญชีนิติบุคคล 법인 계좌를 개설하다	ปิดบัญชี 계좌를 해지하다

예금 종류	ออมทรัพย์ 저축 예금 계좌	ฝากสกุลเงินต่างประเทศ 외화 예금

금융 종류	บัตรเดบิต 체크 카드★	บัตรเครดิต 신용 카드★
	เงินสด 현금★	ธนบัตร 지폐★
	เหรียญ 동전	เช็ค 수표

화폐 종류	เงินวอน 원화★	เงินบาท 밧화★
	เงินดอลลาร์ 달러화★	เงินยูโร 유로화
	เงินหยวน 위안화	เงินเยน 엔화

OPI 빈출 문제

❶ 은행 방문 목적

면접관은 수험자에게 은행에 방문한 목적에 대해 질문합니다. 태국 은행에서 자주 겪을 만한 상황 중 계좌를 개설하거나 환전하는 상황에 대해 답변하면 됩니다. 따라서 예금 계좌 종류 및 환전과 관련된 어휘를 반드시 익혀 두어야 합니다.

실전 트레이닝

Track 20-02

มาทำธุระเรื่องอะไรคะ 어떤 은행 업무로 오셨나요?

답변하기

모범 답변 보기

IL สวัสดีครับ พอดีผมต้องการเปิดบัญชีออมทรัพย์ครับ

안녕하세요? 예금 계좌를 개설하고 싶어서요.

IM พอดีว่าผมอยากจะเปิดบัญชีธนาคารครับ ก็เลยอยากทราบว่ามีบัญชีฝากประเภทไหนบ้าง แล้วก็ต้องการเอกสารอะไรในการเปิดบัญชีครั้งแรกไหมครับ

저는 은행 계좌를 개설하고 싶은데요. 어떤 예금 계좌 종류가 있는지 그리고 처음 개설할 때 어떤 서류가 필요한지 알고 싶습니다.

IM สวัสดีครับ พอดีว่าผมจะมาเปิดบัญชีนิติบุคคล แล้วก็จะขอแลกเงินต่างประเทศด้วยครับ แต่ผมไม่เคยเปิดบัญชีธุรกิจมาก่อน ไม่ทราบว่า มีเงื่อนไขในการเปิดบัญชีอย่างไรบ้างครับ

안녕하세요? 저는 법인 계좌를 개설하고 환전하러 왔는데요. 전에 법인 계좌를 개설한 적이 없어서 혹시 개설하는 데에 어떤 조건이 있을까요?

돌발상황! 면접관은 이렇게 질문할 수 있어요!

ต้องการเปิดบัญชีประเภทไหนคะ

어떤 종류의 계좌 개설을 원하세요?

단어 พอดี 마침 | บัญชี 계좌 | ออมทรัพย์ 예금하다 | บัญชีนิติบุคคล 법인 계좌 | เงื่อนไข 조건

❷ 계좌 개설 문의

계좌를 개설하는 상황에서 면접관이 계좌 종류, 개설 조건이나 구비 서류 등과 같은 정보를 설명해 주고 나면 수험자는 그와 관련된 질문을 생각해서 문의해야 합니다. 예를 들어 계좌 개설 시 최소 입금해야 하는 금액이나 이자와 관련된 내용을 문의하는 것이 좋습니다.

Track 20-03

หากเปิดบัญชีออมทรัพย์จะมีเงินฝากขั้นต่ำครับ

고객님, 저축 예금 계좌를 개설하려면 최소 입금해야 할 금액이 있습니다.

답변하기

IL ถ้าดิฉันต้องการเปิดบัญชีเงินฝากประเภทออมทรัพย์ ดิฉันต้องฝากเงินขั้นต่ำเท่าไรคะ

저는 저축 예금 계좌를 개설하고 싶은데 최소 입금해야 하는 금액은 얼마인가요?

IM ถ้าเปิดบัญชีออมทรัพย์ต้องมียอดเปิดบัญชีครั้งแรกเท่าไรคะ แล้วก็ขอทราบอัตราดอกเบี้ย จำนวนเงินที่สามารถฝาก และถอนสูงสุดได้ต่อวันด้วยค่ะ

저축 예금 계좌를 개설하려면 처음 최소 입금해야 하는 금액이 얼마인가요? 그리고 이자율과 하루에 입출금이 가능한 최대 금액도 궁금합니다.

IM ถ้าอย่างนั้นดิฉันขอฝากขั้นต่ำ 3,000 บาทค่ะ แล้วก็อยากทราบว่า ธนาคารจะจ่ายดอกเบี้ยให้ปีละกี่ครั้งและจ่ายเมื่อไร รวมทั้งเรื่องภาษีของบัญชีนิติบุคคลหน่อยค่ะ

그럼 저는 3,000밧을 입금할게요. 그리고 은행은 1년에 몇 번, 언제 이자를 지불하는지와 법인 계좌의 세금에 대해서 알고 싶어요.

돌발상황! 면접관은 이렇게 답변할 수 있어요!

หากเป็นบุคคลธรรมดาใช้แค่บัตรประชาชน แต่หากเป็นนิติบุคคลต้องมีหนังสือจดทะเบียนธุรกิจด้วยครับ

개인이시면 신분증만 필요하고 법인이시면 사업자등록증도 있어야 해요.

단어 เงินฝากขั้นต่ำ(=ยอดเปิดบัญชี) 최소 입금 금액 | อัตราดอกเบี้ย 이자율 | ภาษี 세금 | บุคคลธรรมดา 일반인(개인) | หนังสือจดทะเบียนธุรกิจ 사업자등록증

OPI 빈출 문제

③ 수수료 문의

태국은 체크 카드 개설 및 이용 시 별도의 수수료가 발생합니다. 이러한 태국 문화를 우선 이해하고 수수료 관련 질문을 하며 대화를 이어간다면 좋은 평가를 기대할 수 있습니다. 따라서 수수료와 같은 부가 항목에 대한 다양한 표현을 익혀 두는 것이 좋습니다.

실전 트레이닝

Track 20-04

รายละเอียดอื่น ๆ คือเรื่องค่าธรรมเนียมรายปีค่ะ
기타 사항은 연간 수수료에 관한 부분입니다.

답변하기

모범 답변 보기

IL ไม่ทราบว่า มีค่าธรรมเนียมในการทำบัตรเดบิตหรือเปล่าครับ
혹시 체크 카드를 만드는 데 수수료가 있나요?

IM ถ้าผมจะทำบัตรเดบิตด้วยต้องเสียค่าเปิดบัตรหรือเปล่าครับ ถ้ามีขอทราบความแตกต่างของค่าธรรมเนียมบัตรเดบิตธรรมดากับบัตรเครดิตหน่อยครับ
체크 카드를 만들려면 가입비를 지불해야 하나요? 그렇다면 일반 체크 카드와 신용 카드의 수수료 차이를 알려 주세요.

IM หากต้องการบัตรเดบิตด้วย ขอรายละเอียดเรื่องค่ารักษาบัญชี ค่าสมุดบัญชี แล้วในกรณีฝากหรือถอนเงินนอกเขตที่เปิดบัญชีมีค่าธรรมเนียมที่ต้องเสียต่างหากไหมครับ
체크 카드도 하는 경우에 관련 내용도 알려 주세요. 계좌 유지비, 통장 수수료, 계좌 개설 지역 외에서 입출금할 경우 별도의 수수료가 부과되나요?

돌발상황! 면접관은 이렇게 답변할 수 있어요!

A: มีค่าธรรมเนียมการเปิดบัตรเดบิตครั้งแรกค่ะ
처음 체크 카드를 개설할 때 수수료가 있어요.

B: ค่าธรรมเนียมเท่าไรครับ
수수료가 얼마인가요?

단어 รายละเอียด 세부사항 | ค่าธรรมเนียม 수수료 | เสีย 지불하다 | ค่าเปิดบัตร 카드 가입비 | ความแตกต่าง 차이 | รายปี 연간 | รักษา 유지하다 | กรณี 경우 | ต่างหาก 별도, 따로

④ 환전 문의

면접관이 수험자에게 계좌를 개설하는 상황을 가정해 보라고 요청할 때, 앞에서 한 답변이 너무 짧다고 판단된다면 환전에 대해 문의하는 것도 좋은 방법입니다. 원화와 밧화를 환전하는 상황으로 설정하여 각각의 환율을 물어보고 원하는 금액만큼 환전을 요청해 보세요.

실전 트레이닝

Track 20-05

ต้องการแลกเงินสกุลอะไรครับ 어떤 통화를 환전하고 싶으신가요?

답변하기

모범 답변 보기

IL ดิฉันขอเงินวอนเป็นเงินบาทค่ะ ไม่ทราบว่า อัตราแลกเปลี่ยนตอนนี้เท่าไรคะ

원화를 밧화로 환전하고 싶은데, 혹시 지금 환율이 어떻게 되나요?

IM ดิฉันต้องการแลกเงินต่างประเทศด้วย ขอทราบอัตราแลกเปลี่ยนของเงินวอนเกาหลีและเงินบาทไทยวันนี้ได้ไหมคะ แล้วถ้า 1 แสนวอนแลกเป็นเงินบาทได้เท่าไรคะ

외화를 환전하고 싶은데요. 오늘 한국 원화와 태국 밧화의 환율을 알 수 있을까요? 10만원이면 태국 밧으로 얼마 환전할 수 있나요?

IM ค่าเงินสูงกว่าปกติมากเลยนะคะ งั้นขอแลก 1,000 ดอลลาร์เป็นบาทค่ะ ถ้าเป็นไปได้ขอแบงค์พันแค่หมื่นเดียว ที่เหลือขอธนบัตรใบละ 500 บาท และ 100 บาทนะคะ นี่หนังสือเดินทางค่ะ

화폐 가치가 평소보다 아주 높네요. 그럼 1,000달러를 밧으로 환전할게요. 가능하면 1,000밧짜리는 10,000밧만 주시고 나머지는 500밧짜리와 100밧짜리 지폐로 주세요. 여기 여권입니다.

돌발상황! **면접관은 이렇게 질문할 수 있어요!**

ต้องการแลกเท่าไรดีครับ 얼마나 환전하고 싶으신가요?

단어 สกุลเงิน 화폐 | อัตราแลกเปลี่ยน 환율 | ค่าเงิน 화폐 가치 | แบงค์(=ธนบัตร) 지폐 | ที่เหลือ 나머지 | ใบ 장(종이, 표 등을 셀 때 쓰는 유별사) | หนังสือเดินทาง 여권

예시 미리보기

완벽 예시 주어진 상황에 따른 예상 대화를 미리 살펴보세요. Track 20-06

A ธนาคารแห่งประเทศไทย สวัสดีค่ะ วันนี้มาทำธุระเรื่องอะไรคะ

태국 은행입니다. 안녕하세요? 어떤 은행 업무로 오셨나요?

B พอดีว่า ผมอยากเปิดบัญชีธนาคารครับ ก็เลยอยากทราบว่า มีบัญชีฝากประเภทไหนบ้าง แล้วก็ต้องใช้เอกสารอะไรในการเปิดบัญชีครั้งแรกไหมครับ

저는 은행 계좌를 개설하고 싶은데요. 그래서 예금 계좌의 종류에는 어떤 게 있는지, 그리고 계좌를 처음 개설하는 데 필요한 서류는 없는지 알고 싶습니다.

A มีบัญชีออมทรัพย์ ฝากประจำ และบัณชีฝากสะสมทรัพย์ค่ะ หากเป็นบุคคลธรรมดาใช้บัตรประชาชนหรือหนังสือเดินทางค่ะ

저축, 정기 예금 계좌가 있습니다. 개인 계좌면 신분증이나 여권이 필요해요.

B ถ้าเปิดบัญชีออมทรัพย์ต้องมียอดเปิดบัญชีครั้งแรกเท่าไรครับ แล้วก็ขอทราบอัตราดอกเบี้ย จำนวนเงินที่สามารถฝาก และถอนสูงสุดได้ต่อวันด้วยครับ

저축 예금 계좌를 개설하려면 처음 최소 입금해야 하는 금액은 얼마인가요? 그리고 이자율하고 입출금이 가능한 최대 금액도 궁금해요.

A เงินฝากขั้นต่ำ 500 บาท อัตราดอกเบี้ยบัญชีออมทรัพย์ 0.25% ส่วนเงินฝากถอนขั้นต่ำไม่มีกำหนดค่ะ

최소 입금 금액은 500밧이고 저축 예금 이자는 0.25%입니다. 입출금 금액은 무제한이고요.

B ถ้าผมจะทำบัตรเดบิตด้วยต้องเสียค่าเปิดบัตรหรือเปล่าครับ ถ้ามีขอทราบค่าธรรมเนียมด้วยครับ

만약 체크 카드를 함께 만들려면 가입비가 드나요? 그렇다면 수수료를 알려 주세요.

A มีค่าธรรมเนียมทำบัตรใหม่ 100 บาทค่ะ

새 카드를 만드는 수수료가 있는데 100밧입니다.

B งั้นผมขอเปิดบัญชีออมทรัพย์พร้อมทำบัตรเดบิตเลยนะครับ แล้วก็ขอทราบอัตราแลกเปลี่ยนเงินวอน และเงินบาทตอนนี้หน่อยได้ไหมครับ

그럼 저는 체크 카드와 함께 저축 예금 계좌 개설할게요. 그리고 지금 원화와 밧화의 환율을 알 수 있을까요?

A ตอนนี้ 1 วอนได้ 0.0281 บาทค่ะ ต้องการแลกเท่าไรดีคะ

지금 1원은 0.0281밧입니다. 얼마나 환전하시겠습니까?

B งั้น ผมขอแลกเงิน 1 แสนวอนเป็นเงินบาทครับ

그럼 저는 10만원을 밧화로 환전할게요.

A เรียบร้อยแล้วค่ะ นี่สมุดบัญชี บัตรเดบิต และเงินบาทไทย ขอบคุณที่ใช้บริการค่ะ

완료되었습니다. 여기 통장, 체크 카드, 그리고 태국 화폐입니다. 서비스를 이용해 주셔서 감사합니다.

B ขอบคุณเช่นกันครับ

저도 감사합니다.

직접 연습하기

빈칸 채우기 빈칸에 알맞은 답을 쓴 후, 따라 읽으며 연습해 보세요.

A ธนาคารแห่งประเทศไทย สวัสดีครับ วันนี้มาทำธุระเรื่องอะไรครับ

태국 은행입니다. 안녕하세요? 어떤 은행 업무로 오셨나요?

B พอดีว่า ดิฉันจะมาเปิด [1] และแลกเงินต่างประเทศด้วยค่ะ ไม่ทราบว่า มีเงื่อนไขในการเปิดบัญชีนี้อย่างไรบ้างคะ

저는 법인 계좌를 개설하고 환전도 하러 왔는데요. 혹시 개설하는 데에 어떤 조건이 있나요?

A กรณีเช่นนี้ต้องมี [2] และฝากเงินเปิดบัญชีครั้งแรกไม่ต่ำว่า 1000 บาทครับ

이런 경우에는 사업자등록증도 있어야 하고 처음 개설하는 데에 1,000밧을 입금하셔야 됩니다.

B ถ้างั้นขอฝาก 3,000 บาทค่ะ แล้วธนาคารจะจ่าย [3] ปีละกี่ครั้ง และจ่ายเมื่อไรค่ะ

그럼 저는 3,000밧을 입금할게요. 그럼 은행에서는 이자를 1년에 몇 번, 언제 지급하나요?

A ธนาคารจ่ายให้ปีละ 2 ครั้งครับ ได้แก่ เดือนมิถุนายน และเดือนธันวาคมครับ

6월과 12월에 연 2회 지급합니다.

B หากต้องการบัตรเดบิตด้วย ขอทราบรายละเอียดเรื่อง [4] หน่อยค่ะ

체크 카드도 한다면 수수료에 대한 내용도 알려 주세요.

A มีค่าธรรมเนียม 250 บาทครับ

수수료는 연간 250밧입니다.

B งั้นดิฉันขอเปิดบัญชีพร้อมทำบัตรเดบิตเลยค่ะ แล้วก็ขอทราบ 5 _______ เงินดอลลาร์ และเงินบาทในตอนนี้หน่อยได้ไหมคะ

그럼 저는 체크 카드와 함께 계좌를 개설할게요. 그리고 지금 달러와 밧화의 환율을 알 수 있을까요?

A ตอนนี้ 1 ดอลลาร์ได้ 36.8499 บาทครับ ต้องการแลกเท่าไรดีครับ

지금 1달러는 36.8499밧입니다. 얼마나 환전하시겠습니까?

B ค่าเงินสูงกว่าปกติมากเลยนะคะ งั้นขอแลก 1,000 ดอลลาร์เป็นบาทค่ะ ถ้าเป็นไปได้ขอแบงค์พันแค่หมื่นเดียว ที่เหลือขอ 6 _______ ใบละ 500 และ 100 บาทนะคะ

화폐 가치가 평소보다 아주 높네요. 그럼 10만 달러를 밧으로 환전할게요. 가능하면 1,000밧짜리는 10,000밧만 주시고 나머지는 500밧짜리와 100밧짜리 지폐로 주세요. 여기 여권입니다.

A เรียบร้อยแล้วครับ นี่สมุดบัญชี บัตรเดบิต และเงินบาทไทย ขอบคุณที่ใช้บริการครับ

완료되었습니다. 여기 통장, 체크 카드, 그리고 태국 화폐입니다. 서비스를 이용해 주셔서 감사합니다.

B ดิฉันก็ขอบคุณเช่นกันค่ะ

저도 감사합니다.

정답

1. บัญชีนิติบุคคล 2. หนังสือจดทะเบียนธุรกิจ 3. ดอกเบี้ย 4. ค่าธรรมเนียม 5. อัตราแลกเปลี่ยน 6. ธนบัตร

บทที่

21 렌터카 이용

"ร้านเช่ารถบางกอก ยินดีต้อนรับค่ะ"

어서 오세요. 방콕 렌터카입니다.

대비 전략

태국 여행 중 렌트숍에서 차를 빌려야 하는 상황을 가정합니다. 면접관은 렌트숍 직원 역할을 하고, 수험자는 차를 대여하려는 고객 역할을 맡습니다. 이때 수험자는 대략적인 차의 종류, 날짜, 비용, 보험비, 대여 및 반납 장소, 구비해야 하는 서류나 증명서 등에 대해 대화를 나누어야 하기 때문에 관련 어휘들을 학습해야 합니다.

빈출 질문

Q1 방문 목적 ร้านเช่ารถบางกอก ยินดีต้อนรับค่ะ 어서 오세요. 방콕 렌터카입니다.

Q2 렌트 비용 มีรถเก๋ง เอสยูวี รถท่องเที่ยวเฉพาะทาง ค่าเช่าแตกต่างกันตามประเภทรถครับ
승용차, SUV, 관광 전용 차량이 있는데 렌트비는 차종에 따라 달라요.

Q3 차량 대여 및 반납 조건 ขอความกรุณานำรถมาคืนให้ตรงเวลาด้วยนะคะ 제시간에 차량을 반납해 주세요.

Q4 구비 서류 หากตกลงจะเช่าคันนี้ ขอบัตรประชาชนหรือหนังสือเดินทางหน่อยครับ
이 차량을 빌리시려면 신분증이나 여권을 보여 주세요.

답변 구조 & 핵심 표현

ผม/ดิฉันอยากเช่า 차량 종류 1 คันครับ/ค่ะ 저는 차량 종류 한 대를 빌리고 싶어요.

ผมอยากเช่ารถตู้ 1 คันครับ 저는 승합차 한 대를 빌리고 싶어요.
ดิฉันอยากเช่ารถเก๋ง 1 คันค่ะ 저는 승용차 한 대를 빌리고 싶어요.

ผม/ดิฉันสนใจเช่า 차량 모델 ค่าเช่าเท่าไรครับ/คะ 차량 모델 을 빌리려고 하는데 렌트비가 얼마예요?

ผมสนใจเช่ารถตู้สีขาว ค่าเช่าเท่าไรครับ 흰색 승합차를 빌리려고 하는데 렌트비가 얼마예요?
ดิฉันสนใจเช่ารถเก๋งรุ่นนี้ค่าเช่าเท่าไรคะ 이 브랜드의 승용차를 빌리려고 하는데 렌트비가 얼마예요?

ถ้าเช่าตอน 시간① วันนี้ต้องคืนรถ 시간② (ใช่ไหม) 시간① 에 빌리면 시간② 에 반납해야 하나요?

ถ้าเช่าตอน 10 โมงวันนี้ต้องคืนรถพรุ่งนี้กี่โมง 10시에 빌리면 내일 몇 시에 반납해야 하나요?
ถ้าเช่าตอนเที่ยงวันนี้ต้องคืนรถเที่ยงพรุ่งนี้ใช่ไหม 12시에 빌리면 내일12시에 반납해야 하나요?

ถ้าจะคืนรถที่ 장소 ได้ไหม 장소 에서 차를 반납할 수 있나요?

ถ้าจะคืนรถที่ร้านนี้ได้ไหม 이 가게에서 차를 반납할 수 있나요?
ถ้าจะคืนรถที่สนามบินได้ไหม 공항에서 차를 반납할 수 있나요?

빈출 표현 익히기

Track 21-01

차량 종류	รถเก๋ง 승용차★	รถตู้ 승합차★
	รถเอสยูวี SUV★	รถยนต์ขนาดเล็ก 소형차★
	รถมอเตอร์ไซค์ 오토바이★	รถยนต์ขนาดกลาง 중형차
	รถยนต์ขนาดใหญ่ 대형차	รถทัวร์ 투어용 버스
	รถหรู 고급 차	สปอร์ตคาร์ 스포츠카

비용 종류	ค่าเช่ารถ 렌트비★	ค่าประกัน 보험비★
	เงินมัดจำ 보증금★	ค่าน้ำมัน 주유비★
	ค่าปรับ 벌금(추가금)★	ค่าซ่อมรถ 수리비
	ส่วนต่าง 차액	ค่าเสียหาย 손해액

대여·반납 장소	จุดรับรถ 차량 대여 장소★	จุดส่งรถ 차량 반납 장소★
	ร้านเช่ารถ 렌터카 매장★	ที่จอดรถ 주차장★
	สนามบิน 공항	ริมถนน 길가

구비 서류	ใบขับขี่ 운전면허증★	ใบขับขี่สากล 국제 운전면허증★
	บัตรประชาชน 신분증★	หนังสือเดินทาง 여권★
	สำเนา 사본	ตั๋วเครื่องบินไปกลับ 왕복 비행기표

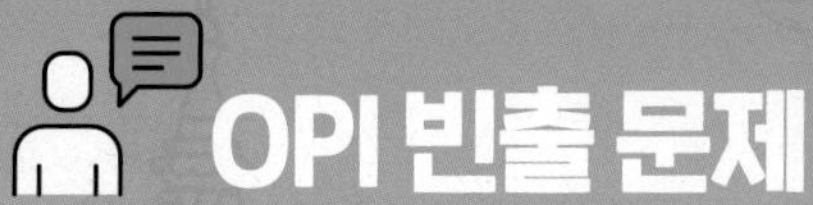

OPI 빈출 문제

① 방문 목적

면접관은 렌트숍 직원이고 수험자는 렌트숍에 방문하여 차를 대여하는 고객 역할을 맡습니다. 우선 대여하고 싶은 차종, 대여 목적, 대여 기간 등에 대해서 이야기합니다. 만약 차종에 대해서 잘 모른다면 면접관에게 추천해 달라고 말해 볼 수 있습니다.

실전 트레이닝

Track 21-02

ร้านเช่ารถบางกอก ยินดีต้อนรับค่ะ 어서 오세요. 방콕 렌터카입니다.

답변하기

모범 답변 보기

IL สวัสดีครับ ผมอยากเช่ารถตู้ 1 คันครับ ไม่ทราบว่า มีรถตู้รุ่นไหนบ้างครับ

안녕하세요? 저는 승합차 한 대를 빌리고 싶은데요. 혹시 어떤 승합차 모델이 있을까요?

IM สวัสดีครับ พอดีผมจะพาครอบครัวไปเที่ยวที่ต่างจังหวัด ก็เลยอยากจะเช่ารถสำหรับผู้โดยสาร 5 คนครับ ไม่ทราบว่า มีรถประเภทไหนแนะนำบ้างครับ

안녕하세요? 저는 가족을 데리고 지방으로 여행을 가려고 해서 5인승 차를 빌리고 싶은데 혹시 어떤 종류가 있는지 추천해 주실 수 있나요?

IM ผมกำลังเช่ารถยนต์ขนาดเล็กสำหรับ 2 คนสัก 1 คันครับ ช่วยแนะนำรถยนต์ที่แข็งแรง ปลอดภัยให้หน่อยครับ ถ้าไม่ใช่สีดำก็ได้หมดครับ

저는 2인 소형차 한 대를 이틀 정도 빌리려고 하는데요. 튼튼하고 안전한 차로 추천해 주세요. 색상은 검은색만 아니면 다 좋아요.

돌발상황! 면접관은 이렇게 답변할 수 있어요!

ขอทราบวันที่จะเช่ารถและคืนรถ รวมทั้งสี และรุ่นที่ต้องการหน่อยได้ไหมคะ

대여 날짜, 반납 날짜, 그리고 원하시는 (차량의) 색상과 모델을 말씀해 주세요.

단어 รุ่น 모델 | ผู้โดยสาร 승객 | ขนาดเล็ก 소형 | คัน 대(차량을 세는 유별사) | แข็งแรง 튼튼하다 | คืนรถ 차를 반납하다

❷ 렌트 비용

면접관이 렌터카의 종류에 대한 정보를 설명해 준 다음, 수험자는 특정 차종이나 원하는 차량의 색상 등을 결정합니다. 그 다음으로 렌트비, 보증금, 교통사고 보험 등과 같은 추가적인 비용에 대해서도 문의해 볼 수 있습니다. 기본 렌트비에 어떤 사항이 포함되어 있는지 확인해 보는 것도 좋습니다.

실전 트레이닝

Track 21-03

มีรถเก๋ง รถเอสยูวี รถท่องเที่ยวเฉพาะทาง ค่าเช่าแตกต่างกันตามประเภทรถครับ

승합차, SUV, 관광 전용 차량이 있는데 렌트비는 차종에 따라 달라요.

답변하기

모범 답변 보기

IL ดิฉันสนใจเช่ารถตู้รุ่นใหม่สีขาวยี่ห้อนี้ค่ะ ไม่ทราบว่า ค่าเช่าวันละเท่าไรคะ

저는 이 브랜드의 신형 흰색 승합차를 빌리려고 하는데 혹시 1일 렌트비가 얼마인지 알 수 있을까요?

IM ดิฉันสนใจเช่ารถเอสยูวีสีเทาคันนี้ค่ะ ถ้าหากว่าจะเช่าตั้งแต่วันที่ 1 จนถึงวันที่ 3 กันยายนนี้ดิฉันอยากทราบว่าค่าใช้จ่ายทั้งหมดค่ะ

저는 저 회색 SUV를 빌리고 싶은데요. 9월 1일부터 3일까지 대여하면 총 비용이 어떻게 될지 궁금합니다.

IM ดูจากเว็บไซต์ของร้านเห็นว่า ค่าเช่ารถเก๋งรุ่นนี้วันละ 1,259 บาท ราคานี้รวมค่าประกันอุบัติเหตุแล้ว แต่ยังไม่รวมค่ามัดจำรถประมาณ 3,000 บาท ค่ามัดจำนี้จะคืนให้หลังจากคืนรถใช่ไหมคะ

매장 홈페이지를 보니 이 모델의 렌트비가 하루에 1,259밧으로 교통사고 보험 비용은 포함된 가격이지만 3,000밧의 차량 보증금은 미포함된 거라는데 이 보증금은 차 반납 후에 돌려주는 거죠?

돌발상황! 면접관은 이렇게 답변할 수 있어요!

ถ้าเป็นรถรุ่นใหม่ค่าเช่าจะแพงกว่ารุ่นอื่นครับ

신형 차면 다른 모델보다 렌트비가 더 비싸요.

단어 เฉพาะทาง 전용, 전문 | ค่าเช่า 렌트비 | รุ่นใหม่ 신형 | ยี่ห้อ 브랜드 | สีเทา 회색 | รายละเอียด 세부 사항 | ค่าประกัน 보험 | อุบัติเหตุ 사고 | ค่ามัดจำ 보증금 | คืน 반납하다, 돌려주다

OPI 빈출 문제

③ 차량 대여 및 반납 조건

가격과 추가 비용 등을 물어본 다음 렌트 조건에 대해서도 문의해 볼 수 있습니다. 예를 들면 대여 기간은 어떻게 계산하는지, 늦게 반납하는 경우에 대한 추가금이 있는지, 반납 절차가 어떠한지 등을 문의해 볼 수 있습니다. 따라서 태국에서의 차량 대여와 관련된 조건을 미리 파악해 두면 좋습니다.

실전 트레이닝

Track 21-04

ขอความกรุณานำรถมาคืนให้ตรงเวลาด้วยนะคะ 제시간에 차량을 반납해 주세요.

답변하기

모범 답변 보기

IL ถ้าเช่ารถตอน 10 โมงเช้าวันนี้ต้องคืนรถวันพรุ่งนี้ตอนกี่โมงครับ

만약 오늘 오전 10시에 빌리면 내일 몇 시에 차량을 반납해야 하나요?

IM ถ้าเช่ารถไปตอนบ่าย 3 โมงวันนี้ก็ต้องมาคืนตอนบ่าย 3 โมงวันพรุ่งนี้ใช่ไหมคะ แล้วถ้าสมมุติว่า คืนรถช้าไปประมาณ 30 นาทีถึง 1 ชั่วโมงจะต้องเสียค่าปรับไหมครับ

만약 오늘 오후 3시에 빌려 가면 내일 오후 3시에 반납해야 하죠? 그럼 만약에 차량을 30분에서 1시간쯤 늦게 반납한다면 추가금을 내야 하나요?

IM ระยะเวลาการเช่ารถคิดเป็น 24 ชั่วโมงใช่ไหมครับ เห็นว่า ก่อนนำรถไปคืนที่ร้าน ผู้เช่าจำเป็นต้องเติมน้ำมันรถให้เต็มถังเหมือนเดิมด้วย ไม่ทราบว่ามีปั๊มน้ำมันแถว ๆ จุดส่งรถคืนไหมครับ

대여 기간은 24시간이죠? 렌드숍에 차량을 반납하기 전에 대여한 사람이 차에 기름을 가득 채워야 한다고 알고 있는데요. 혹시 차량 반납 장소 근처에 주유소가 있나요?

돌발상황! 면접관은 이렇게 답변할 수 있어요!

ถ้าคืนรถช้า 1 ชั่วโมงจะคิดเงินเพิ่มชั่วโมงละ 200 บาท แต่ถ้าเกิน 3 ชั่วโมงจะคิดเป็น 1 วันค่ะ

1시간 늦게 차를 반납할 경우 시간당 200밧씩 추가 요금이 부과되는데, 3시간을 초과하면 1일로 계산돼요.

단어 ขอความกรุณา ~해 주세요 | ตรงเวลา 제시간에 | ถ้าสมมุติว่า 가정하면 | ระยะเวลา 기간 | ผู้เช่า 대여하는 사람 | เติมน้ำมัน 기름을 넣다 | เต็มถัง 가득 채우다 | ปั๊มน้ำมัน 주유소

④ 구비 서류

어떤 차량을 빌릴지 결정했다면 마지막으로 면접관에게 차량 대여 시 필요한 서류는 어떤 것이 있는지 물어봅니다. 또한, 수험자는 태국인이 아닌 외국인이기 때문에 지금 가지고 있는 서류 외에도 혹시 다른 서류가 추가로 필요할지 물어보면서 대화를 마무리하는 것이 좋습니다.

실전 트레이닝

Track 21-05

หากตกลงจะเช่าคันนี้ ขอบัตรประจำตัวประชาชน หรือหนังสือเดินทางด้วยครับ

이 차량을 빌리시려면 신분증이나 여권을 보여 주세요.

답변하기

모범 답변 보기

IL นอกจากบัตรประชาชนแล้ว มีเอกสารอย่างอื่นที่ต้องแสดงอีกไหมคะ

신분증 외에 보여드려야 하는 서류가 있나요?

IM ค่ะ งั้นดิฉันตกลงเช่าคันนี้ค่ะ ดิฉันขอยื่นหนังสือเดินทางแทนบัตรประชาชนค่ะ นอกจากหนังสือเดินทางและใบขับขี่สากลแล้ว ยังมีเอกสารอย่างอื่นที่จำเป็นต้องใช้อีกไหมคะ

네. 그럼 저는 이 차를 빌릴게요. 신분증 대신에 여권을 제출하겠습니다. 여권과 국제 운전면허증 외에 기타 필요한 서류가 더 있을까요?

IM คุณสมบัติของผู้ที่สามารถเช่ารถได้ในประเทศไทยต้องมีอายุตั้งแต่ 20 ปีขึ้นไปใช่ไหมคะ แล้วก็กรณีเป็นคนต่างชาติมีเอกสารอะไรที่ต้องแสดงนอกเหนือจากใบขับขี่และหนังสือเดินทางไหมคะ

태국에서 차량을 대여할 수 있는 자격은 만 20세 이상에게 주어지나요? 그리고 외국인의 경우 운전면허증, 여권 외에 보여드려야 하는 다른 서류가 있나요?

돌발상황! 면접관은 이렇게 답변할 수 있어요!

ผู้เช่าต้องมีอายุ 20 ปีขึ้นไป มีใบขับขี่ไทย หรือใบขับขี่สากลตัวจริงที่ยังไม่หมดอายุครับ

대여하는 사람은 만 20세 이상이어야 하고 유효한 태국 운전면허증 또는 국제 운전면허증을 가지고 있어야 합니다.

단어 แสดง 보여주다 | ยื่น 제출하다 | นอกเหนือจาก ~외에 | คุณสมบัติ 자격

완벽 예시 주어진 상황에 따른 예상 대화를 미리 살펴보세요. Track 21-06

Ⓐ ร้านเช่ารถบางกอก ยินดีต้อนรับค่ะ

어서 오세요. 방콕 렌터카입니다.

Ⓑ สวัสดีครับ พอดีผมจะไปเที่ยวต่างจังหวัดกับครอบครัว เช่ารถสำหรับผู้โดยสาร 5 คนได้ไหมครับ

안녕하세요? 저는 가족들과 지방으로 여행을 가려고 하는데 5인승 차량을 빌릴 수 있을까요?

Ⓐ มีสีรถและรุ่นที่ต้องการไหมคะ

원하시는 차 색상과 모델이 있으세요?

Ⓑ สีอะไรก็ได้และขอรถรุ่นใหม่ครับ ไม่ทราบว่า มีรถประเภทไหนแนะนำบ้างครับ

색상은 상관 없고 신형이면 좋겠습니다. 혹시 어떤 차종이 있는지 추천해 주실 수 있을까요?

Ⓐ มีรถเก๋ง รถเอสยูวี รถท่องเที่ยวเฉพาะทาง ค่าเช่าแตกต่างกันตามประเภทรถค่ะ

승용차, SUV, 관광 전용 차량이 있는데 렌트비는 차종에 따라 달라요.

Ⓑ ผมสนใจเช่าเอสยูวีสีเทาคันนั้น ขอทราบค่าทั้งหมดถ้าเช่าตั้งแต่วันที่ 1 ถึง วันที่ 3 กันยายนหน่อยครับ

저는 저 회색 SUV를 빌리고 싶은데요. 9월 1일부터 3일까지 빌릴 경우 총 비용을 알려 주세요.

Ⓐ คันนั้นเป็นรถรุ่นใหม่ ค่าเช่าวันละ 2,833 บาท ถ้ารวมประกันอุบัติเหตุด้วย 3,389 บาทต่อวันค่ะ

그 차는 새 모델인데 렌트비는 하루 2,833밧이고 사고 보험을 포함하면 하루에 3,389밧입니다.

Ⓑ รับทราบครับ แล้วระยะเวลาการเช่ารถและคืนรถล่ะครับ

알겠습니다. 그럼 대여 및 반납 시간은요?

A ระยะเวลาการเช่ารถคิดเป็น 24 ชั่วโมงค่ะ ขอความกรุณานำรถมาคืนให้ตรงเวลาด้วยค่ะ

대여 기간은 24시간으로 계산해요. 제시간에 차량을 반납해 주셔야 합니다.

B ถ้าเช่ารถตอนบ่าย 3 โมงวันนี้ก็ต้องเอามาคืนตอนบ่าย 3 โมงวันพรุ่งนี้ใช่ไหมครับ แล้วถ้าสมมุติว่า คืนรถช้าไปประมาณ 1 ชั่วโมงจะต้องเสียค่าปรับไหมครับ

만약 오늘 오후 3시에 빌리면 내일 오후 3시에 반납해야 하죠? 그럼 만약 차를 1시간 정도 늦게 반납한다면 추가금을 내야 하나요?

A ถ้าคืนรถช้า 1 ชั่วโมงจะคิดเงินเพิ่มชั่วโมงละ 350 บาทแต่ถ้าเกิน 3 ชั่วโมงจะคิดเป็น 1 วันค่ะ

1시간 늦게 차를 반납하는 경우 시간당 350밧이 부과되는데 3시간 초과하면 1일로 계산돼요.

B งั้นผมตกลงเช่าเอสยูวีคันนี้ครับ นอกจากหนังสือเดินทางแล้วมีเอกสารอย่างอื่นที่ต้องแสดงไหมครับ

그럼 저는 SUV를 빌리겠습니다. 여권 외에 보여드려야 할 다른 서류가 있을까요?

A ใบขับขี่สากลตัวจริงที่ยังไม่หมดอายุค่ะ กรณีชาวต่างชาติต้องแสดงตั๋วเครื่องบินไปกลับด้วยค่ะ

유효한 국제 운전면허증입니다. 외국인의 경우 왕복 비행기 티켓도 보여 주셔야 합니다.

B นี่ครับ ใบขับขี่สากล และตั๋วอิเล็กทรอนิกส์ครับ

여기 있습니다. 국제 운전면허증과 E-티켓이에요.

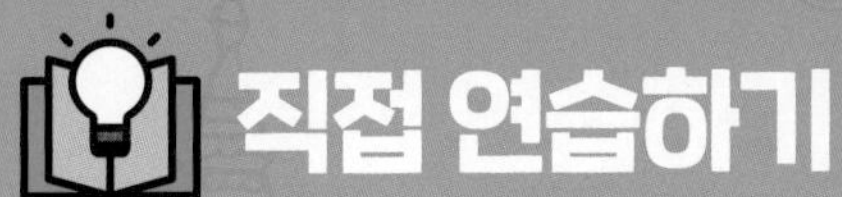

직접 연습하기

빈칸 채우기 빈칸에 알맞은 답을 쓴 후, 따라 읽으며 연습해 보세요.

A ร้านเช่ารถบางกอก ยินดีต้อนรับครับ

어서 오세요. 방콕 렌터카입니다.

B อยากเช่ารถยนต์สำหรับ 2 คนสักวัน ช่วยแนะนำรถที่ [1] ปลอดภัย ถ้าเป็นไปได้ไม่เอาสีดำนะคะ

2인 소형차를 하루 정도 빌리고 싶어요. 튼튼하면서 안전하고 가능하면 검은색이 아닌 걸로 좀 추천해 주세요.

A รถยนต์ขนาดเล็ก ขนาดกลาง ขนาดใหญ่ มีหลายหบากหลาย ค่าเช่าแตกต่างกันตามประเภทรถครับ

소형차, 중형차, 대형차까지 다양하게 있는데 렌트비는 차종에 따라 달라요.

B ดิฉันสนใจรถเก๋ง [2] สีขาวคันนี้ค่ะ ไม่ทราบว่าค่าเช่าวันละเท่าไรคะ

저는 흰색 소형차에 관심이 있어요. 혹시 하루 렌트비가 어떻게 되나요?

A รถเก๋งคันนี้เป็นรถรุ่นใหม่ครับ ค่าเช่า 547 บาทต่อวันครับ

이 승용차는 새로운 모델인데 렌트비가 하루에 547밧입니다.

B ตรวจจากเว็บไซต์จองร้านแล้ว เห็นว่าราคานี้ยังไม่รวมค่าประกัน [3] และค่ามัดจำรถใช่ไหมคะ

매장 홈페이지를 확인했는데 이 가격은 사고 보험비와 차량 보증금이 미포함된 가격이죠?

A ครับ ถ้ารวมประกันแล้วจะเป็น 739 บาทต่อวัน ส่วนค่ามัดจำ 2,000 บาท จะคืนให้หลังคืนรถครับ

네. 보험이 포함된 경우 하루에 739밧이고 차량 보증금은 2,000밧인데 차를 반납하실 때 돌려드립니다.

B รับทราบค่ะ แล้ว 4 ______ การเช่ารถและคืนรถล่ะคะ

알겠습니다. 그럼 대여 및 반납 시간은요?

A การเช่ารถคิดเป็น 24 ชั่วโมงครับ ขอความกรุณานำรถมาคืนให้ตรงเวลาด้วยครับ

차량 대여는 24시간으로 계산해요. 제시간에 차량을 반납해 주셔야 합니다.

B เข้าใจแล้วค่ะ ถ้างั้นดิฉันตกลงเช่ารถเก๋งสีขาวคันนี้ค่ะ 5 ______ ของผู้ที่สามารถเช่ารถได้ในประเทศไทยต้องมีอายุตั้งแต่ 20 ปีขึ้นไปใช่ไหมคะ

알겠습니다. 그럼 저는 이 흰색 승용차를 빌리겠습니다. 태국에서 차량을 빌릴 수 있는 자격은 만 20세부터 주어지는 거죠?

A ใช่ครับ 6 ______ และเอกสารอื่น ๆ ที่ใช้เช่ารถด้วยครับ

맞습니다. 신분증과 (차량 대여 시) 필요한 다른 서류를 보여 주세요.

B นี่ค่ะ หนังสือเดินทาง 7 ______ และตั๋วเครื่องบินไปกลับค่ะ

여기 있습니다. 여권, 국제 운전면허증, 그리고 왕복 비행기표입니다.

정답

1. แข็งแรง 2. ขนาดเล็ก 3. อุบัติเหตุ 4. ระยะเวลา 5. คุณสมบัติ 6. บัตรประชาชน 7. ใบขับขี่สากล

บทที่

22 교환 및 환불

"สวัสดีค่ะ สนใจสินค้าตัวไหนถามได้นะคะ"

안녕하세요? 필요하신 것 있으면 말씀해 주세요.

대비 전략

수험자가 태국의 가게에서 옷, 신발 등을 샀는데 사이즈가 맞지 않아 교환 및 환불하기 위해 다시 가게에 방문하는 상황을 가정합니다. 면접관은 판매원 역할을 하고, 수험자는 손님 역할을 맡습니다. 이때 수험자는 환불 사유 및 교환 요청, 다른 디자인 및 색상 문의, 피팅 가능 여부 등에 대해 문의할 수 있도록 관련 어휘를 학습해 두어야 합니다.

빈출 질문

Q1 손님 응대 สวัสดีค่ะ สนใจสินค้าตัวไหนถามได้นะคะ
안녕하세요? 필요하신 것 있으면 말씀해 주세요.

Q2 교환 요청 ไม่ทราบว่า ลูกค้าต้องการเปลี่ยนเป็นแบบไหนครับ
고객님, 어떤 상품으로 교환하고 싶으세요?

Q3 착용 문의 รุ่นนี้มีไซส์แอลค่ะ จะลองใส่ดูไหมคะ 이 스타일은 L 사이즈가 있는데 입어 보시겠어요?

Q4 교환 결정 ไม่ทราบว่า ลูกค้าเอาใบเสร็จสินค้าที่ซื้อครั้งที่แล้วมาด้วยไหมครับ
고객님, 혹시 지난번에 구매한 상품 영수증 가져오셨나요?

답변 구조 & 핵심 표현

เมื่อวานผม/ดิฉันซื้อ 상품 ตัวนี้มาแต่มัน 교환 및 환불 사유 เกินไปครับ/ค่ะ
어제 이 상품 을 샀는데 너무 교환 및 환불 사유 해요.

เมื่อวานผมซื้อเสื้อตัวนี้มาแต่มันใหญ่เกินไปครับ 어제 이 옷을 샀는데 너무 커요.
เมื่อวานดิฉันซื้อกางเกงตัวนี้มาแต่มันคับเกินไปค่ะ 어제 이 바지를 샀는데 너무 작아요.

ผม/ดิฉันขอเปลี่ยนเป็น 변경 사항 กว่านี้ได้ไหมครับ/คะ 저는 더 변경 사항 으로 교환할 수 있을까요?

ผมขอเปลี่ยนเป็นไซส์ใหญ่กว่านี้ได้ไหมครับ 저는 더 큰 사이즈로 교환할 수 있을까요?
ดิฉันขอเปลี่ยนเป็นไซส์เล็กกว่านี้ได้ไหมคะ 저는 더 작은 사이즈로 교환할 수 있을까요?

งั้นผม/ดิฉันขอลองใส่ 다른 상품 ดูได้ไหมครับ/คะ 그럼 제가 다른 상품 을 입어봐도 될까요?

งั้นผมขอลองใส่เสื้อแขนสั้นตัวนั้นได้ไหมครับ 그럼 제가 갈색 반팔을 입어봐도 될까요?
งั้นดิฉันขอลองใส่กางเกงขายาวตัวนั้นได้ไหมคะ 그럼 제가 긴 바지를 입어봐도 될까요?

ผม/ดิฉันขอเปลี่ยนเป็น 다른 상품 เลยครับ/ค่ะ 저는 다른 상품 으로 교환할게요.

ผมขอเปลี่ยนเป็นเสื้อสีน้ำตาลตัวนี้เลยครับ 저는 이 갈색 옷으로 교환할게요.
ดิฉันขอเปลี่ยนเป็นเสื้อไซส์แอลตัวนี้เลยค่ะ 저는 이 L 사이즈 옷으로 교환할게요.

빈출 표현 익히기

Track 22-01

옷·신발 사이즈	ไซส์ใหญ่กว่านี้ 이보다 더 큰 사이즈★	ไซส์เล็กกว่านี้ 이보다 더 작은 사이즈★
	กางเกงเบอร์ [숫자] 바지 [숫자] 사이즈★	รองเท้าเบอร์ [숫자] 신발 [숫자] 사이즈★
	ไซส์เอส S 사이즈	ไซส์เอ็ม M 사이즈
	ไซส์แอล L 사이즈	ไซส์เอ็กซ์แอล XL 사이즈

옷·신발 종류	เสื้อยืด 티셔츠★	เสื้อเชิ้ต 셔츠★
	เสื้อแขนยาว 긴소매, 긴팔★	เสื้อแขนสั้น 반소매, 반팔★
	เสื้อแขนกุด 민소매★	กางเกงขายาว 긴바지★
	กางเกงขาสั้น 반바지★	กระโปรงยาว 긴치마
	กระโปรงสั้น 짧은 치마	รองเท้าผ้าใบ 운동화
	รองเท้าส้นสูง 하이힐	รองเท้าแตะ 슬리퍼

착용감	เล็ก 작다★	ใหญ่ 크다★
	คับ(= แน่น) 꽉 끼다, 타이트하다★	หลวม 헐렁하다★
	พอดี 딱 맞다★	สบาย 편하다
	เบา 가볍다	หนัก 무겁다

색깔	สีขาว 흰색★	สีดำ 검정색★
	สีแดง 빨간색★	สีน้ำเงิน 파란색★
	สีชมพู 핑크색	สีฟ้า 하늘색
	สีเขียวอ่อน 연두색	สีเขียว 초록색
	สีเหลือง 노란색	สีม่วง 보라색

OPI 빈출 문제

❶ 손님 응대

옷 가게 판매원 역할의 면접관은 손님 역할인 수험자에게 인사한 후 가게에 방문한 목적을 먼저 물어봅니다. 이때 수험자는 이미 구매한 상품의 불편한 사항이나 문제를 제기하면서 우선 환불이 가능한지 문의해 봅니다. 면접관은 주로 환불이 어렵고 교환은 가능하다고 답하는데, 이때 수험자는 교환하겠다고 대답하며 대화를 이어가면 됩니다.

실전 트레이닝

Track 22-02

สวัสดีค่ะ สนใจสินค้าตัวไหนถามได้นะคะ 안녕하세요? 필요하신 것 있으면 말씀해 주세요.

답변하기

모범 답변 보기

IL เมื่อวานผมซื้อเสื้อยืดตัวนี้มา แต่มันใหญ่เกินไปขอคืนเงินได้ไหมครับ

제가 어제 이 티셔츠를 샀는데 사이즈가 너무 크네요. 환불하고 싶은데 가능할까요?

IM หลายวันก่อนผมซื้อกางเกงตัวนี้มา แต่มันคับเกินไปก็เลยอยากจะขอเปลี่ยนได้ไหมครับ วันนั้นผมคิดว่าน่าจะใส่ได้แน่นอนเลยไม่ได้ลองก่อนซื้อครับ

제가 며칠 전에 이 바지를 샀는데 너무 꽉 끼어서 교환하고 싶어요. 당연히 딱 맞게 입을 수 있겠다고 생각하고 구매하기 전에 입어 보지 못했어요.

IM ขอโทษนะครับ เมื่อวานนี้ผมซื้อรองเท้าผ้าใบคู่นี้มา แต่ตอนนั้นไม่ได้สังเกตว่ามันมีรอยเปื้อนตรงนี้ เพิ่งเห็นตอนกลับถึงบ้านครับ ไม่ทราบว่า จะขอเปลี่ยนเป็นคู่ใหม่ได้ไหมครับ

실례합니다. 제가 어제 이 운동화를 샀는데 여기 얼룩이 있는 걸 못 보고 집에 가서야 봤거든요. 혹시 새 걸로 교환할 수 있을까요?

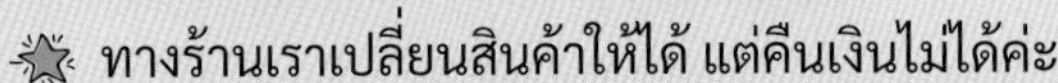

돌발상황! 면접관은 이렇게 답변할 수 있어요!

ทางร้านเราเปลี่ยนสินค้าให้ได้ แต่คืนเงินไม่ได้ค่ะ

저희 가게는 교환은 가능하지만 환불은 안 됩니다.

단어 คืนเงิน 환불하다 | หลายวันก่อน 며칠 전 | สังเกต 관찰하다 | รอยเปื้อน 얼룩

❷ 교환 요청

구체적으로 어떤 것으로 교환할지 대화를 나눕니다. 이때 원하는 상품의 색상, 사이즈, 디자인 등 좀 더 구체적인 정보를 이야기하는 것이 좋습니다. 만약 수험자가 원하는 것이 없다면 면접관에게 재고가 있는 것 중에 추천해 달라고 요청해 볼 수 있습니다.

실전 트레이닝

Track 22-03

ไม่ทราบว่าลูกค้าต้องการเปลี่ยนเป็นแบบไหนครับ 고객님, 어떤 상품으로 교환하고 싶으세요?

답변하기

모범 답변 보기

IL ถ้าอย่างนั้นดิฉันขอเปลี่ยนเป็นเสื้อยืดแขนสั้นไซส์ใหญ่กว่านี้ได้ไหมคะ
그럼 이것보다 더 큰 사이즈의 반팔 티셔츠로 바꿀 수 있을까요?

IM ถ้างั้นดิฉันขอเปลี่ยนเป็นเบอร์ 29 แบบเดิมสีเดิมได้ไหมคะ ถ้าไม่มีแล้ว ช่วยแนะนำกางเกงขายาวสีน้ำเงินดีไซน์อื่น ๆ ที่ราคาเท่ากันก็ได้ค่ะ
그럼 같은 색상과 스타일의 29사이즈로 바꿀 수 있을까요? 만약 없으면 같은 가격의 다른 디자인인 파란색 바지를 추천해 주세요.

IM เห็นว่า รองเท้าผ้าใบที่ดิฉันซื้อไปไม่มีสต็อก ไม่ทราบว่ามีรุ่นไหนที่ใส่สบายคล้าย ๆ คู่นี้ไหมคะ อยากได้สีขาวล้วนไม่มีลวดลายค่ะ
제가 구입한 운동화는 재고가 없다고 들었는데 혹시 이것과 비슷하면서 편하게 신을 수 있는 모델이 있나요? 무늬 없는 올 화이트로 사고 싶어요.

돌발상황! 면접관은 이렇게 답변할 수 있어요!

รุ่นนี้ขายหมดแล้วครับ ขอแนะนำรุ่นอื่นครับ มีสินค้าที่เพิ่งเข้ามาใหม่เลยนะครับ
이 디자인은 다 팔렸습니다. 다른 스타일을 소개할게요. 얼마 전에 새로 들어온 상품이 있어요.

단어 ไซส์ 사이즈 | เบอร์ 번호, 치수 | เดิม 원래 | เท่ากัน 같다 | ขายหมด 다 팔리다, 매진되다 | คล้าย 비슷하다 | ล้วน 전부 | ลวดลาย 무늬

OPI 빈출 문제

❸ 착용 문의

원하는 사이즈와 스타일을 결정한 후에 해당 상품을 착용해 봐도 되는지 물어봅니다. 만약 면접관이 돌발상황 속 질문처럼 착용이 불가능하다고 하면 다른 색상으로 요청하여 계속해서 질문해 보세요. 이와 동시에 다른 디자인에도 관심 갖는 것을 보여 주기 위해 다른 상품도 피팅을 요청해 보는 것도 좋습니다.

실전 트레이닝

Track 22-04

รุ่นนี้มีไซส์แอลค่ะ จะลองใส่ดูไหมคะ 이 디자인은 L 사이즈가 있는데 입어 보시겠어요?

답변하기

모범 답변 보기

IL ครับ งั้นผมขอลองใส่แขนสั้นสีขาวตัวนั้นได้ไหมครับ ถ้าไม่ได้ขอลองสีอื่นก็ได้ครับ

네. 그럼 저 흰색 반팔티를 입어봐도 될까요? 안 된다면 다른 색상으로 입어 볼게요.

IM ครับ งั้นผมขอลองใส่เบอร์ 29 ดีไซน์อื่นสีเดิม 1 ตัวครับ แล้วก็ขอลองใส่กางเกงขายาวสีดำตัวนั้นเบอร์เดียวกันอีกหนึ่งตัวได้ไหมครับ

네. 그럼 저는 다른 디자인에 같은 색상 29사이즈를 한 벌 입어 볼게요. 그리고 같은 사이즈로 저 검은색 긴 바지를 하나 더 입어 봐도 될까요?

IM รุ่นนี้เบอร์ 270 สีขาวล้วนมีไหมครับ ถ้ามีขอลองใส่หน่อยครับ แล้วก็ขอดูรองเท้าบูทสีน้ำตาลเบอร์ 270 คู่นั่นหน่อยได้ไหมครับ ไม่ทราบว่าความสูงของส้นคู่นั้นเท่าไรครับ

이 모델 270사이즈는 올 화이트 색상이 있나요? 있으면 한번 신어 볼게요. 그리고 저 270사이즈 갈색 부츠도 좀 보여 주세요. 혹시 굽 높이가 어떻게 되나요?

돌발상황! 면접관은 이렇게 답변할 수 있어요!

A: ดีไซน์นี้ใส่ไม่ได้ค่ะ

이 디자인은 착용이 불가능합니다.

B: เสียดายครับ ถ้าอย่างนั้นดีไซน์นี้ลองใส่ได้ไหมครับ

아쉽네요. 그럼 이 디자인은 착용해 볼 수 있을까요?

단어 ลองใส่ดู 입어 보다 | รองเท้าบูท 부츠 | ความสูง 높이 | ส้น 굽

❹ 교환 결정

마지막으로 면접관은 지난번에 구매한 상품의 영수증이나 결제 카드를 지참했는지 물어볼 겁니다. 이때 대화가 좀 더 자연스럽게 이어질 수 있도록 전에 구매한 상품과 교환할 상품의 가격 차이를 물어볼 수 있고, 다른 상품 구매에 대한 관심을 보이며 추가 할인이 있는지도 질문할 수도 있습니다.

실전 트레이닝

Track 22-05

ไม่ทราบว่า ลูกค้าเอาใบเสร็จสินค้าที่ซื้อครั้งที่แล้วมาด้วยไหมครับ

고객님, 혹시 지난번에 구매한 상품 영수증 가져오셨나요?

답변하기

모범 답변 보기

IL **ค่ะ เอามาด้วยค่ะ ถ้างั้นดิฉันขอเปลี่ยนเป็นตัวนี้เลยค่ะ**

네. 가져왔어요. 그럼 저는 이걸로 교환할게요.

IM **เอามาค่ะ ถ้าอย่างนั้นดิฉันขอเปลี่ยนเป็นกางเกงเบอร์ 28 ตัวนี้ค่ะ แล้วถ้าดิฉันจะซื้อขายาวสีดำนี้อีกตัวหนึ่ง ช่วยลดราคาให้หน่อยจะได้หรือเปล่าคะ**

가져왔어요. 그럼 저는 이 28사이즈 바지로 교환할게요. 그리고 만약 제가 이 검은색 긴바지 한 벌을 더 사면 조금 할인해 주실 수 있나요?

IM **เอามาทั้งใบเสร็จและบัตรเครดิตที่ใช้จ่ายเงินครั้งก่อนค่ะ ไม่ทราบว่า ถ้าจะขอเปลี่ยนเป็นรองเท้าผ้าใบรุ่นใหม่ล่าสุดคู่นี้ ดิฉันจะต้องจ่ายเงินส่วนต่างเพิ่มเท่าไรคะ**

영수증과 저번에 결제할 때 사용한 신용 카드도 가져왔어요. 혹시 최신 운동화로 바꾸려면 차액을 얼마 더 내야 하나요?

돌발상황! 면접관은 이렇게 답변할 수 있어요!

A: นี่เป็นราคาพิเศษแล้ว ลดไม่ได้ครับ 이건 이미 특가 상품이라 할인이 안 돼요.
B: ช่วยชำระเงินให้เลยค่ะ 그럼 그냥 결제해 주세요.

단어 ใบเสร็จ 영수증 | เอามา 가져오다 | ลดราคา 할인하다 | รุ่นใหม่ล่าสุด 최신 모델 | ส่วนต่าง 차액

예시 미리보기

완벽 예시 주어진 상황에 따른 예상 대화를 미리 살펴보세요. Track 22-06

A สวัสดีค่ะ สนใจสินค้าตัวไหนถามได้คะ

안녕하세요? 필요하신 것 있으면 말씀해 주세요.

B หลายวันก่อนผมซื้อกางเกงตัวนี้มา แต่มันคับเกินไป ก็เลยอยากจะขอคืนเงินได้ไหมครับ

제가 며칠 전에 이 바지를 샀는데 너무 꽉 끼어서 환불하고 싶습니다.

A ขอโทษด้วยนะคะ ทางร้านเราเปลี่ยนสินค้าให้ได้ แต่คืนเงินให้ไม่ได้ค่ะ

죄송합니다만 저희 가게는 교환은 해드릴 수 있지만 환불은 안 됩니다.

B ครับ งั้นผมขอเปลี่ยนสินค้าก็แล้วกันครับ

네. 그럼 저는 상품을 교환하는 걸로 할게요.

A ไม่ทราบว่า คุณลูกค้าต้องการเปลี่ยนเป็นแบบไหนคะ

고객님, 어떤 상품으로 교환하고 싶으세요?

B ขอเปลี่ยนเป็นเบอร์ 29 แบบเดิมสีเดิมได้ไหมครับ แต่ถ้าไม่มีแล้วช่วยแนะนำกางเกงขายาวสีน้ำเงินดีไซน์อื่น ๆ ที่ราคาเท่ากันก็ได้ครับ

같은 색상과 스타일의 29사이즈로 바꿀 수 있을까요? 하지만 만약 없다면 같은 가격의 다른 디자인 파란색 바지를 추천해 주세요.

A รุ่นนี้ขายหมดแล้วค่ะ ขอแนะนำกางเกงตัวนี้ค่ะ เป็นสินค้าที่เพิ่งเข้ามาใหม่เลยนะคะ

이 디자인은 다 팔렸어요. 이 바지를 추천해 드릴게요. 얼마 전에 새로 들어온 상품입니다.

B งั้นขอลองใส่เบอร์ 29 ดีไซน์ใหม่สีน้ำเงิน 1 ตัวแล้วก็กางเกงขายาวสีดำเบอร์เดียวกันอีกตัวด้วยครับ

그럼 새로운 디자인의 파란색 29사이즈하고 같은 사이즈로 검은색 긴바지 하나 더 입어 볼게요.

A ได้ค่ะ เป็นยังไงบ้างคะ ใส่ได้พอดีไหมคะ

어떠세요? 잘 맞으세요?

B ใส่ได้พอดีทั้ง 2 ตัวเลยครับ งั้นผมขอเปลี่ยนเป็นกางเกงเบอร์ 29 สีน้ำเงินตัวนี้เลยครับ แล้วถ้าผมซื้อกางเกงขายาวสีดำอีก 1 ตัว ลดราคาให้หน่อยได้ไหมครับ

두 벌 다 잘 맞아요. 그럼 저는 이 파란색 바지 29사이즈로 교환할게요. 그리고 이 검은색 긴바지 한 벌 더 사면 할인해 주실 수 있으세요?

A เป็นราคาพิเศษแล้วลดไม่ได้ค่ะ คุณลูกค้าเอาใบเสร็จที่ซื้อสินค้าครั้งที่แล้วมาด้วยไหมคะ

이미 특가 상품이라서 할인해드릴 수 없어요. 고객님, 지난번에 구매한 상품 영수증 가져오셨나요?

B เอามาครับ นี่ครับ ทั้งหมดเท่าไรครับ

가져왔어요. 여기 있습니다. 모두 얼마인가요?

A ทั้งหมด 895 บาทค่ะ ขอบคุณค่ะ

모두 895밧입니다. 감사합니다.

직접 연습하기

빈칸 채우기 빈칸에 알맞은 답을 쓴 후, 따라 읽으며 연습해 보세요.

A สวัสดีครับ เชิญครับ สนใจสินค้าตัวไหนถามได้ครับ

안녕하세요? 어서 오세요. 필요하신 것 있으면 말씀해 주세요.

B ขอโทษนะคะ เมื่อวานดิฉันซื้อ [1] คู่นี้มาแต่ตอนนั้นไม่ได้สังเกตว่า มันมีรอยเปื้อนตรงนี้ เพิ่งเห็นตอนกลับถึงบ้านค่ะ ไม่ทราบว่าขอ [2] ได้ไหมคะ

실례합니다. 제가 어제 이 운동화를 샀는데 여기에 얼룩이 있는 걸 못 보고 집에 가서야 봤거든요. 혹시 환불 가능할까요?

A ขอโทษด้วยนะครับ ทางร้านเราเปลี่ยนสินค้าให้ได้อย่างเดียวครับ

죄송합니다만 저희 가게는 교환만 해드릴 수 있습니다.

B ค่ะ เห็นว่ารองเท้าที่ดิฉันซื้อไปไม่มีสต็อกแล้ว ไม่ทราบว่า มีรุ่นไหนที่ใส่สบายคล้ายคู่นี้ไหมคะ อยากได้สีขาวล้วนไม่มี [3] ค่ะ

네. 제가 구매한 신발은 재고가 없다고 들었는데 혹시 이것과 비슷하면서 편하게 신을 수 있는 모델이 있나요? 무늬 없는 올 화이트 색상으로요.

A ใช่ครับ รุ่นนั้น [4] แล้วครับ ขอแนะนำคู่นี้ เป็นสินค้าที่เพิ่งเข้ามาใหม่เลยนะครับ

네. 맞습니다. 그 디자인은 다 팔렸고 이걸 추천해 드릴게요. 얼마 전에 새로 들어온 상품입니다.

B รุ่นนี้เบอร์ 240 สีขาวล้วนมีไหมคะ ถ้ามีขอ [5] หน่อยค่ะ แล้วก็ขอดูรองเท้าส้นสูงสีแดงเบอร์ 240 คู่นั้นหน่อยได้ไหมคะ ไม่ทราบว่า ความสูงของส้นคู่นั้นเท่าไรคะ

이 모델로 240사이즈 올 화이트가 있을까요? 있으면 좀 신어 볼게요. 그리고 저 240사이즈 빨간색 하이힐도 좀 보여 주시겠어요? 혹시 굽 높이가 어떻게 되나요?

Ⓐ ได้ครับ ส้นสูง 5 เซนติเมตรครับ เป็นยังไงบ้างครับ ใส่ได้พอดีไหมครับ

네. 굽 높이는 5센치입니다. 어떠세요? 잘 맞으세요?

Ⓑ สีขาวใส่ได้พอดี แต่สีแดงเล็กไปค่ะ ถ้าจะขอเปลี่ยนเป็นสีขาวคู่นี้ต้องจ่ายเงิน 6 ______ เพิ่มเท่าไรคะ

흰색은 딱 맞는데 빨간색은 너무 작네요. 흰색으로 바꾸려면 차액을 얼마 더 지불해야 하나요?

Ⓐ รุ่นใหม่นี้ราคาต่างจากรุ่นเก่า 399 บาทครับ ไม่ทราบว่า เอา 7 ______ ซื้อสินค้าครั้งก่อนมาด้วยไหมครับ

새 모델과 이전 모델의 가격 차이는 399밧입니다. 혹시 지난번에 구매한 상품 영수증 가져오셨나요?

Ⓑ เอามาค่ะ เอาบัตรเครดิตที่ใช้จ่ายเงินครั้งก่อนมาด้วยค่ะ งั้นขอเปลี่ยนเป็นรุ่นใหม่คู่นี้ค่ะ

가져왔어요. 저번에 결제한 신용 카드도 가져왔어요. 그럼 새로운 모델로 교환할게요.

Ⓐ รับทราบครับ นี่ครับ ขอบคุณที่ใช้บริการครับ

알겠습니다. 여기 있습니다. 이용해 주셔서 감사합니다.

정답

1. รองเท้าผ้าใบ 2. คืนเงิน 3. ลวดลาย 4. ขายหมด 5. ลองใส่ 6. ส่วนต่าง 7. ใบเสร็จ

บทที่

23 학원 등록

"สวัสดีค่ะ โรงเรียนภาษาไทยค่ะ สนใจหลักสูตรไหนคะ"

여보세요? 태국어 학원입니다. 어느 과정에 관심 있으신가요?

대비 전략

면접관은 수험자가 현재 태국에 살고 있고 학원에서 태국어를 공부하려는 상황을 가정합니다. 면접관은 학원의 수강 접수 담당자 역할을 하고, 수험자는 수강 상담을 받는 역할을 맡습니다. 이때 수험자는 수업 과정, 수업 시간, 수강료, 개강일 등에 대해서 상담을 주고받아야 하기 때문에 관련 표현들을 미리 숙지해 두어야 합니다.

빈출 질문

Q1 커리큘럼 문의
สวัสดีค่ะ โรงเรียนภาษาไทยค่ะ สนใจหลักสูตรไหนคะ
여보세요? 태국어 학원입니다. 어느 과정에 관심 있으신가요?

Q2 해당 과정 개설 여부
ขอโทษนะครับ แต่ว่าตอนนี้หลักสูตรนั้นยังไม่เปิดครับ
죄송합니다만 지금 그 과정은 아직 개설되지 않았어요.

Q3 세부 사항 문의
มีอะไรอยากสอบถามเพิ่มเติมอีกไหมคะ 더 문의하고 싶은 사항이 있으신가요?

Q4 등록 여부
ถ้างั้น สะดวกลงทะเบียนไว้เลยไหมครับ 그럼 바로 등록해 두시겠어요?

답변 구조 & 핵심 표현

ผม/ดิฉันสอบถามเกี่ยวกับหลักสูตร 과목 หน่อยครับ/ค่ะ 저는 과목 커리큘럼을 문의하고 싶어요.

ผมอยากสอบถามเกี่ยวกับหลักสูตรภาษาไทยหน่อยครับ 저는 태국어 커리큘럼을 문의하고 싶어요.
ดิฉันอยากสอบถามเกี่ยวกับหลักสูตรภาษาอังกฤษหน่อยค่ะ 저는 영어 커리큘럼을 문의하고 싶어요.

ถ้าอย่างนั้น มีหลักสูตร 커리큘럼 ไหม 그럼 커리큘럼 은 있나요?

ถ้าอย่างนั้น มีหลักสูตรระดับต้นไหม 그럼 초급 과정은 있나요?
ถ้าอย่างนั้น มีหลักสูตรไวยากรณ์ไหม 그럼 문법 과정은 있나요?

개강/종강 วันที่เท่าไร 며칠에 개강/종강 해요?

เปิดเรียนวันที่เท่าไร 며칠에 개강해요?
ปิดเรียนวันที่เท่าไร 며칠에 종강해요?

ผม/ดิฉันขอลงทะเบียนหลักสูตร 커리큘럼 ครับ/ค่ะ 저는 커리큘럼 에 등록할게요.

ผมขอลงทะเบียนหลักสูตรระดับต้นครับ 저는 초급 과정에 등록할게요.
ดิฉันขอลงทะเบียนหลักสูตรระยะสั้นค่ะ 저는 단기 과정에 등록할게요.

빈출 표현 익히기

Track 23-01

강의 종류	การฟัง 듣기★	การอ่าน 읽기★
	การเขียน 쓰기★	การพูด 말하기★
	ไวยากรณ์ 문법★	สนทนาทั่วไป 일반 회화★
	ภาษาไทยเพื่อธุรกิจ 비즈니스 태국어★	เตรียมสอบ OPI OPI 시험 대비
	เตรียมสอบ FLEX FLEX 시험 대비	คอร์สระยะสั้น 단기 과정

세부 사항 문의	ระดับต้น 초급★	ระดับกลาง 중급★
	กี่ชั่วโมง 몇 시간★	วันที่เท่าไร 며칠★
	วันละกี่ชั่วโมง 하루에 몇 시간★	สัปดาห์ละกี่ชั่วโมง 일주일에 몇 시간
	นานเท่าไร 얼마나	บ่อยแค่ไหน 얼마나 자주
	ด้วยวิธีไหน 어떤 방법으로	วันอะไร 무슨 요일
	กี่คน 몇 명	กี่เดือน 몇 개월
	เริ่มตั้งแต่กี่โมง 몇 시부터 시작하다	เลิกกี่โมง 몇 시에 끝나다

등록 여부	ลงทะเบียน 등록하다★	ชำระเงิน 결제하다★
	คิดดูก่อน 우선 생각해 보다★	ติดต่อกลับ 다시 연락을 주다
	ตกลง 결정하다	ยังตัดสินใจไม่ได้ 아직 결정을 못 하다

OPI 빈출 문제

❶ 커리큘럼 문의

수험자가 먼저 수업 과정을 문의하는 상황이기 때문에 면접관이 질문하기만을 기다리지 말고 수험자가 적극적으로 강의 커리큘럼에 대해 문의해야 합니다. 이전에 학원에서 태국어를 공부했던 경험이 있는 수험자라면 태국어 수업을 수강했던 내용을 간단하게 언급하며 이와 연결하여 질문하는 것도 좋습니다.

실전 트레이닝

Track 23-02

สวัสดีค่ะ โรงเรียนภาษาไทยค่ะ สนใจหลักสูตรไหนคะ

여보세요? 태국어 학원입니다. 어느 과정에 관심 있으신가요?

답변하기

모범 답변 보기

IL ผมอยากสอบถามหลักสูตรภาษาไทยหน่อยครับ ไม่ทราบว่า มีหลักสูตรระดับต้นไหมครับ

저는 태국어 커리큘럼에 대해 문의하고 싶은데 혹시 초급 과정이 있나요?

IM ผมขออนุญาตสอบถามหน่อยครับ คือผมจะสมัครสอบ OPI ภาษาไทยประมาณกลางปีนี้ครับ ไม่ทราบว่า ตอนนี้มีหลักสูตรเตรียมสอบ OPI ไหมครับ

좀 여쭤볼게요. 제가 올해 중순쯤에 태국어 OPI 시험을 응시하려고 하는데 혹시 지금 태국어 OPI 대비 과정이 있을까요?

IM ผมเคยเรียนภาษาไทยที่สถาบันภาษาในเกาหลี 5 เดือนครับ ตอนนี้ผมสามารถอ่าน และเขียนภาษาไทยได้แล้ว แต่ยังพูดไม่ค่อยเก่ง พอจะมีคลาสไหนที่เหมาะกับผมไหมครับ

저는 한국의 어학원에서 5개월 동안 태국어를 배운 적이 있어요. 저는 지금 읽기와 쓰기는 할 수 있지만 말하기는 잘 못해요. 저에게 적합한 반이 있을까요?

돌발상황! 면접관은 이렇게 질문할 수 있어요!

กำลังมองหาคอร์สแบบไหนอยู่คะ

어떤 과정을 알아보고 계신가요?

단어 หลักสูตร(=คอร์ส) 과정 | สอบถาม 문의하다 | อนุญาต 허락하다 | สมัคร 지원하다 | สถาบันภาษา 어학원 | สามารถ ~할 수 있다 | คลาส 수업, 반 | พอจะ ~할 만하다 | เหมาะ 적합하다 | มองหา 알아보다

❷ 해당 과정 개설 여부

상황에 따라 다르겠지만 면접관은 수험자가 말한 수업 과정이 없다고 답변할 수도 있습니다. 이때 당황하지 말고 대안으로 생각하고 있는 다른 과정은 있는지 질문할 수 있도록 연습합니다. 이때 원하는 과정을 학습하려는 이유도 함께 언급하는 것이 좋습니다.

실전 트레이닝

Track 23-03

ขอโทษนะครับ แต่ว่าตอนนี้หลักสูตรนั้นยังไม่เปิดครับ

죄송합니다만 지금 그 과정은 아직 개설되지 않았어요.

답변하기

모범 답변 보기

IL ถ้าอย่างนั้น ตอนนี้มีหลักสูตรอะไรสำหรับผู้เริ่มต้นบ้างคะ

그렇다면 지금 초보자를 위한 과정은 어떤 게 있나요?

IM ถ้าอย่างนั้น ไม่ทราบว่า มีหลักสูตรที่เกี่ยวกับการสื่อสาร หรือหลักสูตรที่ช่วยพัฒนาทั้งทักษะการฟังและการพูดภาษาไทยที่เปิดรับอยู่ตอนนี้บ้างไหมคะ

그렇다면 혹시 지금 개설되어 있는 강의 중에 커뮤니케이션 관련 과정이나 태국어 듣기와 말하기 능력을 모두 향상시키는 데에 도움이 되는 과정이 있을까요?

IM ดิฉันเคยเรียนคอร์สพื้นฐานมาแล้ว จึงสนใจหลักสูตรระดับกลางหรือหลักสูตรเฉพาะทางมากกว่า หากว่า มีหลักสูตรอื่นที่แนะนำให้ไหมคะ

저는 기초 과정을 배운 적이 있어서 중급 과정이나 전문적인 과정에 더 관심이 있습니다. 혹시 추천할 만한 다른 과정이 있을까요?

돌발상황! 면접관은 이렇게 답변할 수 있어요!

★ ตอนนี้มีหลักสูตรภาษาไทยเบื้องต้น และภาษาไทยเพื่อการสนทนาในชีวิตประจำวันครับ

지금 태국어 입문 과정과 태국어 일상 회화 과정이 있습니다.

단어 สำหรับ ~에게 | ผู้เริ่มต้น 초보자 | การสื่อสาร 의사소통 | พัฒนา 향상시키다 | ทักษะ 능력 | เปิดรับ(=เปิดสอน) 개설되다 | พื้นฐาน 기초, 기본 | จำเป็น 필요하다 | ส่วนตัว 개인적으로 | เฉพาะทาง 전문적인 | เบื้องต้น 입문 | ชีวิตประจำวัน 일상생활

OPI 빈출 문제

❸ 세부 사항 문의

하나의 수업을 바로 등록하기보다 세부 사항에 대해 물으며 대화 내용을 풍부하게 이끌어가는 것이 좋습니다. 해당 과정의 수업 시간 및 총 수업 기간, 개강 일시, 수강 인원 등 다양하게 문의하며 대화를 이어나갈 수 있도록 관련 표현을 위주로 학습해 두어야 합니다.

실전 트레이닝

มีอะไรอยากสอบถามเพิ่มเติมอีกไหมคะ 더 문의하고 싶은 사항이 있으신가요?

답변하기

모범 답변 보기

IL หลักสูตรไวยากรณ์ระดับต้นเปิดเรียนวันที่เท่าไร แล้วระยะเวลาการเรียนนานเท่าไรครับ

초급 문법 과정은 며칠에 개강하고 학습 기간은 얼마나 걸리나요?

IM คอร์สการฟังและการพูดเรียนวันอะไรบ้าง แล้วก็เรียนตั้งแต่กี่โมงถึงกี่โมงครับ เพราะว่าผมเริ่มทำงานตั้งแต่ 9 โมงเช้าจนถึง 6 โมงเย็น ก็เลยอยากเรียนช่วงเย็นครับ

듣기와 말하기 과정은 무슨 요일에 수업하고 몇 시부터 몇 시까지 수업해요? 왜냐하면 저는 오전 9시부터 오후 6시까지는 일을 해서 저녁 시간에 수업을 듣고 싶어요.

IM คอร์สภาษาไทยเพื่อธุรกิจกับคอร์สภาษาไทยเพื่อการศึกษาต่อต่างกันยังไงครับ แล้วก็อยากจะทราบว่าแต่ละคอร์สในห้องเรียน 1 ห้องมีนักเรียนจำนวนทั้งหมดกี่คนครับ

비즈니스 태국어 과정과 유학 태국어 과정은 어떻게 다른가요? 그리고 각각의 과정은 학생 수가 총 몇 명씩 있나요?

돌발상황! 면접관은 이렇게 답변할 수 있어요!

คอร์สสนทนาเรียนทุกวันจันทร์ถึงศุกร์ตั้งแต่ 9 โมงเช้าถึงบ่ายโมงค่ะ เปิดเรียนวันแรกวันจันทร์ที่ 8 สิงหาคมนี้ค่ะ

회화 과정은 월요일부터 금요일까지 매일 오전 9시에서 오후 1시까지 수업하고, 첫 수업은 8월 8일 월요일에 개강해요.

단어 วันอะไร 무슨 요일 | ต่างกัน 서로 다르다 | จำนวน 수, 수량

④ 등록 여부

면접관과 수업에 관련된 상담을 충분히 나눈 뒤 대화를 마무리 짓습니다. 이때 바로 수업 등록을 결정하거나 혹은 좀 더 고민해 보고 결정해서 연락하겠다고 말하며 수업 등록 결정을 미룰 수 있습니다. 등록하기로 결정한 경우, 수강료 지불에 대해 간단히 질문해도 좋습니다.

실전 트레이닝

Track 23-05

ถ้างั้น สะดวกลงทะเบียนไว้เลยไหมครับ 그럼 바로 등록해 두시겠어요?

답변하기

모범 답변 보기

IL ดีค่ะ งั้น ดิฉันขอลงทะเบียนหลักสูตรระดับต้นค่ะ

좋아요. 그럼 저는 초급 과정에 등록할게요.

IM ถ้างั้น ดิฉันขอลงทะเบียนหลักสูตรการฟังและการพูดไว้เลยก็แล้วกันนะคะ ไม่ทราบว่า ดิฉันสามารถจ่ายค่าเรียนในวันที่ไปเรียนได้ไหมคะ

그럼 저는 듣기와 말하기 과정을 등록하겠습니다. 혹시 제가 수업 듣는 날에 수강료를 지불해도 괜찮을까요?

IM ความจริงตอนนี้ก็ยังลังเลระหว่างคอร์สธุรกิจกับคอร์สเพื่อการศึกษาต่อค่ะ ยังตัดสินใจไม่ได้ ต้องขอคิดดูก่อนแล้วจะติดต่อกลับไปใหม่นะคะ ขอบคุณที่สละเวลาตอบคำถามคะ

사실 저는 비즈니스 과정과 유학 과정 중에서 망설이고 있어서 아직 결정을 못 하겠어요. 좀 더 생각해 보고 나서 다시 연락드릴게요. (문의에 응해 주시는) 시간을 내 주셔서 감사합니다.

돌발상황! 면접관은 이렇게 답변할 수 있어요!

ขอทราบชื่อผู้ลงทะเบียนหน่อยได้ไหมครับ

수강생님 성함을 알려 주실 수 있을까요?

단어 สามารถ…ได้ ~할 수 있다 | จ่าย 지불하다 | ค่าเรียน 수강료 | ความจริง 사실은 | ลังเล 망설이다 | ระหว่าง 사이 | ตัดสินใจ 결정하다 | สละเวลา 시간을 내다 | ตอบคำถาม 질문에 답하다

예시 미리보기

완벽 예시 주어진 상황에 따른 예상 대화를 미리 살펴보세요. Track 23-06

A สวัสดีค่ะ โรงเรียนกวดวิชาภาษาไทยค่ะ

안녕하세요? 태국어 학원입니다.

B สวัสดีครับ ผมอยากสอบถามเกี่ยวกับหลักสูตรภาษาไทยหน่อยครับ

안녕하세요? 태국어 수업 과정에 대해 문의 좀 하려고요.

A ได้ค่ะ กำลังมองหาหลักสูตรแบบไหนอยู่คะ

가능합니다. 어떤 과정을 알아보고 계신가요?

B คือผมจะสมัครสอบ OPI ภาษาไทยประมาณกลางปีนี้ ไม่ทราบว่า ตอนนี้มีหลักสูตรเตรียมสอบไหมครับ

저는 올해 중순쯤에 OPI 태국어 시험에 지원하려고 하는데 혹시 지금 태국어 OPI 대비 과정이 있을까요?

A ขอโทษนะคะ ตอนนี้หลักสูตรนั้นยังไม่เปิดค่ะ มีคอร์สอื่นที่สนใจอยู่ไหมคะ

죄송합니다. 그 과정은 열리지 않았어요. 관심 있는 또 다른 과정이 있으신가요?

B มีหลักสูตรที่ช่วยพัฒนาทั้งทักษะการฟังและการพูดภาษาไทยที่เปิดรับอยู่ตอนนี้บ้างไหมครับ

혹시 지금 개설되어 있는 회화 관련 수업 과정이나 태국어 듣기와 말하기 능력 모두 향상시키는 데에 도움이 되는 과정이 있나요?

A ตอนนี้มีหลักสูตรภาษาไทยเพื่อการสนทนาในชีวิตประจำวันค่ะ

지금 태국어 일상 회화 과정이 있습니다.

B ครับ คอร์สสนทนาในชีวิตประจำวันเรียนวันอะไรบ้างครับ แล้วก็เรียนตั้งแต่กี่โมงถึงกี่โมงครับ

네. 일상 회화 과정은 무슨 요일에 수업하나요? 그리고 몇 시부터 몇 시까지 수업해요?

A เรียนตั้งแต่วันจันทร์ถึงวันศุกร์เริ่มตั้งแต่ 9 โมงเช้าถึงบ่ายโมง แล้วพักตั้งแต่เที่ยงวันถึงบ่ายโมงค่ะ

월요일부터 금요일까지, 오전 9시부터 시작하여 오후 2시까지입니다. 오후 12시부터 1시까지는 쉬는 시간입니다.

B เรียนวันละ 4 ชั่วโมงใช่ไหมครับ แล้วเปิดเรียนวันแรกวันที่เท่าไรครับ

하루에 4시간씩 맞나요? 그럼 첫 수업은 며칠에 개강하나요?

A วันจันทร์ที่ 8 สิงหาคมนี้ค่ะ สะดวกลงทะเบียนไว้เลยไหมคะ

8월 8일 월요일입니다. 바로 등록하시겠어요?

B ถ้างั้น ผมขอลงทะเบียนหลักสูตรสทนาไว้เลยก็แล้วกันนะครับ ไม่ทราบว่าผมสามารถจ่ายค่าเรียนในวันที่ไปเรียนได้ไหมครับ

그럼 저는 회화 과정을 등록하겠습니다. 혹시 수업 듣는 날 수강료를 지불해도 괜찮을까요?

A ได้ค่ะ ขอทราบชื่อผู้ลงทะเบียน และข้อมูลติดต่อหน่อยค่ะ

가능합니다. 수강생님 성함과 연락처를 좀 알 수 있을까요?

B ชื่อชีวอน นามสกุล คิม ครับ หมายเลขโทรศัพท์ 089-765-4321 ครับ

이름은 '시원'이고 성은 '김'이에요. 전화번호는 089-765-4321입니다.

빈칸 채우기

빈칸에 알맞은 답을 쓴 후, 따라 읽으며 연습해 보세요.

Ⓐ สวัสดีครับ โรงเรียนกวดวิชาภาษาไทยครับ

안녕하세요? 태국어 학원입니다.

Ⓑ สวัสดีค่ะ ดิฉันอยากสอบถามเกี่ยวกับ 1 ______ ภาษาไทยหน่อยค่ะ

안녕하세요? 태국어 수업 과정에 대해 문의 좀 하려고요.

Ⓐ ได้ครับ กำลังมองหาคอร์สแบบไหนอยู่ครับ

가능합니다. 어떤 과정을 알아보고 계신가요?

Ⓑ ดิฉันเคยเรียนภาษาไทยที่ 2 ______ 5 เดือนแต่ยังพูดไม่ค่อยเก่งมี คลาสไหนที่เหมาะกับดิฉันไหมคะ

저는 어학원에서 태국어를 5개월 배운 적 있지만 말하기는 잘 못해요. 저에게 적합한 반이 좀 있을까요?

Ⓐ ถ้าเพิ่งเริ่มเรียนได้ไม่นาน มีคอร์สไวยากรณ์ระดับต้นและสนทนาทั่วไป แนะนำครับ

공부를 시작한 지 얼마 안 되셨다면 초급 문법 과정과 일반 회화 과정을 추천합니다.

Ⓑ ดิฉันเคยเรียนคอร์ส 3 ______ มาแล้วจึงไม่ค่อยจำเป็นเท่าไร ส่วนตัว สนใจระดับกลางหรือคอร์ส 4 ______ มากกว่า พอจะมีเปิดสอนอยู่ บ้างไหมคะ

저는 기초 과정을 배운 적이 있어서 지금 저에게 별로 필요하지 않아서요. 개인적으로 중급이나 전문적인 과정에 더 관심이 있어서 추천할 만한 다른 과정이 있을까요?

Ⓐ ถ้าเป็นคลาสระดับกลางถึงสูงตอนนี้มีภาษาไทยธุรกิจ และภาษาไทยเพื่อ การศึกษาต่อครับ

중고급 강의면 지금 비즈니스 태국어 과정과 유학 태국어 과정이 있습니다.

Ⓑ คอร์สภาษาไทยเพื่อธุรกิจกับคอร์สภาษาไทยเพื่อการศึกษาต่อต่างกันยังไงคะ

비즈니스 태국어 과정과 유학 태국어 과정은 어떻게 다른가요?

Ⓐ คอร์สธุรกิจเรียนเรื่องการเขียนเอกสาร ส่วนคอร์สเรียนต่อจะเรียนเกี่ยวกับการเขียน [5] ครับ

비즈니스 과정은 서류 작성에 대해 공부하고 유학 과정은 과제 보고서 작성에 대해 공부합니다.

Ⓑ เข้าใจแล้วค่ะ แล้วก็อยากทราบว่า ในห้องเรียน 1 ห้องมีนักเรียนจำนวนทั้งหมดกี่คนคะ

알겠습니다. 그리고 한 수업당 학생 수는 총 몇 명이 있는지 궁금합니다.

Ⓐ มีนักเรียนประมาณ 10–12 คนต่อหนึ่งห้องครับ สะดวกลง [6] ไว้เลยไหมครับ

한 교실에 학생은 10~12명쯤 있습니다. 바로 등록하시겠어요?

Ⓑ ความจริงตอนนี้ก็ยัง [7] ระหว่างคอร์สธุรกิจกับคอร์สเพื่อการศึกษาต่อค่ะ ยังตัดสินใจไม่ได้ ขอคิดดูก่อนแล้วจะติดต่อกลับไปใหม่นะคะ ขอบคุณที่สละเวลาตอบคำถามคะ

사실 저는 비즈니스 과정과 유학 과정 중에서 망설이고 있어서 아직 결정을 못 하겠어요. 좀 더 생각해 보고 나서 다시 연락드릴게요. (문의에 응해 주시는) 시간을 내 주셔서 감사합니다.

Ⓐ ครับ ขอบคุณครับ

네. 감사합니다.

정답

1. หลักสูตร 2. สถาบันภาษา 3. พื้นฐาน 4. เฉพาะทาง 5. รายงานการบ้าน 6. ลงทะเบียน 7. ลังเล

24 병원 진료 예약

"โรงพยาบาลบางกอก สวัสดีค่ะ"

여보세요? 방콕 병원입니다.

대비 전략

수험자가 태국에서 병원에 가기 위해 전화로 사전 예약하거나 방문 예약하는 상황을 가정합니다. 면접관은 간호사나 의사 역할을 하고, 수험자는 환자 역할을 맡습니다. 이때 수험자는 진료 희망 시간 예약, 증상 설명, 증상이 나타난 기간, 진료받기 전 준비 사항 등에 대해 대화해야 하므로 병원 관련 표현을 익혀 두는 것이 좋습니다.

빈출 질문

Q1 진료 예약하기 **โรงพยาบาลบางกอก สวัสดีค่ะ** 여보세요? 방콕 병원입니다.

Q2 진료 문의 **คนไข้มีประวัติการรักษาที่โรงพยาบาลนี้ไหมครับ หรือเป็นผู้ป่วยใหม่ครับ**
환자분은 이 병원의 진료 이력이 있으신가요? 아니면 처음 방문하신 건가요?

Q3 증상 설명 **คนไข้เป็นอะไรมาคะ** 환자분은 어디가 불편하세요?

Q4 증상이 나타난 시기 **มีอาการแบบนี้มาตั้งแต่เมื่อไรครับ** 이런 증상은 언제부터 있었나요?

답변 구조 & 핵심 표현

ไม่ทราบว่า 시간 จะนัดพบคุณหมอได้ไหม 시간 에 진료받을 수 있을까요?

ไม่ทราบว่า พรุ่งนี้ตอนบ่ายโมงจะนัดพบคุณหมอได้ไหม 내일 오후 1시에 진료받을 수 있을까요?
ไม่ทราบว่า วันศุกร์นี้ 5 โมงเย็นจะนัดพบคุณหมอได้ไหม 금요일 저녁 5시에 진료받을 수 있을까요?

ผม/ดิฉันรู้สึก 증상① แล้วก็ 증상② ด้วยครับ/ค่ะ 저는 증상① 이 있고 증상② 도 있어요.

ผมรู้สึกเจ็บคอแล้วก็ไอด้วยครับ 저는 목이 아프고 기침이 나요.
ดิฉันรู้สึกปวดท้องแล้วก็มีไข้ต่ำ ๆ ด้วยค่ะ 저는 배가 아프고 미열도 있어요.

มีอาการเหล่านี้มา 기간 기간 부터 이러한 증상들이 있었어요.

มีอาการเหล่านี้มา 2-3 วันแล้ว 2~3일 전부터 이러한 증상들이 있었어요.
มีอาการเหล่านี้มาตั้งแต่เมื่อวานเย็น 어젯밤부터 이러한 증상들이 있었어요.

ผม/ดิฉันไม่เคยมาที่นี่ 준비 사항 อะไรไหมครับ/คะ 여기 와 본 적 없는데 준비 사항 이 있나요?

ผมไม่เคยมาที่นี่ ต้องกรอกเอกสารอะไรไหมครับ 여기 와 본 적 없는데 작성해야 할 서류가 있나요?
ดิฉันไม่เคยมาที่นี่ ต้องเตรียมอะไรไหมคะ 여기 와 본 적 없는데 준비해야 할 것이 있나요?

빈출 표현 익히기

Track 24-01

진료 예약	นัดพบคุณหมอ 진찰받다★	ตรวจโรค 진찰하다★
	จองคิว 예약하다★	ฉีดวัคซีนป้องกัน 예방 주사를 맞다★
	ตรวจสุขภาพ 건강 검진을 받다★	เอกซเรย์ 엑스레이를 찍다
	ส่องกล้องตรวจภายใน 내시경 검사를 하다	ทำศัลยกรรม 성형수술을 하다
	ตรวจฟัน 치아를 검사하다	ตรวจโรคติดต่อ 유행병 검사를 하다
	เข้ารับการผ่าตัด 수술을 받다	แอดมิด 입원하다

증상	ไอ 기침이 나다★	เป็นไข้ 열이 나다★
	น้ำมูกไหล 콧물이 나다★	เจ็บคอ 목이 아프다★
	แสบคอ 목이 따끔거리다★	เวียนหัว 어지럽다★
	ปวดท้อง 배가 아프다★	อาเจียน 구토하다★
	ตัวร้อน 몸이 뜨겁다	แสบท้อง 속이 쓰리다
	ท้องเสีย 설사하다	อ่อนเพลีย 피로하다
	ปวดเมื่อยกล้ามเนื้อ 근육통이 나다	หูอื้อ 귀가 울리다

질병	เป็นไข้หวัด 감기에 걸리다★	อาหารเป็นพิษ 식중독에 걸리다★
	เป็นโรคติดต่อ 유행병에 걸리다	เป็นภูมิแพ้ 알레르기가 있다

약 종류	ยาแก้ไอ 기침약★	ยาลดไข้ 해열제★
	ยาแก้อักเสบ 소염제	ยาแก้ปวด 진통제
	ยาน้ำ 물약	ยาเม็ด 알약
	ยาย่อยอาหาร 소화제	ยาดม 각성제

OPI 빈출 문제

❶ 진료 예약하기

면접관과 가벼운 인사를 주고받은 다음 수험자가 병원에 전화한 목적을 말합니다. 예약 희망 날짜와 시간을 구체적으로 설정하여 그때 진료받을 수 있는지 면접관에게 질문하면 됩니다. 주로 전화상으로 예약하는 상황이 주어지며 직접 방문하여 다음 진료를 예약하는 설정이 주어질 수도 있습니다.

실전 트레이닝

Track 24-02

โรงพยาบาลบางกอก สวัสดีค่ะ 안녕하세요? 방콕 병원입니다.

답변하기

모범 답변 보기

IL ไม่ทราบว่า วันพรุ่งนี้ตอนบ่ายโมงตรงจะขอนัดพบคุณหมอได้ไหมครับ

혹시 내일 오후 1시 정각에 진료 예약할 수 있을까요?

IM ผมอยากจองคิวพบคุณหมอวันศุกร์ที่ 12 เมษายนนี้ เลยสอบถามเพื่อจองคิวก่อนครับ ไม่ทราบว่า มีคิวที่จองได้เมื่อไรบ้าง ถ้าเป็นไปได้ขอคิวที่เร็วที่สุดเลยครับ

제가 4월 12일 금요일에 진료를 받고 싶어서 예약 문의드립니다. 혹시 예약 가능한 시간이 있을까요? 가능하면 가장 빠른 시간으로 주세요.

IM ผมอยากจะไปตรวจสุขภาพปีนี้ครับ ไม่ทราบว่า ปกติแล้วต้องจองก่อนไหม หรือไปได้เลยครับ ถ้าต้องจองก่อน ขอทราบวันเวลาที่จองได้ของสัปดาห์นี้ด้วยครับ

저는 올해 건강 검진을 받고 싶은데요. 혹시 보통 미리 예약해야 하나요? 아니면 그냥 가면 되나요? 만약 먼저 예약해야 한다면 이번 주에 예약 가능한 날짜를 알려 주세요.

돌발상황! 면접관은 이렇게 답변할 수 있어요!

A: ต้องจองก่อนค่ะ แล้วก็ช่วงเช้าคนเยอะมากแนะนำให้มาช่วงบ่ายค่ะ

우선은 예약하셔야 해요. 그리고 오전에는 사람이 많아서 오후에 오시는 것을 추천합니다.

B: ครับ งั้นช่วยจองวันพุธบ่าย 3 โมงครับ

네. 그럼 수요일 오후 3시로 예약 부탁드립니다.

단어 รักษา 치료하다 | คิว 차례 | ประจำปี 연간

② 진료 문의

실제 병원에서 진료를 받는 것처럼 해당 병원에서 진료받은 이력이 있는 환자인지 아니면 처음 방문한 환자인지 질문할 것입니다. 이에 대해 답변한 뒤에 제출해야 하는 서류, 진료를 받기 전에 준비해야 하는 것, 소요 시간 등의 추가 질문을 하면 좋습니다.

실전 트레이닝

Track 24-03

คนไข้มีประวัติการรักษาที่โรงพยาบาลนี้ไหมครับ หรือว่าเป็นผู้ป่วยใหม่ครับ

환자분은 이 병원의 진료 이력이 있으신가요? 아니면 처음 방문하시는 건가요?

답변하기

모범 답변 보기

IL ดิฉันไม่เคยมาที่นี่ ครั้งนี้เป็นครั้งแรกค่ะ ต้องกรอกเอกสารอะไรไหมคะ

저는 여기 방문한 적 없고 이번이 처음이에요. 작성해야 할 서류가 있을까요?

IM ดิฉันเคยมาครั้งที่แล้วค่ะ ถ้าอย่างนั้น ดิฉันขอนัดพบคุณหมอตอนเที่ยงวันนี้เลยนะคะ ไม่ทราบว่ามีอะไรที่ดิฉันต้องเตรียมไปไหมคะ

전에 방문한 적 있습니다. 그러면 저는 오늘 낮 12시에 진료받을게요. 혹시 제가 준비해 가야 할 것이 있나요?

IM ยังไม่เคยเลยค่ะ ไม่ทราบว่า ปกติแล้วใช้เวลาในการตรวจสุขภาพประมาณกี่ชั่วโมงคะ แล้วดิฉันจะต้องเตรียมตัวล่วงหน้าก่อนรับการตรวจสุขภาพยังไงบ้างคะ

방문한 적 없어요. 혹시 건강 검진은 보통 몇 시간 걸리나요? 그리고 건강 검진을 받기 전에 제가 미리 준비해야 할 것은 어떤 게 있을까요?

돌발상황! 면접관은 이렇게 답변할 수 있어요!

พรุ่งนี้เช้างดดื่มน้ำ หรือทานอาหารก่อนมาตรวจสุขภาพนะครับ

내일 오전 건강 검진하러 오시기 전에 물을 마시거나 식사하시는 것을 금합니다.

단어 ประวัติการรักษา 진료 이력 | กรอก 작성하다 | ล่วงหน้า 미리 | รับการตรวจ 검진을 받다 | งด 삼가다

OPI 빈출 문제

③ 증상 설명

대화를 계속 이어갈 수 있도록 진료를 받고 싶은 이유 및 몇 가지 증상을 구체적으로 설명하면서 자기 진단이나 그렇게 의심되는 이유에 대해 함께 답변하면 좋습니다. 평소에 흔히 접할 수 있는 질병 증상이나 검진 종류와 관련된 단어 표현을 다양하게 숙지해 둡시다.

실전 트레이닝

Track 24-04

คนไข้เป็นอะไรมาครับ 환자분은 어디가 불편하세요?

답변하기

모범 답변 보기

IL ดิฉันรู้สึกเจ็บคอ ตัวร้อน แล้วก็ได้ไม่หยุด โดยเฉพาะตอนกลางคืนค่ะ

저는 열이 있고 콧물이 나며 특히 밤중에 기침이 계속 나요.

IM ดิฉันรู้สึกปวดท้องแล้วก็รู้สึกเหมือนมีไข้ต่ำ ๆ ด้วย ตอนเมื่อคืนนี้กินอะไรก็อาเจียนออกมาหมด ฉันขอตรวจโรคเร็วที่สุดเท่าที่จะเป็นไปได้ค่ะ

저는 배가 아프고 미열도 있는데 어젯밤에는 뭐든 먹고 나면 다 토해서 가능한 빨리 진료받고 싶어요.

IM ดิฉันไม่ได้ตรวจสุขภาพประจำปีมานานแล้วค่ะ น่าจะเกิน 3-4 ปีแล้ว ตั้งแต่ปีนี้รู้สึกว่า เป็นไข้หวัดบ่อยแล้วก็ร่างกายอ่อนเพลียง่าย รู้สึกเหมือนว่า ภูมิคุ้มกันต่ำลงค่ะ

저는 건강 검진을 안 받은 지 좀 오래됐어요. 아마 3~4년은 넘은 것 같은데, 올해부터 감기에 자주 걸리는 것 같고 몸도 쉽게 피곤해져요. 면역력이 떨어진 것 같아요.

돌발상황! 면접관은 이렇게 질문할 수 있어요!

- ไม่สบายตรงไหนครับ 아프세요?
- มีโรคประจำตัวไหมครับ 지병이 있으세요?

단어 คนไข้ 환자 | แน่ใจ 확실하다 | เท่าที่จะเป็นไปได้ 가능한 한 | ร่างกาย 몸 | ภูมิคุ้มกัน 면역력 | โรคประจำตัว 지병

④ 증상이 나타난 시기

해당 증상이 언제부터 나타났는지 단순히 시기에 대해서만 답변하기보다는 현재 몸 상태는 어떤지, 시간이 지남에 따라 증상이 어떻게 변화했는지, 언제 가장 심하게 증상을 느꼈는지, 지금 생활하는 데에 어떤 영향을 끼쳤는지 가급적 구체적으로 답변할수록 좋습니다.

실전 트레이닝

Track 24-05

มีอาการแบบนี้มาตั้งแต่เมื่อไรแล้วคะ 이런 증상은 언제부터 있었나요?

답변하기

모범 답변 보기

IL ผมมีอาการเหล่านี้มา 2-3 วันแล้วครับ คิดว่า เป็นไข้หวัดธรรมดา แต่ยังไม่หายเลยครับ

2~3일 동안 이런 증상들이 있었어요. 일반 감기에 걸렸다고 생각했는데 아직도 낫지 않았어요.

IM ผมเพิ่งมีอาการเหล่านี้ตั้งแต่เมื่อวานตอนเย็นครับ แต่พอเวลาผ่านไปอาการยิ่งแย่ลงเรื่อย ๆ เมื่อคืนผมแทบไม่ได้นอนเลยเลยครับ

어제저녁부터 이런 증상들이 있어요. 그런데 시간이 지날수록 증상이 점점 심해져서 어젯밤에 잠을 거의 못 잤어요.

IM เฉพาะปีนี้ผมป่วยประมาณ 2 ครั้งแล้วครับ ติดหวัดจากเพื่อนครั้งหนึ่ง แล้วก็อาหารเป็นพิษครั้งหนึ่ง อาการไม่หนัก แต่เป็นบ่อยและเป็นนานจนน่าเป็นห่วงครับ

올해만 두 번 정도 아팠어요. 한 번은 친구가 저에게 감기를 옮겼고 한 번은 식중독에도 걸렸어요. 증상이 심하지 않지만 걱정스러울 정도로 빈번하고 오래 갔어요.

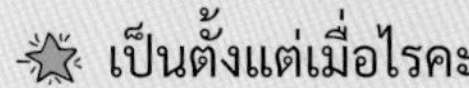

면접관은 이렇게 질문할 수 있어요!

เป็นตั้งแต่เมื่อไรคะ

언제부터 이러셨어요?

단어 อาการ 증상 | เหล่านี้ 이들 | หาย 낫다 | แย่ลง 나빠지다 | เรื่อย ๆ 점점 | แทบ 겨우 | เฉพาะ 오로지, ~만 | ติดหวัด 감기를 옮기다 | น่าเป็นห่วง 걱정스럽다

예시 미리보기

완벽 예시 주어진 상황에 따른 예상 대화를 미리 살펴보세요. Track 24-06

A โรงพยาบาลบางกอก สวัสดีค่ะ

여보세요? 방콕 병원입니다.

B ผมอยากจะนัดพบคุณหมอวันพรุ่งนี้ เลยสอบถามเพื่อจองคิวก่อนครับ ไม่ทราบว่า มีคิวที่ได้จองเมื่อไรครับ ถ้าเป็นไปได้ขอคิวที่เร็วที่สุดเลยครับ

내일 진료를 받고 싶어서 예약 문의드립니다. 혹시 예약 가능한 시간이 있을까요? 가능하면 가장 빠른 시간으로 주세요.

A ไม่ทราบว่า คนไข้เป็นอะไรมาคะ

혹시 환자분은 어디가 불편하세요?

B น่าจะเป็นอาหารเป็นพิษหรือเปล่าผมไม่ทราบครับ

아무래도 식중독이지 않을까 싶은데 저도 잘 모르겠어요.

A รับทราบค่ะ วันพรุ่งนี้ตอน 9 โมงเช้าจองได้ค่ะ ไม่ทราบว่าจะมาได้หรือเปล่าคะ

알겠습니다. 내일 오전 9시에 예약 가능하세요. 혹시 방문하실 수 있나요?

B ครับ งั้น ช่วยจองวันพรุ่งนี้ตอน 9 โมงเช้าให้ผมหน่อยนะครับ

네. 그럼 내일 오전 9시로 예약해 주세요.

A ได้ค่ะ อาการเป็นยังไงบ้างคะ

알겠습니다. 증상은 어떠세요?

B ผมรู้สึกปวดท้อง เวียนหัว แล้วก็รู้สึกว่ามีไข้ต่ำ ๆ ด้วย ตอนเมื่อคืนกินอะไรก็อาเจียนออกมาหมดครับ

배가 아프고 현기증도 나고 미열이 있는 것 같아요. 어젯밤에는 뭐든 먹고 나면 다 토했어요.

A มีอาการแบบนี้มาตั้งแต่เมื่อไรแล้วคะ

이런 증상은 언제부터 있었나요?

B ตั้งแต่เมื่อวานตอนเย็นครับ เวลาผ่านไปอาการยิ่งแย่ลงเรื่อย ๆ เมื่อคืนผมแทบไม่ได้นอนเลยครับ

어제 저녁부터요. 시간이 지날수록 증상이 점점 심해져서 어젯밤에 잠을 거의 못 잤어요.

A รับทราบค่ะ คนไข้มีประวัติการรักษาที่โรงพยาบาลนี้หรือเปล่าคะ หรือว่าเป็นผู้ป่วยใหม่คะ

알겠습니다. 환자분은 저희 병원의 진료 이력이 있으신가요? 아니면 처음 방문하신 건가요?

B ครั้งที่แล้วผมเคยเยี่ยมครับ มีอะไรที่ผมต้องเตรียมไปไหมครับ

전에 방문한 적 있습니다. 제가 준비해 가야 할 것이 있나요?

A ค่ะ พรุ่งนี้เมื่อมาที่โรงพยาบาลก็นำบัตรประชาชนมาด้วยก็พอแล้วค่ะ

네. 내일 병원에 방문하실 때 신분증만 가지고 오시면 됩니다.

B เข้าใจแล้วครับ ขอบคุณครับ งั้นวันพรุ่งนี้พบกันครับ

알겠습니다. 감사합니다. 그럼 내일 뵙겠습니다.

직접 연습하기

빈칸 채우기 빈칸에 알맞은 답을 쓴 후, 따라 읽으며 연습해 보세요.

A โรงพยาบาลบางกอก สวัสดีครับ

여보세요? 방콕 병원입니다.

B ดิฉันอยากจะไปตรวจสุขภาพ [1] ค่ะ ไม่ทราบว่า ต้องจองล่วงหน้าไหม หรือไปได้เลยคะ ถ้าต้องจองก่อน ขอทราบวันเวลาที่จองได้ของสัปดาห์นี้ด้วยค่ะ

저는 올해 건강 검진을 하러 가고 싶은데 혹시 미리 예약해야 하나요? 아니면 그냥 가면 되나요? 만약 먼저 예약해야 한다면 이번 주에 예약이 가능한 날짜를 알려 주세요.

A ต้องจองก่อนครับ ไม่งั้นต้องรอนานมากครับ วันศุกร์ที่ 12 สัปดาห์นี้เวลา 10 โมงเช้าสะดวกไหมครับ

미리 예약하셔야 돼요. 그렇지 않으면 오래 기다리셔야 돼요. 이번 주 12일 금요일 오전 10시 괜찮으세요?

B ไม่มีปัญหาค่ะ งั้นช่วยจองวันศุกร์ที่ 12 ตอน 9 โมงเช้าให้ดิฉันหน่อยนะคะ

괜찮습니다. 그럼 12일 금요일 오전 9시에 예약 좀 해 주세요.

A ได้ครับ ขอทราบเหตุผลว่า ทำไมอยากจะมาตรวจสุขภาพครับ

알겠습니다. 왜 건강 검진을 받고 싶으신지 이유를 알 수 있을까요?

B ดิฉันไม่ได้ตรวจสุขภาพนานแล้วค่ะ น่าจะเกิน 3-4 ปีแล้ว ตั้งแต่ปีนี้รู้สึกว่าเป็นไข้หวัดบ่อย แล้วก็ร่างกาย [2] ง่าย รู้สึกเหมือนว่า [3] ต่ำลงค่ะ

저는 건강 검진을 안 받은 지 좀 오래됐어요. 아마 3~4년은 넘은 것 같은데 올해부터 감기에 자주 걸리고 몸도 쉽게 피곤해져요. 면역력이 떨어진 것 같아요.

Ⓐ ครับ แล้วรู้สึกแบบนี้ตั้งแต่เมื่อไรแล้วครับ

네. 그럼 이렇게 느끼셨던 게 언제인가요?

Ⓑ เฉพาะปีนี้ดิฉันป่วยประมาณ 2 ครั้งแล้วค่ะ ติดหวัดจากเพื่อนครั้งหนึ่ง แล้วก็ [4] ครั้งหนึ่ง อาการไม่หนัก แต่เป็นบ่อยและเป็นนานจน [5] ค่ะ

올해만 두 번 정도 아팠어요. 한 번은 친구가 저에게 감기를 옮겼고 한 번은 식중독에도 걸렸어요. 증상이 심하지 않지만 걱정스러울 정도로 빈번하고 오래 갔어요.

Ⓐ รับทราบครับ คนไข้มี [6] ที่โรงพยาบาลนี้หรือเปล่าครับ หรือว่า เป็นผู้ป่วยใหม่ครับ

알겠습니다. 환자분은 저희 병원의 진료 이력이 있으신가요? 아니면 처음 방문하시는 건가요?

Ⓑ ไม่เคยค่ะ ปกติใช้เวลาในการตรวจสุขภาพกี่ชั่วโมงคะ แล้วต้อง [7] ทานอาหารก่อนตรวจไหมคะ

방문한 적 없어요. 건강 검진은 보통 몇 시간 걸리나요? 그리고 검진을 받기 전에 식사하면 안 되나요?

Ⓐ ใช้เวลาไม่เกินชั่วโมงครับ ใช่ครับ ห้ามดื่มน้ำ หรือทานอาหารก่อนตรวจสุขภาพด้วยครับ

한 시간 이내로 걸려요. 맞습니다. 건강 검진 받으시기 전에 물을 마시거나 식사하시는 것을 금합니다.

정답

1. ปีนี้ 2. อ่อนเพลีย 3. ภูมิคุ้มกัน 4. อาหารเป็นพิษ 5. น่าเป็นห่วง 6. ประวัติการรักษา 7. งด

บทที่
25 청중 앞에서 말하기

“หากคุณต้องขึ้นเวทีแนะนำวัฒนธรรมไทย คุณอยากจะพูดถึงเรื่องอะไร”

태국 문화를 소개하기 위해 무대에 올라야 한다면 무엇에 대해 이야기하고 싶나요?

대비 전략

면접관은 수험자가 국가나 조직의 행사에 참여하여 태국에 대한 소개 및 감사 인사, 축하 인사 등을 해야 하는 상황을 설정할 수 있습니다. 청중 앞에서 말하는 다양한 상황 중 어떤 질문을 받을지 알 수 없기 때문에, 빈출 상황 속 예문을 통해 다양하게 대비해 두는 것이 좋습니다.

빈출 질문

Q1 태국 문화 소개 태국의 인사법, 종교 문화 파악하기

หากคุณต้องขึ้นเวทีแนะนำวัฒนธรรมไทย คุณอยากจะพูดถึงเรื่องอะไรคะ

태국 문화를 소개하기 위해 무대에 올라야 한다면 무엇에 대해 이야기하고 싶나요?

Q2 태국 축제 및 국가 기념일 소개 태국의 대표적인 축제 및 휴일 파악하기

สมมุติว่าคุณต้องแนะนำเทศกาลไทย 1 เทศกาล คุณจะพูดถึงเทศกาลไหนครับ

당신이 태국 축제 한 가지를 소개해야 한다고 가정하면 어떤 축제에 대해 이야기할 건가요?

Q3 감사 인사 소감 및 감사 표현 파악하기

สมมุติว่าคุณต้องขึ้นเวทีรับรางวัลพลเมืองดีเด่น คุณจะกล่าวขอบคุณยังไงค่ะ

당신이 우수 시민상을 받아 무대 위에 섰다고 가정하고 행사에 참석한 사람들에게 감사 인사를 해 보세요.

Q4 축하 인사 바람 및 덕담 표현 파악하기

หากคุณได้กล่าวคำอวยพรและแสดงความยินดีในงานเกษียณอายุของผู้บังคับบัญชา คุณจะอวยพรเขาว่ายังไงครับ

상사의 퇴임식을 기념하여 인사말을 전한다면 어떻게 축하드릴 건가요?

답변 구조 & 핵심 표현

ถ้าหากจะ 행동 **ต้องถอดรองเท้าก่อนทุกครั้ง**

행동 하기 전에 매번 먼저 신발을 벗어야 해요.

ถ้าหากจะเข้าบ้านใครต้องถอดรองเท้าก่อนทุกครั้ง

누군가의 집으로 들어가기 전에 매번 먼저 신발을 벗어야 해요.

ถ้าหากจะชมวิหารในวัดต้องถอดรองเท้าก่อนทุกครั้ง

사원에서 법당을 관람하기 전에 매번 먼저 신발을 벗어야 해요.

เทศกาล 국가 기념일·축제명 **จัดขึ้นทุกปีเพื่อ** 기념 목적

국가 기념일·축제명 축제는 기념 목적 하기 위해 매년 개최합니다.

เทศกาลสงกรานต์จัดขึ้นทุกปีเพื่อเฉลิมฉลองวันขึ้นปีใหม่

송크란 축제는 새해를 기념하기 위해 매년 개최합니다.

เทศกาลกินเจจัดขึ้นทุกปีเพื่อละเว้นการกินเนื้อสัตว์

채식 축제는 고기 먹기를 삼가기 위해 매년 개최합니다.

ผม/ดิฉันรู้สึกเป็นเกียรติมากที่ได้ 청중 앞에 서게 된 상황 **ครับ/ค่ะ**

저는 청중 앞에 서게 된 상황 이라 영광입니다.

ผมรู้สึกเป็นเกียรติมากที่ได้รับรางวัลแสนพิเศษนี้ครับ

저는 이렇게 특별한 상을 받아서 영광입니다.

ดิฉันรู้สึกเป็นเกียรติมากที่ได้กล่าวแสดงความยินดีกับการลาออกของหัวหน้าฝ่ายค่ะ

저는 이렇게 부장님의 퇴임 축하 인사를 하게 되어서 영광입니다.

เนื่องในโอกาสวันเกษียณอายุเราขอให้ 직급·직위 덕담

퇴임을 맞이하여 저희는 직급·직위 께서 덕담 바랍니다.

เนื่องในโอกาสวันเกษียณอายุเราขอให้หัวหน้าทีมมีความสุข

퇴임을 맞이하여 저희는 팀장님께서 행복하시길 바랍니다.

เนื่องในโอกาสวันเกษียณอายุเราขอให้คุณครูแข็งแรง

퇴임을 맞이하여 저희는 선생님께서 건강하시길 바랍니다.

빈출 표현 익히기

Track 25-01

태국 문화	ยกมือไหว้ 두 손 합장한 인사★	ก้มศีรษะ 고개를 숙이다★
	ถอดรองเท้า 신발을 벗다★	ทำบุญ 선을 행하다★
	ตักบาตร 탁발 공양하다	ปล่อยนกปล่อยปลา 방생하다
	วิหาร 법당	พระพุทธรูป 불상
	พระสงฆ์ 승려	ร้องเพลงชาติ 애국가를 부르다

태국 축제 · 국가 기념일	**วันสงกรานต์** 송크란 축제★ - 태국식 설날, 물을 뿌리며 더위를 물리침 - 일시: 4월 13일	**วันลอยกระทง** 러이끄라통 축제★ - 등불을 띄우며 소원을 비는 날 - 일시: 음력 12월 보름
	วันแม่แห่งชาติ 어머니날★ - 라마 9세 국왕의 왕비 생신 - 일시: 8월 12일	**วันพ่อแห่งชาติ** 아버지날★ - 아둔야뎃 푸미폰, 라마 9세 국왕의 생신 - 일시: 12월 5일
	เทศกาลกินเจ 채식 축제 - 채식 위주의 식단으로 건강을 기원하는 날 - 일시: 9월(9일간)	**เทศกาลโต๊ะจีนลิง** 원숭이 연회석 축제 - 롭부리주 프라칸 사원에서 사는 원숭이에게 먹이를 주는 날 - 일시: 11월 마지막 일요일
	เทศกาลร่มบ่อสร้าง 버상 우산 축제 - 란나 왕국의 예술과 문화를 감상하는 날 - 일시: 1월 중순 (3일간)	**เทศกาลผีตาโขน** 피따콘 축제 - 신에게 경의를 표하는 무속 신앙 축제 - 일시: 3월~7월 사이
	วันภาษาไทยแห่งชาติ 태국어의 날 - 태국어의 중요성과 가치를 기억하는 날 - 일시: 7월 29일	**วันครู** 스승의 날 - 스승의 은혜를 기리고 경의를 표하는 날 - 일시: 1월 16일
	วันเด็กแห่งชาติ 어린이날 - 아이들의 중요성을 되새기는 날 - 일시: 1월 첫 번째 토요일	**วันเยาวชนแห่งชาติ** 청소년의 날 - 청소년의 중요한 역할을 강조하는 날 - 일시: 9월 20일

축제 준비물		
	ชุดไทย 태국 전통 의상★	ดอกไม้ไฟ 불꽃★
	ของขวัญ 선물★	ประทัด 폭죽★
	เงินสด 현금★	ธูปเทียน 향초★
	ดอกมะลิ 자스민꽃★	ซองจดหมาย 편지 봉투
	น้ำหอม 향수	รางวัล 상, 상품, 상금
	กระเช้าของขวัญ 선물 세트	การ์ดอวยพร 축하 카드
	กระเช้าดอกไม้ 꽃바구니(러이끄라통 축제)	ปืนฉีดน้ำ 물총(송크란 축제)

상 종류		
	พลเมืองดีเด่น 우수 시민상★	นักเรียนดีเด่น 우수 학생상★
	เยาวชนดีเด่น 우수 청소년상	รางวัลแม่ดีเด่น 우수 어머니상
	รางวัลพ่อดีเด่น 우수 아버지상	รางวัลชนะเลิศ 1등
	รองชนะเลิศอันดับ 1 2등	รองชนะเลิศอันดับ 2 3등

소감 · 덕담		
	มีความสุข 행복하다★	สุขภาพแข็งแรง 건강하다★
	เฉลิมฉลอง 기념하다★	สมหวังทุกสิ่ง 뭐든 뜻대로 되다★
	อายุยืน 장수하다	ร่ำรวยเงินทอง 부유하다
	พบเจอแต่สิ่งดี ๆ 좋은 것만 얻다	พบเจอแต่คนดี ๆ 좋은 사람만 만나다
	เป็นที่รักของทุกคน 모두에게 사랑 받다	กิจการรุ่งเรือง 사업이 번창하다

OPI 빈출 문제

❶ 태국 문화 소개

면접관은 수험자가 무대 위에 올라가서 태국 문화 한 가지를 소개해야 한다고 가정합니다. 태국 일상에서 자주 접할 수 있는 문화를 소개하는 것이 좋으므로 두 손을 합장하여 고개를 숙이는 'ไหว้'를 간단하게 소개하거나 태국의 불교 문화를 설명해도 좋습니다.

실전 트레이닝

Track 25-02

หากคุณต้องขึ้นเวทีแนะนำวัฒนธรรมไทย คุณอยากจะพูดถึงเรื่องอะไรคะ

태국 문화를 소개하기 위해 무대에 올라야 한다면 무엇에 대해서 이야기하고 싶나요?

답변하기

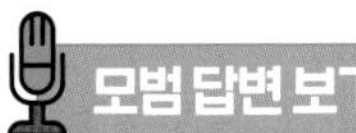

모범 답변 보기

IL เวลาคนไทยเจอกันจะทำความเคารพโดยการยกมือไหว้ โดยเฉพาะเด็กจะไหว้ผู้ใหญ่ก่อนครับ

태국인들은 만날 때 손을 들어 존중을 표해요. 특히 아랫사람은 웃어른에게 먼저 인사해요.

IM ถ้าเดินผ่านผู้ใหญ่หรือกรณีที่ผู้อาวุโสกำลังนั่งอยู่หน้าตัวเอง ผู้น้อยควรก้มศีรษะลงเล็กน้อยเพื่อแสดงความสุภาพและความเคารพครับ

웃어른 옆을 지나가거나 웃어른이 자신의 앞에 앉아 있는 경우 아랫사람은 예의와 경의를 표하기 위해 살짝 고개를 숙여야 해요.

IM ถ้าหากจะเข้าบ้านใครหรือไปเยี่ยมชมวิหารในวัดไทยจะต้องถอดรองเท้าก่อนเข้าไปทุกครั้งเพื่อแสดงความสุภาพและความเคารพสถานที่ครับ รวมทั้งห้ามใส่กระโปรงสั้น กางเกงขาสั้น หรือเสื้อแขนกุดเข้าวัดครับ

누군가의 집에 가거나 태국 사원의 법당을 방문하는 경우 해당 장소에 대한 예의와 경의를 표하기 위해 들어가기 전에 신발을 벗어야 해요. 또한 짧은 치마, 반바지 또는 민소매 옷을 입어서는 안 돼요.

돌발상황! 면접관은 이렇게 질문할 수 있어요!

สมมุติว่าคุณต้องขึ้นเวทีพูดเรื่องวัฒนธรรมไทยสักเรื่อง คุณจะพูดเรื่องอะไรคะ

당신이 무대 위로 올라가서 태국 문화 하나를 이야기해야 한다고 가정하면 어떤 이야기를 할 건가요?

단어 เวที 무대 | ความเคารพ 존중, 공경, 경의 | ยกมือไหว้ 손을 들어 합장하다 | ผู้อาวุโส 웃어른 | ผู้น้อย 아랫사람 | ก้มศีรษะ 고개를 숙이다 | ขณะ ~하는 도중에 | วิหาร 법당 | ถอด 벗다

❷ 태국 축제 및 국가 기념일 소개

축제를 소개할 때 가급적이면 시험 보는 시기에 해당하는 주요 축제나 기념일에 대해 답변하는 것이 좋습니다. 기본적으로 해당 축제의 날짜, 장소, 축제별 기념 방식을 미리 파악해 두어야 합니다. 예를 들어 태국 축제 중에 비교적 많이 알려진 'สงกรานต์ 송크란'이나 'ลอยกระทง 러이끄라통'과 같은 축제를 소개해 볼 수 있습니다.

실전 트레이닝

Track 25-03

สมมุติว่าคุณต้องแนะนำเทศกาลไทยหนึ่งเทศกาล คุณจะพูดถึงเทศกาลไหนครับ

당신이 태국 축제 한 가지를 소개해야 한다고 가정하면 어떤 축제에 대해 이야기할 건가요?

답변하기

모범 답변 보기

IL เทศกาลกินเจเป็นเทศกาลที่จัดขึ้นทุกปีเดือนกันยายนเพื่อละเว้นการกินเนื้อสัตว์ เครื่องเทศ นม เป็นต้นค่ะ

채식 축제는 매년 9월에 열리는 축제로 고기, 향신료, 우유 등을 먹지 않는 축제입니다.

IM ประเพณีสงกรานต์เป็นประเพณีเฉลิมฉลองวันขึ้นปีใหม่ที่ยิ่งใหญ่ที่สุดของไทย ที่ จัดขึ้นระหว่างวันที่ 13-15 เมษายนของทุกปี และยังเป็นวันครอบครัวและวันผู้สูงอายุอีกด้วยค่ะ

송크란 축제는 태국의 새해를 기념하는 태국 최대의 축제예요. 매년 4월 13~15일 사이에 개최되고 가족의 날이자 노인의 날이기도 해요.

IM เป็นที่รู้จักกันดีว่าเทศกาลโต๊ะจีนลิงของจังหวัดลพบุรีเป็นหนึ่งในเทศกาลสุดแปลกของโลกค่ะ เป็นเทศกาลเลี้ยงอาหารให้ลิงที่อยู่บริเวณศาลพระกาฬและที่อยู่ในเมืองให้ได้กินอย่างเต็มที่ค่ะ

롭부리주의 원숭이 (중국식) 연회석 축제는 세계에서 가장 독특한 축제 중 하나로 잘 알려져 있어요. 프라칸 사원 주변과 시내에 사는 원숭이들에게 먹이를 주는 축제예요.

돌발상황! 면접관은 이렇게 질문할 수 있어요!

ช่วยพูดเกี่ยวกับวันที่ระลึกชาติสำคัญที่แบบดั้งเดิมไทยมาสักหนึ่งอย่างได้ไหมครับ

태국의 전통적인 주요 국가 기념일 한 가지에 대해서 말씀해 주시겠어요?

단어 กินเจ 채식 | ละเว้น 삼가다 | เครื่องเทศ 향신료 | ยิ่งใหญ่ 굉장하다 | จัดขึ้น 개최하다 | โต๊ะจีน (중국식) 연회석 | ลิง 원숭이 | สุดแปลก 신기하다 | ศาล 사원 | วันที่ระลึก 국가 기념일 | แบบดั้งเดิม 전통적인

OPI 빈출 문제

③ 감사 인사

앞선 질문에서 비교적 유창하게 답변한 학습자라면 대중 앞에서 감사 인사를 전해 보도록 질문 받을 수 있습니다. 주로 수험자가 상을 받아서 무대 위에서 소감을 말해야 하는 상황을 가정합니다. 어떤 이유로 상을 받았고, 누구에게 감사를 전하고 싶은지 미리 생각해 두면 좋습니다.

실전 트레이닝

Track 25-04

สมมุติว่าคุณต้องขึ้นเวทีรับรางวัลพลเมืองดีเด่น อยากจะให้คุณกล่าวคำขอบคุณกับผู้ที่มาร่วมงานหน่อยค่ะ

당신이 우수 시민상을 받아 무대 위에 섰다고 가정하고 행사에 참석한 사람들에게 감사 인사를 해 보세요.

답변하기

모범 답변 보기

IL ผมรู้สึกเป็นเกียรติมากที่ได้มาร่วมงานในวันนี้และขอบคุณทุกท่านที่มอบรางวัลนี้ให้ผมครับ

오늘 이 자리에 참석할 수 있게 되어 영광이며 이 상을 주신 모든 분들께 감사드립니다.

IM ผมรู้สึกเป็นเกียรติมากแล้วก็ต้องขอขอบพระคุณผู้จัดงานและผู้ที่เกี่ยวข้องทุกท่านที่ให้โอกาสผมได้รับรางวัลแสนพิเศษในวันนี้ด้วยครับ

오늘 저에게 매우 특별한 상을 받을 수 있는 기회를 주신 주최측과 관계자 여러분께 진심으로 감사드립니다.

IM การที่ผมได้รับรางวัลพลเมืองดีเด่นในครั้งนี้ถือเป็นเกียรติมากครับ อยากจะมอบรางวัลนี้ให้แก่คุณพ่อคุณแม่ที่สนับสนุนจนผมได้มายืนอยู่ ณ ที่ตรงนี้ด้วยครับ

이번에 우수 시민상을 받게 되어 매우 영광입니다. 제가 이 자리에 서 있을 수 있도록 저를 지지해 주신 부모님께도 이 상을 전하고 싶습니다.

돌발상황! 면접관은 이렇게 질문할 수 있어요!

สมมุติว่าคุณได้รับรางวัลพลเมืองดี แล้วต้องขึ้นไปกล่าวคำขอบคุณและความรู้สึก คุณอยากจะบอกความรู้สึกอะไรคะ

우수 학생상을 받아 무대에 올라가서 감사의 마음을 전해야 한다고 가정해 봅시다. 어떤 소감을 전하고 싶나요?

단어 กล่าวขอบคุณ 감사 인사하다 | เป็นเกียรติ 영광이다 | มอบ 주다 | ผู้จัดงาน 주최자 | ผู้ที่เกี่ยวข้อง 관계자 | แสนพิเศษ 매우 특별하다 | ในค่ำคืนนี้ 오늘 밤 | ถือเป็น ~(으)로 여기다 | วงศ์ตระกูล 가족, 가문 | ณ ~에(서)

④ 축하 인사

면접관은 수험자가 회사 내의 한 팀을 대표하는 직원이라고 가정하고 다른 직원의 퇴임 축하 인사를 전하거나, 신입 사원에게 환영의 말을 전하거나, 승진한 동료에게 축하 인사를 전해야 하는 것과 같은 상황에서 말해 보도록 상황을 제시할 수 있습니다.

실전 트레이닝

Track 25-05

หากคุณได้กล่าวคำอวยพรและแสดงความยินดีในงานเกษียณอายุของผู้บังคับบัญชา คุณจะอวยพรเขาว่ายังไงครับ

상사의 퇴임식을 기념하여 인사말을 전한다면 어떻게 축하드릴 건가요?

답변하기

모범 답변 보기

IL ขอให้มีความสุขกับชีวิตหลังเกษียณ มีสุขภาพร่างกายแข็งแรง โชคดีเสมอค่ะ

퇴임 후의 행복한 삶을 기원합니다. 건강하시고 항상 행운이 가득하길 바랍니다.

IM ขอแสดงความยินดีด้วยนะคะ ถ้าไม่มีหัวหน้าพวกเราก็คงไม่มีวันนี้ค่ะ พวกเราขอขอบคุณจากใจจริงสำหรับความช่วยเหลือและความรู้ดี ๆ ที่ท่านได้มอบให้เราเสมอมานะคะ

축하드립니다. 부장님께서 안 계셨다면 오늘의 우리는 없었을 것입니다. 항상 저희에게 주신 도움과 좋은 지식에 진심으로 감사드립니다.

IM เนื่องในโอกาสวันเกษียณอายุของท่านพวกเราขอแสดงความยินดีด้วยนะคะ ตั้งแต่วันนี้และวันต่อ ๆ ไปขอให้ท่านมีอิสระและมีความสุข ขอขอบคุณสำหรับทุกสิ่งที่ท่านได้สรรค์สร้างตลอดมาค่ะ

귀하의 정년 퇴임식을 맞이하여 저희는 축하 말씀을 전합니다. 오늘부터 그리고 앞으로도 자유롭고 행복하기를 바랍니다. 당신이 지금까지 구축해 오신 모든 것에 감사드립니다.

돌발상황! 면접관은 이렇게 질문할 수 있어요!

ลองกล่าวขอบคุณและอำลาเพื่อนร่วมงานในงานเกษียณของคุณหน่อยได้ไหมครับ

당신의 퇴임식에서 동료들에게 감사 인사와 작별 인사를 해 보세요.

단어 กล่าวคำอวยพร 축하 인사를 하다 | เนื่องในโอกาส ~을(를) 기회삼아 | งานเกษียณ 퇴임식 | วันเกษียณอายุ 정년 퇴임식 | วันต่อ ๆ ไป 앞날 | อิสระ 자유롭다 | สรรค์สร้าง 구축하다, 만들다 | อำลา 작별하다

완벽 예시 주어진 상황에 따른 예상 대화를 미리 살펴보세요. Track 25-06

 상황1 **태국 문화 소개하기**

A ถ้าหากว่าคุณจำเป็นต้องขึ้นเวทีเพื่อแนะนำวัฒนธรรมไทย 1 เรื่อง คุณอยากจะพูดเรื่องอะไรคะ

만약에 당신이 태국 문화 한 가지를 소개하기 위해 무대에 올라야 한다면 무엇에 대해 이야기하고 싶나요?

B ถ้าเดินผ่านผู้ใหญ่หรือกรณีที่ผู้อาวุโสกำลังนั่งอยู่หน้าตัวเอง ผู้น้องควรก้มศีรษะลงเล็กน้อยเพื่อแสดงความสุภาพและความเคารพครับ

웃어른 옆을 지나가거나 웃어른이 자신의 앞에 앉아 있는 경우 아랫사람은 예의와 경의를 표하기 위해 살짝 고개를 숙여야 해요.

상황2 **축제 및 국가 기념일 소개하기**

A สมมุติว่าคุณต้องขึ้นเวทีเพื่อแนะนำเทศกาลไทยหนึ่งเทศกาล คุณอยากจะแนะนำเทศกาลไหนคะ

당신이 청중 앞에서 태국 축제 한 가지를 소개할 기회가 있다면 어떤 축제에 대해 소개하고 싶나요?

B เทศกาลสงกรานต์เป็นประเพณีเฉลิมฉลองวันขึ้นปีใหม่ที่ยิ่งใหญ่ที่สุดของไทยครับ จัดขึ้นระหว่างวันที่ 13-15 เมษายนของทุกปีและยังเป็นวันครอบครัวและวันผู้สูงอายุอีกด้วยครับ

송크란 축제는 태국의 새해를 축하하는 태국 최대의 축제예요. 매년 4월 13~15일 사이에 개최되고 가족의 날이자 노인의 날이기도 해요.

상황 3 감사 인사 전하기

A สมมุติว่าคุณต้องขึ้นเวทีเพื่อรับรางวัลพลเมืองดีเด่น อยากจะให้คุณกล่าวขอบคุณที่ได้รับรางวัลนี้กับผู้คนที่มาร่วมงานหน่อยค่ะ

우수 시민상을 받기 위해 무대에 서야 한다고 가정해 보겠습니다. 행사에 참석한 사람들에게 감사 인사를 해 보세요.

B ผมรู้สึกเป็นเกียรติมากแล้วก็ต้องขอขอบพระคุณทางผู้จัดงานและผู้เกี่ยวข้องทุกท่านที่ให้โอกาสผม ได้รับรางวัลแสนพิเศษในวันนี้ด้วยครับ ขอบคุณอีกครั้งครับ

오늘 저에게 매우 특별한 상을 받을 수 있는 기회를 주신 주최측과 관계자 여러분들께 진심으로 감사드립니다.

상황 4 축하 인사 전하기

A หากคุณได้กล่าวคำอวยพรและแสดงความยินดีในงานเกษียณอายุของผู้บังคับบัญชา คุณจะอวยพรเขาว่ายังไงคะ

상사의 퇴임식을 기념하여 인사말을 전한다면 어떻게 축하드릴 건가요?

B ขอแสดงความยินดีด้วยนะครับ ถ้าไม่มีหัวหน้าพวกเราก็คงไม่มีวันนี้ครับ พวกเราขอขอบคุณจากใจจริงสำหรับความช่วยเหลือและความรู้ดี ๆ ที่ท่านได้มอบให้เราเสมอมานะครับ

축하드립니다. 부장님께서 안 계셨다면 오늘의 우리는 없었을 것입니다. 항상 저희에게 주신 도움과 좋은 지식에 진심으로 감사드립니다.

직접 연습하기

빈칸 채우기 빈칸에 알맞은 답을 쓴 후, 따라 읽으며 연습해 보세요.

상황1 태국 문화 소개하기

A ถ้าหากว่าคุณจำเป็นต้องขึ้นเวทีเพื่อแนะนำวัฒนธรรมไทย 1 เรื่อง คุณอยากจะพูดถึงเรื่องอะไรครับ

만약에 당신이 태국 문화 한 가지를 소개하기 위해 무대에 서야 한다면 무엇에 대해서 이야기하고 싶나요?

B ถ้าหากจะไปเยี่ยมชมวิหารในวัดไทยจะต้องถอดรองเท้าก่อนเข้าไปทุกเพื่อแสดง [1] สถานที่ค่ะ รวมทั้งห้ามใส่ประโปรงสั้น กางเกางขาสั้น หรือเสื้อแขนกุดเข้าวัดค่ะ

태국 사원의 법당을 방문하는 경우, 해당 장소에 대한 경의를 표하기 위해 들어가기 전에 신발을 벗어야 해요. 또한 짧은 치마, 반바지 또는 민소매 옷을 입어서는 안 돼요.

상황2 축제 및 국가 기념일 소개하기

A สมมุติว่าคุณต้องขึ้นเวทีเพื่อแนะนำเทศกาลไทยหนึ่งเทศกาลคุณอยากจะแนะนำเทศกาลอะไรครับ

당신이 무대 위에 올라가서 태국 축제 한 가지를 소개해야 한다고 가정하면 어떤 축제를 소개하고 싶나요?

B เป็นที่รู้จักกันดีว่าเทศกาล [2] ของจังหวัดลพบุรีเป็นหนึ่งในเทศกาล [3] ของโลกค่ะ เป็นเทศกาลเลี้ยงอาหารให้ลิงที่อยู่บริเวณศาลพระกาฬและที่อยู่ในเมืองให้ได้กินอย่างเต็มที่ค่ะ

롭부리주의 원숭이 (중국식) 연회식 축제는 세계에서 가장 독특한 축제 중 하나로 잘 알려져 있어요. 프라칸 사원 주변과 시내에 사는 원숭이들에게 먹이를 주는 축제예요.

상황 3 감사 인사 전하기

A สมมุติว่าคุณทำคุณงามความดีให้แก่สังคมจนได้รับรางวัลพลเมืองดีอยากจะให้คุณขึ้นไปกล่าวคำขอบคุณกับผู้คนที่มาร่วมงานหน่อยครับ

사회에 좋은 일을 해서 우수 시민상을 받으셨습니다. 무대 위로 올라가서 행사에 참석해 주신 분들께 감사의 인사를 전해주세요.

B การที่ดิฉันได้รับรางวัลพลเมืองดีเด่นในครั้งนี้ถือ [4] มากค่ะ แล้วดิฉันก็อยากจะมอบรางวัลนี้ให้แก่คุณพ่อคุณแม่ที่สนับสนุนจนดิฉันได้มายืนอยู่ ณ ที่ตรงนี้ค่ะ

이번에 우수 시민상을 받게 되어 매우 영광입니다. 제가 이 자리에 서 있을 수 있도록 저를 지지해 주신 부모님께도 이 상을 전하고 싶습니다.

상황 4 축하 인사 전하기

A หากคุณได้กล่าวคำอวยพรและแสดงความยินดีใน [5] ของผู้บังคับบัญชา คุณจะอวยพรยังไงครับ

상사의 퇴임식을 기념하여 인사말을 전한다면 어떻게 축하드릴 건가요?

B [6] วันเกษียณอายุของท่านพวกเรา [7] ด้วยนะคะ ตั้งแต่วันนี้และวันต่อ ๆ ไป ขอให้ท่านมีอิสระและมีความสุข ขอขอบคุณสำหรับทุกสิ่งที่ท่านได้สรรค์สร้างตลอดมาค่ะ

귀하의 퇴임식을 맞이하여 저희는 축하 말씀을 전해드립니다. 오늘부터 그리고 앞으로도 자유롭고 행복하기를 바랍니다. 지금까지 구축해 오신 모든 것에 감사드립니다.

정답

1. ความเคารพ 2. โต๊ะจีนลิง 3. สุดแปลก 4. เป็นเกียรติ 5. งานเกษียณอายุ 6. เนื่องในโอกาส 7. ขอแสดงความยินดี

บทที่

26 교육 및 취업

"ช่วยพูดถึงข้อดีของการเดินทางไปศึกษาต่อในต่างประเทศหน่อยค่ะ"

유학의 장점에 대해서 한번 이야기해 보세요.

대비 전략

면접관은 유학, 온라인 학습, 취업 문제 등과 관련된 학습자의 견해와 학습자 모국의 국내 현황에 대해서 질문합니다. 교육과 취업에 관한 주제는 시험에 빈번하게 출제되므로 이와 관련된 추세를 미리 파악해 두는 것이 좋습니다. 유학 및 온라인 학습의 장단점에 대한 자신의 견해를 논리적으로 정리하여 당황하지 않고 답할 수 있도록 준비합니다.

빈출 질문

Q1 유학의 장점 문화의 교류, 언어 실력 향상, 취업 기회 증가에 대해 답변하기

ช่วยพูดถึงข้อดีของการเดินทางไปศึกษาต่อในต่างประเทศหน่อยค่ะ

유학의 장점에 대해서 한번 이야기해 보세요.

Q2 유학의 단점 향수병, 적응 과정에서의 어려움, 비용 부담에 대해 답변하기

การเดินทางไปศึกษาในต่างประเทศมีข้อเสียยังไงบ้างครับ

유학은 어떤 단점이 있나요?

Q3 온라인 학습 온라인 학습의 장점과 단점으로 구분하여 답변하기

คุณคิดว่าเรายังจำเป็นต้องเรียนในชั้นเรียนที่โรงเรียนหรือสถาบันกวดวิชาอยู่ไหมคะ

당신은 우리가 아직도 학교나 학원에서 대면 수업을 해야 한다고 생각하나요?

Q4 취업 현황 한국 취업 현황 및 높은 실업률에 대해 답변하기

คุณคิดยังไงกับปัญหาเรื่องอัตราการว่างงานที่สูงขึ้นในปัจจุบันครับ

최근 실업률이 높아지는 것에 대해서 어떻게 생각하나요?

답변 구조 & 핵심 표현

การเรียนในต่างประเทศทำให้/ช่วย 유학으로 인해 얻는 것
유학은 유학으로 인해 얻는 것 을 할 수 있게 해요.

การเรียนในต่างประเทศทำให้เข้าใจวัฒนธรรมและภาษาอื่น
유학은 다른 문화와 언어에 대해 이해할 수 있게 해요.

การเรียนในต่างประเทศช่วยเพิ่มโอกาสในการทำงาน
유학은 취업의 기회를 늘 수 있게 해요.

สิ่งแรกที่ต้องประสบคือ 유학의 단점
먼저 겪어야 할 것은 바로 유학의 단점 이에요.

สิ่งแรกที่ต้องประสบคือการอยู่ห่างไกลครอบครัว
먼저 겪어야 할 것은 바로 가족과 떨어져 있는 것이에요.

สิ่งแรกที่ต้องประสบคือข้อจำกัดทางภาษา
먼저 겪어야 할 것은 바로 언어 장벽이에요.

ผม/ดิฉันคิดว่าการเรียนออนไลน์ 온라인 학습 적합 여부 **ที่เหมาะกับ** 대상 **ครับ/ค่ะ**
저는 온라인 학습이 대상 에게 온라인 학습 적합 여부 라고 생각해요.

ผมคิดว่าการเรียนออนไลน์เป็นวิธีการเรียนรู้ที่มีประสิทธิภาพสำหรับคนที่มีสมาธิครับ
저는 온라인 학습이 집중력이 있는 사람에게 효과적인 학습법이라고 생각해요.

ดิฉันคิดว่าการเรียนออนไลน์ไม่เหมาะกับนักเรียนอายุน้อยค่ะ
저는 온라인 학습이 낮은 연령대의 학생들에게 적합하지 않다고 생각해요.

สาเหตุของปัญหาว่างงานน่าจะเป็น 높은 실업률의 원인
높은 실업률의 원인 이 실업 문제의 원인인 것 같아요.

สาเหตุของปัญหาว่างงานน่าจะเป็นการขาดแคลนงาน
부족한 일자리가 실업 문제의 원인인 것 같아요.

สาเหตุของปัญหาว่างงานน่าจะเป็นความเลื่อมล้ำของค่าจ้าง
임금 격차가 실업 문제의 원인인 것 같아요.

빈출 표현 익히기

Track 26-01

유학의 장점	มีประสิทธิภาพ 효율적이다★	เข้าใจวัฒนธรรม 문화를 이해하다★
	สร้างความสัมพันธ์อันแน่นแฟ้นขึ้น 친밀한 관계를 맺다★	เพิ่มโอกาสทำงาน 취업 기회를 늘리다★
	รู้จักเพื่อนใหม่ 새로운 친구를 사귀다★	พูดได้คล่องแคล่วขึ้น 표현이 유창하다
	สำเนียงดี 발음이 자연스럽다	พัฒนาทักษะภาษา 언어 실력을 향상하다
	เป็นผู้ใหญ่ขึ้น 독립심이 생기다	ใช้ชีวิตอย่างอิสระ 자유롭게 생활하다
	เก็บประสบการณ์ใหม่ 새로운 경험을 쌓다	มีหลักสูตรหลากหลาย 다양한 교과 과정이 있다

유학의 단점	อยู่ห่างครอบครัว 가족과 떨어져 있다★	คิดถึงบ้าน 향수병이 생기다★
	ปรับตัวไม่ได้ 적응이 안 되다★	อุปสรรคทางภาษา 언어 장벽★
	เกิดความเข้าใจผิด 의사소통에 오해가 생기다★	เกิดความเครียด 스트레스가 쌓이다★
	ค่าครองชีพสูง 물가가 높다	เสียค่าใช้จ่ายมาก 많은 비용이 들다

온라인 학습의 장점	ดูซ้ำได้ 다시 볼 수 있다★	ประหยัดเวลา 시간이 절약되다★
	ลดภาระค่าใช้จ่าย 비용의 부담이 줄다★	ความยืดหยุ่นเรื่องเวลาและสถานที่ 장소와 시간의 유연성★
	กลับไปทบทวนได้เสมอ 언제든지 다시 복습할 수 있다	เกิดการเชื่อมโยงในการเรียนรู้ 학습간 연계가 잘 이루어지다

온라인 학습의 단점	ไม่มีสมาธิ 집중력이 낮다★	ขาดการปฏิสัมพันธ์ 상호작용이 부족하다★
	ไม่สนิทสนมกับเพื่อนในห้องเรียน 학급 친구들과 친해지기 어렵다	ถามโดยตรงไม่ได้ 직접 질문할 수 없다
	การทำงานกลุ่มเป็นไปได้ยาก 그룹 학습이 어렵다	ลงมือปฏิบัติจริงไม่ได้ 실습 과목은 (온라인 학습이) 불가능하다
	สัญญาณอินเทอร์เน็ตมีปัญหา 인터넷 신호에 문제가 생기다	จำเป็นต้องมีอุปกรณ์การเรียนส่วนตัว 개인 학습 기기가 필요하다

실업률 문제	อัตราการว่างงาน 실업률★	ตกงาน 실직하다★
	งานที่มีประสิทธิภาพ 양질의 일자리★	อาชีพที่มั่นคง 안정적인 직업★
	ความเหลื่อมล้ำของค่าจ้าง 임금 격차★	การจ้างงาน 고용
	ตำแหน่งงานตลอดชีพ 평생 직장	ความเปลี่ยนแปลงเกี่ยวกับความรู้สึกนึกคิดของผู้หางาน 구직자의 인식 변화

OPI 빈출 문제

❶ 유학의 장점

면접관은 외국어 학습을 위한 유학에 대해 수험자가 어떤 의견을 가지고 있는지 질문할 수 있습니다. 이때 수험자는 유학의 장점과 단점으로 나누어서 답변하거나 자신이 실제로 유학한 경험이 있다면 그 당시 좋았던 부분과 관련지어 답변해도 좋습니다.

실전 트레이닝

Track 26-02

ช่วยพูดถึงข้อดีของการเดินทางไปศึกษาต่อในต่างประเทศหน่อยค่ะ

유학의 장점에 대해서 한번 이야기해 보세요.

답변하기

모범 답변 보기

IL การเรียนในต่างประเทศเป็นวิธีที่มีประสิทธิภาพที่สุดในการพัฒนาทักษะภาษาครับ

유학은 언어 능력을 향상시키는 데 있어서 가장 효율적인 방법이에요.

IM การเรียนในต่างประเทศทำให้เข้าใจวัฒนธรรมและภาษาอื่น รวมทั้งสร้างความสัมพันธ์ที่สนิทกับเพื่อนที่มีภูมิหลังแตกต่างกันได้ครับ

유학은 다른 문화와 언어에 대해 이해하게 해요. 뿐만 아니라 다양한 배경을 가진 친구들과 친밀한 관계를 맺을 수 있어요.

IM การเรียนในต่างประเทศช่วยเพิ่มโอกาสในการทำงานครับ บริษัทต่าง ๆ มองว่าคนที่เคยใช้ชีวิตในต่างประเทศมีทักษะการสื่อสารที่คล่องแคล่วมากกว่าครับ

유학은 취업 기회를 늘려요. 기업은 해외에 거주해 본 경험이 있는 사람들이 더 유창한 의사소통 능력을 가지고 있다고 생각해요.

돌발상황! 면접관은 이렇게 질문할 수 있어요!

คุณมีความคิดเห็นยังไงที่คนสมัยนี้นิยมส่งลูกหลานไปเรียนต่อในต่างประเทศคะ

요즘 사람들이 자녀를 유학 보내는 경향에 대해서 어떠한 의견을 가지고 있나요?

단어 มีประสิทธิภาพ 효율적 | ทักษะ 능력, 실력 | รวมทั้ง 뿐만 아니라, 또한 | ความสัมพันธ์ 관계 | ภูมิหลัง 배경 | การสื่อสาร 의사소통 | คล่องแคล่ว 유창하다 | คนสมัยนี้ 현대인

❷ 유학의 단점

면접관은 유학에 대한 수험자의 전반적인 견해나 유학의 장점에 대해 질문할 수도 있고 처음부터 유학의 단점만 질문하는 경우도 있습니다. 유학의 단점에 대해 답할 때는 유학 비용, 타국 생활 적응의 어려움 등을 덧붙여서 답변할 수 있도록 준비할 필요가 있습니다.

실전 트레이닝

Track 26-03

การเดินทางไปศึกษาในต่างประเทศมีข้อเสียยังไงบ้างครับ
유학은 어떤 단점이 있나요?

답변하기

모범 답변 보기

IL สิ่งแรกที่ต้องประสบคือการอยู่ห่างไกลครอบครัวทำให้เกิดอาการคิดถึงบ้านค่ะ
가장 먼저 겪어야 할 일은 가족과 멀리 떨어져 있어서 향수병이 생기는 것입니다.

IM ข้อจำกัดทางภาษาทำให้เกิดความเข้าใจผิดและความสับสนได้ค่ะ นักเรียนอาจปรับตัวไม่ได้ กับภาษาที่เรียนใหม่ จึงกลายเป็นเรื่องลำบากใจเมื่อต้องใช้ชีวิตในต่างประเทศค่ะ
언어 장벽은 오해와 혼란을 일으킬 수 있어요. 일부 학생들은 새로 배우는 언어에 적응하지 못해서 외국에서 생활하는 것을 어려워할 수 있어요.

IM ถึงแม้ว่าจะได้รับทุนการศึกษา แต่ก็พบว่าค่าครองชีพนั้นสูงมาก จนมีกรณีที่หลายคนต้องใช้เวลาทำงานหาเงินมากกว่าเรียน ทำให้เกิดความเครียดและไม่ได้เรียนรู้อย่างเต็มที่ค่ะ
장학금을 받아도 생활비가 비싸기 때문에 많은 사람들이 공부보다 일하는 데에 시간을 써서 스트레스를 받고 제대로 배우지도 못하는 경우가 있다고 합니다.

돌발상황! 면접관은 이렇게 질문할 수 있어요!

เมื่อสักครู่พูดถึงข้อดีไปแล้ว ลองบอกข้อเสียของการเรียนในต่างประเทศด้วยได้ไหมครับ
방금 장점에 대해 이미 논의했는데 유학의 단점을 알려 주실 수 있나요?

단어 สิ่งแรก 첫째 | ห่างไกล 멀리 | ข้อจำกัด 한계 | ความเข้าใจผิด 오해 | ความสับสน 혼란, 혼잡 | ลำบากใจ 어려워하다 | ทุนการศึกษา 장학금 | ค่าครองชีพ 생활비 | อย่างเต็มที่ 제대로, 실컷

OPI 빈출 문제

③ 온라인 학습

기술의 발전이나 전염병 확대 등의 원인으로 인해, 최근에는 비대면 수업이 많이 이루어지고 있습니다. 학습자들도 원격 수업 방식에 익숙해지면서 이를 선호하는 추세입니다. 주로 면접관이 온라인 학습에 관련하여 먼저 설명한 다음에 수험자는 이에 대해 어떻게 생각하는지 질문하는 경우가 많습니다.

실전 트레이닝

Track 26-04

คุณคิดว่าเรายังจำเป็นต้องเรียนในชั้นเรียนที่โรงเรียนหรือสถาบันกวดวิชาอยู่ไหมครับ
당신은 우리가 아직도 학교나 학원에서 대면 수업을 해야 한다고 생각하나요?

답변하기

모범 답변 보기

IL ผมคิดว่าการเรียนออนไลน์เป็นวิธีการเรียนรู้ที่มีประสิทธิภาพสำหรับคนที่มีสมาธิครับ
온라인 학습은 집중력이 있는 사람에게 효과적인 학습법이라고 생각해요.

IM ผมมองว่าอาจไม่จำเป็นต้องไปโรงเรียนครับ เพราะการเรียนออนไลน์ช่วยประหยัดเวลา ลดภาระเรื่องค่าใช้จ่าย และที่สำคัญกลับมาดูซ้ำได้ครับ
학교에 갈 필요가 없을 것 같다고 생각해요. 온라인으로 공부하는 것은 시간이 절약되고 비용 부담도 줄이며 중요한 것은 다시 볼 수 있기 때문이에요.

IM ผมมองว่าขึ้นอยู่กับอายุของผู้เรียนครับ เช่น การเรียนออนไลน์ไม่เหมาะกับเด็ก เพราะทำให้เขาดการปฏิสัมพันธ์กับครูหรือเพื่อน ๆ ร่วมชั้น ส่งผลให้ไม่ได้พัฒนาด้านการเข้าสังคมครับ
저는 학습자의 연령에 따라 다르다고 생각해요. 예를 들어, 온라인 학습은 교사나 반 친구들과의 상호작용을 부족하게 하여 사회성 발달을 저해하기 때문에 어린 나이에는 적합하지 않아요.

돌발상황! 면접관은 이렇게 질문할 수 있어요!

ข้อดีข้อเสียของการเรียนออนไลน์และเรียนในห้องเรียนมีอะไรบ้างคะ
온라인 학습과 교실에서 배우는 것의 장단점에는 어떤 것이 있나요?

단어 สถาบัน 기관 | สมาธิ 집중력 | เท่ากับ ~만큼, ~와 같다 | ภาระ 부담 | ดูซ้ำ 다시 보기 | เหมาะ 적합하다 | ขาด 부족하다 | ปฏิสัมพันธ์ 상호작용 | เพื่อนร่วมชั้น 학급 친구 | ส่งผล 영향을 끼치다 | การเข้าสังคม 사회성

④ 취업 현황

앞에서 언급한 내용 외에 취업 및 실업과 관련된 주제도 자주 출제됩니다. 한국 청년들도 최근 취업 문제로 힘들어 하는지, 여러 가지 원인 중에 한국은 어떤 이유로 이러한 사회적 문제에 직면하고 있는지, 해외에서 일자리를 구하는 것에 대해 어떤 의견을 가지고 있는지와 같은 질문을 받을 수 있습니다.

실전 트레이닝

Track 26-05

คุณคิดยังไงเกี่ยวกับปัญหาเรื่องอัตราการว่างงานที่สูงขึ้นในปัจจุบันครับ

최근 실업률이 높아지는 것에 대해서 어떻게 생각하나요?

답변하기

모범 답변 보기

IL หนึ่งในสาเหตุของการว่างงานน่าจะเป็นความขาดแคลนงานที่มีคุณภาพสำหรับคนรุ่นใหม่ครับ

실업의 원인 중 하나는 젊은 세대가 원하는 양질의 일자리가 부족하다는 점입니다.

IM ความต่างของค่าจ้างของบริษัทขนาดใหญ่กับขนาดกางและขนาดย่อม ทำให้คนสมัยนี้เลือกเตรียมสอบอาชีพที่มั่นคงอย่างเช่นข้าราชการมากกว่า ถึงแม้ว่าจะได้งานทำช้าก็ตามค่ะ

대기업과 중소기업의 임금격차로 인해 현대인들은 취직이 늦어지더라도 공무원과 같은 안정적인 직업의 시험을 준비하는 것을 선호하게 됐어요.

IM อัตราการว่างงานของเยาวชนเกาหลีสูงขึ้นทำให้คนหนุ่มสาวหันไปหางานในต่างประเทศเพิ่มขึ้น หนึ่งในนั้นสหรัฐเป็นประเทศที่ถูกเลือกมากที่สุดเพราะมีอุตสาหกรรมและโอกาสหลากหลายกว่าค่ะ

한국 청년실업률이 높아서 해외 일자리로 눈을 돌리는 청년들이 늘고 있어요. 그중 미국이 가장 많이 선택된 이유로는 다양한 산업군과 기회가 있기 때문이에요.

돌발상황! 면접관은 이렇게 질문할 수 있어요!

ช่วยแสดงความคิดเห็นเกี่ยวกับเรื่องคนที่เรียนจบสูง แต่หางานไม่ได้ จนต้องออกเดินทางไปหางานทำในต่างประเทศหน่อยครับ

고학력자가 취업을 하지 못하여 해외로 떠나 일자리를 구하는 것에 대한 의견을 말해 보세요.

단어 สาเหตุ 원인 | ความขาดแคลน 부족 | คนรุ่นใหม่ 젊은 세대 | มั่นคง 안정적 | อย่างเช่น ~처럼 | ถึงแม้ว่า … ก็ตาม 비록 ~하더라도 | หันไป 눈을 돌리다 | สหรัฐ 미국 | อุตสาหกรรม 산업 | เรียนสูง 고학력

완벽 예시 주어진 상황에 따른 예상 대화를 미리 살펴보세요. Track 26-06

A ช่วยพูดถึงข้อดีของการเดินทางไปศึกษาต่อในต่างประเทศหน่อยได้ไหมคะ

유학의 장점에 대해서 좀 이야기해 주실 수 있나요?

B ครับ ข้อดีของการเรียนในต่างประเทศมีเยอะครับ การเรียนในต่างประเทศทำให้เข้าใจวัฒนธรรมและ ภาษาอื่นได้ รวมทั้งสร้างความสัมพันธ์ที่สนิดกับเพื่อนที่มีภูมิหลังแตกต่างกันได้อีกด้วยครับ

네. 유학의 장점은 많아요. 유학은 다른 문화와 언어에 대해 잘 이해하게 해요. 뿐만 아니라 다양한 배경을 가진 친구들과도 친밀한 관계를 맺을 수 있어요.

A ดิฉันเห็นด้วยค่ะ เราพูดถึงข้อดีไปแล้ว ถ้างั้นลองบอกข้อเสียของการเรียนในต่างประเทศด้วยได้ไหมคะ

저도 동의합니다. 우리가 장점에 대해 논의했는데 그럼 유학의 단점도 알려주시겠어요?

B ครับ ผมว่าข้อเสียก็มีมากพอกับข้อดีครับ

네. 단점도 장점만큼 많이 있다고 생각해요.

A มีเรื่องอะไรบ้างช่วยยกตัวอย่างหน่อยได้ไหมคะ

어떤 단점이 있는지 예시를 좀 들어 주시겠어요?

B ข้อจำกัดทางภาษาทำให้เกิดความเข้าใจผิดและความสับสนได้ครับ นักเรียนบางคนอาจปรับตัวไม่ได้กับภาษาที่เรียนใหม่จึงกลายเป็นเรื่องลำบากใจเมื่อต้องใช้ชีวิตในต่างประเทศครับ

언어 장벽은 오해와 혼란을 일으킬 수 있어요. 일부 학생들은 새로 배우는 언어에 적응하지 못해서 외국에서 생활하는 것을 어려워하기도 해요.

A คุณคิดว่าเรายังจำเป็นต้องเรียนในชั้นเรียนที่โรงเรียนหรือสถาบันกวดวิชาอยู่ไหมคะ

당신은 우리가 아직도 학교나 학원에서 대면 수업을 해야 한다고 생각하나요?

B ผมมองว่าขึ้นอยู่กับสถานการณ์ของผู้เรียน แต่สำหรับผมอาจจะไม่จำเป็นครับ

저는 학습자의 상황에 달려 있다고 봐요. 하지만 저에게는 필요 없는 것 같아요.

A งั้นช่วยยกตัวอย่างข้อดีของการเรียนออนไลน์หน่อยได้ไหมคะ

그럼 온라인 학습의 장점에 대해서 예를 좀 들어 주시겠어요?

B ผมว่าถ้ามีสมาธิการเรียนออนไลน์ก็มีประสิทธิภาพเท่ากับการเรียนในห้องเรียนการเรียนออนไลน์ช่วยประหยัดเวลา ลดภาระค่าใช้จ่ายและที่สำคัญกลับมาดูซ้ำได้ครับ

집중력이 있으면 온라인 학습이 교실에서의 학습만큼 효과적이라고 생각해요. 온라인으로 공부하는 것은 시간이 절약되고 비용 부담도 줄이며 중요한 것은 다시 볼 수 있기 때문이에요.

A คำถามสุดท้ายนะคะ คุณคิดยังไงกับปัญหาการว่างงานในปัจจุบันคะ

마지막 질문입니다. 당신은 현재 실업 문제에 대해서 어떻게 생각하세요?

B ความต่างของค่าจ้างระหว่างบริษัทขนาดใหญ่กับขนาดกลางและขนาดย่อมทำให้คนสมัยนี้เลือกเตรียมสอบอาชีพที่มั่นคงอย่างเช่นข้าราชการมากกว่าถึงแม้ว่าจะได้งานทำช้าก็ตามครับ

대기업과 중소기업의 임금 격차로 인해 현대인들은 취직이 늦어지더라도 공무원과 같은 안정적인 직업의 시험을 준비하는 것을 더 선호하게 되었어요.

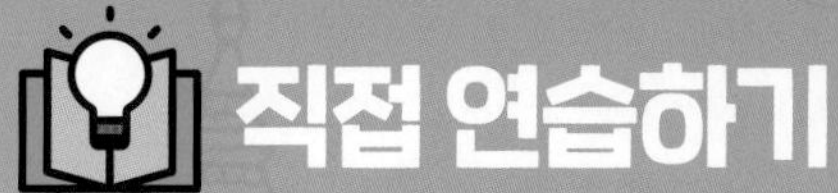

빈칸 채우기 빈칸에 알맞은 답을 쓴 후, 따라 읽으며 연습해 보세요.

A คุณมีความคิดเห็นยังไงที่คนสมัยนี้นิยมส่งลูกหลานไปศึกษาต่อในต่างประเทศครับ

요즘 사람들이 자녀를 유학 보내는 것에 대해서 어떤 의견이 있나요?

B การเรียนในต่างประเทศช่วย [1] ในการทำงานค่ะ บริษัทส่วนมากมองว่าคนที่เคยใช้ชีวิตในต่างประเทศมี [2] ที่คล่องแคล่วมากกว่าค่ะ

유학은 취업 기회를 늘려요. 대부분의 기업은 해외에 거주해 본 경험이 있는 사람들이 더 유창한 의사소통 기술을 가지고 있다고 생각해요.

A ผมเห็นด้วยครับ เมื่อสักครู่นี้เราได้พูดถึงข้อดีของเรียนต่อไปแล้วลองพูดถึงข้อเสียของการไปเรียนในต่างประเทศด้วยได้ไหมครับ

저도 동의합니다. 저희가 방금 유학의 장점에 대해서 논의해 봤는데 이번엔 유학의 단점도 말씀해 주시겠어요?

B ได้ค่ะ ถึงแม้ว่าจะได้รับ [3] แต่ก็พบว่า [4] นั้นสูงมาก มีกรณีที่หลายคนต้องใช้เวลาทำงานหาเงินมากกว่าเรียนทำให้เกิดความเครียดและไม่ได้เรียนรู้อย่างเต็มที่ค่ะ

네. 장학금을 받아도 생활비가 비싸기 때문에 많은 사람들이 공부보다 일하는 데에 시간을 써서 스트레스를 받고 제대로 배우지도 못하는 경우가 있다고 합니다.

A ตอนนี้เราก็สามารถเรียนผ่านอินเทอร์เน็ตได้ คุณคิดว่ายังจำเป็นต้องไปต่างประเทศอยู่หรือไม่ครับ

요즘은 인터넷을 통해서도 배울 수 있는데 당신은 우리가 아직도 해외에 갈 필요가 있다고 생각하나요?

B ดิฉันมองว่าขึ้นอยู่กับสถานการณ์ของแต่ละคนค่ะ ยกตัวอย่างเช่น เรื่องอายุของผู้เรียนก็เป็นปัจจัยสำคัญค่ะ ในนั้นการเรียนออนไลน์ไม่เหมาะกับเด็ก เพราะทำให้ขาด [5] กับครูและเพื่อน ๆ ร่วมชั้น ส่งผลให้ไม่ได้พัฒนาทางด้าน [6] ค่ะ

저는 개개인의 상황에 따라 다르다고 생각합니다. 그중 학습자의 연령도 중요한 요소인데요. 예를 들어 온라인 학습은 교사와 반 친구들과의 상호작용을 부족하게 하여 사회성 발달을 저해하기 때문에 어린 나이에는 적합하지 않아요.

A ใช่ครับ คำถามสุดท้ายนะครับ คุณคิดยังไงกับปัญหาอัตราการว่างงานในปัจจุบันครับ

맞습니다. 마지막 질문입니다. 당신은 현재 실업 문제에 대해서 어떻게 생각하나요?

B หนึ่งในสาเหตุของการว่างงานน่าจะเป็น [7] งานที่มีคุณภาพสำหรับคนรุ่นใหม่ ทำให้คนหนุ่มสาวหันไปหางานทำในต่างประเทศเพิ่มขึ้นค่ะ

젊은 세대에게 양질의 일자리가 부족한 것이 실업률 문제의 원인 중 하나인 것 같아요. 그래서 해외 일자리로 눈을 돌리는 청년들이 늘고 있어요.

A ทำได้ดีมากครับ ขอบคุณที่ช่วยตอบคำถามนะครับ

아주 잘하셨어요. 답변해 주셔서 감사합니다.

B ค่ะ ขอบคุณค่ะ

네. 감사합니다.

정답

1. เพิ่มโอกาส 2. ทักษะการสื่อสาร 3. ทุนการศึกษา 4. ค่าครองชีพ 5. การปฏิสัมพันธ์ 6. การเข้าสังคม 7. การขาดแคลน

게임 중독

"ช่วยแสดงความคิดเห็นเกี่ยวกับปัญหาเด็กติดเกมหน่อยค่ะ"

아동의 게임 중독 문제에 대한 의견을 한번 이야기해 주세요.

대비 전략

면접관은 아동 및 청소년이 게임, 텔레비전, 휴대 전화, 컴퓨터, SNS 등에 중독된 사회 문제에 대해서 질문하곤 합니다. 대부분은 면접관이 사회 문제에 대해 말한 후 수험자의 의견을 묻습니다. 중독의 부정적인 영향에 대해 논하고 게임의 순기능을 통한 해결 방법이나 앞으로의 방향성을 질문합니다. 전자 기기나 게임 중독과 관련하여 자신의 생각을 잘 정리해 두면 좋은 답변을 할 수 있습니다.

빈출 질문

Q1 게임 중독에 대한 의견 게임 중독에 대한 자신의 의견 말하기

ช่วยแสดงความคิดเห็นเกี่ยวกับปัญหาเด็กติดเกมหน่อยค่ะ

아동의 게임 중독 문제에 대한 의견을 한번 이야기해 주세요.

Q2 게임 중독의 부정적인 영향 (신체적 · 정신적) 건강 문제와 관련된 부정적인 요소에 대해 말하기

ผลเสียที่เกิดขึ้นจากการหมกมุ่นกับการเล่นเกมมากเกินไปมีอะไรบ้างครับ

게임 중독으로 인해 생기는 부정적인 영향에는 어떤 것이 있나요?

Q3 게임의 순기능 친목, 재미, 스트레스 해소 등 게임 자체의 긍정적인 요소에 대해 말하기

แน่นอนว่าอิทธิพลของการเล่นเกมก็มีเหมือนกันใช่ไหมคะ

물론 게임이 미치는 긍정적인 영향도 있겠죠?

Q4 예방 및 해결 방안 게임 중독의 예방 및 해결 방법을 구체적으로 제안하기

ช่วยเสนอวิธีป้องกันไม่ให้บุตรหลานติดเกมหน่อยครับ

아이들이 게임에 중독되지 않을 수 있는 방법을 제안해 주세요.

답변 구조 & 핵심 표현

มีผลการวิจัยพูดถึงสาเหตุว่าเกิดจาก 게임 중독의 요인

게임 중독의 요인 이 원인이라는 연구 결과가 있어요.

มีผลการวิจัยพูดถึงสาเหตุว่าเกิดจากความเครียด

스트레스가 원인이라는 연구 결과가 있어요.

มีผลการวิจัยพูดถึงสาเหตุว่าเกิดจากสภาพแวดล้อม

주변 환경이 원인이라는 연구 결과가 있어요.

กรณีหมกมุ่นมากเกินไปอาจ 부정적인 영향 ได้

중독에 빠질 경우, 부정적인 영향 을 줄 수도 있어요.

กรณีหมกมุ่นมากเกินไปอาจเข้าสังคมไม่ได้

중독에 빠질 경우, 사회성이 저하될 수도 있어요.

กรณีหมกมุ่นมากเกินไปอาจเป็นอันตรายต่อสุขภาพได้

중독에 빠질 경우, 건강에 해로울 수도 있어요.

การเล่นเกมช่วย 긍정적인 영향 ได้

게임하는 것은 긍정적인 영향 에 도움이 돼요.

การเล่นเกมช่วยคลายเครียดได้

게임하는 것은 스트레스를 해소하는 데에 도움이 돼요.

การเล่นเกมช่วยสร้างความสัมพันธ์กับคนรอบข้างได้

게임하는 것은 주변과 친목을 도모하는 데에 도움이 돼요.

สิ่งสำคัญคือพ่อแม่ต้อง 예방 및 해결 방안

중요한 것은 부모가 예방 및 해결 방안 해야 돼요.

สิ่งสำคัญคือพ่อแม่ต้องกำหนดเวลาที่เด็กให้เล่นเกม

중요한 것은 부모가 아이의 게임할 시간을 정해줘야 돼요.

สิ่งสำคัญคือพ่อแม่ต้องมีเวลาอยู่กับลูก

중요한 것은 부모가 아이과 함께 지내는 시간이 있어야 돼요.

빈출 표현 익히기

Track 27-01

게임 중독의 부정적 영향	ติดเกม 게임에 중독되다★	ก้าวร้าว 공격적이다★
	รุนแรง 폭력적이다★	อันตรายต่อสุขภาพ 건강에 해롭다★
	ควบคุมตัวเองไม่ได้ 자신이 통제가 안 되다★	โมโหง่าย 쉽게 화를 내다★
	พฤติกรรมเลียนแบบ 모방 행동★	โรคซึมเศร้า 조울증★
	หงุดหงิด 짜증나다	โรคอารมณ์สองขั้ว 우울증
	ปวดตา 눈이 아프다	ตาพร่ามัว 눈이 침침하다
	อารมณ์เสียง่าย 쉽게 불쾌해 하다	ไม่มีสมาธิ 집중력이 떨어지다
	ตัดขาดจากสังคมภายนอก 사회와 단절되다	นอนไม่พอ 수면이 부족하다
	ตะโกน 소리를 지르다	พูดจาหยาบคาย 무례하게 말하다
	หนีเรียน 무단결석하다	กลับบ้านดึก 늦게 귀가하다

게임의 순기능	รู้สึกสนุก 즐기다★	คลายเครียด 스트레스를 해소하다★
	ไม่เบื่อ 지루하지 않다★	มีความคิดสร้างสรรค์ 창의력을 가지다★
	ได้เพื่อนใหม่ 새로운 친구를 사귀다★	หาหัวข้อสนทนาได้ 대화 주제를 찾다★
	สร้างความสนิทสนม 친목을 도모하다	ป้องกันสมองเสื่อม 치매를 예방하다
	เบาสมอง 머리를 식히다	บริหารสมอง 두뇌 운동하다
	มีความสุข 행복하다	สุขภาพจิตดีขึ้น 정신 건강이 좋아지다

영향을 미치는 범위		
	ส่งผลต่อสุขภาพ 건강에 영향을 미치다★	ส่งผลต่อการเรียน 학업에 영향을 미치다
	ส่งผลต่อพฤติกรรม 행동에 영향을 미치다	ส่งผลต่อปฏิสัมพันธ์ 상호 작용에 영향을 미치다
	ส่งผลต่อพัฒนาการ 발달에 영향을 미치다	ส่งผลต่อสภาพอารมณ์ 정서 상태에 영향을 미치다

예방 및 해결 방법		
	กำหนดเวลา 시간을 정하다★	ทำกิจกรรมร่วมกัน 함께 활동하다★
	แนะนำ 조언하다★	เฝ้าดู 지켜보다★
	ตักเตือน 경고하다	อบรมสั่งสอน 교육시키다
	ใช้เวลากับลูก 아이와 시간을 보내다	ไปเที่ยวนอกบ้าน 집 밖으로 놀러 가다
	หางานอดิเรกใหม่ 새로운 취미를 찾다	สมัครเข้าชมรม 동아리(모임)에 가입하다

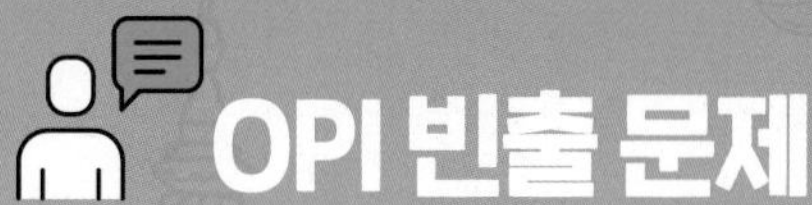

OPI 빈출 문제

❶ 게임 중독에 대한 의견

면접관은 수험자에게 게임이나 휴대 전화, SNS 중독 문제에 대해서 전반적으로 어떻게 생각하는지 질문합니다. 또는 전자 기기 관련 중독 원인이나 이유가 무엇이라고 생각하는지 물어볼 수도 있기 때문에 전반적인 상황과 그 원인을 나타내는 답변을 다양하게 준비하는 것이 좋습니다.

실전 트레이닝

Track 27-02

ช่วยแสดงความคิดเห็นเกี่ยวกับปัญหาเด็กติดเกมหน่อยค่ะ
아동의 게임 중독 문제에 대한 의견을 한번 이야기해 주세요.

답변하기

모범 답변 보기

IL ไม่ว่าจะวัยไหนก็ติดเกมได้ครับ แต่ถ้าเด็กติดเกมตั้งแต่อายุน้อยก็น่าเป็นห่วงมากครับ

나이와 상관없이 게임에 중독될 수 있어요. 하지만 아이가 어렸을 때부터 게임에 중독되면 매우 우려됩니다.

IM ผมคิดว่าเกมถูกพูดถึงในแง่ลบมากกว่าคนส่วนมากจึงไม่ค่อยรู้ว่าเกมก็มีด้านดีด้วยครับ ส่วนตัวผมไม่คิดว่าการติดเกมเป็นปัญหาใหญ่ทางสังคมเลยครับ

게임은 부정적인 면이 주로 언급되고 있어서 대부분의 사람들은 게임에 긍정적인 면이 있다는 것을 몰라요. 개인적으로 게임 중독이 사회적으로 큰 문제라고는 생각하지 않아요.

IM มีผลการวิจัยพูดถึงสาเหตุการติดเกมของเด็กวัยรุ่นในเกาหลีว่า เกิดจากความเครียดเรื่องการเรียนจากพ่อแม่ครับซึ่งแสดงให้เห็นว่าอิทธิพลของสภาพแวดล้อมก็ส่งผลต่อการติดเกมได้ครับ

국내 아동·청소년의 게임 중독 원인을 부모로부터 받은 학업 스트레스라고 한 연구 결과가 있습니다. 이는 환경적인 영향도 게임 중독에 영향을 미칠 수 있음을 보여주고 있어요.

돌발상황! 면접관은 이렇게 질문할 수 있어요!

คุณคิดว่าสาเหตุของปัญหาการติดเกมของเด็กในปัจจุบันมีอะไรบ้างคะ
요즘 아동 게임 중독 문제의 원인이 무엇이라고 생각하나요?

단어 ไม่ว่าจะ 구분 없이 | วัย 연령 | ถูกพูดถึง 언급되다 | ด้านดี 긍정적인 면 | แง่ลบ 부정적 | อาการซึมเศร้า(=โรคซึมเศร้า) 우울증 | การวิจัย 연구 | เด็กวัยรุ่น 청소년 | อิทธิพล 영향 | สภาพแวดล้อม 환경

❷ 게임 중독의 부정적인 영향

면접관은 게임에 중독되는 원인과 수험자의 전반적인 의견에 대해 물은 후, 게임 중독이 어떤 부정적인 영향을 미치는지 질문하곤 합니다. 만약 면접관이 이에 대해 따로 언급하지 않을 경우, 수험자가 먼저 게임 중독이 청소년이나 사회 전체에 어떤 부정적인 영향을 끼치는지 추가로 설명을 덧붙여도 좋습니다.

실전 트레이닝

Track 27-03

ผลเสียที่เกิดขึ้นจากการหมกหมุ่นกับการเล่นเกมมากเกินไปมีอะไรบ้างครับ

게임 중독으로 인해 생기는 부정적인 영향에는 어떤 것이 있나요?

답변하기

모범 답변 보기

IL เด็กอาจจะมีพฤติกรรมเลียนแบบความรุนแรงจากเกมได้ค่ะ

아이들은 게임에서의 폭력적인 행동을 모방할 수 있어요.

IM ตามผลสำรวจของเกาหลีกรณีรักษาการติดเกมว่า ผู้ติดเกม 9 ใน 10 คนมีโรคร่วมหลายอย่าง เช่น โรคซึมเศร้า หรือโรคอารมณ์แปรปรวนค่ะ

한국의 게임 중독 치료에 대한 조사 결과에 따르면 게임 중독자 10명 중 9명이 우울증이나 조울증과 같은 동반 질환을 가지고 있다고 해요.

IM กรณีหมกมุ่นมากเกินไปอาจปรับตัวเข้ากับชีวิตในโรงเรียนไม่ได้ มีทักษะการเข้าสังคมแย่ หรือมีอัตลักษณ์ต่ำ หากเป็นผู้ใหญ่อาจจะเกิดปัญหาต่อสุขภาพค่ะ

(게임에) 지나치게 몰입하는 경우, 학교 생활 부적응, 사회성 저하, 낮은 정체성을 보이고, 어른의 경우에는 건강상의 문제가 발생하기도 해요.

돌발상황! 면접관은 이렇게 질문할 수 있어요!

ผลกระทบจากการที่เด็กดูทีวีหรือใช้โทรศัพท์มากเกินไปมีอะไรบ้างครับ

아이가 텔레비전을 보거나 휴대 전화를 많이 사용하는 것은 어떤 영향을 미치나요?

단어 พฤติกรรม 행동 | เลียนแบบ 모방 | เปิดเผย 밝히다 | ผลสำรวจ 조사 결과 | โรคร่วม 동반 질환 | การหมกหมุ่น 몰입하다, 몰두하다 | อัตลักษณ์ 정체성 | สัญญาณ 신호

OPI 빈출 문제

❸ 게임의 순기능

게임 중독이 사회적인 문제가 아니라고 생각한다면 왜 그렇게 생각하는지, 게임에 어떤 순기능이 있는지 그 이유에 대해 논리적으로 말할 수 있어야 합니다. 혹은 수험자 자신이 게임을 해 본 경험이 있다면 어떤 게임을 했고, 게임에 중독되는 경험이 있었는지, 게임할 때 느끼게 된 긍정적인 부분에는 어떤 것이 있는지 덧붙여 설명해도 좋습니다.

실전 트레이닝

Track 27-04

แน่นอนว่าอิทธิพลของการเล่นเกมก็มีเหมือนกันใช่ไหมคะ

물론 게임이 미치는 긍정적인 영향도 있겠죠?

답변하기

모범 답변 보기

IL การเล่นเกมช่วยคลายเครียดและลืมปัญหาในปัจจุบันไปได้ชั่วคราวครับ

게임하는 것은 스트레스를 해소하고 현실의 문제를 일시적으로 잊어버리는 데 도움이 돼요.

IM เกมสร้างความสนิทสนมกับคนรอบข้างได้ครับ เช่น หลังจากเล่นเกมกับเพื่อนก็จะสามารถหาหัวข้อสนทนาขณะทานข้าวหรือทำกิจกรรมอื่น ๆ ร่วมกันได้ครับ

게임은 주변 사람들과 친목을 도모하는 데 도움이 돼요. 예를 들어, 친구와 게임을 한 이후에는 함께 식사하거나 다른 활동을 하면서 대화할 주제를 찾을 수 있을 겁니다.

IM สำหรับผู้สูงอายุบางกรณีแพทย์แนะนำให้เล่นเกมเพื่อป้องกันสมองเสื่อมครับ และจากการสำรวจพบว่าคนติดเกมมีทักษะการมองเห็นกับการได้ยินไว และความคิดเร็วกว่าคนทั่วไปครับ

일부 경우 장년층에게는 치매를 예방하기 위해 의사가 게임을 추천하기도 해요. 그리고 조사에 따르면 게임 중독자들은 일반 사람보다 시각과 청각이 민감하고 사고력이 더 빠른 것으로 나타났습니다.

돌발상황! 면접관은 이렇게 질문할 수 있어요!

การเล่นเกมกลายเป็นธุรกิจที่มีการจัดการแข่งขันกีฬาอิเล็กทรอนิกส์ คุณคิดว่าข้อดีและข้อเสียของ E-sports มีอะไรบ้างคะ

게임은 이제 E-스포츠 대회가 열리는 사업이 되었어요. E-스포츠의 장단점은 무엇이라고 생각하나요?

단어 รายได้ 수입 | แน่นอนว่า 물론 | ชั่วคราว 일시적 | ความสนิทสนม 친목 | คนรอบข้าง 주변 사람 | หัวข้อ 주제 | สนทนา 대화 | กิจกรรม 활동 | ผู้สูงอายุ 장년층 | สมองเสื่อม 치매 | การแข่งขัน 대회

④ 예방 및 해결 방안

만약 앞에서 아동과 청소년이 게임에 중독되는 것이 우려할 만한 문제라고 주장했다면, 면접관은 수험자의 가족 중 게임 중독자가 있다고 가정하여 이를 예방하거나 해결하기 위한 방법에 대해 질문할 수도 있습니다. 이때 수험자가 생각하는 방안을 자유롭게 이야기하면 됩니다.

실전 트레이닝

Track 27-05

ช่วยเสนอวิธีป้องกันไม่ให้บุตรหลานติดเกมหน่อยครับ

자녀가 게임에 중독되지 않도록 예방할 수 있는 방법을 좀 제안해 주세요.

답변하기

모범 답변 보기

IL พ่อแม่ต้องคุยกับลูกเพื่อกำหนดเวลาที่อนุญาตให้เล่นเกมได้ค่ะ

부모는 자녀와 대화해서 게임할 수 있는 시간을 정해야 해요.

IM สิ่งสำคัญคือพ่อแม่ควรมีเวลาอยู่กับลูกค่ะ เช่น พาลูกไปเที่ยวนอกบ้านเพื่อทำกิจกรรมที่ชอบกับสมาชิกในครอบครัว รวมถึงให้คำแนะนำเรื่องประโยชน์และโทษของการใช้เทคโนโลยีด้วยค่ะ

가족과 함께 좋아하는 활동을 하거나 자녀를 데리고 나가는 등 부모가 자녀와 함께 보내는 시간을 갖는 것이 중요해요. 또한 전자 기기 사용의 장단점에 대해서도 조언해 줘야 해요.

IM เล่นคอมพิวเตอร์หรือมือถือในสถานที่ที่ผู้ปกครองสามารถเฝ้าดูได้ค่ะ ปกติแล้วเด็กไม่สามารถบังคับตัวเองได้ จึงไม่ควรเปิดโอกาสให้อยู่ในสถานการณ์ที่สามารถใช้อุปกรณ์อิเล็กทรอนิกส์คนเดียวได้ค่ะ

보호자가 볼 수 있는 장소에서 컴퓨터나 휴대 전화를 할 수 있게 해요. 아이들은 자제력이 부족한 편이라 전자 기기를 혼자 사용할 수 있는 공간에 두지 않는 것이 좋아요.

돌발상황! 면접관은 이렇게 질문할 수 있어요!

หากคุณเป็นพ่อแม่หรือผู้ปกครองที่มีลูกหลานติดเกมจะมีวิธีแก้ไขปัญหายังไงครับ

만약 당신이 게임에 중독된 자녀의 부모나 보호자라면 어떻게 문제를 해결할 건가요?

단어 เสนอ 제안하다 | ป้องกัน 예방하다 | กำหนด 지정하다 | วาง 두다 | ผู้ปกครอง 보호자 | แอบ 몰래 | ประโยชน์และโทษ 장단점 | เทคโนโลยี 전자 기기, 기술

예시 미리보기

완벽 예시 주어진 상황에 따른 예상 대화를 미리 살펴보세요. Track 27-06

A ช่วยแสดงความคิดเห็นเกี่ยวกับปัญหาการติดเกมของเด็กหรือเยาวชนหน่อยค่ะ

아동과 청소년의 게임 중독 문제에 대한 의견을 한번 이야기해 주세요.

B ไม่ว่าจะวัยไหนก็ติดเกมได้ครับ แต่ถ้าเด็กติดเกมตั้งแต่อายุน้อยก็น่าเป็นห่วงมากครับ

나이와 상관없이 게임에 중독될 수 있어요. 하지만 아이가 어렸을 때부터 게임에 중독되면 매우 우려됩니다.

A ก็จริงค่ะ อยากจะให้พูดถึงผลเสียที่เกิดขึ้นจากการหมกมุ่นกับการเล่นเกมมากเกินไปด้วยค่ะ

그렇다면 게임에 중독되면 어떤 부정적인 영향이 있는지 말씀 부탁드립니다.

B ผมเคยอ่านข่าวเกี่ยวกับผลเสียครับ ตามผลสำรวจของเกาหลีกรณีรักษาการติดเกมว่า ผู้ติดเกม 9 ใน 10 คนมีโรคร่วมหลายอย่าง เช่น โรคซึมเศร้าหรือโรคอารมณ์แปรปรวนครับ

부정적인 영향에 대한 기사를 읽어본 적이 있습니다. 한국의 게임 중독 치료 사례에 대한 조사 결과에 따르면, 게임 중독자 10명 중 9명이 우울증이나 조울증과 같은 동반 질환을 가지고 있다고 합니다.

A หรือคะ ดิฉันไม่เคยได้ยินเรื่องนี้เลยค่ะ แต่แน่นอนว่าข้อดีของการเล่นเกมก็มีเหมือนกันใช่ไหมคะ

그런가요? 저는 이런 내용을 처음 들어보네요. 그렇지만 물론 게임하는 것의 장점도 있겠죠?

B ครับ แน่นอนว่าข้อดีของการเล่นเกมก็มีเยอะมากเหมือนกันครับ

네. 당연히 게임하는 것의 순기능도 많죠.

A งั้นช่วยยกตัวอย่างข้อดีของการเล่นเกมหน่อยได้ไหมคะ

그럼 게임하는 것의 장점을 한번 예로 들어주실 수 있나요?

B เกมสร้างความสนิทกับคนรอบข้างได้ครับ เช่น หลังจากเล่นเกมกับเพื่อนก็จะสามารถหาหัวข้อสนทนาขณะทานข้าวหรือทำกิจกรรมอื่น ๆ ร่วมกันได้ครับ

게임은 주변 사람들과 친목을 도모하는 데 도움이 돼요. 예를 들어, 친구와 게임을 한 후에 함께 식사하거나 다른 활동을 하는 동안 대화 주제를 찾을 수 있어요.

A เห็นด้วยค่ะ การเล่นเกมช่วยคลายเครียดได้ด้วยใช่ไหมคะ

동의합니다. 게임하는 것은 스트레스를 해소하는 데에도 도움이 되지요?

B แน่นอนครับ นอกจากจะช่วยทำให้ลืมปัญหาในปัจจุบันไปได้ชั่วคราวแล้วยังช่วยเรื่องสุขภาพจิตด้วยนะครับ

그럼요. 현실의 문제를 일시적으로 잊어버리는 데 도움이 될 뿐만 아니라 정신 건강에도 도움이 됩니다.

A งั้นคำถามสุดท้ายช่วยเสนอวิธีป้องกันไม่ให้บุตรหลานติดเกมหน่อยค่ะ

그럼 마지막 질문으로, 자녀가 게임에 중독되지 않도록 예방할 수 있는 방법을 제안해 주세요.

B ผมว่าพ่อแม่ต้องคุยกับลูกเพื่อกำหนดเวลาที่อนุญาตให้เล่นเกมได้ หรือที่บ้านต้องวางอุปกรณ์อิเล็กทรอนิกส์ในที่ที่พ่อแม่สามารถเฝ้าดูเด็กได้หากทำเช่นนี้ก็จะช่วยป้องกันได้ครับ

제 생각에는 게임할 수 있는 시간을 부모와 자녀가 대화해서 결정해야 돼요. 아니면 부모가 볼 수 있는 장소에 전자 기기를 두어야 돼요. 이렇게 한다면 예방할 수 있을 것 같습니다.

A ค่ะ ขอบคุณสำหรับคำตอบค่ะ

네. 답변 감사합니다.

직접 연습하기

빈칸 채우기 빈칸에 알맞은 답을 쓴 후, 따라 읽으며 연습해 보세요.

A เด็กสมัยนี้ชอบเล่นคอมพิวเตอร์เกม หรือเล่นเกมในโทรศัพท์มือถือมากกว่าออกไปข้างนอก คุณคิดว่าปัญหาเด็กติดเกมมีสาเหตุมาจากอะไรครับ

요즘 아이들은 외출보다 컴퓨터 게임이나 휴대 전화 게임을 더 좋아합니다. 아이들이 게임에 중독되어 있는 것은 어떤 원인 때문일까요?

B มี [1] พูดถึงสาเหตุการติดเกมของเด็กวัยรุ่นในเกาหลีว่าเกิดจากความเครียดเรื่องการเรียนจากพ่อแม่ค่ะ ซึ่งแสดงให้เห็นว่าอิทธิพลของ [2] ก็ส่งผลต่อการติดเกมได้ค่ะ

국내 아동·청소년의 게임 중독 원인을 부모로부터 받은 학업 스트레스라고 한 연구 결과가 있습니다. 이는 환경적인 영향도 게임 중독에 영향을 미칠 수 있음을 보여 주고 있어요.

A หรือครับ ช่วยพูดถึงผลกระทบที่อาจเกิดขึ้นกับเด็ก ๆ จากการติดเกมด้วยได้ไหมครับ

그렇군요. 게임 중독으로 인해 아이들에게 생기는 부정적인 영향을 말씀해 주세요.

B ค่ะ กรณีเด็ก [3] มากเกินไปอาจปรับตัวกับชีวิตในโรงเรียนไม่ได้ ไม่มีทักษะการเข้าสังคมหรือว่ามี [4] ต่ำ หากเป็นผู้ ใหญ่ร่างกายอาจจะส่งสัญญาณเตือนอันตรายต่อสุขภาพได้ค่ะ

네. 아이가 과몰입에 빠질 경우, 학교 생활 부적응, 사회성 저하, 낮은 정체성을 보이고, 어른의 경우에는 건강상의 문제가 발생하기도 해요.

A เห็นด้วยครับ อย่างไรก็ตามปัจจุบันนี้การเล่นเกมก็ไม่ได้มีข้อเสียแต่อย่างเดียว เกมบางอย่างก็กลายเป็นธุรกิจที่มีการจัดการแข่งขันทั่วโลกแล้ว ฉะนั้นคุณคิดว่าข้อดีของการเล่นเกมมีอะไรบ้างครับ

동의합니다. 그러나 요즘은 게임에 단점만 있는 것이 아니죠. 일부 게임은 이미 글로벌 경쟁 대회도 열리는 사업이 되었어요. 그렇다면 게임을 하는 것에 어떤 순기능이 있다고 생각하시나요?

B การเล่นเกมช่วย 5 ______ และ 6 ______ ค่ะ นอกจากนี้จากการสำรวจพบว่าคนติดเกมมีทักษะการมองเห็นกับการได้ยินไว และมีความคิดเร็วกว่าคนทั่วไปค่ะ

게임을 하면 스트레스가 해소되고 친목을 도모하는 데에도 도움이 돼요. 또한, 설문조사에 따르면 게임 중독자는 일반 사람보다 시각과 청각이 민감하고 사고력이 더 빠르다고 합니다.

A คำถามสุดท้ายครับ หากคุณเป็นพ่อแม่ที่มีลูกหลานติดเกมจะมีวิธีแก้ปัญหายังไงครับ

마지막 질문은, 만약 당신이 게임에 중독된 자녀의 부모라면 어떻게 문제를 해결하실 건가요?

B สิ่งสำคัญคือพ่อแม่ควรมีเวลาอยู่กับลูก รวมถึงให้คำแนะนำเรื่อง 7 ______ ของการใช้เทคโนโลยีด้วยค่ะ

부모가 아이와 함께 보내는 시간을 갖는 것이 중요해요. 또한, 전자 기기 사용의 장단점에 대해서도 조언을 해줘야 합니다.

A ครับ ตอบคำถามได้ดีมากครับ ขอบคุณครับ

네. 답변 잘해 주셨어요. 감사합니다.

B ค่ะ ขอบคุณค่ะ

네. 감사합니다.

정답

1. ผลการวิจัย 2. สภาพแวดล้อม 3. หมกหมุ่น 4. อัตลักษณ์ 5. คลายเครียด 6. สร้างความสนิทสนม 7. ประโยชน์และโทษ

บทที่

28 자연재해

"หลายเดือนก่อนเห็นข่าวอุทกภัยในเกาหลี เรื่องราวเป็นยังไงคะ"

몇 달 전 한국에 홍수가 났다는 뉴스를 봤는데, 어떻게 된 거예요?

대비 전략

국가를 막론하고 전 세계적으로 직면하고 있는 자연재해, 즉 환경과 관련된 문제입니다. 시험 문제로는 주로 홍수, 산불, 지구 온난화, 미세 먼지 등과 관련된 이슈가 주로 출제됩니다. 따라서 수험자는 평소 사회 환경 뉴스를 자주 접하면서 환경 및 재해와 관련하여 어떤 이슈가 있는지 관심있게 확인하고 그 내용을 태국어로 말할 수 있는 연습이 필요합니다.

빈출 질문

Q1 상황 설명 국가 · 세계적인 대형 사고 및 자연재해 파악하기

หลายเดือนก่อนเห็นข่าวอุทกภัยในเกาหลี เรื่องราวเป็นยังไงคะ

몇 달 전 한국에 홍수가 났다는 뉴스를 봤는데, 어떻게 된 거예요?

Q2 피해 상황 피해자의 수와 피해 범위 파악하기

มีผู้ประสบภัยจากเหตุการณ์ในครั้งนี้ไหมครับ

이번 사건의 피해자가 있나요?

Q3 소식을 접했을 때의 느낌 처음 뉴스를 보고 느꼈던 감정 말하기, 정부의 해결 촉구하기

คนเกาหลีส่วนใหญ่รู้สึกยังไงต่อเหตุการณ์ดังกล่าวคะ

대부분의 한국인들은 해당 사건에 대해 어떻게 생각하나요?

Q4 뉴스를 접하는 경로 라디오, 신문, 뉴스 어플, SNS 기사 등 뉴스 매체의 종류 파악하기

โดยปกติแล้วคุณรับข่าวสารสังคมจากช่องทางไหนครับ

보통 소셜 뉴스는 어디서 접하나요?

답변 구조 & 핵심 표현

ช่วงที่ผ่านมาเกิดเหตุ 자연재해 รุนแรงที่สุดในประวัติศาสตร์
전에 역사상 최악의 자연재해 가 발생했어요.

ช่วงที่ผ่านมาเกิดเหตุอุทกภัยรุนแรงที่สุดในประวัติศาสตร์
전에 역사상 최악의 홍수가 발생했어요.

ช่วงที่ผ่านมาเกิดเหตุอัคคีภัยรุนแรงที่สุดในประวัติศาสตร์
전에 역사상 최악의 화재가 발생했어요.

เท่าที่ผม/ดิฉันทราบมี 대상 จำนวน 인원수 คนครับ/ค่ะ
제가 알기로는 대상 이 인원수 있었어요.

เท่าที่ผมทราบมีผู้เสียชีวิตจำนวน 7 คนครับ
제가 알기로는 사망자가 7명이 있었어요.

เท่าที่ดิฉันทราบมีผู้สูญหายจำนวน 2 คนค่ะ
제가 알기로는 실종자가 2명이 있었어요.

ทุกคนคงรู้สึก 감정 표현 กับเหตุการณ์นี้
이번 사건에 모두들 감정 표현 했을 거예요.

ทุกคนคงรู้สึกสะเทือนใจกับเหตุการณ์นี้
이번 사건에 모두들 충격 받았을 거예요.

ทุกคนคงรู้สึกตกใจกับเหตุการณ์นี้
이번 사건에 모두들 놀랐을 거예요.

โดยปกติแล้วผม/ดิฉัน 매체 ข่าวทาง 시청 방식 ครับ/ค่ะ
저는 보통 매체 를 통해서 뉴스를 시청 방식 해요.

โดยปกติแล้วผมฟังข่าวทางวิทยุในรถยนต์ครับ
저는 보통 차 안의 라디오를 통해서 뉴스를 들어요.

โดยปกติแล้วดิฉันดูข่าวทางช่องของสำนักข่าวค่ะ
저는 보통 신문사의 채널을 통해서 뉴스를 들어요.

빈출 표현 익히기

자연 재해		
자연 재해	ภัยพิบัติธรรมชาติ 자연재해★	ฝุ่นละออง 미세 먼지★
	ไฟไหม้ 불이 나다★	ไฟป่า 산불★
	น้ำท่วม 홍수가 나다★	แผ่นดินไหว 지진★
	อัคคีภัย 화재★	อากาศเป็นพิษ 대기 오염★
	ภัยแล้ง 가뭄	ดินถล่ม 산사태
	สึนามิ 해일	ลูกเห็บตก 우박이 내리다
	ฟ้าผ่า 벼락치다	พายุหิมะ 눈보라

피해 설명		
피해 설명	ไฟดับ 정전되다★	ได้รับบาดเจ็บ 다치다★
	จมน้ำ 물에 빠지다★	น้ำขัง 침수되다★
	มีผู้สูญหาย 실종자가 있다★	เสียชีวิต 목숨을 잃다★
	น้ำรั่ว 물이 새다	ต้นไม้ล้ม 나무가 넘어지다
	ทรัพย์สินเสียหาย 재산이 훼손되다	การจราจรเป็นอัมพาต 교통이 마비되다
	สุขภาพจิตเสื่อมลง 정신적 피해를 입다	ระบบสาธารณูปโภคเสียหาย (전기, 수도 등) 공설 제도가 훼손되다

소식을 듣고 느낀 감정	น่าเศร้าใจ 안타깝다★	น่าเป็นห่วง 걱정스럽다★
	ซึมเศร้า 우울하다★	สิ้นหวัง 절망하다★
	สะเทือนใจ (정신적) 충격을 받다★	ทุกข์ใจ 속상하다★
	วิตกกังวล 노심초사하다	หวาดกลัว 겁내다
	เจ็บปวด 고통스럽다	ทุกข์ทรมาน 괴로워하다

뉴스를 얻는 경로	อินเทอร์เน็ต 인터넷★	โซเชียลมีเดีย SNS★
	โทรทัศน์ TV, 텔레비전★	วิทยุ 라디오★
	เว็บไซต์ 웹사이트	หนังสือพิมพ์ 신문
	นิตยสาร 잡지	สำนักข่าวต่างประเทศ 외국 방송국
	ป้ายโฆษณา 광고판	บอร์ดประกาศข่าว 공지 게시판
	ใบปลิว 팸플릿	วารสารทางวิชาการ 학술지

대상	ผู้เสียหาย 피해자★	ผู้ได้รับบาดเจ็บ 부상자★
	ผู้เสียชีวิต 사망자★	ผู้เกี่ยวข้อง 당사자★
	ผู้ได้รับบาดเจ็บสาหัส 중상자★	เจ้าหน้าที่ 관계자★
	เจ้าหน้าที่ตำรวจ 경찰	เจ้าหน้าที่ดับเพลิง 소방관
	ทีมแพทย์ 의료진	ทีมอาสา 봉사자

OPI 빈출 문제

1 상황 설명

면접관은 한국 혹은 전 세계적으로 화제가 되었던 재해, 사고, 환경 문제와 관련하여 질문하곤 합니다. 학습자는 해당 사건의 기본적인 정보, 즉 시기, 지역, 원인, 사례 등을 충분히 이야기할 수 있어야 합니다. 만약 수험자가 모르는 사건에 대해 묻는다면, 솔직히 답한 후 현재 자신이 알고 있는 다른 사건을 대신 설명하면 됩니다.

실전 트레이닝

Track 28-02

หลายเดือนก่อนเห็นข่าวอุทกภัยในเกาหลีเรื่องราวเป็นยังไงคะ
몇 달 전 한국에서 홍수 관련 뉴스를 봤는데, 어떻게 된 거예요?

답변하기

모범 답변 보기

IL เดือนสิงหาคมที่ผ่านมา มีฝนตกหนักจึงเกิดน้ำท่วมในกรุงโซลและเขตปริมณฑลครับ
지난 8월에는 폭우로 인해 서울과 주변 지역에 홍수가 일어났어요.

IM หลายเดือนที่ผ่านมาเกิดพายุฝนถล่มรุนแรงที่สุดในรอบ 80 ปี ทำให้เกิดอุบัติเหตุและความเสียหาย เช่น น้ำท่วมฉับพลัน ไฟดับ และน้ำรั่วในสถานที่ต่าง ๆ ครับ
몇 달 전 80년 만의 최악의 폭우로 곳곳에서 홍수, 정전, 누수 등 사고와 피해가 발생했어요.

IM ผมไม่ทราบข่าวนี้ครับ แต่ผมทราบเรื่องเหตุไฟไหม้กลางดึกที่เมืองโกซองครับ ไฟป่าลุกลามอย่างรวดเร็วและมีลมแรงมาก ทางการต้องสั่งอพยพประชาชนเกือบ 4,000 คนครับ
저는 이 뉴스를 잘 모르지만 밤 사이에 고성시에서 산불이 발생했다는 것은 압니다. 산불은 빠르게 번졌고 바람도 강하게 불었기 때문에 당국은 국민 4,000명을 대피 명령해야 했습니다.

돌발상황! 면접관은 이렇게 질문할 수 있어요!

ช่วงนี้ข่าวที่น่าจับตามองของเกาหลีมีอะไรบ้างคะ
요즘 한국에서 주시할 만한 뉴스는 어떤 것이 있나요?

단어 เขตปริมณฑล 수도권 지역 | พายุฝนถล่ม 폭풍우 | ในรอบ ~만에 | ความเสียหาย 피해 | ฉับพลัน 갑작스럽다 | น้ำรั่ว 누수 | ไฟไหม้ 화재 | ลุกลาม 번지다 | ทางการ 당국 | อพยพ 대피하다 | น่าจับตามอง 주시하다, 관망적

② 피해 상황

언급한 사건으로 인한 피해 정도를 질문합니다. 수험자는 몇 가지 사건에 대해 정확한 수치까지는 기억하기 어렵더라도 해당 사건으로 인한 사망자, 부상자, 피해자 등이 있는지, 피해를 입은 사례에는 어떤 것들이 있는지 미리 파악해 두고 설명할 수 있도록 준비하는 것이 좋습니다.

실전 트레이닝 Track 28-03

มีผู้ประสบภัยจากเหตุการณ์ในครั้งนี้ไหมครับ 이번 사건에 피해자가 있나요?

답변하기

모범 답변 보기

IL ถ้าดิฉันจำไม่ผิด ข่าวรายงานว่ามีผู้เสียชีวิตราว 7 คนและสูญหายอีก 7 คนค่ะ

제 기억이 맞다면 뉴스에서 사망자는 7명 정도 있고 다른 7명은 실종되었다고 보고되었어요.

IM สื่อรายงานว่ามีผู้เสียชีวิต 3 คนซึ่งเป็นประชาชนที่อาศัยอยู่ในห้องใต้ดินเพราะอพยพไม่ทัน รวมถึงอีก 2 คนได้ตกลงไปในท่อระบายน้ำถูกเปิดไว้ด้วยค่ะ

언론에 따르면 지하에 거주하던 주민 3명은 탈출이 어려워 숨졌고, 2명은 열려 있던 하수구에 빠졌다고 해요.

IM เท่าที่ดิฉันทราบก็มีบ้านเรือน โรงงานหลายร้อยหลัง และพื้นที่ป่าไม้ได้รับความเสียหายในวงกว้าง เนื่องจากพบอุปสรรคอย่างเช่น ลมแรงและสัญญาณโทรศัพท์ที่ใช้ไม่ได้ในบางพื้นที่ค่ะ

제가 알기로는 강한 바람이 불고, 일부 지역에서 통화 신호가 잘 잡히지 않아 수백 채의 집, 공장, 그리고 산림 지역이 대규모 피해를 입었어요.

돌발상황! 면접관은 이렇게 질문할 수 있어요!

พอจะทราบจำนวนของผู้ที่ได้รับความเสียหายจากเหตุการณ์ที่เกิดขึ้นไหมครับ

사건으로 인해 피해를 입은 사람들의 수를 좀 아시나요?

단어 เหตุการณ์ 사건 | สูญหาย 실종되다 | สื่อ 언론 | ตกลงไป 빠지다 | ท่อระบายน้ำ 하수구 | บ้านเรือน 집들 | โรงงาน 공장 | ป่าไม้ 산림 | ในวงกว้าง 넓은 영역 | อุปสรรค 장벽

OPI 빈출 문제

❸ 해당 소식을 접했을 때의 느낌

해당 사건을 설명한 뒤, 면접관은 이를 접했을 때 수험자 개인의 느낌이나 국민들의 반응에 대해 묻습니다. 이때 수험자는 그 당시 느꼈던 감정과 생각하는 바에 대해서 간단히 언급해도 되고, 당국이 문제를 예방하고 해결할 수 있는 방안을 추가로 제시하면 더 좋습니다.

실전 트레이닝

Track 28-04

คนเกาหลีส่วนใหญ่รู้สึกยังไงต่อเหตุการณ์ดังกล่าวคะ

대부분의 한국인들은 해당 사건에 대해서 어떻게 생각하나요?

답변하기

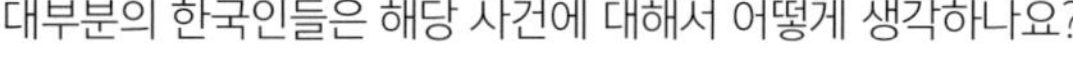

모범 답변 보기

IL ส่วนตัวผมทั้งกลัว กังวลแล้วก็รู้สึกเศร้าใจมากครับ เพราะเป็นเหตุการณ์ที่ไม่เคยเกิดขึ้นมาก่อนครับ

저는 개인적으로 지금까지 경험하지 못한 일이라 무섭기도 하고 걱정도 되고 너무 안타까웠어요.

IM ทุกคนรู้สึกสะเทือนใจกับเหตุการณ์ที่เกิดขึ้น และผมขอแสดงความเสียใจกับครอบครัวผู้เสียชีวิตด้วย ผมคิดว่า รัฐต้องหามาตรการป้องกันเหตุการณ์แบบนี้ และให้ความช่วยเหลือผู้ประสบภัยอย่างเต็มที่ครับ

일어난 일에 모두가 충격을 받았고 고인의 가족에게 조의를 표합니다. 정부도 이런 사고를 예방하고 피해자들에게 전폭적으로 지원할 수 있는 대책을 마련해야 한다고 생각해요.

IM คนเกาหลีทุกคนคงรู้สึกตกใจเหมือนกับผมครับ เพราะว่าเหตุการณ์ครั้งนั้นถือเป็นไฟป่าที่ขนาดใหญ่ที่สุดในประวัติศาสตร์ของเกาหลี หวังว่ารัฐบาลจะดูแลผู้เสียหายทุกกรณีอย่างดีครับ

한국인들은 모두 저처럼 충격을 받았을 거예요. 왜냐하면 그 사건은 한국 역사상 가장 규모가 큰 산불로 기록되었기 때문이에요. 정부는 사건의 모든 피해자들을 잘 보살펴 주기를 바랍니다.

돌발상황! 면접관은 이렇게 질문할 수 있어요!

คุณรู้สึกยังไงต่อเหตุการณ์ที่เกิดขึ้นในครั้งนี้คะ

이번에 발생한 사건에 대해서 당신의 느낌은 어떤가요?

단어 ดังกล่าว 해당 | เศร้าใจ 안타깝다 | แสดงความเสียใจ 조의 | รัฐ(=รัฐบาล) 정부 | มาตรการ 대책 | ป้องกัน 예방하다 | ถือเป็น ~(으)로 여기다 | ในประวัติศาสตร์ 역사상

④ 뉴스를 접하는 경로

면접관은 수험자가 뉴스를 보통 어디에서 어떻게 접하게 되는지 질문합니다. 수험자는 라디오, 휴대 전화, 텔레비전, 신문, SNS 등의 수단 중 자신이 주로 활용하는 경로를 자유롭게 이야기하되, 주로 언제 뉴스를 보는지, 주로 보거나 듣는 채널명이 무엇인지, 혹은 자신의 관심 분야가 무엇인지도 추가적으로 함께 언급하면 더 좋습니다.

실전 트레이닝

Track 28-05

โดยปกติแล้วคุณรับข่าวสารสังคมจากช่องทางไหนครับ 보통 소셜 뉴스는 어디서 접하나요?

답변하기

모범 답변 보기

IL ปกติตอนเช้าดิฉันขับรถไปทำงานก็ฟังข่าวจากวิทยุในรถทุกวันค่ะ

저는 보통 아침 출근길에 운전하면서 매일 차 안에서 라디오 뉴스를 들어요.

IM โดยปกติแล้วดิฉันดูข่าวจากมือถือทุกวันค่ะ ในมือถือดิฉันมีแอปพลิเคชันของสำนักข่าวต่าง ๆ และดิฉันก็ได้กดติดตามช่องข่าวในสังคมออนไลน์ด้วยค่ะ

평소에는 매일 휴대 전화로 뉴스를 봐요. 제 휴대 전화에는 각종 뉴스 신문사의 어플도 있고 SNS에서 뉴스 채널도 구독했어요.

IM ปกติแล้วเวลาว่างหลังตื่นนอนหรือก่อนนอน ดิฉันมักจะดูวิดีโอทางโซเชียลมีเดีย เช็คข่าวเรื่องธรรมชาติและสิ่งแวดล้อมในปัจจุบันทั้งในประเทศและต่างประเทศค่ะ

보통 일어난 후나 잠들기 전 여가 시간에 저는 소셜 미디어에서 국내외 자연 및 환경에 관한 뉴스를 자주 확인하곤 해요.

돌발상황! 면접관은 이렇게 질문할 수 있어요!

ปกติคุณทราบข่าวที่เกิดขึ้นในปัจจุบันผ่านทางไหนครับ

당신은 보통 어떤 경로를 통해서 현재 일어난 사건에 대해 접하나요?

단어 ข่าวสาร 뉴스 | ช่องทาง 경로 | แอปพลิเคชัน 어플리케이션 | สำนักข่าว 신문사 | ติดตาม 팔로우 | ช่อง 채널 | สังคมออนไลน์(=โซเชียลมีเดีย) SNS | ธรรมชาติ 자연 | สิ่งแวดล้อม 환경

예시 미리보기

완벽 예시 주어진 상황에 따른 예상 대화를 미리 살펴보세요. Track 28-06

A หลายปีก่อนเคยเห็นข่าวไฟไหม้ป่าทางเหนือของเกาหลี เหตุการณ์ตอนนั้นเป็นยังไงคะ

몇 년 전, 한국 북부 지역의 산불 뉴스를 본 적이 있었는데, 그 당시 상황은 어땠나요?

B ใช่ครับ หลายปีก่อนเกิดเหตุไฟไหม้กลางดึกที่เมืองกูซอง ไฟป่าลุกลามอย่างรวดเร็วและมีลมแรงมากทางการต้องสั่งอพยพประชาชนเกือบ 4,000 คนครับ

맞습니다. 몇 년 전 산불은 밤 사이에 고성시에서 발생했어요. 산불은 빠르게 번졌고 바람도 강해서 당국은 국민 4,000명을 대피 명령했습니다.

A อพยพตั้ง 4,000 คนเลยหรือคะ แล้วมีผู้ประสบภัยจากเหตุการณ์ในครั้งนั้นไหมคะ

4,000명이나 대피 명령했어요? 그럼 당시 사건으로 피해자가 있었나요?

B เท่าที่ผมจำได้ มีบ้านเรือน โรงงานหลายร้อยหลัง และพื้นที่ป่าไม้ ได้รับความเสียหายในวงกว้างครับ พอจะทราบไหมคะว่าทำไมเสียหายมาก

제가 기억하기로는 수백 채의 집, 공장, 그리고 삼림 지역에서 광범위한 피해를 입었어요. 언론에서는 강한 바람이 불고, 일부 지역에서 통화 신호가 잘 잡히지 않았기 때문이라고 했어요.

A น่าเห็นใจนะคะ แล้วคนเกาหลีส่วนใหญ่รู้สึกยังไงต่อเหตุการณ์ที่เกิดขึ้นคะ

안타깝네요. 대부분의 한국인들은 그 사건에 대해 어떻게 생각하나요?

B ทุกคนคงรู้สึกตกใจเหมือนกับผมครับ เพราะว่าเหตุการณ์ครั้งนั้นถือเป็นไฟป่าที่ขนาดใหญ่ที่สุดในประวัติศาสตร์ของเกาหลี

모두가 저처럼 충격 받았을 거예요. 왜냐하면 그 당시 사건은 한국 역사상 가장 규모가 큰 산불로 기록되었기 때문이에요.

A แล้วทางรัฐบาลเกาหลีกล่าวว่ายังไงบ้างคะ

그럼 한국 정부측은 뭐라고 발표했나요?

B ผมได้ยินว่า รัฐบาลจะช่วยเหลือและดูแลผู้เสียหายทุกกรณีเป็นอย่างดีครับ

제가 듣기로는 정부가 모든 사건의 피해자들을 잘 돕고 지원하겠다고 했습니다.

A โล่งอกไปทีค่ะ ว่าแต่ โดยปกติแล้วคุณรับข่าวสารสังคมจากช่องทางไหนบ้างคะ

다행이에요. 그나저나 당신은 보통 어떤 경로로 소셜 뉴스를 접하나요?

B ปกติแล้วเวลาว่างหลังตื่นนอนหรือก่อนนอน ผมมักจะดูวิดีโอทางโซเชียลมีเดียครับ เช็คข่าวเรื่องทั่ว ๆ ไป เรื่องธรรมชาติและสิ่งแวดล้อมในปัจจุบันทั้งในประเทศและต่างประเทศครับ

보통 일어난 후나 잠들기 전 시간이 날 때 저는 소셜 미디어에서 각종 뉴스와 국내외 자연과 환경에 관한 뉴스를 확인하곤 해요.

A ค่ะ อย่างนั้นนั่นเอง ขอบคุณสำหรับคำตอบนะคะ

네. 그렇군요. 답변 감사합니다.

직접 연습하기

빈칸 채우기 빈칸에 알맞은 답을 쓴 후, 따라 읽으며 연습해 보세요.

A หลายเดือนที่ผ่านมาผมเห็นข่าวเรื่องการเกิดอุทกภัยในกรุงโซล เรื่องราวเป็นยังไงครับ

몇 달 전에 서울에 홍수가 났다는 뉴스를 봤는데 상황이 어땠나요?

B เกิด [1] รุนแรงที่สุดในรอบ 80 ปีในกรุงโซลและเขตปริมณฑล ทำให้เกิดอุบัติเหตุและความเสียหายมากมาย เช่น น้ำท่วมฉับพลันและไฟดับในสถานที่ต่าง ๆ ค่ะ

서울 등 수도권 지역에서 80년 만의 최악의 폭우로 인해 홍수, 정전 등의 사고와 피해가 발생했어요.

A ฟังดูน่ากลัวมากเลยนะครับ มีผู้ประสบภัยจากเหตุการณ์ในครั้งนี้ไหมครับ

무척 무섭게 들리네요. 이번 사건으로 피해자가 있었나요?

B [2] มีผู้เสียชีวิตสามคนซึ่งเป็นประชาชนที่อาศัยอยู่ในห้องใต้ดินเพราะ [3] ไม่ทัน รวมถึงอีกสองคนเดินตกลงไปในท่อระบายน้ำที่ถูกเปิด

언론에 따르면 지하에 거주하던 주민 3명은 탈출이 어려워서 숨졌고, 2명은 걷다가 열려 있던 하수구에 빠졌다고 보고되었어요.

A พอจะทราบจำนวนผู้ที่ได้รับความเสียหายโดยรวมจากเหตุการณ์ครั้งนี้ไหมครับ

이번 사건으로 인해 피해를 입은 사람들의 수를 좀 아시나요?

B ดิฉันจำไม่ผิด ข่าวรายงานว่ามีผู้เสียชีวิต 7 คนและ [4] อีก 7 คนค่ะ

제 기억이 맞다면 뉴스에서 사망자는 7명 정도 있고 다른 7명은 실종되었다고 보고되었어요.

A ขอแสดงความเสียใจกับเหตุการณ์ด้วยนะครับ แล้วคนเกาหลีส่วนใหญ่รู้สึกยังไงต่อเหตุการณ์นี้ครับ

이번 사건에 조의를 표합니다. 그리고 혹시 대부분의 한국인들은 이번 사건에 대해서 어떻게 생각하나요?

B ทุกคนรู้สึก [5] กับเหตุการณ์นี้ ดิฉันก็ขอแสดงความเสียใจกับครอบครัวผู้เสียชีวิตด้วย และคิดว่ารัฐบาลต้องหา [6] ป้องกันเหตุการณ์แบบนี้และให้ความช่วยเหลือผู้ประสบภัยอย่างเต็มที่ค่ะ

이 일에 모두가 충격을 받았을 거예요. 저 또한 고인의 가족분들에게 조의를 표합니다. 정부도 이런 사고를 예방하고 피해자들에게 전폭적으로 지원할 수 있는 대책을 마련해야 한다고 생각합니다.

A ผมเห็นด้วยครับ คำถามสุดท้ายนะครับ ปกติแล้วคุณทราบข่าวผ่านทางไหนครับ

당신은 보통 어떤 경로를 통해 뉴스를 알게 되나요?

B โดยปกติแล้วดิฉันดูข่าวจากมือถือทุกวันค่ะ ในมือถือผมมีแอปพลิเคชันของ [7] ต่าง ๆ และดิฉันก็ได้กดติดตามช่องข่าวในสังคมออนไลน์ด้วยค่ะ

평소에는 매일 휴대 전화로 뉴스를 봐요. 제 휴대 전화에는 각종 뉴스 방송사의 어플도 있고 SNS에서 뉴스 채널도 구독했어요.

정답

1. พายุฝนถล่ม 2. สื่อรายงานว่า 3. อพยพ 4. สูญหาย 5. สะเทือนใจ 6. มาตราการ 7. สำนักงานข่า

บทที่

29 유행병

“สถานการณ์ของโรคระบาดในเกาหลีครั้งนี้เป็นยังไงบ้างคะ”

이번 유행병으로 인한 한국 국내 상황은 어떤가요?

대비 전략

독감, 사스, 신종플루부터 최근 유행한 코로나19까지 전 세계적으로 확산되는 유행병은 국가의 경제, 사회, 교육 분야 등 모든 면에 영향을 끼칩니다. 따라서 면접관은 유행병 시기의 국내 상황과 분위기, 변화된 생활 모습, 정부의 지원 정책 등에 대해 물어볼 수 있습니다. 다소 어려울 수 있는 내용이지만 당황하지 않고 답변할 수 있도록 전 세계적으로 유행하는 질병에 대해 관심있게 바라보고 병명이나 증상을 태국어 어휘로 익혀 둘 필요가 있습니다.

빈출 질문

Q1 국내 상황 유행병으로 인한 국내의 전반적인 분위기를 파악하기

สถานการณ์ของโรคระบาดในเกาหลีครั้งนี้เป็นยังไงบ้างคะ

이번 유행병으로 인한 한국 국내 상황은 어떤가요?

Q2 유행병으로 인한 영향 사회적으로 변화된 모습과 개인의 삶에 미치는 영향을 파악하기

การระบาดครั้งนี้ส่งผลกระทบต่อประเทศและต่อตนเองยังไงบ้างครับ

이번 유행병이 국가적, 개인적으로 어떤 영향을 미쳤나요?

Q3 전염병 유행 시기의 생활 수칙 전염병 유행 시기에 일상생활 속에서 지켜야 하는 수칙 파악하기

ประชาชนชาวเกาหลีใช้ชีวิตในช่วงที่มีโรคติดต่อเช่นนี้ยังไงบ้างคะ

전염병 유행 시기에 한국인들은 어떻게 생활했나요?

Q4 정부의 지원 방안 국민의 삶을 안정시키기 위한 국가의 지원 방안에 대해 파악하기

รัฐบาลเกาหลีได้ดำเนินนโยบายช่วยเหลือประชาชนในช่วงโรคระบาดนี้ยังไงบ้างครับ

한국 정부는 유행병 시기에 국민들에게 어떤 지원 정책을 시행했나요?

답변 구조 & 핵심 표현

สถานการณ์ 변화 เพราะมีผู้ติดเชื้อใหม่วันละ 인원수 คน

하루 신규 확진자가 인원수 로 상황이 변화 했어요.

สถานการณ์แย่ลงเพราะมีผู้ติดเชื้อใหม่วันละแสนคน

하루 신규 확진자가 십만 명으로 상황이 나빠졌어요.

สถานการณ์ดีขึ้นเพราะมีผู้ติดเชื้อใหม่วันละหมื่นคน

하루 신규 확진자가 만 명으로 상황이 좋아졌어요.

โรคระบาดครั้งนี้ส่งผลต่อ 국가적·개인적인 부분

이번 유행병은 국가적·개인적인 부분 에 영향을 끼쳤어요.

โรคระบาดครั้งนี้ส่งผลต่อสภาพเศรษฐกิจของประเทศ

이번 유행병은 국가의 경제 상황에 영향을 끼쳤어요.

โรคระบาดครั้งนี้ส่งผลต่อสภาพจิตใจของประชาชน

이번 유행병은 국민들에게 정신적으로 영향을 끼쳤어요.

ไม่อิสระเหมือนแต่ก่อนเพราะต้อง 생활 수칙

생활 수칙 으로 이전처럼 자유롭지 않아요.

ไม่อิสระเหมือนแต่ก่อนเพราะต้องหลีกเลี่ยงสถานที่ ๆ มีคนเยอะ

사람이 많은 곳에 가면 안 돼서 이전처럼 자유롭지 않아요.

ไม่อิสระเหมือนแต่ก่อนเพราะต้องใส่หน้ากากอนามัยตลอด

위생 마스크를 늘 써야 돼서 이전처럼 자유롭지 않아요.

รัฐบาลมีมาตรการ 지원 เพื่อช่วยเหลือประชาชน

한국 정부는 국민들을 돕기 위해 지원 했어요.

รัฐบาลมีมาตรการสนับสนุนค่าเลี้ยงดูบุตรเพื่อช่วยเหลือประชาชน

한국 정부는 국민들을 돕기 위해 양육비를 지원했어요.

รัฐบาลมีมาตรการจัดโครงการฝึกฝนอาชีพเพื่อช่วยเหลือประชาชน

한국 정부는 국민들을 돕기 위해 직업 훈련 프로그램을 마련했어요.

빈출 표현 익히기

Track 29-01

유행병	โรคระบาด 유행병★	โรคติดต่อ 감염병★
	โควิด 코로나19★	ไข้หวัดใหญ่ 독감★
	ไข้หวัดสายพันธุ์ใหม่ 신종 인플루엔자	โรคซาร์ส 사스(SARS)
	สายพันธุ์ 변종	รักษาหายแล้ว 완치

유행병 영향	ทางเศรษฐกิจ 경제적★	ทางสังคม 사회적★
	ทางสภาพจิตใจ 정신적★	ทางร่างกาย 신체적
	ตกงาน 실직하다	ปิดกิจการ 폐업하다

정부의 정책	เงินเยียวยา 보상금★	เงินอุดหนุน 보조금★
	การฉีดวัคซีนป้องกัน 예방 접종★	อุดหนุนค่าจ้าง 임금을 지원하다
	อุดหนุนค่าเลี้ยงดูบุตร 양육비를 지원하다	อบรมอาชีพ 직업 훈련
	จัดโครงการ 프로그램을 마련하다	ลดหย่อนภาษี 세금 공제
	ควบคุมการระบาด 확산을 통제하다	ป้องกันโรค 질병을 예방하다

생활 수칙		
	ล้างมือบ่อย ๆ 손을 자주 씻다★	ใส่หน้ากากอนามัย 위생 마스크를 쓰다★
	เว้นระยะห่างทางสังคม 사회적 거리두기를 하다★	ทำงานจากบ้าน 재택 근무하다★
	ตรวจหาไวรัส 바이러스를 검사하다	กักตัว 자가 격리하다
	ออกกำลังกายเป็นประจำ 수시로 운동하다	หลีกเลี่ยงสถานที่แออัด 사람이 많은 곳을 피하다
	นอนพักผ่อนให้เพียงพอ 충분한 수면을 취하다	หลีกเลี่ยงการสัมผัสใบหน้า 얼굴을 만지지 않는다
	ปิดปากเวลาไอหรือจาม 기침이나 재채기할 때 입을 가리다	ทำความสะอาดอุปกรณ์เครื่องใช้บ่อยๆ 용품을 자주 청소하다

병원		
	อาการรุนแรง 위중증★	ห้องฉุกเฉิน 응급실★
	ทีมแพทย์ 의료진★	ยอดผู้ป่วย 환자 수★
	ผู้ติดเชื้อ 감염자, 확진자★	ผู้เสียชีวิต 사망자★
	วัคซีนป้องกัน 예방 백신	วินิจฉัยโรค 진단하다
	รักษาโรค 치료하다	เข้าโรงพยาบาล 입원하다
	คุณหมอ 의사	พยาบาล 간호사

OPI 빈출 문제

① 국내 상황

전 세계적으로 각종 유행병이 확산될 때 각국의 상황은 조금씩 차이가 있습니다. 따라서 면접관은 해당 유행병으로 인해 국내 전반적인 분위기가 어떤지 질문합니다. 이때 수험자는 최근 혹은 그 당시의 국내 현황, 감염자 변화 추이, 전망 등을 설명할 수 있도록 유행병 관련 뉴스를 확인하여 대략적으로 숙지해 두어야 합니다.

실전 트레이닝

Track 29-02

สถานการณ์โรคระบาดในเกาหลีครั้งนี้เป็นยังไงบ้างคะ

이번 유행병으로 인한 한국 국내 상황은 어떤가요?

답변하기

모범 답변 보기

IL สถานการณ์แย่กว่าเดิมครับ เพราะช่วงนี้มีผู้ติดเชื้อใหม่วันละประมาณ 7 หมื่นคนครับ

하루 신규 확진자가 7만 명으로 상황이 아직 좋지 않은 편이에요.

IM มีรายงานว่าสัปดาห์นี้ผู้ป่วยลดลงแล้ว แต่สถานการณ์ยังน่าเป็นห่วงอยู่ ตอนนี้พบผู้ป่วยอาการรุนแรงประมาณวันละ 50 ราย และมีอัตราการเสียชีวิต 0.1% ครับ

이번 주에 환자가 감소했다고 보고되었지만 상황이 여전히 걱정스럽습니다. 현재 중증환자는 하루 50명, 사망률은 0.1%입니다.

IM มีรายงานพบผู้ป่วยไข้หวัดใหญ่แล้วกว่า 3,000 ราย กลุ่มอายุที่พบผู้ป่วยมากที่สุดคือ 15-25 ปี รองลงมาคือ 26-34 ปี และไม่มีผู้เสียชีวิตควรฉีดวัคซีนป้องกันเพื่อลดความเสี่ยงครับ

3,000건 이상의 독감 환자가 보고되었어요. 가장 많이 발생한 연령대는 15~25세, 그 다음은 26~34세이며 사망자는 없어요. 위험을 줄이기 위해 예방접종을 받아야 합니다.

돌발상황! 면접관은 이렇게 질문할 수 있어요!

ช่วยพูดเกี่ยวกับสถานการณ์โรคระบาดในเกาหลีใต้ครั้งนี้หน่อยได้ไหมคะว่าเกิดอะไรขึ้น

이번 유행병 시기에 한국에서는 어떤 일이 일어났는지 이야기해 볼 수 있나요?

단어 ราย 사건 | อัตรา 비율 | การเสียชีวิต 사망 | กลุ่มอายุ 연령대 | ฉีดวัคซีนป้องกัน 예방 접종을 하다 | ลด 줄이다 | ความเสี่ยง 위험

❷ 유행병으로 인한 영향

유행병으로 인해 한국의 경제, 사회, 개인의 상황은 어떻게 바뀌었는지, 그 밖에 어떤 영향을 끼쳤는지에 대해서 질문합니다. 따라서 아래에 제시된 모범 답변을 참고로 하여, 수험자가 시험에 응시할 때 유행하는 질병으로 인해 변화된 경제 및 사회 상황을 반영한 답변을 준비하는 것이 좋습니다.

실전 트레이닝

Track 29-03

การระบาดครั้งนี้ส่งผลกระทบต่อประเทศและต่อตนเองยังไงบ้างครับ

이번 유행병이 국가적, 개인적으로 어떤 영향을 미쳤나요?

답변하기

모범 답변 보기

IL ยิ่งโรคระบาดนั้นรุนแรงมากขึ้นเท่าไร การส่งออกก็ยิ่งลดลงมากขึ้นเท่านั้นค่ะ

유행병이 심각할수록 수출은 더 크게 감소했어요.

IM ส่งผลต่อสภาพจิตใจของคนค่ะ เกิดความวิตกกังวลและความเครียดเรื่องการเงินของครอบครัวและการงานเพราะธุรกิจปิดตัวลงและทำให้พนักงานหลายตำแหน่งถูกเลิกจ้างค่ะ

사람들의 정신적 상태에 영향을 미쳤어요. 다수의 기업이 문을 닫으면서 많은 직원들이 해고되었기 때문에 가족 경제와 직장에 대해 스트레스를 받고 노심초사하게 되었어요.

IM หลายประเทศรวมถึงเกาหลีได้ใช้มาตราการปิดโรงเรียนและสถานที่ทำงานทำให้การติดต่อซื้อขายเป็นไม่ได้ ก็เลยส่งผลให้เกิดการหยุดชะงักของกิจกรรมการผลิตครั้งใหญ่ค่ะ

한국을 포함한 많은 국가에서 학교 및 사업장 폐쇄 조치를 시행함에 따라 거래가 불가능하여 대규모로 생산 활동이 중단되는 결과를 초래했습니다.

돌발상황! 면접관은 이렇게 질문할 수 있어요!

การระบาดของโควิดส่งผลกระทบต่อการใช้ชีวิตของคุณยังไงบ้างครับ

코로나19 유행은 당신이 생활하는 데에 어떤 영향을 미쳤나요?

단어 การส่งออก 수출 | สภาพจิตใจ 정신적 상태 | การเงิน 금융 | ปิดตัวลง 폐업하다 | ตำแหน่ง 자리 | เลิกจ้าง 해고하다 | มาตรการ 조치 | การติดต่อซื้อขาย 거래 | การหยุดชะงัก 중지 | การผลิต 생산

OPI 빈출 문제

③ 전염병 유행 시기의 생활 수칙

한국 국민들과 수험자 개인은 전염병 유행 시기에 어떻게 생활했는지, 유행병 전후의 생활 모습에는 어떤 부분이 달라졌는지, 국민들이 따라야 하는 정부의 방역 생활 수칙에는 주로 어떤 것이 있는지에 대해 질문할 수 있습니다. 전염 확산을 방지하기 위해 지켜야 하는 지침들을 미리 파악해 둡시다.

실전 트레이닝

Track 29-04

ประชาชนชาวเกาหลีใช้ชีวิตในช่วงที่มีโรคติดต่อเช่นนี้ยังไงบ้างคะ

전염병 유행 시기에 한국인들은 어떻게 생활했나요?

답변하기

모범 답변 보기

IL ใส่หน้ากากอนามัยเมื่ออยู่ข้างในอาคารและใช้เจลแอลกอฮอล์ล้างมือบ่อย ๆ ครับ

실내에 있을 때는 위생 마스크를 쓰고 있고, 알코올 젤로 손을 자주 씻었어요.

IM ไม่อิสระเหมือนแต่ก่อนเพราะต้องปฏิบัติตามคำสั่งรัฐบาลครับ เช่น มีการจำกัดเวลาเปิดร้าน และ จำกัดจำนวนผู้เข้าร่วมกิจกรรมทางสังคมขนาดใหญ่เพื่อลดความแออัดครับ

예를 들어 영업 제한 시간이 있는 등 정부 명령을 따라야 해서 이전처럼 자유롭지 않았어요. 또한, 혼잡을 줄이기 위해 대규모 행사에 참여하는 사람들의 수를 제한했어요.

IM ถ้าสถานที่ทำงานมีความเสี่ยงต่อการแพร่เชื้อพนักงานสามารถทำงานจากที่บ้านได้ หรือหากมีประวัติสัมผัสกับผู้ติดเชื้อสามารถไปตรวจที่สถานีอนามัยหรือใช้ชุดตรวจโควิดด้วยตัวเองครับ

사업장에 전염될 위험이 있는 경우, 직원들은 집에서 일할 수 있었어요. 그리고 감염자와 접촉했다면 보건소에 가거나 자가 진단 키트를 활용했습니다.

돌발상황! 면접관은 이렇게 질문할 수 있어요!

มีวิธีการป้องกันตัวเองไม่ให้ติดเชื้อไวรัสยังไงบ้างคะ

바이러스에 감염되지 않도록 자신을 보호하는 방법으로는 어떤 것이 있나요?

단어 การแพร่ระบาด 유행 | ปฏิบัติ 준수하다 | คำสั่งรัฐบาล 정부의 명령 | จำกัด 제한하다 | ความแออัด 혼잡 | ความเสี่ยง 위험 | สถานีอนามัย 보건소 | ชุดตรวจโควิดด้วยตัวเอง 자가 진단 키트 | เชื้อไวรัส 바이러스

④ 정부의 지원 방안

유행병의 현황, 유행병이 국가 및 개인에게 미친 영향, 그리고 국민의 생활 수칙 외에도 국가의 위기 상황을 완화하고 국민을 돕기 위한 각국의 조치 및 지원 정책이 다릅니다. 따라서 유행병 시기 동안이나 그 이후에 한국 정부가 시행한 지원 정책들을 태국어로 설명할 수 있도록 몇 가지 표현을 알아두면 좋습니다.

실전 트레이닝

Track 29-05

รัฐบาลเกาหลีได้ดำเนินนโยบายช่วยเหลือประชาชนในช่วงโรคระบาดนี้ยังไงบ้างครับ
한국 정부는 유행병 시기에 국민들에게 어떤 지원 정책을 시행했나요?

답변하기

모범 답변 보기

IL ช่วงที่ผ่านมารัฐบาลได้มีพร้อม วัคซีนป้องกันโรคระบาดมามากพอสำหรับประชากรค่ะ

그동안 정부는 국민들을 위해 유행병 예방 백신을 충분히 구비했어요.

IM รัฐบาลมีมาตรการช่วยเหลือประชาชนผู้ได้รับผลกระทบโดยการแจกเงิน บัตรของขวัญ คะแนนบัตรเครดิตหรือบัตรเดบิตที่ใช้ได้ภายในบางท้องถิ่นเท่านั้นค่ะ

정부는 해당 지역에서만 사용할 수 있는 현금, 상품권, 신용 카드 또는 체크 카드 포인트를 지원하여 피해를 입은 사람들을 돕기 위한 조치를 취했어요.

IM เกาหลีทุ่มงบประมาณจำนวนมากเพื่ออุดหนุนค่าจ้างให้ลูกจ้างในธุรกิจขนาดเล็กและกลาง อุดหนุนค่าเลี้ยงดูบุตร และจัดโครงการฝึกฝนอาชีพให้ผู้ที่ตกงานค่ะ

한국은 중소기업 임금 보조금 지원, 자녀 양육비 지원, 실업자를 위한 직업 훈련 프로그램을 제공하기 위해 많은 예산을 썼어요.

돌발상황! 면접관은 이렇게 질문할 수 있어요!

A: มีมาตรการเดินเข้าประเทศในช่วงที่เกิดโรคระบาดทั่วโลกเช่นนี้ยังไงบ้างครับ
전 세계적인 유행병 시기의 출입국 절차는 어떻게 되나요?

B: ต้องต้องแสดงหลักฐานการฉีดวัคซีนหรือตรวจ pcr ค่ะ
예방 접종 사실을 증명하거나 PCR 검사를 해야 했어요.

단어 ดำเนิน 시행하다 | นโยบาย 정책 | วัคซีน 백신 | แจก 제공하다 | ท้องถิ่น 지역 | ทุ่มงบประมาณ 예산을 쓰다 | อุดหนุน 지원하다 | โครงการ 프로그램 | ฝึกฝน 훈련하다 | กระบวนการ 절차

완벽 예시 주어진 상황에 따른 예상 대화를 미리 살펴보세요. Track 29-06

A ขอถามเกี่ยวกับสถานการณ์การเกิดโรคระบาดในเกาหลีใต้ว่าตอนนี้เป็นยังไงบ้างคะ

유행병 확산에 따른 한국의 상황이 어떤지 질문할게요.

B มีรายงานว่าสัปดาห์นี้ผู้ป่วยลดลงแต่สถานการณ์ยังน่าเป็นห่วงอยู่ ตอนนี้พบผู้ป่วยอาการรุนแรงประมาณวันละ50 ราย และมีอัตราการเสียชีวิต 0.1% ครับ

이번 주에 환자가 감소했다고 보고되었지만 상황은 여전히 걱정스럽습니다. 현재 중증환자는 하루 50명, 사망률은 0.1%입니다.

A สถานการณ์ยังน่าเป็นห่วงอยู่นะคะ แล้วก็อยากจะทราบว่าการเกิดโรคระบาดในครั้งนี้ส่งผลกระทบทางด้านสังคมในประเทศเกาหลียังไงคะ

상황이 아직 걱정스럽네요. 이번 유행병이 한국에 어떤 사회적 영향을 미치는지 궁금합니다.

B ส่งผลต่อสภาพจิตใจของคนครับ เกิดความเครียดและวิตกกังวลเรื่องการเงินของครอบครัวและ การงานเพราะธุรกิจปิดตัวลงและทำให้พนักงานหลายตำแหน่งถูกเลิกจ้างครับ

사람들의 정신적 상태에 영향을 미쳤어요. 다수의 기업이 문을 닫으면서 많은 직원들이 해고되었기 때문에 가족 경제와 직장에 대해 스트레스를 받고 노심초사해요.

A ช่วงที่ผ่านมาประชาชนชาวเกาหลีใช้ชีวิตในช่วงที่มีการแพร่ระบาดยังไงคะ

그동안 전염병 유행 때 한국 국민들은 어떻게 생활했나요?

B ช่วงที่ผ่านมารัฐบาลได้มีมาตราการกำหนดเวลาการทำการของร้านอาหารหรือร้านกาแฟ รวมทั้งจำนวนลูกค้าด้วยครับ

그동안 정부가 식당이나 카페의 영업 시간 및 출입 인원수에 제한을 두었습니다.

A แล้วช่วงที่เกิดการระบาดมากมีกระบวนการเดินทางเข้าประเทศยังไงบ้างคะ

그럼 유행병 확산 때 출입국 관리는 어떻게 했나요?

B ช่วงนั้นก่อนเข้าประเทศต้องตรวจ PCR และลงทะเบียนระบบ Q-Code ครับแล้วก็ต้องเตรียมหนังสือรับรองการฉีดวัคซีนและกรอกข้อมูลด้านสุขภาพครับ

그 당시에 입국하기 전에 PCR 검사를 하고, Q-Code 시스템에 등록을 해야 했어요. 그리고 예방 접종 증명서를 준비하며 건강 정보를 작성해야 했습니다.

A คำถามสุดท้ายค่ะ รัฐบาลเกาหลีได้ดำเนินนโยบายเพื่อช่วยเหลือประชาชนในช่วงโควิดยังไงบ้างคะ

마지막 질문입니다. 한국 정부는 유행병 확산 시기에 국민들을 돕기 위해 어떤 정책을 시행했나요?

B รัฐบาลมีมาตรการช่วยเหลือประชาชนผู้ได้รับผลกระทบโดยการแจกเงิน บัตรของขวัญ คะแนน บัตรเครดิตหรือบัตรเดบิตที่ใช้ได้ในบางท้องถิ่นเท่านั้นครับ

정부는 해당 지역에서만 사용할 수 있는 현금, 상품권, 신용 카드 또는 체크 카드 포인트를 지원하여 피해를 입은 사람들을 돕기 위한 조치를 취했어요.

A อ๋อค่ะ เข้าใจแล้วค่ะ ขอบคุณสำหรับคำตอบค่ะ

네. 잘 이해했어요. 답변 감사합니다.

직접 연습하기

빈칸 채우기 빈칸에 알맞은 답을 쓴 후, 따라 읽으며 연습해 보세요.

A ช่วยพูดเกี่ยวกับสถานการณ์ของโรคติดต่อที่กำลังระบาดในช่วงนี้หน่อยได้ไหมครับ ว่าเป็นยังไงบ้าง

최근 전염병 확산 사태에 대한 상황이 어떤지 한번 이야기해 주실 수 있나요?

B ได้ค่ะ มีรายงานพบผู้ป่วย [1] แล้วกว่า 3,000 ราย กลุ่มอายุที่พบผู้ป่วยมากที่สุดคือ 15-25 ปี และไม่มีผู้เสียชีวิตรองลงมาคือ 26-34 ปี ควร [2] เพื่อลดความเสี่ยงค่ะ

3,000건 이상의 독감 환자가 보고되었어요. 가장 많이 발생한 연령대는 15~25세, 그 다음은 26~34세이며 사망자는 없어요. 위험을 줄이기 위해 예방접종을 받아야 합니다.

A สถานการณ์ยังน่าเป็นห่วงนะครับ แล้วก็อยากจะทราบว่าการระบาดครั้งนี้ส่งผลกระทบทางด้านเศรษฐกิจในประเทศเกาหลียังไงครับ

아직 걱정스럽네요. 그렇다면 이번 유행병이 한국에 어떤 사회적인 영향을 미치는지 궁금합니다.

B รัฐบาลเกาหลีได้ [3] ปิดโรงเรียนบางแห่งและสถานที่ทำงานบางที่ค่ะ การระบาดครั้งนี้ไม่ได้ส่งผลกระทบทางด้านเศรษฐกิจมากเท่าไรแต่ทำให้เกิด [4] และความเครียดภายในสถาบันโดยเฉพาะสถาบันการศึกษาค่ะ

한국 정부는 일부 학교 및 직장 폐쇄 조치를 시행했습니다. 이번 유행병 확산은 경제에 크게 영향을 미치지는 않았지만 특히 교육기관에서 긴장하고 노심초사하게 되었어요.

A ครับ นอกจากการระบาดของไข้หวัดใหญ่แล้ว หลายปีที่ผ่านมามีการระบาดของโควิด 19 ช่วงนั้นประชาชนชาวเกาหลีใช้ชีวิตกันยังไงครับ

네. 독감 전염병 외에 몇 년 전 코로나19 바이러스가 유행했을 때, 그 당시 한국 국민들은 어떻게 생활했나요?

B ถ้าสถานที่ทำงานมีความเสี่ยงต่อ [5] พนักงานสามารถทำงานจากที่บ้านได้ หรือหากมีประวัติสัมผัสกับผู้ป่วยสามารถไปตรวจที่ [6] หรือใช้ชุดตรวจโควิดด้วยตัวเองได้ค่ะ

사업장에 전염될 위험이 있는 경우, 직원들은 집에서 일할 수 있었어요. 그리고 감염자와 접촉했다면 보건소에 가거나 자가 진단 키트를 활용했습니다.

A คำถามสุดท้ายครับ `ตอนนั้นรัฐบาลเกาหลีได้ดำเนินนโยบายเพื่อช่วยเหลือประชาชนในช่วงโรคระบาดยังไงบ้างครับ

마지막 질문입니다. 그때 한국 정부는 유행병 시기 국민들을 돕기 위해 어떤 정책을 시행했나요?

B รัฐบาลก็ดำเนินพยายามใช้นโยบายหลายอย่าง เช่น อุดหนุนค่าจ้างให้ลูกจ้างในธุรกิจขนาดเล็กและกลาง อุดหนุนค่าเลี้ยงดูบุตร และ [7] ฝึกฝนอาชีพให้ผู้ที่ตกงาน เป็นต้นค่ะ

정부는 여러 정책을 시행하려고 노력했어요. 예를 들어, 중소기업 임금 보조금 지원, 자녀 양육비 지원, 실업자를 위한 직업 훈련 프로그램 등을 제공했어요.

A ครับ ตอบคำถามได้ดีมากครับ ขอบคุณครับ

네. 답변 잘해 주셨어요. 감사합니다.

B ค่ะ ขอบคุณค่ะ

네. 감사합니다.

정답

1. ไข้หวัดใหญ่ 2. ฉีดวัคซีนป้องกัน 3. ใช้มาตราการ 4. ความวิตกกังวล 5. การแพร่เชื้อ 6. สถานีอนามัย 7. จัดโครงการ

Part

면접관에게 질문하기

- 수험자와 면접관의 역할 교체
- 면접관의 가족, 취미 및 여행 정보 등 질문

시험 후 계획

- 시험 이후 일정에 대해 이야기
- 일상적인 대화로 자연스럽게 마무리

궁금한 사항 질문

- 지금까지 진행된 대화를 통해 마지막으로 면접관에게 궁금한 점 질문

Part03까지 수험자의 레벨 확인을 마친 뒤
마지막 파트에서는 다시 평이한 레벨로
복귀하여 일상적인 대화로 평가를 마칩니다.
수험자가 면접관에게 몇 가지 질문을
하거나 시험 후 수험자의 계획을
말하면서 편한 분위기로 시험을
마무리하는 파트입니다.

30 면접관에게 질문하기 및 시험 후 계획

บทที่ 30

면접관에게 질문하기 및 시험 후 계획

"สุดท้ายนี้อยากให้คุณถามคำถามเกี่ยวกับครอบครัวดิฉันมา 3 ข้อค่ะ"

마지막으로 우리 가족에 대해서 질문 세 가지를 해 주세요.

대비 전략

지금까지의 대화는 면접관이 수험자에게 질문하는 흐름이었다면, 시험의 마지막 부분에서는 수험자가 면접관에게 몇 가지 질문하는 역할을 맡습니다. 주로 면접관의 가족, 직업, 거주지, 혹은 추천 여행 정보 등과 관련하여 질문하거나 이번 시험에 대해 궁금한 사항 등을 질문할 수 있습니다. 마지막으로 태국어 OPI 시험을 응시한 후의 수험자의 일정에 대해 물어볼 수 있으므로 시험 끝난 후의 계획을 미리 생각해 두는 것도 좋습니다.

빈출 질문

Q1 면접관의 가족에 대한 질문 면접관의 가족, 구성원, 결혼 여부, 형제 및 배우자에 대해 질문하기

สุดท้ายนี้อยากให้คุณถามคำถามเกี่ยวกับครอบครัวดิฉันมา 3 ข้อค่ะ

마지막으로 우리 가족에 대해서 질문 세 가지를 해 주세요.

Q2 면접관의 거주지에 대한 질문 면접관의 거주 국가·지역에 대한 질문, 거주 기간 및 거주지 장단점에 대해 질문하기

คำถามสุดท้ายขอให้คุณถามคำถามผมเกี่ยวกับเรื่องที่อยู่หน่อยครับ

마지막 한 가지 질문으로, 저에게 거주지에 대해서 물어봐 주세요.

Q3 여행 관련 질문 여행하기 좋은 시기, 주요 관광지 및 특산품, 지역별 인사말에 대해 질문하기

สมมุติว่าคุณจะไปเที่ยวเมืองไทย ขอให้คุณถามคำถามก่อนเดินทาง 3 ข้อค่ะ

당신이 태국 여행을 할 것이라고 가정해 봅시다. 떠나기 전에 할 만한 세 가지 질문을 해 주세요.

Q4 시험 후 계획 시험 후 개인 일정 혹은 약속 유무에 대해 답변하기

เดี๋ยวสอบ OPI เสร็จแล้วจะทำอะไรต่อครับ

OPI 시험이 끝난 후에 무엇을 할 거예요?

답변 구조 & 핵심 표현

가족 구성원 ของคุณมีทั้งหมดกี่คนและมีใครบ้าง
당신의 가족 구성원 은 몇 명이고 누가 있나요?

ครอบครัวของคุณมีทั้งหมดกี่คนและมีใครบ้าง
당신의 가족은 몇 명이고 누가 있나요?

พี่น้องของคุณมีทั้งหมดกี่คนและมีใครบ้าง
당신의 형제는 몇 명이고 누가 있나요?

ขอให้คุณพูดถึง 장단점 เกี่ยวกับที่อยู่ปัจจุบันนี้หน่อย
현재 거주지에 대한 장단점 을 이야기해 주세요.

ขอให้คุณพูดถึงสิ่งที่ชอบเกี่ยวกับที่อยู่ปัจจุบันนี้หน่อย
현재 거주지에 대한 좋은 점을 이야기해 주세요.

ขอให้คุณพูดถึงสิ่งที่ไม่ชอบเกี่ยวกับที่อยู่ปัจจุบันนี้หน่อย
현재 거주지에 대한 안 좋은 점을 이야기해 주세요.

มีของขึ้นชื่อประจำจังหวัด 지역명 ที่ต้องซื้อกลับมาไหม
사와야 하는 지역명 의 대표적인 명물이 있나요?

มีของขึ้นชื่อประจำจังหวัดเชียงใหม่ที่ต้องซื้อกลับมาไหม
사와야 하는 치앙마이의 명물이 있나요?

มีของขึ้นชื่อประจำจังหวัดภูเก็ตที่ต้องซื้อกลับมาไหม
사와야 하는 푸켓의 명물이 있나요?

เดี๋ยวสอบเสร็จแล้วจะไป 개인 일정 및 약속
시험이 끝나고 개인 일정 및 약속 하러 갈 거예요.

เดี๋ยวสอบเสร็จแล้วจะไปทำงานต่อที่บริษัท
시험이 끝나고 회사에 일하러 갈 거예요.

เดี๋ยวสอบเสร็จแล้วจะไปเจอเพื่อนสมัยเรียน
시험이 끝나고 동창을 만나러 갈 거예요.

빈출 표현 익히기

Track 30-01

의문사	อะไร 무엇★	ใคร 누구, 누가★
	ที่ไหน 어디★	เมื่อไร 언제★
	ยังไง 어떻게★	กี่ 몇★
	เท่าไร 얼마★	นานเท่าไร 얼마나★
	เป็นยังไง 어때★	แบบไหน 어떤
	ไหน 어느	มากแค่ไหน 얼만큼

가족	พี่น้อง 형제★	ลูก 자녀★
	สามีภรรยา 부부★	มีครอบครัว 결혼하다★
	ญาติพี่น้อง 친척	ลูกหลาน 자손

거주지	บ้านเกิด 고향★	ย้ายบ้าน 이사하다★
	ตั้งรกราก 정착하다	ย้ายถิ่นฐาน 이주하다

여행	เดินทาง 여행하다★	ท่องเที่ยว 관광하다★
	ของขึ้นชื่อ 명물★	ของกิน 식품★
	ภาษากลาง 표준어	ภาษาถิ่น 방언

시험 후 계획		
시험 후 계획	**เข้าบริษัท** 회사에 들어가다★	**ทำงานต่อ** 계속해서 일하다★
	ไปทำงาน 출근하다★	**ลางาน** 연차를 쓰다★
	มีนัดทานอาหาร 식사 약속이 있다★	**เขียนรายงาน** 보고서를 쓰다
	มีประชุม 회의가 있다	**รายงานผลงาน** 업무를 보고하다
	เจอลูกค้า 고객을 만나다	**กลับบ้านพักผ่อน** 집에 가서 쉬다
	เดินดูของที่ห้าง 백화점을 구경하다	**ไปโรงเรียนกวดวิชา** 학원에 가다
	เรียนพิเศษ 과외를 받다	**ทำงานพาร์ทไทม์** 아르바이트를 하다
	ออกไปทำธุระข้างนอก 밖에서 볼일이 있다	**ไปฉลองสอบเสร็จ** 시험 끝난 것을 기념하다
	ไปรับลูก 아이를 데리러 가다	**ไปแคมป์ปิ้ง** 캠핑을 가다

마지막 인사말		
마지막 인사말	**ขอให้โชคดี** 행운을 빌어요.★	**วันนี้ทำได้ดีมาก** 오늘 잘하셨어요.★
	มีคำถามอะไรไหม 질문 있나요?	**สงสัยอะไรไหม** 궁금한 점이 있나요?
	ขอจบเพียงเท่านี้ 여기서 마칠게요.	**ขอขอบพระคุณ** 감사합니다.

OPI 빈출 문제

❶ 면접관의 가족에 대한 질문

시험의 마지막 부분에서는 면접관과 수험자의 질문 주체가 바뀝니다. 즉, 수험자는 질문하는 역할을 하고 면접관은 답하는 역할을 맡습니다. 다양한 주제로 질문하도록 요청할 수 있으나 대부분은 면접관의 가족이나 직업과 관련된 질문을 요구하곤 합니다. 이때 수험자는 면접관의 가족, 형제, 결혼 여부 등을 물어보면 됩니다.

실전 트레이닝

Track 30-02

สุดท้ายนี้อยากให้คุณถามคำถามเกี่ยวกับครอบครัวดิฉันมา 3 ข้อค่ะ
마지막으로 우리 가족에 대해서 질문 세 가지를 해 주세요.

답변하기

모범 답변 보기

IL **คำถามข้อที่ 1 ครอบครัวของคุณมีทั้งหมดกี่คนและมีใครบ้างครับ**
첫 번째 질문으로, 당신의 가족은 모두 몇 명이 있고 누가 있나요?

IM **คำถามข้อที่ 2 ไม่ทราบว่าคุณมีครอบครัวหรือยังครับ ถ้ามีแล้วคุณแต่งงานตั้งแต่เมื่อไร แล้วตอนนี้มีลูกด้วยหรือไม่ครับ**
두 번째 질문입니다. 혹시 결혼하셨나요? 만약 했다면 언제 했는지, 그리고 자녀도 있는지 궁금합니다.

IM **คำถามข้อสุดท้ายครับ ถ้าไม่เป็นการเสียมารยาทเกินไปขออนุญาตถามเกี่ยวกับเรื่องสามีนะครับ ตอนนี้เขาอยู่ที่ไหนและทำอาชีพอะไรครับ**
마지막 질문이에요. 혹시 실례가 안 된다면 남편분에 대해서 여쭤보고 싶습니다. 지금 남편분은 어디에 계시고 직업은 무엇인지 궁금합니다.

돌발상황! 면접관은 이렇게 질문할 수 있어요!

ต่อไปเราจะมาเปลี่ยนบทบาทกันค่ะ คุณรับหน้าที่คนสัมภาษณ์ดิฉันนะคะ
다음은 우리가 서로 역할을 바꿀 겁니다. 당신이 저에게 질문하는 역할입니다.

단어 สุดท้ายนี้ 마지막으로 | ข้อที่ ~번째 | อยากให้(=ขอให้) ~하기를 바라다 | เสียมารยาท 실례하다

❷ 면접관의 거주지에 대한 질문

면접관의 거주지에 대해서도 질문 요청을 받을 수 있습니다. 수험자가 질문하는 역할을 할 때 염두에 두어야 하는 것은 대화가 자연스럽게 이어지도록 하는 것입니다. 이를 위해서는 첫 번째 질문에 대해 면접관이 어떤 방향으로 대답하는지 집중해서 들으면서 이와 관련된 질문을 이어서 할 수 있도록 대비하면 됩니다.

실전 트레이닝

Track 30-03

คำถามสุดท้ายขอให้คุณถามคำถามผมเกี่ยวกับเรื่องที่อยู่หน่อยครับ
마지막 한 가지 질문으로, 저에게 거주지에 대해서 물어봐 주세요.

답변하기

모범 답변 보기

IL เริ่มจากข้อแรกเลยนะคะ ปัจจุบันคุณอาศัยอยู่เมืองไหน ประเทศอะไรคะ
첫 번째부터 시작해 볼게요. 당신은 현재 어느 국가와 도시에서 살고 계신가요?

IM ถ้างั้นดิฉันขอถามคำถามข้อที่ 2 เลยนะคะ คุณอาศัยอยู่ที่เมืองนี้มาตั้งแต่เมื่อไร เหตุผลอะไรที่ทำให้คุณย้ายมาอยู่ที่นั่นคะ
그럼 두 번째 질문을 해 볼게요. 당신은 그 도시에 언제부터 살았나요? 어떤 이유로 그곳으로 이사하게 되었나요?

IM ส่วนข้อสุดท้ายดิฉันขอให้คุณพูดถึงสิ่งที่คุณชอบและไม่ชอบเกี่ยวกับบ้านที่อาศัยอยู่ปัจจุบันนี้พร้อมบอกเหตุผลมาด้วยได้ไหมคะ
마지막 질문으로, 당신이 현재 살고 있는 집에서 좋아하는 부분과 싫어하는 부분에 대해 이야기해 주시면서 그 이유도 함께 말씀해 주실 수 있을까요?

돌발상황! 면접관은 이렇게 질문할 수 있어요!

★ ถามผมเกี่ยวกับเรื่องลักษณะบ้านที่ผมพักอยู่หน่อยครับ
저에게 거주하고 있는 집의 형태를 물어봐 주세요.

단어 ข้อแรก 첫째 | เหตุผล 이유 | ย้าย 이사하다 | พูดถึง ~에 대해 이야기하다 | พร้อม 동시에

OPI 빈출 문제

③ 여행 관련 질문

면접관에 대한 질문 외에도 태국 여행 전 몇 가지 추천받기 위한 질문을 하도록 요청받을 수 있습니다. 면접관은 주로 수험자가 곧 태국으로 여행갈 예정이라고 가정하여 가기 전에 태국 여행에 필요한 정보를 얻기 위해 질문하도록 요청하곤 합니다. 이때 수험자는 태국에 대한 궁금한 점을 자유롭게 질문하면 됩니다.

실전 트레이닝

Track 30-04

สมมุติว่าคุณจะไปเที่ยวเมืองไทย ขอให้คุณถามคำถามก่อนเดินทาง 3 ข้อค่ะ

당신이 태국 여행을 할 것이라고 가정해 봅시다. 떠나기 전에 할 만한 세 가지 질문을 해 주세요.

답변하기

모범 답변 보기

IL ช่วงเดือนไหนเหมาะแก่การเดินทางท่องเที่ยวกรุงเทพฯมากที่สุดครับ

방콕에서 여행을 하기에 적합한 시기는 언제인가요?

IM มีของขึ้นชื่อประจำจังหวัดภูเก็ตไหมที่นักท่องเที่ยวต้องซื้อกลับมาไหมครับ ถ้ามีช่วยแนะนำสิ่งของบางอย่างได้ไหมครับ

관광객들이 사와야 하는 푸켓의 대표적인 명물이 있나요? 있다면 몇 가지만 추천해 주세요.

IM ผมได้ยินมาว่าคนจังหวัดเชียงใหม่ใช้ภาษาถิ่นในการสื่อสารมากกว่าภาษากลางของไทย ช่วยสอนผมพูดคำทักทายเป็นภาษาถิ่นของเชียงใหม่ได้ไหมครับ

치앙마이 사람들은 의사소통을 위해 태국의 표준어보다 치앙마이의 방언을 더 많이 사용한다고 들었어요. 치앙마이의 방언으로 인사말을 가르쳐 주실 수 있을까요?

돌발상황! 면접관은 이렇게 질문할 수 있어요!

ช่วยถามเพื่อขอคำแนะนำเกี่ยวกับการเตรียมตัวเดินทางไปเที่ยวเมืองไทยค่ะ

태국 여행 준비에 대해 조언을 구하는 질문을 해 주세요.

단어 สมมุติว่า 가정하면 | เดินทาง 떠나다, 여행하다 | เหมาะแก่ ~에게 적합하다 | ท่องเที่ยว 관광하다 | ของขึ้นชื่อ 명물 | ประจำ 대표적 | ตกแต่ง 장식하다 | ภาษาถิ่น 방언 | การสื่อสาร 의사소통 | ภาษากลาง 표준어 | คำทักทาย 인사말

④ 시험 후 계획

면접관은 수험자에게 시험이 끝난 후에 무엇을 할 것인지, OPI 시험에 대해서 궁금한 점이나 추가로 하고 싶은 말이 있는지 묻습니다. 이때 수험자는 시험 후의 일정이나 궁금한 것을 자유롭게 말하면 됩니다. 그런 다음 면접관이 수험자에게 마지막 인사를 한 뒤 시험이 종료됩니다.

실전 트레이닝

Track 30-05

เดี๋ยวสอบ OPI เสร็จแล้วจะทำอะไรต่อครับ OPI 시험이 끝난 후에 무엇을 할 거예요?

답변하기

모범 답변 보기

IL เดี๋ยวสอบเสร็จแล้ว ดิฉันต้องกลับเข้าไปบริษัทเพื่อทำงานต่อค่ะ

시험이 끝나고 나면 회사에 돌아가서 계속 일해야 해요.

IM วันนี้ดิฉันลางานมาสอบค่ะ หลังจากนี้ไม่มีอะไรต้องทำเป็นพิเศษ เลยคิดว่าจะไปเดินเล่นและซื้อของที่ห้างสรรพสินค้าค่ะ

저는 오늘 시험을 보기 위해 연차를 썼어요. 이후에는 특별히 할 일이 없어서 백화점에 구경하고 쇼핑하러 갈 것 같아요.

IM เดี๋ยวดิฉันมีนัดทานอาหารเที่ยงกับเพื่อนสมัยเรียนแถว ๆ นี้แล้วหลังจากนั้นคงจะกลับบ้านไปนอนเลยค่ะ เพราะเมื่อคืนกังวลเรื่องสอบเลยนอนไม่หลับค่ะ

저는 이 근처에서 동창과 점심 식사 약속이 있어요. 그러고 나서 집에 가서 잠을 잘 거예요. 왜냐하면 어젯밤에 시험 보는 게 너무 걱정돼서 잠이 안 왔어요.

돌발상황! 면접관은 이렇게 답변할 수 있어요!

- มีข้อสงสัยอื่นเกี่ยวกับการสอบ OPI ครั้งนี้ไหมครับ 이번 OPI 시험에 대해 궁금한 점이 있나요?
- ขอจบการสัมภาษณ์เพียงเท่านี้ ขอให้โชคดีครับ 여기까지 면접 시험을 마치겠습니다. 행운을 빕니다.

단어 เป็นพิเศษ 특별히 | เพื่อนสมัยเรียน 동창 | ข้อสงสัย 궁금한 점 | เพียงเท่านี้ 이만큼 | โชคดี 행운을 빌다

완벽 예시 주어진 상황에 따른 예상 대화를 미리 살펴보세요. Track 30-06

A สุดท้ายนี้อยากให้คุณถามคำถามเกี่ยวกับครอบครัวดิฉันมา 3 ข้อค่ะ

마지막으로 우리 가족에 대해서 질문 세 가지를 해 주세요.

B ครับ คำถามข้อที่ 1 คุณมีพี่น้องทั้งหมดกี่คนและมีใครบ้างครับ

첫 번째 질문으로, 당신의 형제는 모두 몇 명이 있고 누가 있나요?

A พี่น้องของดิฉันมี 3 คนค่ะ น้องสาว 1 คน น้องชาย 1 คน ดิฉันเป็นลูกคนโตค่ะ

저희 형제는 모두 3명이에요. 여동생 한 명, 남동생 한 명, 그리고 저는 맏이예요.

B ครับ แล้วไม่ทราบว่าคุณมีครอบครัวหรือยังครับ ถ้ามีแล้วตอนนี้มีลูกด้วยหรือไม่ครับ

네. 두 번째 질문입니다. 혹시 결혼하셨나요? 만약 하셨다면 자녀도 있는지 궁금합니다.

A ค่ะ ดิฉันมีครอบครัวแล้วค่ะ แต่งงานเมื่อ 15 ปีที่แล้ว ตอนนี้มีลูกสาว 2 คนค่ะ

네. 저는 결혼했어요. 15년 전에 결혼했고 지금은 딸이 2명 있어요.

B ถ้าไม่เป็นการเสียมารยาทเกินไปขออนุญาตถามว่าตอนนี้สามีคุณอยู่ที่ไหนและทำอาชีพอะไรครับ

만약 실례가 되지 않는다면 지금 남편분은 어디에 계시고 직업은 무엇인지 궁금합니다.

A ไม่เป็นไรค่ะ ถามได้ค่ะ ตอนนี้สามีของดิฉันก็อาศัยอยู่ที่ฮาวายด้วยกันค่ะ เขาทำงานเป็นอาจารย์สอนวิชาภาษาศาสตร์ที่มหาวิทยาลัยค่ะ

괜찮아요. 물어보셔도 됩니다. 제 남편도 지금 하와이에서 함께 살고 있어요. 그는 대학교에서 언어학을 가르치고 있어요.

B โอ้โห เป็นอาจารย์ด้วย คุณคงภูมิใจมากเลยนะครับ ผมขอถามแค่นี้ครับ ขอบคุณมากครับ

교수님이시군요. 정말 자랑스러우시겠어요. 저는 여기까지만 질문하겠습니다. 감사합니다.

A ค่ะ งั้น ถ้าสอบเสร็จแล้วจะทำอะไรต่อคะ

네. 그럼 시험이 다 끝나면 무엇을 할 거예요?

B วันนี้ผมลางานมาสอบครับ หลังจากนี้ไม่มีอะไรต้องทำเป็นพิเศษเลยคิดว่าจะไปซื้อของที่ห้างครับ แล้วอาจารย์ละครับ จะทำอะไรครับ

저는 오늘 시험을 보기 위해 연차를 썼어요. 이후에는 특별히 할 일이 없어서 백화점에 구경하러 갈 것 같아요. 그럼 선생님은요? 뭐 하실 거예요?

A ดิฉันก็ต้องกลับไปทำงานต่อ แล้วอีกสักพักก็มีนัดทานอาหารเย็นกับเพื่อนร่วมงาน หลังจากนั้นก็จะกลับบ้านค่ะ มีคำถามหรือข้อสงสัยอะไรเกี่ยวกับการสอบครั้งนี้หรือเปล่าคะ

저는 계속 일하러 가야 해요. 그리고 좀 이따 동료와 저녁 식사 약속이 있어요. 그러고 나서 집에 갈 겁니다. 이번 시험에 대한 질문이나 궁금한 점 있으신가요?

B ไม่มีครับ แค่หวังว่าผมจะสอบผ่านในระดับที่คิดไว้ครับ

아니요. 제가 기대해 둔 수준에 합격하길 희망합니다.

A วันนี้ทำได้ดีมาก ไม่ต้องห่วงค่ะ หากไม่มีคำถามแล้ว ขอจบการสัมภาษณ์เพียงเท่านี้ ขอบคุณมากค่ะ

오늘 잘하셨어요. 걱정 안 하셔도 돼요. 질문 없으시면 여기까지 인터뷰를 마치겠습니다. 감사합니다.

B ขอบคุณเป็นอย่างยิ่งเช่นกันครับ

저도 대단히 감사합니다.

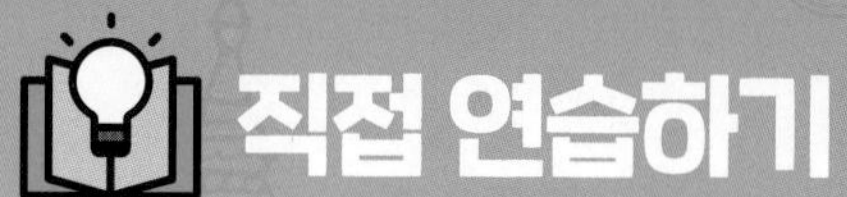

직접 연습하기

빈칸 채우기 빈칸에 알맞은 답을 쓴 후, 따라 읽으며 연습해 보세요.

A ต่อไปเราจะมาเปลี่ยนบทบาทกันครับ คุณต้องเป็นคนสัมภาษณ์ผมนะครับ

다음은 우리가 서로 역할을 바꿀 겁니다. 당신이 제게 질문하는 역할입니다.

B ได้ค่ะ ไม่มีปัญหาค่ะ

알겠습니다. 문제없습니다.

A ช่วยถามคำถามเพื่อขอคำแนะนำเกี่ยวกับการเตรียมตัวเดินทางไปเที่ยวเมืองไทยมาสัก 3 ข้อครับ

태국 여행 준비에 대해 조언을 구하는 질문을 세 가지 정도 해 주세요.

B ได้ค่ะ คำถามข้อแรก ช่วงเดือนไหนเหมาะแก่ [1] จังหวัดเชียงใหม่มากที่สุดคะ

알겠습니다. 첫 번째 질문으로, 치앙마이로 여행을 하는 데에 적합한 시기가 언제인가요?

A ถ้าอยากสนุกสนานเทศราลที่จังหวัดเชียงใหม่ ก็ต้องไปช่วงเดือนเมษายนหรือพฤศจิกายนครับ

만약 치앙마이에서 축제를 즐기고 싶다면 4월이나 11월에 가셔야 해요.

B หรือคะ ช่วงเทศกาลก็น่าสนุกนะคะ ช่วงเดือนเมษาและพฤศจิกายนมีเทศกาลอะไรบ้างคะ

그런가요? 축제 기간도 재미있겠네요. 4월과 11월에 어떤 축제가 있나요?

A เดือนเมษายนมีเทศกาล [2] หรือสงกรานต์ครับ ส่วนเดือนพฤศจิกายนมีเทศกาลลอยกระทงครับ

4월에는 새해 축제, 즉 '송크란 축제'가 있고 11월에는 '러이끄라통'이라는 축제가 있어요.

B ตั้งตารอเลยค่ะ และมี 3 ________ ที่นักท่องเที่ยวต้องซื้อกลับมาไหมคะ ถ้ามีช่วยแนะนำ 4 ________ กับของกินได้ไหมคะ

정말 기대되네요. 그리고 관광객들이 사와야 하는 그곳의 명물이 있나요? 있다면 인테리어 소품과 먹거리를 추천해 주실 수 있을까요?

A ร่มบ่อสร้างเป็น 5 ________ ที่มีชื่อเสียงของเชียงใหม่ที่นักท่องเที่ยวส่วนใหญ่มักจะซื้อกลับไปครับส่วนอาหารก็ต้องลองทานน้ำพริกหนุ่มกับแคบหมูครับ

롬버쌍 우산은 치앙마이의 유명한 공예품인데 대부분의 관광객들이 사가요. 한편 음식은 남프릭눔과 돼지 껍질을 드셔 봐야 하고요.

B ดิฉันจะลองทานให้ได้ค่ะ ดิฉันขอถามแค่นี้ค่ะ ขอบคุณค่ะ

제가 꼭 먹어 볼게요. 저는 여기까지만 질문하겠습니다. 감사합니다.

A วันนี้ทำได้ดีมาก หากไม่มีคำถามแล้ว ขอจบการสัมภาษณ์เพียงเท่านี้ขอบคุณมากครับ

오늘 잘하셨어요. 질문 없으시면 여기서 면접을 마치겠습니다. 감사합니다.

B ดิฉันก็ขอขอบคุณ 6 ________ เช่นกันค่ะ

저도 대단히 감사합니다.

정답

1. การท่องเที่ยว 2. ปีใหม่ 3. ของขึ้นชื่อ 4. ของตกแต่งบ้าน 5. หัตถกรรม 6. เป็นอย่างยิ่ง

시원스쿨
태국어 OPI

FINAL
실전 모의고사

IL 버전 빈출 질문만 쏙쏙 뽑은 FINAL 실전 모의고사

Track 31-01

1단계 질문을 듣고 대답해 보세요.

2단계 모범 답안을 참고로 자신의 답변을 수정하여 더 완벽한 문장으로 만들어 보세요.

1 สวัสดีค่ะ คุณ OOO ใช่ไหมคะ

2 ทานข้าวหรือยังคะ

3 ทานอะไรมาคะ

4 ทานที่ไหนกับใครคะ

5 ตอนนี้อยู่ที่ไหนคะ

6 วันนี้มาสถานที่สอบยังไงคะ

7 ในห้องสอบมีอะไรบ้างคะ

8 คุณทำงานอะไรคะ

9 คุณทำงานที่นี่มานานหรือยังคะ

10 ทำงานที่นั่นเป็นยังไงบ้างคะ

11 ก่อนเริ่มทำงานนี้คุณเคยทำงานอะไรมาก่อนคะ

12 คุณเรียนเอกอะไรคะ

13 ทำไมคุณจึงเลือกเรียนวิชาเอกนั้นคะ

14 ปกติคุณเดินทางไปที่ทำงานยังไงคะ

15 จากบ้านถึงบริษัทใช้เวลานานเท่าไรคะ

16 ช่วยอธิบายวิธีเดินทางจากบ้านไปที่ทำงานหน่อยได้ไหมคะ

17 ครอบครัวของคุณมีกี่คนคะ

18 ภรรยาเป็นคนแบบไหนคะ

19 บ้านคุณอยู่ที่ไหนคะ

20 แถวบ้านคุณมีอะไรบ้างคะ

21 บ้านที่อยู่ตอนนี้เป็นบ้านแบบไหนคะ

22 ช่วยอธิบายหน่อยได้ไหมคะว่าห้องนั่งเล่นเป็นยังไง

23 งานอดิเรกของคุณคืออะไรคะ

24 ทำไมถึงชอบงานอดิเรกนี้คะ

25 คุณเคยไปเที่ยวต่างประเทศไหมคะ

26 ไปทำอะไรที่ไทยคะ

27 รู้สึกประทับใจที่ไหนมากที่สุดคะ

28 ทำไมคุณจึงเรียนภาษาไทยคะ

29 คุณเรียนภาษาไทยยังไงคะ

30 คุณเรียนภาษาไทยบ่อยแค่ไหนคะ

31 ช่วยแนะนำสถานที่ท่องเที่ยวในเกาหลีให้หน่อยได้ไหมคะ

32 ถ้าจะไปเที่ยวที่นั่น ไปช่วงไหนดีที่สุดคะ

33 มีอาหารเกาหลีที่คุณอยากแนะนำไหมคะ

34 รสชาติเป็นยังไงคะ

35 ตอนนี้ที่เกาหลีฤดูอะไรคะ

36 ช่วงฤดูนั้นคนเกาหลีมักจะทำอะไรคะ

37 เทศกาลสำคัญของเกาหลีมีเทศกาลอะไรบ้างคะ

38 ในวันชูซ็อกคนเกาหลีมักจะทำอะไรคะ

39 สวัสดีค่ะ ร้านอาหารไทยค่ะ

40 คุณต้องการจองที่นั่งแบบไหนคะ

41 ไม่ทราบว่าจองในโอกาสพิเศษอะไรหรือเปล่าคะ

42 ช่วยแสดงความคิดเห็นเกี่ยวกับปัญหาเด็กติดเกมหน่อยค่ะ

43 ผลเสียที่เกิดขึ้นจากการหมกหมุ่นกับการเล่นเกมมากเกินไปมีอะไรบ้างคะ

44 แน่นอนว่าข้อดีของการเล่นเกมก็มีเหมือนกันใช่ไหมคะ

45 ช่วยเสนอวิธีป้องกันไม่ให้บุตรหลานติดเกมหน่อยคะ

46 สุดท้ายนี้อยากให้คุณถามคำถามเกี่ยวกับครอบครัวดิฉันมา 3 ข้อค่ะ

47 เดี๋ยวสอบ OPI เสร็จแล้วจะทำอะไรต่อคะ

Track 31-02

1단계 질문을 듣고 대답해 보세요.

2단계 모범 답안을 참고로 자신의 답변을 수정하여 더 완벽한 문장으로 만들어 보세요.

1 ช่วยแนะนำตัวเองหน่อยค่ะ

2 วันนี้เป็นยังไงบ้าง สบายดีไหมคะ

3 เช้านี้ทานอะไรมาคะ

4 ทานที่ไหนกับใครคะ

5 ตอนนี้อยู่แถวไหนคะ

6 ห้องสอบอยู่ที่ไหนคะ

7 วันนี้มาสถานที่สอบยังไงคะ

8 ในห้องสอบมีอะไรบ้างคะ

9 คุณทำงานอะไรและหน้าที่ที่คุณรับผิดชอบในบริษัทคืออะไรคะ

10 คุณทำงานที่นี่มาตั้งแต่เมื่อไรคะ

11 ปกติไปทำงานกี่โมงคะ

12 คุณคิดยังไงกับงานที่ทำอยู่ตอนนี้ ชอบไหมคะ

13 คุณเรียนเอกอะไรคะ

14 ทำไมคุณจึงเลือกเรียนวิชาเอกนั้นคะ

15 ปกติคุณเดินทางไปที่ทำงานยังไงคะ

16 ช่วยอธิบายวิธีเดินทางจากบ้านไปที่ทำงานหน่อยได้ไหมคะ

17 เมื่อกี้คุณบอกว่าเดินออกจากทางออก 2 แถวนั้นมีร้านอะไรบ้างคะ

18 สมาชิกในครอบครัวของคุณมีทั้งหมดกี่คนคะ

19 เจอพี่น้องบ่อยไหมคะ

20 ช่วยแนะนำแถวบ้านคุณให้หน่อยได้ไหมคะว่ามีอะไรบ้าง

21 ช่วยอธิบายลักษณะบ้านที่อยู่ตอนนี้หน่อยค่ะ

22 ห้องนั่งเล่นเป็นยังไงช่วยอธิบายหน่อยได้ไหมคะ

23 ว่าง ๆ คุณชอบทำอะไรคะ

24 เหตุผลที่คุณชอบงานอดิเรกนี้คืออะไรคะ

25 คุณเคยไปเที่ยวต่างประเทศไหมคะ

26 ไปทำอะไรที่นั่นคะ

27 ทำไมคุณจึงเรียนภาษาไทยคะ

28 คุณเตรียมสอบ OPI ภาษาไทยยังไงคะ

29 ภาษาไทยกับภาษาเกาหลีต่างกันยังไงคะ

30 ช่วยแนะนำสถานที่ท่องเที่ยวในเกาหลีให้หน่อยได้ไหมคะ

31 วิธีเดินทางไปที่นั่นล่ะคะ

32 มีอาหารเกาหลีที่คุณอยากแนะนำไหมคะ

33 ช่วยอธิบายวิธีทำคร่าว ๆ ให้หน่อยได้ไหมคะ

34 รสชาติเป็นยังไงคะ

35 ช่วงนี้ที่เกาหลีอากาศเป็นยังไงคะ

36 ช่วงฤดูใบไม้ผลิคนเกาหลีมักจะทำอะไรคะ

37 ได้ยินว่าช่วงนี้เป็นวันซ็อลลัลของเกาหลี ไม่ทราบว่าวันซ็อลลัลคือวันอะไรคะ

38 สิ่งที่คนเกาหลีนิยมปฏิบัติในช่วงวันซ็อลลัลมีอะไรบ้างคะ

39 สวัสดีค่ะ โรงเรียนภาษาไทยค่ะ สนใจหลักสูตรไหนคะ

40 ตอนนี้มีหลักสูตรภาษาไทยเบื้องต้นและภาษาไทยเพื่อการสนทนาในชีวิตประจำวันค่ะ

41 มีอะไรอยากสอบถามเพิ่มเติมอีกไหมคะ

42 ถ้างั้น สะดวกลงทะเบียนไว้เลยไหมคะ

43 ปัจจุบันนี้เราสามารถเรียนรู้สิ่งต่าง ๆ ผ่านอินเทอร์เน็ตได้ คุณคิดว่าเรายังจำเป็นต้องเดินทางไปโรงเรียนหรือสถาบันอยู่หรือไม่คะ

44 คุณคิดยังไงเกี่ยวกับปัญหาเรื่องอัตราการว่างงานที่สูงขึ้นในปัจจุบันคะ

45 ขอให้คุณถามคำถามดิฉันเกี่ยวกับเรื่องที่อยู่ 3 ข้อค่ะ

46 ช่วยถามเพื่อขอคำแนะนำเกี่ยวกับการเตรียมตัวเดินทางไปเที่ยวเมืองไทย

47 เดี๋ยวสอบ OPI เสร็จแล้วจะทำอะไรต่อคะ

IL 버전 실전 모의고사 모범 답안

1 안녕하세요? OOO 님 맞나요?

ครับ ใช่ครับ

네. 맞습니다.

2 식사했나요?

ทานแล้วครับ แล้วอาจารย์ทาน
ข้าวหรือยังครับ

먹었어요. 그럼 선생님께서는 식사하셨나요?

3 뭘 먹고 왔나요?

ผมทานแค่กาแฟกับขนมปังปิ้งมาครับ

커피와 토스트만 먹고 왔어요.

4 어디서 누구와 식사했나요?

ทานข้าวที่บ้านกับครอบครัวครับ

집에서 가족과 밥을 먹었어요.

5 지금 어디에 있나요?

ตอนนี้ผมอยู่ในห้องสอบครับ

저는 지금 시험장 안에 있습니다.

6 오늘 시험장에 어떻게 왔나요?

วันนี้ผมนั่งรถไฟใต้ดินแล้วก็ต่อรถ
เมล์มาครับ

저는 오늘 지하철을 탄 후 버스로 갈아타서 왔어요.

7 시험장 안에는 무엇이 있나요?

ในห้องสอบมีโทรศัพท์ 1 เครื่อง โต๊ะ 2
ตัว และกระดานครับ

시험실 안에는 전화기 한 개, 테이블 두 개, 그리고 칠판이 있습니다.

8 당신은 어떤 일을 하나요?

ผมทำงานตำแหน่งพนักงานทั่วไปที่
บริษัท ABC ครับ

저는 ABC 회사에서 일하는 회사원입니다.

9 그곳에서 일한 지 오래됐나요?

ผมทำงานที่บริษัทนี้มา 3 ปีแล้วครับ

저는 이 회사에 입사한 지 3년 됐어요.

10 그곳에서 일하는 건 어떤가요?

รู้สึกสนุกกับการทำงานที่นี่มากครับ

여기서 일하는 것은 참 재미있어요.

11 이 일을 하기 전, 예전에는 무슨 일을 했나요?

ไม่เคยครับ เป็นนักศึกษาเรียนจบจาก
มหาวิทยาลัยฮันกุกครับ

해 본 적 없어요. 대학생이었고 한국대학교에서 졸업했습니다.

12 당신의 전공은 무엇인가요?

เรียนเอกภาษาอังกฤษ โทการท่อง
เที่ยวครับ

전공은 영문학이고, 부전공은 관광학입니다.

13 당신은 왜 그 전공을 선택했나요?

เพราะว่าผมสนใจภาษาและชอบอ่าน
หนังสือวรรณกรรมต่างประเทศตั้งแต่
เด็กครับ

어렸을 때부터 외국어에 관심이 있었고 해외 문학책 읽는 것을 매우 좋아했기 때문이에요.

14 당신은 보통 직장에 어떻게 가나요?

ผมนั่งรถไฟใต้ดินไปบริษัททุกวันครับ

저는 매일 지하철을 타고 회사에 가요.

15 집에서 직장까지 얼마나 걸리나요?

ใช้เวลาประมาณ 45 นาทีโดย
รถไฟใต้ดินครับ

지하철을 타고 약 45분쯤 걸려요.

16 집에서 직장까지 가는 방법을 좀 설명해 줄 수 있나요?

ขึ้นรถเมล์สาย 6623 ที่ป้ายรถเมล์หน้าบ้านผมถึงบริษัทใช้เวลาประมาณ 30 นาทีครับ

집 앞 버스정류장에서 6623번 버스를 타고 30분 정도 가면 회사에 도착합니다.

17 당신의 가족은 몇 명이에요?

ครอบครัวผมมีทั้งหมด 4 คนครับ มีภรรยา ลูกสาว 1 คน และผมครับ

우리 가족은 모두 4명입니다. 아내, 딸 한 명, 그리고 저예요.

18 아내는 어떤 분인가요?

ภรรยาผมเป็นคนใจดี สวย ขยันทำงาน แล้วก็ทำอาหารเก่งมาก ๆ ด้วยครับ

제 아내는 친절하고, 예쁘고, 열심히 일하는 데다가 요리도 아주 잘해요.

19 당신의 집은 어디에 있나요?

บ้านผมอยู่เขตอึนพยองใกล้ ๆ สถานีรถไฟใต้ดินฮับจองในกรุงโซลครับ

우리 집은 서울 지하철 합정역과 가까운 은평구에 위치합니다.

20 집 주변에는 무엇이 있나요?

แถวบ้านผมมีซูเปอร์มาร์เก็ต ลำธาร ร้านเสริมสวย ร้านซักรีด และร้านขายผักผลไม้ครับ

우리 집 주변에는 마트와 개천, 미용실, 세탁소, 그리고 청과점이 있어요.

21 지금 살고 있는 집은 어떤 유형의 집인가요?

บ้านผมเป็นออฟฟิศเทลเช่ารายเดือนครับ

우리 집은 월세 오피스텔입니다.

22 거실 내부는 어떤지 설명 좀 해주실래요?

ห้องนั่งเล่นที่บ้านไม่ใหญ่มาก มีแค่โทรทัศน์ โต๊ะทำงานกับเก้าอี้ไม้สีขาว 2 ตัวครับ

집 거실은 그다지 크지 않아요. 텔레비전, 책상, 그리고 흰색 나무 의자 두 개가 있어요.

23 당신의 취미는 무엇인가요?

งานอดิเรกของผมมีหลายอย่างแต่ผมชอบวิ่งออกกำลังกายมากที่สุดครับ

제 취미는 다양하지만 조깅을 가장 좋아해요.

24 이 취미활동을 왜 좋아하나요?

ผมคิดว่าการออกกำลังกายทำให้รู้สึกสดชื่นและช่วยคลายเครียดได้ด้วยครับ

운동은 기분을 상쾌하게 해주고 스트레스도 해소시켜 준다고 생각하기 때문이에요.

25 당신은 해외에 가 본 경험이 있나요?

เคยครับ หลายปีก่อนผมเคยไปประเทศไทย ญี่ปุ่น และอินโดนีเซียครับ

있어요. 몇 년 전에 저는 태국, 일본, 그리고 인도네시아에 간 적 있어요.

26 태국에는 무엇을 하러 갔나요?

เมื่อปี 2020 ผมเดินไปทางไปทำธุรกิจที่กรุงเทพฯ เป็นครั้งแรกครับ

2020년에 저는 처음으로 방콕에 출장을 갔어요.

27 어떤 점이 가장 감명 깊었나요?

ผมชอบกรุงเทพฯ ครับ เพราะมีสถานที่ท่องเที่ยวทางประวัติศาสตร์ให้ชมเยอะครับ

저는 방콕을 좋아해요. 구경할 만한 역사적인 관광지가 많기 때문이에요.

28 당신은 태국어를 왜 공부하나요?

เพราะว่าผมชอบอาหารไทย วัฒนธรรมไทย และสถานที่ท่องเที่ยวของไทยมาก ๆ ครับ

왜냐하면 저는 태국 음식, 태국 문화, 태국의 관광명소를 매우 좋아하기 때문이에요.

29 당신은 태국어를 어떻게 공부하나요?

ผมเริ่มเรียนภาษาไทยด้วยตัวเองจากหนังสือเรียนจนถึงตอนนี้เรียนมาได้เกือบ 1 ปีแล้วครับ

저는 교재를 통해 태국어를 독학하기 시작했어요. 지금까지 공부해온 지 거의 1년이 되어가요.

30 당신은 태국어를 얼마나 자주 공부하나요?

ส่วนใหญ่ผมเรียนภาษาไทยหลังเลิกงานหรือทุกครั้งที่มีเวลาว่างครับ

저는 주로 퇴근하고 나서나 한가한 시간이 있을 때마다 태국어를 공부해요.

31 한국의 관광지를 좀 소개해 줄 수 있나요?

ผมอยากแนะนำพระราชวังเคียงบกซึ่งเป็นพระราชวังที่ใหญ่และเก่าแก่ที่สุดในกรุงโซลครับ

저는 서울에서 가장 크고 오래된 궁전인 경복궁을 소개하고 싶어요.

32 그곳에 여행 가려면 언제 가는 게 가장 좋을까요?

พระราชวังเคียงบกมีทัศนียภาพที่สวยงามตลอดปีจึงไปเมื่อไรก็ได้ แต่ส่วนตัวผมชอบไปช่วงฤดูใบไม้ผลิมากที่สุดครับ

경복궁은 일년 내내 풍경이 아름답기 때문에 언제든지 가도 돼요. 그러나 저는 개인적으로 봄에 가는 걸 가장 좋아해요.

33 당신이 소개하고 싶은 한국 음식이 있나요?

ผมอยากแนะนำบีบิมบับหรือข้าวยำเกาหลี เป็นอาหารสุขภาพของคนเกาหลีก็ว่าได้ครับ

저는 태국어로 '카오얌까올리'라고 하는 비빔밥을 추천하고 싶은데 이는 한국인의 건강식이라고 할 수 있어요.

34 맛은 어때요?

เพราะบีบิมบับมีผักเยอะ ผมรู้สึกว่าเป็นรสชาติที่ดีต่อสุขภาพครับ

비빔밥은 채소가 많이 들어가 있어서 건강에 좋은 맛이라고 생각해요.

35 한국은 지금 어떤 계절인가요?

ที่เกาหลีฤดูใบไม้ผลิครับ อากาศกำลังดีท้องฟ้าแจ่มใสครับ

지금 봄이에요. 날씨가 딱 좋고 하늘이 맑아요.

36 그 계절 동안 한국인들은 주로 무엇을 하나요?

ฤดูใบไม้ผลิเป็นช่วงที่ดอกเชอร์รี่บลอสซัมบานทั่วประเทศ จึงมีคนเกาหลีจำนวนมากออกมาเดินชมดอกไม้ตามสวนสาธารณะหรือริมถนนครับ

봄은 전국적으로 벚꽃이 피는 시기예요. 그래서 수많은 한국인들은 공원이나 길가를 따라 꽃을 구경하러 나와요.

37 한국의 주요 명절에는 어떤 명절이 있나요?

เทศกาลสำคัญของเกาหลีคือชูซ็อก บางครั้งคนเกาหลีเรียกว่าฮันกาวีครับ

한국의 주요 명절으로는 추석이 있는데 한국인들은 종종 '한가위'라고 부르기도 해요.

38 추석에 한국인들은 무엇을 하나요?

เป็นวันที่สมาชิกในครอบครัวไปรวมตัวกันที่บ้านเกิดครับ ใช้เวลาทำอาหารและเตรียมผลไม้ต่างด้วยกันเพื่อเซ่นไหว้ขอบคุณบรรพบุรุษครับ

가족들이 고향으로 가서 모이는 날이에요. 조상에게 경의를 표하기 위해 음식을 만들고 다양한 과일을 준비하면서 함께 시간을 보내요.

39 안녕하세요? 태국 음식점입니다.

ผมต้องการจองโต๊ะวันพรุ่งนี้ตอน 6 โมงเย็นครับ

저는 내일 저녁 6시에 자리를 예약하고 싶습니다.

40 손님, 어떤 자리를 예약하고 싶으신가요?

ไม่ทราบว่า มีที่นั่งของโต๊ะริมหน้าต่างไหมครับ

혹시 창가 쪽 테이블 자리가 있나요?

41 혹시 어떤 특별한 기회로 예약하신 건가요?

พรุ่งนี้เป็นวันเกิดเพื่อนสนิทของผมครับ เลยอยากฉลองให้สักหน่อย

내일은 제 친한 친구의 생일이에요. 그래서 좀 기념해 주고 싶어서요.

42 아동의 게임 중독 문제에 대한 의견을 한번 이야기해 주세요.

ไม่ว่าจะวัยไหนก็ติดเกมได้ครับ แต่ถ้าเด็กติดเกมตั้งแต่อายุน้อยก็น่าเป็นห่วงมากครับ

나이 상관없이 게임에 중독될 수 있어요. 하지만 어렸을 때부터 게임에 중독되면 매우 우려됩니다.

43 게임 중독으로 인해 생기는 부정적인 영향에는 어떤 것이 있나요?

เด็กอาจจะมีพฤติกรรมเลียนแบบความรุนแรงจากเกมได้ครับ

아이들이 게임에서의 폭력적인 행동을 모방할 수 있어요.

44 물론 게임이 미치는 긍정적인 영향도 있겠죠?

การเล่นเกมช่วยคลายเครียดและลืมปัญหาในปัจจุบันไปได้ชั่วคราวครับ

게임하는 것은 스트레스를 해소하고 현실의 문제를 일시적으로 잊어버리는 데 도움이 돼요.

45 자녀가 게임에 중독되지 않게 예방할 수 있는 방법을 한번 제안해 주세요.

พ่อแม่ต้องคุยกับลูกเพื่อกำหนดเวลาที่อนุญาตให้เล่นเกมได้ครับ

부모는 자녀와 대화해서 게임할 수 있는 시간을 정해야 해요.

46 마지막으로 제 가족에 대한 질문 세 가지를 해 주세요.

คำถามข้อที่ 1 ครอบครัวของคุณมีทั้งหมดกี่คนและมีใครบ้างครับ

첫 번째 질문으로, 당신의 가족은 모두 몇 명이 있고 누가 있나요?

คำถามข้อที่ 2 คุณมีครอบครัวหรือยังครับ

두 번째 질문으로, 결혼하셨나요?

คำถามข้อสุดท้ายค่ะ ขออนุญาตถามเกี่ยวกับเรื่องสามีครับ ตอนนี้เขาอยู่ที่ไหนและทำอาชีพอะไรครับ

마지막 질문이에요. 지금 남편분은 어디에 계시고 직업은 무엇인지 궁금합니다.

47 OPI 시험이 끝난 후에 무엇을 할 거예요?

เดี๋ยวสอบเสร็จแล้ว ผมต้องกลับเข้าไปบริษัทเพื่อทำงานต่อครับ

시험이 끝나고 나면 회사에 돌아가서 계속 일해야 해요.

IM 버전 실전 모의고사 모범 답안

1 자기소개 좀 해주세요.

ผมชื่อชีวอน นามสกุลคิม ชื่อเล่นชื่อธันวาครับ

제 이름은 '시원'이고 성은 '김'입니다. 별명은 '탄와'예요.

2 오늘 어때요? 잘 보냈나요?

เพราะว่าวันนี้มีสอบ OPI ก็เลยรู้สึกตื่นเต้นนิดหน่อย แต่จะทำให้ดีที่สุดครับ

오늘 OPI 시험이어서 조금 긴장돼요. 하지만 최선을 다하겠습니다.

3 뭘 먹고 왔나요?

กินกิมจิจีเกมาครับ แล้วอาจารย์ทานอะไรมาหรือยังครับ

김치찌개를 먹고 왔어요. 선생님은 뭘 드시고 오셨나요?

4 어디서 누구와 식사했나요?

ผมทานที่โรงอาหารของบริษัทกับเพื่อนร่วมงาน 2 คนครับ

저는 회사 동료 두 명과 회사의 구내식당에서 먹었어요.

5 지금 어디에 있나요?

ตอนนี้ผมอยู่ที่ศูนย์สอบทางการ OPI ในเขตคังนัมกรุงโซลครับ

저는 지금 OPI 공식 시험 장소인 서울 강남구 시험장에 있습니다.

6 시험장은 어디에 있나요?

ห้องสอบอยู่ในอาคารย่อยชื่อซงจึแคมปัสเป็นศูนย์การศึกษาโอปิกเขตคังนัมครับ เดินออกจากทางออก 1 ของสถานีคังนัมถึงศูนย์สอบใช้เวลาแค่ 1 นาทีครับ

시험장은 쏭즈캠퍼스 별관에 있으며 강남구 오픽교육센터예요. 강남역 1번 출구에서 걸어 나와서 시험장까지 단 1분 밖에 안 걸려요.

7 오늘 시험장에 어떻게 왔나요?

ผมขับรถมาเองครับ จากบ้านถึงสถานที่สอบใช้เวลาประมาณ 35 นาทีครับ

제가 직접 운전해서 왔어요. 집에서 시험장까지 35분 정도 걸렸어요.

8 시험장 안에는 무엇이 있나요?

ในห้องสอบมีคอมพิวเตอร์กับโปรเจคเตอร์อย่างละเครื่อง ดินสอ 1 แท่งครับ

시험실 안에는 컴퓨터와 프로젝터가 하나씩 있고 연필 한 자루가 있습니다.

9 당신은 어떤 일을 하고 직장에서 어떤 업무를 맡고 있나요?

ผมทำตำแหน่งหัวหน้าฝ่ายการตลาดครับ
ผมทำหน้าที่วางแผนการตลาดและกำหนดแนวทางการประชาสัมพันธ์ครับ

저는 마케팅팀 팀장으로 일합니다. 제 업무는 마케팅을 기획하고 홍보 방향 수립하는 것입니다.

10 당신은 언제부터 이곳에서 일했나요?

ผมเรียนจบมหาวิทยาลัยเมื่อปี 2013 พอเรียนจบแล้วก็เข้าทำงานที่นี่เลยครับ ตั้งแต่ตอนนั้นจนถึงปัจจุบันนี้ก็เกือบ 10 ปีแล้วครับ

저는 2013년에 대학을 졸업했고, 졸업하자마자 바로 이곳에 입사했어요. 그때부터 지금까지 거의 10년쯤 됐겠네요.

11 보통 몇 시에 일하러 가나요?

ผมทำงานทุกวันยกเว้นวันเสาร์อาทิตย์ครับ ปกติเข้างานตั้งแต่ 8 โมงเช้าแล้วก็เลิกงาน 5 โมงเย็นครับ

저는 주말을 제외하고 매일 일해요. 보통 아침 8시에 출근해서 오후 5시에 퇴근합니다.

12 그곳에서 일하는 건 어떤가요?

ผมว่างานนี้มีข้อดีข้อเสียครับ ข้อเสียคือไม่ค่อยมีเวลาให้ครอบครัวเท่าไร เพราะทำโอที บ่อย ๆ แต่ข้อดีคือ สามารถใช้วันหยุดได้ตามอำเภอใจครับ

제 생각에 이 일은 장단점이 있어요. 야근이 잦아서 가족과 함께 보낼 수 있는 시간이 부족하다는 단점이 있지만, 휴가를 마음껏 쓸 수 있다는 장점이 있어요.

13 당신의 전공은 무엇인가요?

ผมเรียนเอกวิชาเอกเศรษฐศาสตร์ วิชาโทอังกฤษที่มหาวิทยาลัยฮันกุกครับ

저는 한국대학교에서 경제학을 전공했고 영어를 부전공했어요.

14 당신은 왜 그 전공을 골랐나요?

ตอนนั้นผมเลือกเรียนวิชาเอกนี้เพราะคะแนนสอบเข้ามหาวิทยาลัยครับ แต่พอเรียนเอกนี้ได้สักพักหนึ่งก็รู้สึกว่าตรงกับความถนัดของผมมากครับ

그때는 대학 입학 점수 때문에 이 전공을 고르게 되었어요. 하지만 이 전공을 좀 공부해 보니 제 적성에 잘 맞는다고 느꼈어요.

15 당신은 보통 직장에 어떻게 가나요?

แต่ละวันไม่เหมือนกันครับ บางวันผมก็ใช้บริการขนส่งมวลชน เช่น รถเมล์หรือรถไฟใต้ดิน แต่บางวันก็ใช้รถยนต์ส่วนตัวครับ

날마다 달라요. 어떤 날에는 버스나 지하철 같은 대중교통을 이용하고 어떤 날에는 자차를 이용해요.

16 집에서 직장까지 가는 방법을 좀 설명해 줄 수 있나요?

ก่อนอื่นผมขึ้นรถไฟใต้ดินจากสถานีฮับจอง ไปถึงสถานีทังซัน แล้วเปลี่ยนเป็นสาย 9 นั่งไปอีก 4 สถานีแล้วลงที่สถานีขนส่ง ถ้าออกจากทางออก 2 บริษัทของผมอยู่ขวามือครับ

우선 저는 합정역에서 지하철을 타고 당산역까지 가요. 그리고 9호선으로 갈아타고 네 정거장 더 가서 고속터미널역에서 내려요. 2번 출구에서 나오면 바로 오른쪽에 회사가 있어요.

17 방금 2번 출구에서 나온다고 했는데, 그 근처에 무슨 가게가 있나요?

แถวนั้นมีธนาคารฮันกุกและมีร้านขนมปังที่ผมชอบทานมาก ๆ ชื่อร้าน ABC ครับ

그 근처에 한국 은행이 있고 제가 아주 좋아하는 빵집이 있는데 가게 이름은 'ABC 빵집'이라고 해요.

18 당신의 가족 구성원은 모두 몇 명인가요?

ครอบครัวผมมี 4 คนครับ มีคุณพ่อคุณแม่น้องชาย 1 คน และผมครับ คุณพ่ออายุ 60 ปี คุณแม่อายุ 56 ปีครับ ส่วนน้องชายผมอายุ 28 ครับ

우리 가족은 4명입니다. 아버지, 어머니 남동생 한 명, 그리고 저예요. 아버지는 60세, 어머니는 56세예요. 한편, 남동생은 28살이에요.

19 형제를 자주 만나나요?

น้องชายผมเป็นพ่อครัวที่โรงแรมในต่างจังหวัดเลยไม่ได้เจอกันบ่อยครับ แต่ถ้ามีวันหยุดก็จะกลับมาเยี่ยมคุณพ่อคุณแม่ที่บ้านในกรุงโซลครับ

제 남동생은 타지역의 호텔 요리사라서 자주 못 만나요. 하지만 쉬는 날이면 동생은 서울에 있는 부모님 댁을 찾아와요.

20 당신 집 주변에 무엇이 있는지 소개 좀 해줄 수 있나요?

ข้างบ้านผมไม่ค่อยมีอะไรมากนอกจากอะพาร์ตเมนต์สูง ๆ ครับ ในเขตอะพาร์ตเมนต์มีแค่สนามเด็กเล่นสวนสาธารณะและที่จอดรถเท่านั้นครับ

우리 집 주변에는 고층 아파트 외에는 별다른 게 없어요. 아파트 단지 내부에는 어린이 놀이터, 공원, 그리고 주차장만 있어요.

21 지금 거주하고 있는 집의 유형을 좀 설명해 주세요.

บ้านผมเป็นอะพาร์ตเมนต์มีทั้งหมด 32 ชั้น ผมอยู่ชั้น 18 ครับ

우리 집은 아파트이고 32층짜리인데 저는 18층에 살고 있어요.

22 거실 내부는 어떤지 설명 좀 해주실래요?

ที่ห้องนั่งเล่นมีทีวี โซฟา และกระถวง ข้างห้องนั่งเล่นเป็นระเบียงที่มีตู้เก็บไวน์และโต๊ะน้ำชาครับ เพราะคุณพ่อคุณแม่ชอบดื่มไวน์แล้วก็สูดอากาศข้างนอกครับ

거실에는 텔레비전, 소파, 그리고 화분이 있어요. 거실 옆은 베란다인데 와인 저장고와 티 테이블이 있어요. 아버지와 어머니께서 밖에서 와인을 마시면서 바람 쐬는 것을 좋아하시기 때문이에요.

23 시간이 날 때 무엇을 하는 걸 좋아하나요?

ผมชอบอ่านหนังสือเกี่ยวกับการทำอาหารแล้วลองทำอาหารเองที่บ้านครับ

저는 요리책을 읽고 집에서 직접 요리해 보는 것을 좋아해요.

24 이 취미활동을 왜 좋아하나요?

ผมรู้สึกว่าการทานอาหารนอกบ้านมีค่าใช้จ่าย เยอะอีกทั้งเราไม่รู้ว่าอาหารนั้นสะอาดและปลอดภัยหรือเปล่าเลยอยากทำอาหารทานด้วยตัวเองเพื่อสุขภาพของผมเองครับ

외식하는 것은 비용이 많이 든다고 느꼈고, 우리는 그 음식이 청결하고 안전한지 알 수 없어요. 그래서 저는 제 건강을 위해 직접 요리를 하려고 해요.

25 당신은 해외에 가 본 경험이 있나요?

แน่นอนครับ ผมเคยไปหลายประเทศ โดยเฉพาะประเทศที่ใช้ภาษาอังกฤษ เช่น สหรัฐอเมริกา อังกฤษ นิวซีแลนด์ แต่ยังไม่เคยไปเมืองไทยเลยครับ

물론입니다. 저는 여러 국가에 가봤는데 특히 미국, 영국, 뉴질랜드와 같은 영어권 국가에 갔어요. 하지만 아직 태국은 못 가봤어요.

26 그곳에는 무엇을 하러 갔나요?

ผมได้ทุนไปเรียนภาษาที่นิวซีแลนด์ตอนที่เป็นนักศึกษาชั้นปีที่ 2 ครับ ตอนนั้นนั่งเครื่องบินครั้งแรกด้วยจำได้ว่านั่งสายการบินของนิวซีแลนด์ไปครับ

저는 대학생 2학년 때 장학금을 받아 뉴질랜드로 어학연수를 갔어요. 그때 처음 비행기를 탔고 뉴질랜드 항공사를 이용한 기억이 나요.

27 당신은 태국어를 왜 공부하나요?

บริษัทจะส่งผมไปทำวิจัยการตลาดที่เมืองไทย เป็นเวลา 8 เดือนในระหว่างที่อาศัยอยู่ที่นั่น ผมต้องเรียนรู้วัฒนธรรมไทยและภาษาไทยเพื่อปรับตัวให้เข้ากับวิถีชีวิตของคนไทยให้ได้ครับ

회사에서 저를 태국으로 파견해서 8개월간 시장 조사를 하러 가기 때문이에요. 그곳에서 거주하려면 저는 태국인들의 생활 방식에 어울리게끔 적응해야 하기 때문에 태국 문화와 태국어를 배웠어요.

28 OPI 태국어 시험을 어떻게 준비했나요?

คุณครูคนเกาหลีและคุณครูคนไทยสอนภาษาไทยให้ครับ คุณครูคนเกาหลีสอนพยัญชนะ สระ วิธีการอ่านและการเขียน ส่วนคุณครูคนไทยสอนการฟังและการพูดครับ

한국인 선생님과 태국인 선생님이 태국어를 가르쳐 주세요. 한국인 선생님은 자음, 모음, 읽기와 쓰기를 가르치시고 태국인 선생님은 듣기와 말하기를 가르치세요.

29 태국어와 한국어는 어떻게 다른가요?

ผมคิดว่าวรรณยุกต์เป็นอุปสรรคในการเรียนภาษาไทยสำหรับคนเกาหลีมากครับในภาษาเกาหลีไม่มีวรรณยุกต์ ผู้เรียนระดับต้นจึงแยกความแตกต่างของแต่ละเสียงไม่ได้ครับ

저는 한국인이 태국어를 배우는 데 성조가 큰 장벽이라고 생각해요. 한국어에는 성조가 없어서 대부분의 초급 학습자들은 각 소리의 차이를 잘 구분하지 못해요.

30 한국의 관광지를 좀 소개해 줄 수 있나요?

ผมขอแนะนำเกาะเชจูครับ บนเกาะเชจูมีภูเขาไฟชื่อฮัลลาซานซึ่งเป็นภูเขาที่สูงที่สุดในเกาหลีและภายในปล่องภูเขาไฟนั้นยังมีทะเลสาบเล็ก ๆ เรียกว่าแพ็กนกดัมด้วยครับ

저는 제주도를 추천하고 싶어요. 제주도에는 한국에서 가장 높은 한라산이라는 산이 있는데 백록담이라 불리는 작은 호수도 있어요.

31 그곳에 가는 방법은요?

เกาะเชจูมีทั้งสนามบินนานาชาติและมีท่าเรือเฟอร์รี่ที่ทันสมัยและสะดวกสบายครับ หากเดินทางโดยเครื่องบินใช้เวลาประมาณ 1 ชั่วโมงหากเดินทางโดยเรือเฟอร์รี่จากท่าเรือปูซานจะใช้เวลาราว 13 ชั่วโมงครับ

제주도에는 국제 공항이 있고, 현대적이면서 편리한 페리 항구가 있어요. 비행기로 가면 약 1시간, 부산항에서 페리를 타고 가면 약 13시간 정도 소요돼요.

32 당신이 소개하고 싶은 한국 음식이 있나요?

บีบิมบับครับ เป็นอาหารที่คนเกาหลีทานเป็นประจำเพราะเป็นเมนูที่ทำได้ง่าย ๆ ไม่ยุ่งยากและมีประโยชน์ต่อสุขภาพด้วยเสิร์ฟในหม้อหินร้อน ๆ ครับ

비빔밥이에요. 만들기가 쉽고 복잡하지 않으며 건강에 유익한 메뉴이기도 하기 때문에 한국인들이 자주 먹는 음식이에요. 보통 뜨거운 돌솥에 제공됩니다.

33 만드는 방법을 간략하게 좀 설명해 줄 수 있나요?

ผสมซอสโคชูจัง น้ำตาล น้ำส้มสายชู และน้ำมันงาหลังจากนั้นก็คนทุกอย่างให้เข้ากันครับ เตรียมข้าวใส่หม้อหินแล้วเรียงส่วนผสมบนข้าวให้สวยงาม สุดท้ายใส่ไข่ดาวครับ

고추장, 설탕, 식초, 그리고 참기름을 섞어요. 그런 다음에 모든 조미료를 잘 섞어요. 돌솥에 밥을 준비하고 준비된 재료를 밥 위에 예쁘게 올려요. 마지막으로 달걀프라이를 넣어요.

34 맛은 어때요?

รสชาติเผ็ดอมหวานครับ ไม่เผ็ดมากเกินไปแล้วก็ไม่หวานมากเกินไป ใคร ๆ ก็น่าจะชอบและทานได้ครับ

매콤달콤한 맛이에요. 너무 맵지도 않고 너무 달지도 않아서 누구나 좋아하고 잘 먹을 수 있어요.

35 요즘 한국은 날씨가 어때요?

ตอนนี้ที่เกาหลีเป็นฤดูใบไม้ร่วงซึ่งเป็นฤดูกาลที่ผมชอบที่สุดครับ เพราะคิดว่าอากาศพอดีที่สุด ไม่ร้อนและไม่หนาวเกินไปบรรยากาศโดยทั่วไปดูโรแมนติกด้วยครับ

한국은 지금 가을인데 제가 가장 좋아하는 계절이에요. 왜냐하면 날씨가 적당하다고 생각되기 때문이에요. 너무 덥지도 춥지도 않으며 일반적인 분위기가 낭만적인 것 같아 보이기도 해요.

36 그 계절 동안 한국인들은 주로 무엇을 하나요?

ฤดูใบไม้ร่วงเป็นช่วงที่ใบไม้เปลี่ยนสีเป็นสีเหลืองและสีแดงคนเกาหลีกล่าวว่าเป็นฤดูที่เหมาะแก่การอ่านหนังสือ แต่ผมชอบไปตั้งแคมป์ เที่ยวลำธาร และขับรถเล่นแถวภูเขามากกว่าครับ

가을은 나뭇잎이 노랗고 붉게 단풍으로 물드는 계절이에요. 한국인들은 책 읽기에 좋은 계절이라고 해요. 하지만 저는 캠핑하러 가고 계곡에서 놀고 산 근처에 드라이브를 가는 것을 더 좋아해요.

37 요즘 한국은 설날이라고 들었는데 혹시 설날이 무슨 날인가요?

วันซ็อลลัลหรือวันขึ้นปีใหม่เป็นวันที่คนเกาหลีให้ความสำคัญมากครับ ตามปฏิทินสุริยคติวันนี้จะอยู่ในช่วงเดือนมกราคมหรือกุมภาพันธ์ของทุกปีครับ

설날 혹은 새해는 한국 사람들이 매우 중요하게 생각하는 날이에요. 양력에 따라 이 날은 매년 1월이나 2월쯤에 있어요.

38 설날에 한국인들이 즐겨 하는 일에는 어떤 것이 있나요?

โดยปกติแล้วคนเกาหลีจะเดินทางกลับบ้านเกิดของตนเพื่อเยี่ยมครอบครัวและญาติพี่น้อง จากนั้นจะทำพิธีเซ่นไหว้บรรพบุรุษ ในวันนี้เด็ก ๆ จะแต่งกายด้วยชุดฮันบกสีสันสดใสครับ

보통 한국인들은 고향으로 돌아가 가족과 친척을 방문하고 차례를 지내요. 이날 아이들은 오색찬란한 색상의 한복을 입어요.

39 여보세요? 태국어 학원입니다. 어떤 수업 과정에 관심이 있으신가요?

ผมเคยเรียนภาษาไทยที่เกาหลี 5 เดือน ตอนนี้อ่านและเขียนได้แต่ยังพูดไม่เก่ง พอจะมีคลาสไหนที่เหมาะกับผมไหมครับ

저는 한국에서 태국어를 5개월 동안 배웠던 적이 있어요. 저는 지금 읽기와 쓰기는 할 수 있지만 말하기는 잘 못해요. 저에게 적합한 반이 있을까요?

40 지금 태국어 입문 과정과 태국어 일상 회화 과정이 있습니다.

คอร์สสนทนาเรียนวันอะไรบ้างและเรียนตั้งแต่กี่โมงถึงกี่โมงครับเพราะว่าผมเริ่มทำงานตั้งแต่ 9 โมงเช้าถึง 6 โมงเย็นก็เลยอยากเรียนช่วงเย็นครับ

회화 과정은 어떤 요일에 수업하고 몇 시부터 몇 시까지 수업해요? 왜냐하면 저는 오전 9시부터 오후 6시까지는 일을 해서 저녁 시간에 수업을 듣고 싶어요.

41 더 문의하고 싶은 사항이 있나요?

เปิดเรียนวันที่เท่าไรแล้วระยะเวลาการเรียนนานเท่าไรแล้วในห้องเรียน 1 ห้องมีนักเรียนทั้งหมดกี่คนครับ

학습 기간은 얼마나 걸리고 한 교실에 학생 수가 총 몇 명이 있나요?

42 그럼 바로 등록해 두시겠어요?

ถ้างั้น ผมขอลงทะเบียนหลักสูตรสนทนาไว้เลยก็แล้วกันนะครับ ไม่ทราบว่า ผมสามารถจ่ายค่าเรียนในวันที่ไปเรียนได้ไหมครับ

그럼 저는 회화 과정에 등록해 둘게요. 혹시 수업을 듣는 날에 수강료를 지불해도 괜찮을까요?

43 요즘은 인터넷을 통해 많은 것들을 배울 수 있는데, 당신은 우리가 아직도 교육기관에 가야 한다고 생각하나요?

ผมมองว่าอาจไม่จำเป็นต้องไปโรงเรียนครับ เพราะการเรียนออนไลน์ช่วยประหยัดเวลา ลดภาระเรื่องค่าใช้จ่าย และที่สำคัญกลับมาดูซ้ำได้ครับ

학교에 갈 필요가 없을 것 같다고 생각해요. 온라인으로 공부하는 것은 시간이 절약되고 비용 부담도 줄이며 중요한 것은 다시 볼 수 있기 때문이에요.

44 최근 실업률이 높아지는 것에 대해서 어떻게 생각하나요?

ความต่างของค่าจ้างของบริษัทขนาดใหญ่กับขนาดกลางและขนาดย่อมทำให้คนสมัยนี้เลือกเตรียมสอบอาชีพที่มั่นคงอย่างเช่นข้าราชการมากกว่า ถึงแม้ว่าจะได้งานทำช้าก็ตามครับ

대기업과 중소기업의 임금격차로 인해 현대인들은 취직이 늦어지더라도 공무원과 같은 안정적인 직업의 시험을 준비하는 것을 선호하게 되었어요.

45 저에게 거주지에 대해 세 가지만 물어봐 주세요.

เริ่มจากข้อแรกเลยนะครับปัจจุบันคุณอาศัยอยู่เมืองไหน ประเทศอะไรครับ

첫 번째 질문부터 시작해 볼게요. 당신은 현재 어느 국가, 어느 도시에서 살고 있나요?

คำถามข้อที่ 2 คุณอาศัยอยู่ที่เมืองนี้มาตั้งแต่เมื่อไรเหตุผลอะไรที่ทำให้คุณย้ายมาอยู่ที่นั่นครับ

두 번째 질문으로 당신은 그 도시에 언제부터 살았나요? 어떤 이유로 당신은 그곳으로 이사하게 되었나요?

ส่วนข้อสุดท้ายผมขอให้คุณพูดถึงสิ่งที่คุณชอบและไม่ชอบเกี่ยวกับบ้านที่อาศัยอยู่ปัจจุบันนี้พร้อมบอกเหตุผลมาด้วยได้ไหมครับ

마지막 질문으로, 당신이 현재 살고 있는 집에서 좋아하는 것과 싫어하는 것에 대해 이야기해 주시면서 그 이유도 함께 말씀해 주실 수 있을까요?

46 태국 여행 준비에 대해 조언을 구하는 질문을 해 주세요.

มีของขึ้นชื่อประจำจังหวัดเชียงใหม่ที่นักท่องเที่ยวต้องซื้อกลับมาไหมครับ ถ้ามีช่วยแนะนำของกินกับของตกแต่งบ้านได้ไหมครับ

관광객들이 사와야 하는 치앙마이의 대표적인 명물이 있나요? 있다면 식품과 인테리어 소품을 추천해 주세요.

47 OPI 시험이 끝난 후에 무엇을 할 거예요?

ผมมีนัดทานอาหารเที่ยงกับเพื่อนสมัยเรียนแถว ๆ นี้แล้วหลังจากนั้นคงจะกลับบ้านไปนอนเลยครับเพราะเมื่อคืนกังวลเรื่องสอบเลยนอนไม่หลับครับ

저는 이 근처에서 동창과 점심 식사 약속이 있어요. 그러고 나서 집에 가서 잠을 잘 거예요. 왜냐하면 어젯밤에 시험 보는 게 너무 걱정돼서 잠이 안 왔어요.

MEMO